国家自然科学基金重大项目

高端装备智能制造工程管理丛书

高端装备制造研制任务集成管理

谭跃进　吕　欣　葛冰峰
赵　翔　豆亚杰　杨志伟　李际超　著

科 学 出 版 社
北　京

内 容 简 介

本书面向高端装备制造研制任务集成管理，从高端装备用户需求和整体目标出发，基于互联网与大数据技术，从高端装备制造研制的用户需求分析与管理、任务分解结构与资源配置管理、任务网络分析与评价、任务集成与验证等方面，系统总结相关基础理论与关键技术，建立互联网与大数据环境下高端装备制造研制任务集成管理的理论方法体系，对提高高端装备制造任务集成管理的科学化水平、实现跨越式发展具有重要的理论意义和应用价值。

本书适合管理科学与工程、工业工程、大数据管理与应用、智能装备与系统等相关专业人员学习参考，也可供高端装备研制、工业物联网、智能制造等领域的相关研究人员、工程技术人员和项目管理人员阅读。

图书在版编目（CIP）数据

高端装备制造研制任务集成管理 / 谭跃进等著. —北京：科学出版社，2024.6

（高端装备智能制造工程管理丛书）

ISBN 978-7-03-071260-8

Ⅰ. ①高… Ⅱ. ①谭… Ⅲ. ①装备制造业－研制－管理－研究 Ⅳ. ①F407

中国版本图书馆 CIP 数据核字（2021）第 277659 号

责任编辑：李 嘉 / 责任校对：贾娜娜
责任印制：张 伟 / 封面设计：无极书装

科学出版社 出版
北京东黄城根北街 16 号
邮政编码：100717
http://www.sciencep.com
北京盛通数码印刷有限公司印刷
科学出版社发行 各地新华书店经销

*

2024 年 6 月第 一 版 开本：720 × 1000 1/16
2024 年 6 月第一次印刷 印张：17 1/4
字数：345 000

定价：208.00 元

（如有印装质量问题，我社负责调换）

丛书编委会名单

目　　录

第1章 绪 论

1.1 研究背景及意义

高端装备是指技术含量高、资金投入大、涉及学科多、服役寿命长，一般需要组织跨领域、跨行业、跨区域的制造力量才能完成的一类技术装备，如高档数控机床和机器人、航空航天装备、海洋工程装备及高技术船舶、先进轨道交通装备、节能与新能源汽车、电力装备、农机装备等。作为装备制造业的核心和关键产业，高端装备制造业是以高新技术为引领，处于价值链高端和产业链核心环节，决定着整个产业链综合竞争力的战略性新兴产业，是现代产业体系的脊梁，是推动工业转型升级的引擎。

当前，全球新一轮科技革命和产业变革正在酝酿着新突破，特别是以互联网和大数据为代表的新一代信息技术与制造业的深度融合，加上新能源、新材料、生物技术等方面的突破，正在引发影响深远的产业变革，形成新的生产方式、产业形态、商业模式和经济增长点。近年来，发达国家纷纷实施以重振高端制造业为核心的“再工业化”战略，如美国先后发布《重振美国制造业框架》、《先进制造伙伴计划》、《先进制造业国家战略》和《国家制造业创新网络计划战略规划》，德国提出“工业 4.0”战略，英国发布《英国工业 2050 战略》，日本每年发布《制造业白皮书》等。发达国家的再工业化，不是传统制造业的简单回归，而是依托互联网与大数据等新一代信息技术，瞄准高端装备制造领域，强化制造业创新，重塑竞争新优势，以继续谋求在高端装备制造领域的领先地位。从全球范围来看，互联网与大数据环境下的高端装备制造业已经成为全球经济竞争的制高点。

我国政府也高度重视高端装备制造业的发展，着重强调新一代信息技术与制造业深度融合，先后发布了多项加快高端装备制造业发展的产业规划和政策措施。2012 年颁布了《高端装备制造业“十二五”发展规划》，大力培育和发展高端装备制造业。2015 年 7 月 4 日，国务院发布《关于积极推进“互联网 + ”行动的指导意见》，旨在推动互联网与制造业融合，提升制造业数字化、网络化、智能化水平，加强产业链协作，发展基于互联网的协同制造新模式。

改革开放以来，我国制造业持续快速发展，规模跃居世界第一位，逐步建立起门类齐全、独立完整的制造体系，一批重大技术装备取得突破，如载人航天、大型飞机、北斗卫星导航、超级计算机、高铁装备、百万千瓦级发电装备、万米深海石油钻探设备等。但是我国仍处于工业化进程中，与世界先进水平相比，我国制造业仍然大而不强，尤其是高端装备制造业仍存在较大差距，主要表现在自主创新能力薄弱，关键核心技术与高端装备对外依存度高，依赖新一代信息技术的高端产业链缺位，管理方法、手段和服务体系建设明显滞后等。因此，大力培育和发展高端装备制造业，是提升我国产业核心竞争力的必然要求，是抢占未来经济和科技发展制高点的战略选择，对于我国实施创新驱动发展战略和“一带一路”建设、加快经济转型升级、实现由制造大国向制造强国转变具有十分重要的战略意义。面对发达国家先进技术“回流”和发展中国家低成本竞争下的“中低端分流”的“双向挤压”的产业竞争格局，以及我国抢占高端装备制造业竞争制高点的新要求，我们必须紧紧抓住以大数据、云计算和人工智能为核心的第四次工业革命的历史性机遇，转变发展方式，加强科学管理和创新，提高在高端装备制造价值链上的核心竞争力。

随着互联网和大数据等新一代信息技术以及经济一体化的发展，信息化和工业化深度融合，实现了研发、生产、管理、服务等各个制造活动端到端数据流的打通，引领和带动整个制造业突破了原来传统车间、企业、国界的限制。基于信息物理系统的智能装备、智能工厂等智能制造正在引领制造和组织方式变革；网络众包、异地网络化协同设计和制造、大规模个性化定制、创新研制、精准供应链管理等正在构建企业新的竞争优势；全生命周期管理、系统总集成总承包、网络精准营销和在线支持服务等加速重构产业价值链新体系。同时，优势企业在全球范围内优化配置资源，融入全球的产业链，参与全球的协作与市场竞争也成为一大发展趋势，使其由提供设备向提供系统总集成总承包服务转变、由提供产品向提供整体解决方案转变。

由此可见，高端装备制造产业变革与发展实践面临的新情况、新问题、新挑战迫切需要先进的工程管理理论和方法的支撑。不同高端装备在技术类型和应用领域上虽有较大差别，但是它们在信息化设计、系统设计、过程集成设计及管理上却有很多共性需求和规律，而其中网络众包、异地网络化协同设计和制造、大规模个性化需求定制、系统总集成总承包、网络精准营销等给高端装备制造任务的需求分析、系统设计、任务分析、资源配置以及集成验证带来了新的挑战，使其呈现出许多新的特征，具体如下。

（1）制造数据多元化。高端装备制造产品信息类型多样，包括来自企业内外部互联网与物联网产生的研发设计、生产制造、经营管理、销售服务等全流程和全产业链的业务数据，以及运行状态、维修计划、服务评价等运行维护数据。一方面，数据来源复杂、类型丰富、体量庞大、价值密度低，对数据获取和更新提出了更高要求；另一方面，大量的业务和运维数据也为产品持续细化、迭代改进设计提供了便利。

（2）用户需求个性化。高端装备技术含量高、应用背景复杂、用户需求多样，提供各种组合来满足用户的个性化需求（要求）成为高端装备制造的出发点和落脚点。依托互联网和大数据等新兴信息技术可以建立个性化的客户沟通服务体系，使得制造企业能够及时快速精准地实现用户的个性化需求信息获取与个性化推荐，有助于制造企业进行有效的需求分析、预测和管理，并有针对性地优化产品设计以及低成本实现大规模个性化定制生产。

（3）研制任务网络化。在全球一体化的今天，现代制造业体系分工越来越细，制造企业开始从“大而全”向“专而精”的方向发展，复杂产品都是通过专业分工、服务外包、订单生产等多种方式由若干供应商协同设计和生产制造的。例如，在787梦想飞机上，波音通过顶层设计确定各子系统之间的交互关系和接口规范，而全球供应商负责各自研制任务的逐级细化设计、组装和整合，最后波音完成系统的总集成。因此，高端装备制造是一项跨领域、跨行业、跨区域、多学科融合的复杂系统工程，需要通过制造企业之间的横向集成、制造企业内部纵向集成和端到端集成，依靠互联网和大数据等新兴信息技术汇聚全球化的制造资源和社会化的智慧资源，实现高端装备制造研制任务的异地网络化协同和资源优化配置，集成管理也从原来的链式向网状转变。例如，北斗卫星导航系统建设包含卫星、运载火箭、地面运控、应用、测控和发射场六大系统与众多分系统、子系统等多层次的研制任务，由国内上千家单位参与系统研制，涉及交通运输、电信、测绘、海洋、地震预报、水文监测、抢险救灾和军事等各个行业；整个系统建设任务及推广应用协调难度大，区域分布广，用户量大，形成了一个复杂的、动态的任务网络，而新兴信息技术的推广应用为北斗卫星导航系统的任务网络分析和评价提供了新的管理创新模式。

（4）集成验证系统化。高端装备制造不可能一蹴而就，它是一个逐级细化、反复迭代、持续改进的系统工程过程。国际系统工程协会（International Council on Systems Engineering，INCOSE）极力倡导使用系统工程V模型框架，使之作为指导复杂产品分解设计与集成实现过程的方法论（图1-1）。该框架已被美国国家航空航天局（National Aeronautics and Space Administration，NASA）、波音公司等广泛应用于高端装备制造工程管理实践。高端装备制造研制任务的网络化协同可以充分借助全球各优势企业的各种最新专业技术和资源，但也不可避免地增大了协作难度，因此需要为高端装备的网络化协同制造过程建立一个集成的多方协同平台环境。

高端装备制造的核心是装备的设计与研制。设计与研制阶段的工作决定了整个装备70%的资源分配，对全生命周期成本和进度的影响高达85%（INCOSE，2015）。因此，本书聚焦高端装备制造的设计与研制阶段，开展互联网与大数据环境下高端装备制造研制任务集成管理研究，这是高端装备制造工程管理理论与方

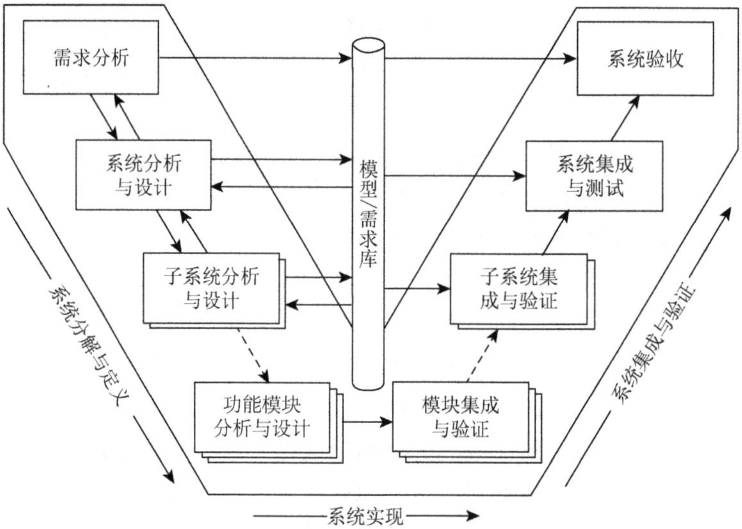

图 1-1 系统工程 V 模型框架

虚线表示子系统与功能模块之间是多层级的逐级向下分解和向上集成

法研究的重要组成部分。高端装备制造研制任务集成管理是以管理科学为理论基础，从高端装备用户需求和整体目标出发，在技术、费用、进度和风险等约束下，基于互联网和大数据技术，有效组织跨领域、跨行业、跨区域高端装备制造研制任务的需求分析、总体设计、任务分解、资源配置、综合集成及验证评估等研制过程和活动的科学理论与方法。本书从任务维度开展高端装备制造用户需求分析和管理、任务分解与资源配置管理、任务网络分析与评价、任务集成与验证评估等方面的研究，建立互联网与大数据环境下高端装备制造研制任务集成管理的理论方法体系，并以高端装备研制为应用背景开展应用研究，为互联网与大数据环境下高端装备制造任务集成管理提供新的管理理论、方法和技术支撑，这对提高高端装备制造任务集成管理的科学化水平，实现跨越式发展具有重要的理论意义和应用价值。

1.2 高端装备制造研制任务集成管理研究现状

1.2.1 用户需求分析和管理

2014—2020 年《高端装备制造行业现状分析及发展战略研究报告》指出，研制高端装备必须以用户需求为导向，满足用户的个性化需求，并强调这是高端装备制造的出发点和落脚点。高端装备客户的个性化需求从狭义的角度理解就是定制需求，即高端装备制造企业可以接受在一定范围内进行自由设计和定制的需求。关于高端装备制造的用户需求分析已经成为业界关注的重点，然而，学术界对于互联网与大数据环境下高端装备制造研制任务需求的研究仍处于起步阶段。下面从高端装备制造研制任务需求的分析、确认和管理等方面对国内外研究现状进行评述。

1. 需求获取和分析

在互联网与大数据环境下，高端装备制造研制任务需求获取和分析的关键是从互联网、大数据中获得利益相关者的潜在隐含需求以及与高端装备相关的先进技术信息，同时结合传统需求调查方法收集的数据，通过观点抽取、情感分析等自然语言处理方法和知识图谱相关技术发现高端装备制造研制任务的需求，为后续的需求确认和管理奠定基础。因此，与这方面相关的研究工作可以概括为需求分析与管理、观点抽取、知识图谱三个方面。

1）需求分析与管理

实现客户满意度的过程始于对客户真正需求的有效捕捉、分析以及理解。将客户的非技术性自然语言转化为具体的产品和工程规范对工程师而言是很困难的。客户需求管理是涉及客户、营销人员以及设计师的复杂迭代过程。

Ulrich 和 Eppinger（2015）提出建立客户需求大致包括五个步骤：客户原始数据获取、将原始数据转化为客户需求、把客户需求组织成层状结构、给客户需求的相对权重进行赋值、获取结果并进行反馈。Jiao 和 Chen（2006）将客户需求管理分为三步：首先是需求获取，即系统地提取包括客户在内的利益相关者的需求，并列出清单，主要包括产品环境、可行性研究、市场分析、商品计划和竞品分析等；其次是需求分析，即解释客户的声音并得出市场营销和工程部门可以理解的明确需求，包括顾客需求的分类、优先级排序以及沟通协商；最后是需求规格说明，即在功能域中定义产品规格。Wiegers 和 Beatty（2013）将产品开发中的需求工程分为需求开发和需求管理两个部分。需求开发包括需求获取、需求分析、需求规范说明和需求验证四部分；需求管理需要预测和协调不可避免且实际存在的需求变更，减少对项目的破坏性影响，并处理需求变更请求。目前，国内许多需求工程的教材都是按照 Wiegers 和 Beatty（2013）的分类展开的（图 1-2）。

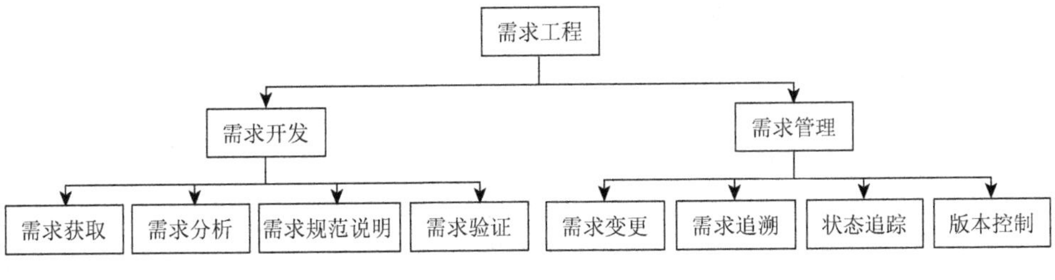

图 1-2 需求工程细分

Song（2017）、Song 和 Cao（2017）、Song 和 Sakao（2017）研究了产品服务系统（product service system，PSS）中面向利益相关者的需求管理过程。需求管理活动的目标是为了引出和指定需求，它是伴随系统规划和开发的一个过程。从引出客户需求开始，必须导出系统级需求并将其细分为功能和组件级别的要求。以前的文献对需求管理的研究大多数都集中在需求获取、需求分析和需求规范三个阶段，往往忽略了需求预测阶段的客户偏好预测和需求变化趋势预测（Withanage et al.，2010）。因此，在新的需求管理的过程中，应该额外考虑利益相关者的需求预测阶段（图 1-3）。

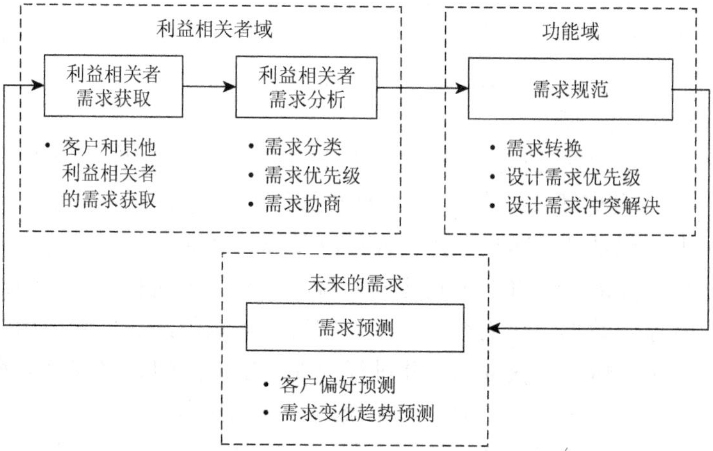

图 1-3　PSS 需求管理框架

当前电子商务的蓬勃发展为用户需求获取与分析提供了新思路。用户在网络上发言的活跃度比较高，因此从开源信息中获得的产品评论数量也日益增长，这些评论数据是分析用户需求的重要来源，可以为商家、制造商提供及时、有效的反馈。与传统的调查问卷相比，用户评论是自由文本，比起前者的固定的选项表达，后者能够更充分地反映用户的需求。许多研究就是针对互联网上开源数据在新产品的开发中的作用展开的。Lee 等（2022）指出用户在互联网上发表的在线评论使得制造商可以对症下药，设计出更贴近用户需求的、以用户为中心的产品。Zhu 和 Zhang（2010）证明了在线用户评论是评价产品口碑的重要指标。

学者针对在线评论数据在产品需求分析过程中的具体技术使用也开展了许多研究。Decker 和 Trusov（2010）提出计量经济学框架，用以推断产品属性对产品整体评估的相对影响。Tucker 和 Kim（2011）从开源的产品评论数据角度动态捕捉客户需求偏好，确定用户对某个产品的需求变化趋势。Qi 等（2016）研究并建立了相关的模型和数据挖掘方法，从网上在线评论中挖掘了顾客偏好的产品信息，从而识别出顾客的需求，最终改善了产品设计。Trusov 等（2016）利用客户网页浏览的数据记录对客户画像进行建模分析，使得在有限信息下进行客户画像预测和行为定位成为可能。相关文献还提出了自适应个性化方法，通过对获取的互联网数据进行分析，可以实时、动态地获取消费者个性化需求和偏好，从而为客户提供个性化服务。综上，网络数据已经成为发现客户需求的重要途径。和传统的访谈、问卷等调查方式不同的是，由于各项技术的发展，可以大量地获取互联网数据，并且互联网数据在识别客户对产品的完整性需求上有着不可替代的作用。Goorha 和 Ungar（2010）建立了一个监控社交网络和主流媒体的系统，用于确定用户对某个产品需求的转变。Wang 等（2011）开发了一种系统的方法，用于从在线评论中获取系统属性，通过贝叶斯线性回归构建用户需求偏好模型，并在产品设计中使用该模型。Jin 等（2012）提出一个监督学习过程来识别产品特性，然后通过一个有序的分类算法来为设计者确定工程特性的优先级。郭伟和胡明艳（2004）基于量化处理规则的数据挖掘方法从互联网中获取用户需求。此外，还有一些研究可以捕捉用户需求随时间的变化，并预测需求的变化趋势。

在线评论数据量十分庞大，关注用户对产品的负面评价能够提高需求分析的效率。社交媒体监控、文本分析和情感分析等方法已经广泛应用于产品缺陷检测的研究中。例如，Abrahams 等（2013）开发了用于缺陷检测的文本分析框架，并将这种方法应用于汽车和电子产业的缺陷检测，这对于改善洗碗机的设计和质量管理非常有利。Jin 等（2016）从在线评论中挖掘产品特征以及用户不满意的详细原因，以告知设计者导致这些负面意见的原因。

2）观点抽取

观点抽取是指利用自然语言处理技术和文本分析技术对用户中的评价对象与观点词语进行抽取。观点抽取的方法从产生至今吸引了大量研究者进行探索实践，现有研究的观点抽取方法可以归纳为两大类：一类是基于语言学特征、词典、启发式规则/模板的无监督方法，另一类是基于机器学习模型的有监督方法，主要有序列标注模型、深度学习模型以及二者的结合。

研究者对无监督的观点抽取开展了许多研究工作。例如，利用句法规则自动检测评价对象（Liu et al.，2016），使用图表来描述原始文本中评价对象与观点词之间的相互作用（García-Pablos et al.，2015），使用 PageRank 对图形节点进行排名，排名靠前的图形节点用于创建一组评价对象。为了抽取文本中的观点，Hu 和 Liu（2004）提出关联规则挖掘方式从 WordNet 中提取同义词与反义词和评价对象来识别观点。Qiu 等（2011）基于依存句法分析，通过双重传播来识别评价词和观点的集合。无监督方法的抽取效果在很大程度上取决于预定义的规则和语料库。另外，还有一些半监督的方法，Hercig 等（2016）、Poria

等（2016）利用人工标注的数据集进行训练，而后使用大量未标记的语料库提取特征来丰富特征空间。

有监督的方法将观点抽取看作序列标注问题。早期的研究使用条件随机场（conditional random field，CRF）的方法从新闻文章等开源文本中提取主观短语。CRF 是观点抽取模型中最有影响、应用效果最好的模型，其中心思想是对评论语句进行位置标注，再采取相应的规则对错误标注进行层次过滤，完成对三元组的抽取。CRF 模型的结果好坏很大程度上依赖于特征集合。为了提高传统条件随机场模型的效果，常用的方法是在模型中引入丰富的特征集合，如句法特征。但此方法引入的特征也需要人工构造，工程量大、效率低。Liu 等（2012）应用单词对齐模型捕获观点词之间的关系，但这种方法需要大量的训练数据才能获得理想的关系。此外，主题模型也可以用于观点抽取。Yang 和 Cardie（2013）提出了一种基于整数线性规划（integer linear programming，ILP）的联合推理模型来共同提取观点实体和观点的关系，这比流水线式的方法更好。

近年来，深度学习方法被广泛应用到观点抽取任务中。在基于深度神经网络的方法中，潜在特征被自动学习为隐藏层的密集向量。Wang 等（2016）提出了递归神经网络和 CRF 的联合模型，用于评价对象和观点词的共同提取。Liu 等（2015）使用了循环神经网络（recurrent neural network，RNN）的多种变体，对餐厅和笔记本电脑的客户评论进行联合观点表示和目标的识别，这种方法比 CFR + ILP 的效果要好。他们比较了多种递归神经网络方法，发现长短期记忆（long short-term memory，LSTM）网络在针对产品/服务评论观点表达和观点对象的识别方面表现最好。LSTM 网络最近已经被应用于许多序列建模和预测任务，如机器翻译、语音识别和命名实体识别等。另外，双向 RNN 结合了来自过去和未来的信息，在实验中表现较好。深层 RNN 可以在不同层次上捕获更抽象和更高层次的表示，有助于序列建模。Huang 等（2015）还发现在双向长短期记忆（bi-directional long short-term memory，BiLSTM）网络之上添加 CRF 层来捕获这些依赖关系可以达到自然语言处理的最高性能。

深度学习神经网络模型的集成应用是当前内容分析方法的主流，如 BiLSTM 和 CRF 的结合能够降低对词嵌入的依赖，比单纯使用 LSTM 和单纯使用 BiLSTM 更具优势，在命名实体识别、否定焦点识别、网购商品评论观点抽取等序列标注任务及后续文本深度挖掘任务方面的效果较好。

3）知识图谱

在大数据背景下，从互联网获取的原始数据具有非结构化的特性，从原始数据中发现和分析任务需求面临极大的挑战，构建智能化语义检索网络为互联网环境下的任务分析提供了一种解决途径。

知识图谱的概念是 2012 年由谷歌（Google）公司正式发布的，总体看来，这还是一个较为新兴的研究领域，但它越来越受到学术界和工业界的关注。Berners-Lee（2006）提出了链接数据（linked data）的概念，并发出倡议推动完善了统一资源标识符（uniform resource identifier，URI）、资源描述框架（resource description framework，RDF）与网络本体语言（web ontology language，OWL）等技术标准，为知识图谱的建立打下了坚实的基础。链接开放数据集（如 DBpedia 和 YAGO）可以被视为跨领域知识图谱。一些互联网搜索引擎公司已经构建了知识图谱，以便改善他们的搜索引擎功能，包括谷歌知识图谱、百度知识图谱和搜狗知识图谱。IBM 公司和其他信息技术公司在将知识图谱技术应用于特定企业时也使用了企业知识图谱的概念（Guy，2013）。Facebook 的开放图谱协议（open graph protocol）允许用户将丰富的元数据嵌入网页中，这实际上将整个网络变成了对象而不是文档的大图。在数据方面，《纽约时报》以 RDF 格式发布了一份包括 5000 人、1500 个组织和 2000 个地点的数据。英国广播公司也以 RDF 格式发表了涵盖更多样化实体集合的数据，如人、地点、活动等。汤森路透现在还提供免费访问其部分知识图谱（如股票价格行情）的服务。上述所有工作都展示了知识图谱语义技术的优势。

知识图谱的构建有两种方式：自顶向下和自底向上。自顶向下的构建是首先定义好知识图谱的本体和数据模式，然后将实体添加到知识图谱中。在知识图谱技术发展的早期，大多数的企业和研究都是采用这种方法进行构建。自底向上的构建是从一些开源数据中抽取知识，然后将置信度较高的实体和关系添加到知识图谱中。现在大多数的知识图谱构建都采用这种方式。

知识抽取是知识图谱自底向上构建过程中最关键的步骤，它的主要任务是从异构数据源中自动地抽取知识信息，得到候选的知识单元。信息抽取是一种从非结构化或者半结构化数据中自动抽取实体、关系和属性等信息并将其转化为结构化的数据的技术。知识抽取主要包括实体抽取、关系抽取和属性抽取。

实体抽取，也称为命名实体识别和命名实体学习，是指从文本中自动抽取出命名实体。实体是知识图谱中最基本的构成，实体抽取的质量对知识图谱的质量有很大的影响。无止境语言学习（never-ending language learning）和面向开放域的信息抽取（open information extraction）是从各个领域中广泛提取知识实体的两种主要方法。关系抽取的主要任务是将实体进行语义的链接。与实体识别问题类似，关系抽取最初是基于规则的方法来进行的，后来出现了机器学习和各种自然语言处理技术相结合的方法。例如，句法分析和分块。近年来，基于神经网络的方法也逐渐应用于关系抽取。此外，研究表明，实体抽取和关系抽取的联合可以实现比传统的方法更好的效果。属性抽取主要是对实体的属性进行补充，并将其添加到知识图谱中。因为实体的属性可以被视为一种实体与属性值之间的关系，因此属性抽取任务可以转化为关系抽取任务。实体–属性关系大部分存在于非结构化或者半结构化的数据中，因此需要通过一定的手段进行抽取。另外，包装器归纳也是一种信息提取方法，可以从半结构化数据中提取知识。将文本挖掘与包装器归纳相结合，可以从列表、表格和网页中提取知识。远程监督是一种平衡不同来源之间冗余的有效方法，已在很多研究中使用。

由于构建知识图谱所用的数据来源广泛，不同来源的数据之间可能存在冗余，数据质量也可能较差，所以在抽取知识之后还需要对知识进行融合。知识融合是高层次的知识组织，将不同来源抽取的知识在统一的框架下进行规范，实现异构数据的整合、消歧、加工和推理，提高知识的质量。实体链接是知识融合的一个重要的内容，是将文本中提及的命名实体与知识图谱中特定的引用实体进行链接。实体链接首先是抽取文本中的实体形成实体指称项，然后进行实体消歧和共指消解，判断给定实体是否与知识库中的候选实体表示相同的含义，如果相同，则将该实体指称项链接到知识图谱中的实体上。统计实体链接的基础是美国人口调查局在记录人群联系方面的工作。这些技术被广泛推广并用于各个领域中的实体链接任务。21 世纪以来，通过单词消歧技术并依赖知识条目的特定属性将实体链接到维基百科上的方法得到了广泛关注，并被应用于将实体与其他知识库联系起来的任务。同时，学术界开始关注实体共现关系的使用，即将多个实体同时与知识库相关联，称为集成实体链接，如 Han 等（2011）提出了基于图的集成实体链接方法。

此外，在知识图谱上进行语义相似度计算并实现进一步的知识推理、知识挖掘等工作，目前也已经出现许多研究。在知识图谱的自然语言接口研究方面，关键字搜索经常被用于从知识库中检索信息。虽然研究人员已经研究过如何最好地解释关键字查询的语义，但用户可能仍然需要自己找出最有效的查询以便检索相关信息。相比之下，TR Discover 接受自然语言的优势可以使用户能够以更直观的方式表达他们的请求。

2. 需求确认和管理

《德国工业 4.0 战略计划实施建议》以需求为牵引和目标，将需求预测和管理作为“智能生产”的重要部分，从而实现制造业设计、生产、运营及服务的全方位系统整合。美国国防工业在武器装备需求确认与管理相关领域一直处于国际领先地位。他们将国防装备与信息系统的需求管理工程分为定义、文档化、确认和批准四个阶段。Papinniemi 等（2014）研究了产品信息如何与用户需求更好地结合，重点回答了产品全生命周期中的需求管理问题。Jallow 等（2014）通过具体实例研究了项目建设过程中的需求管理问题，旨在分析出影响需求的重要因素。Stark（2015）分析和研究了商业模式下创新和产品生命周期管理的需求工程。Violante 等（2017）针对需求管理工具中缺少定制化的问题，提出了一种以用户为核心的理念方法并将其应用到了产品生命周期管理中。

在需求确认方面，据美国斯坦福国际咨询研究所统计，目前预测方法多达150多种，大致可以分为宏观预测和微观预测，其中微观预测方法主要是指微观集成法，宏观预测方法又包括定性方法和定量方法。Yang等（2013）对交通需求预测组合模型中的不确定性进行定量分析，并分别考虑输入数据和参数的不确定性，对个人和收集数据的不确定影响进行评估和量化。Fujiwara和Zhang（2013）在城市交通规划需求预测模型中指出了反馈机制的重要性。Haque等（2014）利用蒙特卡洛仿真方法对澳大利亚地区的水资源供应进行了需求预测和管理。Al-Zahrani和Abo-Monasar（2015）基于人工神经网络与时间序列模型对居民社区的用水量进行了需求预测和管理。Sharif Azadeh等（2015）针对收益管理问题，提出了一种新的混合非线性整数规划模型，输出为产品的效用值以及每日可能的需求量。Scarpel（2015）提出了一种新的混合专家集成模型，用于求解产品供应链上的需求预测问题，并将其应用在了一家巴西酒水制造工厂上。Yaagoubi和Mouftah（2015）在考虑用户偏好的基础上，提出了资源消耗优化模型和一种游戏理论方法用于权衡用户的资金消费与消费满意度。Jain等（2015）基于时间序列的销售事件，利用贝叶斯模型，对未来的需求进行了预测，并将该方法应用到了多阶段的销售设置中。Deng等（2014）针对存货系统管理问题，提出了四种独立的模型，在不同的模型中，销售者对于需求情况具有不同程度的了解，运算结果证实了储存惩罚模型在需求预测中的实用性。

互联网和大数据技术的广泛应用，使得高端装备制造企业及时、准确获取用户的个性化需求信息并有针对性地优化产品设计成为可能。随着市场朝着个性化方向发展，个性化定制以其产品和服务多样化及市场响应快等优点，将成为未来制造业发展趋势中的主要生产模式。Kreutler和Jannach（2006）借鉴计算机领域的人机个性化交互思想，提出了个性化需求获取方法的框架模型，但没有给出具体的实现方法；Mavridou等（2013）基于Citarasa工程方法论，利用数据挖掘技术分析汽车行业的客户数据，揭示了用户情感需求和汽车产品的设计参数之间的关联。个性化定制过程中会存在许多潜在的难题，利用推荐系统可以很好地解决这些难题。在一般情况下，一个推荐系统基于用户的资料或观察到的行为可以预测该用户的兴趣偏好（Ying and Robillard，2014）。现阶段有关如何利用推荐来挖掘需求的思考还远远不够。Felfernig等（2010）提出了“推荐和决策支持系统”，通过利益相关者对质量的建议、需求的排序和当前任务的相关需求建议，确定各个需求的关联，进而确定未来需求。Lim等（2013）提出了一个比较特别的推荐系统应用，他们开发了一种叫作StakeNet的工具，通过社交网络对项目的利益相关者进行推荐。此外，Cleland-Huang和Mobasher（2008）提出了在超大规模复杂系统开发过程中使用推荐系统的方法，旨在建立一个开放的、兼容的、鲁棒的、能够逐步确认需求的推荐系统，可以帮助用户确定符合他们个性化需求的产品或服务。在推荐算法方面，几种较为成熟的推荐算法已经得到了应用，其中最为普遍的是协同过滤算法（Mobasher，2007）。例如，Stormer（2009）提出了在产品设计过程中利用协同过滤算法对用户进行产品选择的推荐。第二个被广泛应用的算法是基于内容的推荐，它是基于产品内容的特征和用户的兴趣之间的匹配关系产生推荐，这种算法的例子包括 Letizia、NewsWeeder 和 InfoFinder 等。第三个广为人知的推荐算法是基于知识的推荐算法，这种算法利用有关用户和产品的知识，进行某种推理以最大可能地满足用户的需求。基于 agent（智能体）的推荐系统是 Moon 等（2009）提出的，它的目的是在动态的电子市场环境下，基于用户的偏好为产品的设计提供支持。在这种推荐系统中，以市场为基础的学习机制被应用到了确定用户的个性化偏好过程中。

值得一提的是，在推荐系统研究方面，云计算已被广泛应用，它是一种基于互联网的新计算模式，用于服务化制造的研究，并为云制造模式的发展提供支撑。云制造是一种面向服务的、高效低耗和基于知识的网络化智能制造新模式，是现有网络化制造与服务技术的延伸和变革。针对服务化制造国外发达国家已开展了一些相关工作，并取得了一定成效，如美国 2000 年搭建了目前世界上最大的制造能力交易平台 MFG（https://www.mfg.com），致力于为全球制造业伙伴提供更加快捷高效的交易平台。欧盟第七科技框架计划也于 2010 年 8 月启动了制造云项目，总投资 500 多万欧元，目的是在一套服务软件应用支持下为用户提供可配置制造能力服务。Olama 等（2014）针对企业大数据基础设施建设问题，提出了一种基于需求的定量化评估模型。Eridaputra 等（2014）利用目标规划的方法，基于大数据的特点，建立了需求模型并将其应用于印度尼西亚政府对于西部的开发政策。Reshef 等（2011）在《科学》杂志上发表了一篇关于大数据集中关联关系检测方法的文章，提出了一种基于最大信息的非参数探索方法（maximal information-based nonparametric exploration，MINE），以在事先未知关系类型的情况下有效识别大数据集中重要的潜在关系。

当前，互联网数据采集的通用能力已经相对成熟，但是面向高端装备制造的用户个性化需求定制研究成果较少。究其原因，主要是互联网与大数据环境下高端装备制造的需求分析和管理研究起步较晚。因此，亟待开展面向高端装备制造的用户个性化需求定制研究，并对其中涉及的科学问题进行设计、研究和验证。

1.2.2 任务分解与资源配置管理

从高端装备制造研制需求分析结果出发，需求转化的结果涉及任务分解、资源配置管理等研究领域。在任务分解方面，基于美国国防部体系结构框架

(Department of Defense architecture framework，DoDAF）而开展的研究成果比较突出。在资源配置管理方面，与任务相关的研究包括任务调度和资源分配、多任务规划及动态规划，以及将任务作为项目进行考虑而开展基于资源和时间的项目调度，这些方面的研究成果比较多。

1. 需求–任务转化分解

在创新研制需求分析完成之后，往往需要对需求分析的结果进行转化，形成任务订单，并将其分解细化到对应的平台或者系统，以方便执行。高端装备制造任务具有多阶段、多类型、动态关联等特点，任务涉及层次结构、时间逻辑、资源约束等复杂的相互关系，且系统构成要素复杂。基于需求分析的结果，得到高端装备制造研制任务，是实现需求流向任务流转变的关键所在。现有研究很少完全针对需求–任务转化分解问题而开展，尤其是关于高端装备研制需求与任务分析的可参考文献更少，因此，我们从相关或相近领域的需求与任务分析、任务规划调度、任务结构分解等方面进行综述，为本书的研究打开思路。Zheng 等（2015）为了提高下一代卫星近地重力模型的精度，从未来的卫星系统使命需求出发，将需求转化为任务，从而实现对在轨卫星任务进行调度和规划。在海量数据信息的影响之下，Liu 等（2016）基于核电站系统侦测所获取的海量数据信息，从任务组件、复杂度以及人为因素等角度对核电站日常与数字主控工作受到的影响进行分析，从而获得满足短期或者长期核电系统需求的任务操作规程。Hu 等（2015）认为在成像装备完成侦察情报任务时，多装备会形成传感器跟踪网络，因此提出基于状态的估计方法，旨在最大化传感器资源效用以及最大化实时通过时间，从而实现对全局任务的动态分解，并借助散射推理机制实现任务到子任务的动态自适应规划。易树平等（2015）为解决云制造服务平台中制造任务分解与资源配置脱节的问题，提出一种基于聚类算法的任务分解优化方法。首先制定任务初步分解策略，将制造任务初步分解成不可再分的子任务，然后综合考虑任务间的相关性、任务与资源的匹配性和资源竞争性、制定任务粒度大小的设计原则，再利用聚类算法将初步分解后得到的子任务进行重组，实现任务分解的优化。

此外，基于模型驱动和设计结构矩阵（design structure matrix，DSM），开展大规模体系以及装备系统需求转化、分解与建模研究的贡献也十分突出。Romero 等（2016）针对空间站系统开展基于 DoDAF 标准文件的建模研究，将该标准文件基于统一建模语言（unified modeling language，UML）进行系统化改进，从多视图的角度对空间站系统的任务结构进行分析与建模，将空间工作总需求分解为不同视角的任务结构。值得一提的是，该研究从作战视角出发，基于元任务模型对空间站的体系结构进行了定义。Nonsiri 等（2014）认为在一定的目标或需求牵引下，大型复杂体系中存在着许多需要组织的任务，它们彼此映射以及迭代式的出现，导致任务之间也能传递物料信息。设计结构矩阵可以将这些过程标准化，从而为优化任务调度、节省物料以及时间提供可能。除此之外，基于活动的分解方法（activity based methodology）源自 DoDAF（do Lee and Park，2015），它是 MITRE 公司针对美军国防部集成体系结构的开发和分析而提供的一种严格与规范的方法，其目的是构建并完善国防体系结构，它关注两个重要的关联关系：一是作战体系结构视图与系统体系结构视图的关联，它既可以为系统提供作战活动数据和活动交换信息，也可以确保系统支持作战活动；二是系统体系结构视图与技术体系结构视图的关联，它既可以指特定作战需求下的系统对技术提出的新要求，也可以指系统实现所需要的技术指南。总体来看，DoDAF 通过分析并输入信息可以开发出各个视图产品，进而构建体系结构并实现关键关系的关联（Quarles，2012）。目前有关作战任务分解及描述分解所得子任务之间关系的方法主要有过程网（Williams，2016）和时序逻辑公式（Svoreňová et al.，2015）等。过程网是一种有向图表示方法，时序逻辑公式是一种符号描述方法，这两者都能表示子任务的并行、串行、分支和循环等逻辑关系，但是它们都只能描述单一主体的任务，很难直接把宏观任务变成过程网和时序逻辑公式，难以清晰地反映任务分解过程。高端装备制造研制领域同样可以借鉴这些军事领域的需求-任务转化与分解的做法，从而为任务分解提供科学、规范的方法和技术支撑。

2. 资源优化配置管理

作为第三次工业革命的重要组成部分，德国“工业 4.0”战略通过构建信息物理系统，以“智能工厂”和“智能生产”实现制造业设计、生产、运营及服务的全方位系统整合。德国“工业 4.0”战略明确指出，要不断改善工业制造过程，根据业务过程的不同方面，对生产过程进行动态管理和配置，提高产品资源配置效率，实现资源的合理利用，进一步提高劳动生产率，在未来制造业竞争中占据制高点。国内外很多学者结合不同的问题背景，从不同的角度对其进行了大量研究。现主要从方法和应用两个层面对资源配置的相关研究现状进行归纳总结。

在方法层面上，Golany 等（2012）在考虑装备研发制衡与反制衡的过程中，分析了在有限的资源、有限的时间条件限制下，应该优先发展什么样的反制措施来使得敌方武器对已方造成的影响最小。他们根据不同的军事应用背景建立了几个最优化模型，在有约束的条件下求解网络最短路问题（short-path problem）。随后分析了模型的潜在应用价值，同时对不同假想情况下这几种方法的鲁棒性进行了分析。Tsai 等（2013）在云计算环境下，采用改进的差分进化算法对任务调度和资源分配问题进行了最优化分析。改进的差分进化算法具有更强的全局搜索能力，且参数更少。对比实验结果表明改进的差分进化算法要优于传统数据包络分析（data envelopment analysis，DEA）算法和非支配排序遗传算法II（non dominated sorting genetic algorithm II，NSGA-II）。Raunak 和 Osterweil（2013）提出了一种用于解决复杂、动态环境背景下系统问题的资源管理方法，认为资源应该被视为一种随时间和环境而动态变化的能力，基于这个思路对能力进行了定义并提出了一种对资源进行管理分配的框架。Du 等（2014）基于 DEA 交叉效率方法解决成本和资源分配问题，实验结果表明其提出的交互式方法真实有效，而且可以保证在成本输入后所有的决策单元都高效可行，将该方法应用到资源分配上，可以达到资源分配效益的最大化。Hutchison-Krupat 和 Kavadias（2015）从自上向下、自下向上等多个角度对企业发展中的资源分配过程提出了战略性的指导意见，并在项目选型过程中主要考虑了两个重要因素：①不同权益者之间的信息不对称；②影响企业决定的准则等。Sun 等（2016）基于单一作业的时序调度问题对确定截止日期的作业调度与资源分配问题进行了研究，目标是寻找任务中的最优规划、截止日期和资源分配方案。Ahner 和 Parson（2015）利用适应性动态规划的方法，对多阶段武器目标分配问题进行了优化分配，以最大化任务完成（摧毁敌方目标）收益为目标函数，解决如何将资源（武器装备）分配到一系列的任务（敌方目标）中。任务分为两个阶段，第一阶段已知，而第二阶段以随机概率分布。通过几种理论方法的验证，证明了该方法适用于两阶段的动态武器目标分配问题。Mo 等（2015）在考虑时间和攻击不确定的条件下，通过权衡分析平行系统问题中的过量保护和冗余现象，制定了最优的资源配置策略。不同于传统的静态资源配置优化策略，他们基于几何建造空间模型提出了动态资源分配策略，并通过对比显示了其优越性。Paulson 等（2016）在考虑进攻方和防守方互相制衡的战略竞赛背景下，通过博弈模型和多属性效用模型，对双方的资源分配问题进行了研究。该研究表明：①零和问题中进攻方和防守方若权重相等，则会导致防守方失利的最大化；②通常情况下防守方采取均衡战略可以使得进攻方在不同轮次进攻的效益产生变化；③基于目标的制衡策略可以有效增加对手对策的效用值。周亮等（2020）针对备件关键性对装备可用性造成影响而又难以将其考虑在内建立可用度模型的问题，以舰载通信电台辐射干扰对消装备为对象，采用对备件关键性实行专家打分的方法，将备件关键性作为备件配置优化的约束之一，建立以备件费用、备件体积、备件关键性为约束的备件配置优化模型。裴植等（2021）针对应急装备制造过程的高波动性、高时效性特点，建立了多层制造服务网络模型，并提出基于排队理论的制造网络节点动态资源配置策略，以保证制造资源的合理使用与客户放弃概率的稳定可控。

现实世界中的许多问题都可以被建模为项目调度问题，而资源和时间是项目调度领域关注的两个主要因素。在考虑资源受限的情况下，项目调度问题被建模为资源约束项目调度问题。求解该类问题的方法一般可以分为精确算法和启发式算法。精确算法以分支定界方法为主要代表；随着启发式算法的快速发展，大量智能优化算法被广泛应用到实际问题中，如蚁群优化、遗传算法、模拟退火和禁忌搜索等。近几年来，研究人员开始同时考虑优化项目调度的成本和工期，为顶层决策者提供帕累托最优方案集合，其在国防能力规划领域得到了应用（Xiong et al.，2012）。目前多目标项目调度研究的文献还比较少，主要还集中在资源约束项目调度问题上。由于大多数项目调度问题都是非确定性多项式难题（non-deterministic polynomial hard，NP-hard），尤其是当问题规模较大时，不确定方法通常被用来求解问题。Viana 和 de Sousa（2000）应用多目标禁忌搜索和并行模拟退火算法解决具有可更新资源和不可更新资源的资源约束项目调度问题。在该工作中，他们考虑了三个优化目标：总工期最小化、加权延迟时间最小化和资源容量违反总和最小化。Xiong 等（2014）采用多目标进化算法解决随机资源投入的项目调度问题，在活动工期受到外部环境影响的情况下，他们将方案的鲁棒性作为优化目标之一，其余两个优化目标为方案的成本和工期。

在应用层面上，Wagner 和 Radovilsky（2012）针对美国海岸警卫队的舰船资源配置问题，综合考虑效用、风险等因素，建立了确定性和随机性两种不同的模型并进行了求解。实验结果表明模型仿真结果可以大大减少美国海岸警卫队的成本，同时提高运营的效率。Kangaspunta 和 Salo（2014）将芬兰海军的武器规划问题建模为资源分配问题。首先通过专家意见对不同的武器装备进行优劣评价，继而在分析费效比的基础上，以最小化分配经费和任务完成效率为目标，建立了模型框架，并采用智能算法对其进行了求解。Fang 等（2013）在资源约束受限的前提下，提出了定量化的分析框架，用来支撑工程项目风险应对分析并辅助决策。文中采用了设计结构矩阵来表示风险交互，并建立风险传播模型来预测风险应对举措的收效情况，最后利用遗传算法来进行求解。Vasco 和 Morabito（2016）研究了利用贪婪随机适应性算法和模拟退火启发式算法来解决动态车辆资源分配问题，考虑到多阶段的资源分配问题，运输过程包含满载货物的车辆、待就位运输的车辆和在节点上等待运输的车辆，将车辆的运输定义为在不同地理空间的节点之间运输货物。Wilhite 等（2014）针对美军军队供应链问题，利用一个经济模型来研究资源受限环境下相互冲突的目标如何影响供应链，以及军用武器系统设计如何影响产品的成本和使用效率。Bagchi 和 Paul（2014）针对机场安保问题，研究了如何就乘客信息描述与乘客行李安检的筛选问题进行优化分配。以最大化效益和最小化筛选成本为目标，从乘客和安检机构两个不同的角度出发，建立了两阶段模型。Hsiao 等（2017）基于两阶段集中分配和资源再分配概念，重点研究了集中分配和优化背景下中国台湾地区铁路资源的分配效益。文中将资源分配分成了短期、中期以及长期分配三种模式，每一种模式对应着不同的资源分配方案，这种方式可以使得中国台湾地区的铁路管理部门在多种环境下实现产出与来自企业阻力的平衡。葛洪磊和刘南（2014）基于区域灾害系统理论来构建复杂灾害情景，并将其用于描述突发事件的复杂性和高度不确定性。他们基于复杂灾害情景建立了一个两阶段速记规划模型，最后基于四川地震带的相关数据给出了实例，验证了模型及算法的有效性与合理性。Xiong 等（2016）针对中国卫星系统的调度问题，建立了多目标资源优化和调度模型，并采用智能优化算法对模型进行了求解。该研究的新颖之处可归纳为：①问题建模是基于真实的中国卫星调度项目；②每一个资源都具有不同的效益；③每一项活动的不确定性与时间相互独立。刘欣仪和陆志强（2017）在对作业时间依赖资源分配决策的项目调度问题建模的基础上，使用局部搜索的遗传算法进行求解。程永波等（2016）研究了“主制造商-供应商”多主体协同研制模式下的复杂产品研制资源整合方法。Kurth 等（2017）研究了基于投资组合决策分析方法的研发资源分配决策。姚路和刘之萌（2021）从项目管理角度，对舰船维修项目资源配置优化问题进行研究。首先，在传统配置过程和方法的基础上，分析项目活动“资源需求量-耗时”规律和三种实施模式；其次，建立基于舰船状态的资源预测模型，分析项目优化目标和两大约束；最后，建立基于多模式选择的项目资源配置模型，总结资源配置过程和优化求解的流程。吴莹等（2021）提出了一种面向任务的装备维修保障资源配置模型，并利用遗传算法进行求解。在算法设计过程中，采用更接近问题空间的实数编码形式，并且通过嵌入有限选择的随机替换模块，解决了在明确任务需求以及维修保障资源条件下的任务与资源配置问题，避免了资源的重复分配。

此外，还有部分学者结合数据，从任务配置动态优化管理方面展开了研究。Bertsimas 等（2014）提出了一种二元优化框架来解决动态资源分配问题。该框架具备三个不同特点：①通过融合不同的目标函数定义了灵活性指标；②在交通、服务、工程领域可被广泛应用；③可追踪，即针对大规模问题依然可以快速找到近似解。他们将该框架应用于航空流量控制管理问题，首先收集了美国 55 个机场流量的真实数据，通过分类将它们映射到不同的区间，之后通过选取特征值对整个数据集进行缩减，继而通过动态调整模型中的参数，以实现求解算法的高效性。MacKenzie 等（2016）针对原油泄漏问题，提出了静态和动态两种资源分配模型，以帮助企业减少原油泄漏造成的经济损失。文章收集了来自 63 家不同企业的数据来建立相互依赖矩阵，采用分支界定法来解决动态优化问题，且算法依赖于所解决问题的凸松弛性质。计算结果显示分配足够的资源对阻止原油泄漏以及后期清理非常重要，可以减少所有企业的经济损失。

当前关于高端装备制造研制任务的相关研究成果众多。但是，目前的研究还存在以下不足：①目前的研究成果中缺乏一套系统科学的模型体系来对研制任务进行多维视角下的资源优化配置分析；②目前的研究成果中关于资源配置优化的大部分模型为单目标优化模型，而考虑多个优化目标的研究相对较少，同时对任务配置问题中的动态性研究刚刚起步，缺乏对现实世界问题的模拟和反映；③目前研究主要是基于数学建模和智能进化算法方法进行研究，缺乏有效利用研制过程中的实时动态数据方面的研究，即缺乏基于数据驱动方法进行高端装备制造研制任务资源动态配置的研究。因此针对高端装备制造研制任务分解结构与资源配置管理的研究的重要性不言而喻，特别是在互联网与大数据环境下，如何实现高端装备制造研制任务资源的优化配置，需要进一步分析和研究。

1.2.3 网络建模与分析

大数据和物联网的出现，为高端装备制造研制任务管理带来了巨大变革，高端装备制造研制任务之间的关系呈现出多属性、层次性、动态性和网络化等特征，相互作用网络是一种大数据环境下对系统中多类型元素进行分析的网络化方法，已被广泛应用，尤其在级联效应方面。高端装备制造研制任务工作体量大、涉及组织多、任务关系复杂、风险性高、对研制任务网络的鲁棒性要求较高。一些学者围绕大数据和物联网在工程项目管理中的应用，采用研制任务网络化建模方法，在鲁棒性分析以及关键节点挖掘等方面开展了相关研究。

1. *复杂网络建模*

工业大数据是高端装备制造研制项目管理的关键要素，也是目前全球制造业转型面对的一项重要课题。通过大数据技术，我们可以从庞大的数据库中找到最符合项目要求的各项指标，提高项目监控和管理效率。物联网、大数据等信息技术的快速发展和应用，给高端装备制造项目的任务网络分析和评价带来了巨大变革。目前，物联网、大数据等技术已经在很多行业的项目管理中开始应用。Whyte等（2016）通过文献研究、面谈、考察和跨案例研讨等方式，研究了空中客车、欧洲核子研究中心（European Organization for Nuclear Research，CERN）和伦敦Crossrail 铁路工程等复杂项目管理范畴中的变革，发现这些复杂项目的组织更依赖于数字技术来管理海量数据集，并且使用了系统工程的结构管理方法。Lu 等（2012）将大数据应用到危机管理中，使用手机大数据对海地地震中受灾人群进行移动轨迹预测，使救灾物资更高效地被分发给受灾人群。Zhu 等（2015）针对传统方法无法解决医疗服务中大规模传感技术和大数据分析的问题，提出了异质网络连接下的多种类传感平台，综合了传感技术、网络技术和机器学习技术，完成了分析驱动的数据收集平台的设计。Shrouf 和 Miragliotta（2015）讨论了基于物联网的能源节约型生产管理过程及其优势，提出了将物联网收集的能源数据整合到公司信息平台的框架。

大型工程项目影响因素众多，层次和组织结构关系复杂。在高端装备制造研制项目管理过程中，由于项目规模增大，任务活动和作用关系数量急剧增加，传统的关键路径（Farughi et al.，2013）、佩特里（Petri）网（Lin and Dai，2014）和层次任务网络（Zhuo et al.，2014）等方法存在模型抽象且简单、不能应对海量数据的计算压力、无法反映项目参与主体间错综复杂的作用关系等问题。复杂网络作为对复杂系统结构和作用机制的一种抽象，可以用于描述系统中个体之间的关系以及系统的整体行为，为大型工程项目管理提供了网络化的建模方法。Collins 等（2009）综合利用设计结构矩阵和网络分析方法研究了项目实施过程中任务之间的交互，通过网络分析发现项目实施过程中影响信息流的关键任务，进而达到优化流程的目标。Parraguez 等（2015）使用动态网络分析方法研究了复杂工程设计阶段的信息流，提出了集成项目中的人员网络和活动网络的动态建模方法，从而更好地规划工程设计项目的信息流。此外，Parraguez 等（2016）还针对工程设计活动中过程接口的系统性描述、接口结构在过程表现中的作用等问题，提出将过程接口视为包含人以及人的活动的任务组织网络，并说明了任务组织网络中接口结构是如何提高复杂工程的设计能力的。Morris 和 Barthelemy（2012）总结了获取耦合网络（相互作用网络）关键特征的方法，该耦合网络依赖于资源的分布和路线的指派。由于大型工程项目中元素的多样性和层级性，相互作用网络成为解决项目管理问题的有效方法。杨婧等（2011）将复杂网络中的相互作用网络理论运用到工程项目管理中，解决组织和项目隔离的问题，并在随机失效和故意攻击条件下，对三种不同组织网络结构对项目工期的影响进行了解析和仿真分析。结果表明，只需攻击一定比例的组织节点就可导致整个网络完全瘫痪。相互作用网络中发生在某个或少数几个组分（节点或边）上的故障将通过网络内部或网络之间的耦合关系，使得其他部分网络组分也发生故障，产生级联效应，最终导致网络的相当一部分甚至整个网络的崩溃（Buldyrev et al.，2010）。Shao 等（2011）考虑两个网络之间的多种支持-依赖关系，从理论层面对相互作用网络上的级联效应问题进行了研究。Zio 和 Sansavini（2011）提出了基础设施网络系统的相互作用网络模型，并且通过级联效应传播过程的仿真，分析了相互依赖性对级联传播的影响。Huang 等（2011）研究了针对度大的节点或度小的节点分别进行目标攻击的情况下，相互作用网络的鲁棒性，实验结果表明，相互作用网络很难通过保护度大的节点来实现对整个作用网络的保护。Hong 等（2015）在对交通设施相互作用网络鲁棒性分析的基础上，提出了有效抑制级联效应传播的策略，该策略着重考虑网络上的交通负载和两个网络之间的耦合偏好，结果表明在级联传播的早期采取措施可以大幅度地减小级联效应导致的损失。Hong 等（2016）还对网络之间的相互依赖关系进行了建模，分析了网络上的级联效应，讨论了初始故障发生时的恢复措施，结果表明恢复的效果在很大程度上取决于初始故障的开始时间。

2. 网络评价和鲁棒性分析

关于任务网络的鲁棒性分析，当前研究热点集中在选择衡量任务完成水平的度量参数，以及评估任务网络稳定性和抵抗风险因素的能力方面。Yazdani 等（2013）在既定节点和链路可靠的前提下，基于连通度和粘连度评价网络遭受自然灾害或敌方蓄意攻击后的剩余能力，进而反映网络的鲁棒性水平。Tsilipanos 等（2013）提出了采用传输一定容量信息的端到端连通性来度量从网络源头到终点的成功率，即网络中两个端点至少存在一条路径的概率，用其来表征网络中两个任务节点之间保持连通的能力。针对节点可靠度变动会引起网络全局可靠度波动的现象，Brown 等（2014）定义了一种“平均可靠度”，即网络全局可靠度在[0, 1]区间上的积分，他们用该指标评价节点可靠度波动情况下整个网络的鲁棒性，并有效对比分析了相同度分布的网络之间的鲁棒性。Aouchiche 和 Hansen（2013）考虑用网络的完整度进行鲁棒性分析，即在网络中断的情况下，通过网络被破坏的难易程度来评价网络的鲁棒性，一般情况下，网络的完整度越高，鲁棒性越高。Broersma 等（2014）提出了利用网络不连通所需去掉的节点数与去掉这些节点后剩余网络的连通分支数之间比值的最小值来刻画网络的鲁棒性，结果发现一个图中连通片的数目等于该图拉普拉斯矩阵零特征根的重数。Preciado 等（2013）利用这一参数从路径存在的角度分析网络拓扑结构对网络鲁棒性的影响。在一些情况下，网络需要考虑节点的负载，一些攻击使得某些节点功能遭受破坏，那么这部分节点的负载就需要由其他节点来负担，因此可能会造成更多节点因过载而瘫痪，从而造成网络中大面积的阻塞，我们一般用级联失效（cascading failures）模型来刻画这种网络受损现象。Tang 等（2016）借助基于网络最大连通簇变化的评价指标 R 评估网络在遭受级联破坏下的鲁棒性。Wang 等（2017）提出基于标准化互信息（normalized mutual information，NMI）的度量标准 R_{NMI}，该标准考虑移除 q 个节点前后社区检测结果的变化，R_{NMI} 值越大，网络在故障发生时表现得越稳定。研究发现 R_{NMI} 可以有效地评估网络的鲁棒性。

3. 网络关键节点重要度分析

关键节点的发现算法可以归结为两个大类：基于全局信息和基于局部信息的关键节点发现算法。基于全局信息的发现算法要考虑整个网络结构，如 Du 等（2015）提出的一种基于有效距离的接近中心性。这种全局度量方法依据信息在任务网络中的平均传播距离来刻画节点重要度。利用有效距离代替传统的地理距离，使得该方法在无向或有向，无权或有权的任务网络中都能够进行有效计算。Brandes 等（2016）采用介数指标以经过节点的最短路径数衡量节点重要性，反映了关键节点对沿最短路径传播的网络流的控制力。Garas 等（2012）基于 k-壳分解法进行关键节点排序，将网络中的外围节点层层剥去，用以确定节点在整个网络中的中心性。基于全局信息的算法因其时间复杂度过高，难以应用于大规模网络。为权衡算法效率和效果，有些研究者基于局部或半局部信息挖掘关键节点，如基于节点的度来衡量其重要程度，该算法较为简单，准确度不高。多级邻居信息指标——局部中心性（local centrality）是由 Chen 等（2012）提出的一个基于半局部信息的关键节点挖掘算法，该算法利用一个节点的最近邻居和次近邻居的度信息来衡量节点的重要程度。由 Brin 和 Page（1998）提出的 PageRank 算法，不仅考虑邻居节点数，还考虑其质量，广泛应用于复杂网络节点的重要度排序。Lü 等（2011）提出的 LeaderRank 算法解决了经典的 PageRank 算法排序唯一性的问题，按 LeaderRank 算法对网络节点重要性进行排序对网络噪声（节点随机加边或删边）有更好的容忍性。Viana 等（2013）定义了节点的可达性指标，该指标描述了在自回避随机游走的前提下，网络中的节点经过一定步长后能够访问不同目标的可能性。基于局部信息的关键节点挖掘算法时间复杂度相对较低，适用于大规模网络，但是由于只考虑了局部信息，算法的准确度有所降低。Nie 等（2016）考虑了节点与邻居节点之间的相关性，用信息熵相关知识来计算得到节点的重要度，采用了两种攻击策略来测试该方法对网络的连通性的影响，验证了方法的有效性。阮逸润等（2017）认为节点的重要性也取决于节点两跳内的邻居节点，通过计算两跳内邻居节点对之间的相似度来表征节点的结构重要性。郑文萍等（2019）提出了一种有关局部特征的关键节点识别算法，该算法分析了节点与邻域节点之间的拓扑关系以及边权重对关键节点识别的影响机制。Yang 和 An（2020）提出了一个基于结构洞理论的节点重要性识别方法，该方法考虑了节点及其一跳邻居的度中心性，同时引入了一跳邻居节点之间组成的节点对与所测节点形成的结构孔数，并验证了结构孔数在网络结构分析中的重要性。de Meo 等（2020）将潜在增益（potential gain）作为节点中心性的度量指标，该指标统一了多个基于游走的中心性指标，他们还定义了节点的可通行性（node navigability），用来描述通过短距离游走从网络中其他节点到达任意节点的属性。

一些学者研究了物联网、大数据等在工程项目管理及其他领域中的应用，从多个角度对复杂项目管理进行了网络建模分析。但是，针对高端装备制造研制任务特点的网络建模方法及鲁棒性分析的研究还不多见，特别是如何将互联网、大数据技术与高端装备制造研制任务网络建模方法有机结合，还有待进一步深入研究。因此，亟待开展针对高端装备制造研制任务网络的建模、分析与评价研究。

1.2.4　任务集成与验证评估

在高端装备产品开发过程中，随着系统规模和复杂程度的增加，以及对系统适应性的需求，研制任务集成面临更多的挑战（Madni，2012；Neches and Madni，2013）。任务集成过程是基于传统的瀑布模型以及 V 模型自底向上的过程，在互联网等新兴信息技术条件下，任务集成的要素更加广泛，层次化和动态性特征更加明显，同时，集成过程中验证和评估的方法也成为相关领域研究的热点问题之一。

1. 任务集成

集成管理作为项目管理的核心内容，从 20 世纪 80 年代开始，受到了工程管理领域的广泛关注（Shen et al.，2010）。Sicotte 和 Langley（2000）研究了 R&D（research and development，研究与开发）项目中不同的集成机制对项目性能的影响。随着集成管理的不断发展，集成的内容和要素不断扩展，涵盖了信息、知识、数据、资源以及部门和人员等各个方面。其中，对知识的集成越来越受到研究人员的重视。Newell 等（2004）研究了大规模信息技术项目的设计和开发中社会资金与知识的集成，探讨了在项目团队中社会资金和知识的相互关系。Mitchell（2006）研究了大规模信息技术项目的完成时间和项目管理团队知识集成能力之间的关系，通过对医药行业 74 家企业实际应用的分析，说明了有效的集成管理能够缩短项目延迟时间，提高项目按期完工率。Eslami 和 Lakemond（2016）针对复杂产品开发项目，研究了内部集成的方法，并将该方法分为三类，即基于多方向频繁交互的集成，基于边界的以问题解决为导向的集成以及基于单一方向的面向信息的集成；同时，他们还指出内部集成的方法与子系统的不确定性相关。Madni 和 Sievers（2014）指出，特别是在国防和航空领域，随着系统规模和复杂程度的增加，项目的研制生产周期会随着项目规模的扩大而延长，需要对项目全生命周期内不同阶段的要素进行集成。Brettel 等（2011）研究了复杂产品生产中研发、制造和市场等阶段的多功能集成，并针对集成对项目的效率所产生的作用进行了分析。Davies 和 Mackenzie（2014）以 2012 年伦敦奥运场馆建设项目为背景，研究了复杂项目建设中的不同层次的集成：在“元系统集成”（meta systems integration）层次，主要对系统组件进行集成，重点管理系统组件与多利益相关者的外部接口；在“系统集成”（system integration）层次，每个子系统作为松耦合的独立系统，主要通过系统与系统之间的接口来协调其与其他独立系统的相互关系。Shin 等（2017）介绍了一种基于自适应能力集成的新型系统工程方法，该方法可以增强系统对顶级功能故障的抵抗力，或者在功能需求转移、演进或扰动导致顶级功能故障的情况下，提高系统的恢复能力；该方法补强了传统的系统工程过程，为系统设计人员提供了将适应能力集成到系统中的机会，增强了系统的弹性抵抗能力。周书华等（2018）基于标准的系统建模语言（systems modeling language，SysML）和多领域仿真建模语言 Modelica 提出了一套系统层设计与仿真集成方法，实现了 SysML 设计模型向 Modelica 仿真模型的自动转换，展示了复杂机电系统的设计和仿真的集成过程。

高端装备制造研制任务网络结构复杂，任务与任务之间可能存在重叠、交叉和迭代。针对高端装备的设计和研制，可以将任务网络用设计结构矩阵表示，基于设计结构矩阵对任务网络进行集成。设计结构矩阵作为一种描述任务活动之间依赖关系和信息传递的可视化工具，能够对项目活动进行集成和排序，减少返工，从而达到缩短研发周期、提高研发效率的目的（Browning，2001）。Yang 等（2014）针对产品开发项目中的交互强度度量和聚类分析等问题，基于设计结构矩阵研究了重叠活动对交互强度的影响，提出了双阶段的聚类准则模型用于开发活动的聚类分析。Gaertner 等（2014）针对汽车工业研制项目的高度复杂性，如多层次依赖关系、迭代过程、资源受限、需求变更和多项目协同等，基于设计结构矩阵研究了项目开发过程中的功能集成。Meier 等（2016）研究了产品开发项目中考虑任务活动重叠的集成与优化问题，采用设计结构矩阵描述了任务活动之间的前后关系，基于多目标进化算法对产品开发的时间和成本进行了优化。Browning（2016）在关于设计结构矩阵的文献综述中指出，设计结构矩阵在系统集成与测试分析、内部组织集成和过程集成等方面发挥了重要作用，并具有广泛的应用前景。

2. 验证评估

大型项目任务管理中，验证评估工作至关重要，国内外学者对此做了大量研究，按照评估方法的不同，验证评估方法大致可分为：专家调查法、试验统计法、解析方法、可执行建模方法和混合方法等。最早的项目管理验证评估主要依靠工程管理人员的经验，之后的主流是基于文档的系统工程方法。随着基于模型系统工程的广泛实践，模型驱动的验证评估方法越来越受到大型制造企业的青睐。模型驱动的可执行建模方法、离散事件系统仿真方法和基于商用软件的仿真验证方法是当下颇为流行的三种方法。

模型驱动的可执行建模方法的基本思路是：以某些体系结构产品为基础，将它们转换为某种可执行仿真模型，添加某些信息后，运行该可执行模型，验证或评估体系结构描述中的行为是否按预期的顺序执行，是否有逻辑冲突，能否达到预期的效果。Hanai 等（2016）将模型驱动的系统工程方法应用在机器人系统架构验证上，通过对给定目标的执行实现，机器人能够不断提升任务技能和相关领域的知识，这种工程过程有助于自动化工具的开发并以此协助改善人类执行任务。Onggo 和 Karatas（2016）使用基于 agent 的模拟验证进行模型验证和分析，提出了一种技术驱动的模拟模型，并将其应用于海上搜索操作任务，通过构建模拟模型对该活动任务进行可执行仿真验证。Keshtkaran 等（2016）使用运筹学和管理科学模型构建医疗决策系统，通过对各种数据源和参数进行分析，建立长期效益评价模型，通过各种决策条件数据的输入，使用模型驱动的方法对决策过程进行验证，并通过反馈对先前构建好的模型进行检验确认。Chen 等（2019）提出了一种设计阶段的模型验证方法，该方法将静态属性建模语言中的需求和系统建模语言中的系统设计转化为扩展的概念图，设计了一种基于关系的静态属性建模语言，以满足机电产品模型验证的需要；使用这种方法能够更早地发现设计缺陷，从而节约时间，降低成本。

离散事件系统仿真方法下的系统可执行关键在于具有可精确操作的仿真范式，常用的 Petri 网和离散事件系统规范（discrete event system specification，DEVS）就为此提供了形式化的仿真体系。目前国内外研究中采用 Petri 网模型的文献最多，包括着色 Petri 网（colored Petri net，CPN）（Wang and Dagli，2011），时间约束着色 Petri 网（timed CPN，TCPN）（Aubry and Brînzei，2015）等。Rahmani 等（2014）通过实验和仿真（Petri 网）模型对中间件的多层性能与可靠性进行验证，用内置 Petri 网来验证敏感性，并使用 Web（万维网）服务和中间件架构进行静态和动态分析。各种 Petri 网模型各有优势，但生成 Petri 网模型时人工干预的因素较多，可执行模型构建效率低、重用性差，不易实现由静态模型到动态模型的自动转换，而 DEVS 则提供了模块化、层次化的建模方法论和统一的模型描述框架，是一种具有普适性的建模理论，并且 CPN 和时间自动机等一系列离散事件系统都可以用 DEVS 的理论进行描述。目前发布的 DEVSML 2.0（DEVS modeling language 2.0，DEVS 建模语言 2.0）基于支持仿真的并行 DEVS（parallel DEVS，P-DEVS）（Mittal，2007），去除了先前版本的诸多不足，但仍然不能描述包括非确定性状态转移在内的复杂行为，对于多个外部事件同时发生的情况也未考虑。Mittal 和 Risco-Martín（2013）阐释了 DEVS 统一过程（DEVS unified process，DUNIP），旨在实现基于模型的系统工程（model-based systems engineering，MBSE）愿景和网络中心体系；他们同时还描述了网络中心建模与仿真的形式化模型驱动工程方法，使用基于标准的方法开发和测试具有 DUNIP 的复杂动态模型。Tsadimas 等（2016）提出在企业信息系统中使用 SysML 将信息转化为可执行的仿真代码，并利用模型驱动的体系结构（model driven architecture，MDA）原理和技术将仿真结果集成到源 SysML 模型，通过系统建模环境触发并最终确定验证过程。

基于商用软件的仿真验证方法不仅能够支持验证系统的逻辑和行为的正确性与一致性，还能够支持对系统的整体性能或效能进行预评估。Yu 和 Yang（2016）设计了一种卫星姿态确定与控制系统的半实物仿真平台，其中仿真目标由带有 VxWorks 操作系统的中央处理单元板和多个连接的输入/输出板组成，通过对比数值仿真与半实物仿真的结果，可利用半实物仿真平台验证微卫星控制方案的有效性和合理性。

由于高端装备制造研制任务错综复杂，任务集成后构成的体系可能会存在各种各样的问题，还需要对任务集成后的系统建立合适的框架进行评估。Broeer 等（2014）提出了一种智能电网电力系统的建模框架，将该框架应用于物理示范项目，使用实际动态数据进行验证模拟，并将风力发电引入发电组合，说明需求响应的潜力，以减轻风力发电可变性的影响。Sankararaman 和 Mahadevan（2015）提出了一种贝叶斯方法，将模型验证和校准活动整合为一个整体，并对不同类型工程系统的不确定性进行了量化；该方法首先对单级模型进行开发，然后扩展到相互使用的多级模型系统，从而对工程系统的不确定性进行量化预测评估。Wibben 和 Furfaro（2015）使用基于模型的系统工程方法对小行星采样返回任务进行科学处理，并设计了一种复杂地面系统架构，为科学家提供必要的信息，该方法不但能够验证、评估小行星采样返回任务，还能够方便地管理地面系统，快速有效地开发模型并生成需求验证文档。孙建彬（2018）通过模型和数据混合驱动的方法，采用 D-S（Dempster-Shafer）证据理论等，对不同信息条件下的武器装备进行了综合评估。

由于高端装备制造研制任务独有的复杂性、不确定性、涌现性和多利益主体等特征，仅仅利用单一的方法无法对高端装备制造研制任务进行很好的评估，因此基于可执行模型、解析、专家知识等多种方法的混合方法成为解决高端装备制造研制任务评估问题的重要手段。Poole（2008）提出全局后悔值分析（global regret analysis）方法用于国防采办过程早期的体系方案鲁棒性评价；该方法在多 agent 仿真软件 FLAMES 和统计分析软件 JMP 的支持下，综合集成了后悔值分析、大量想定生成、代理模型等技术。Tangen（2009）提出了基于能力评估（capability-based assessment，CBA）方法中条令方案和装备方案的定量化评估分析框架，主要是将 agent 仿真、实验设计、神经网络代理模型及多变量结果展示技术综合运用到 CBA 各个阶段，并结合下一代无人机的设计问题（包括性能参数设计和运用方式设计）详细演示了该方法的应用。

随着我国经济社会的进步和装备制造业的飞速发展，各个领域开展了广泛的复杂系统和产品的集成验证的应用研究，取得了丰富的应用成果，主要包括航天产品，如卫星（袁家军，2011）和运载火箭研制（李学锋等，2014）的集成验证、卫星导航系统的总体设计与验证（谭述森，2010）。此外，在重大基础设施工程管理领域，也开展了大量的系统集成管理的研究，如大型水利水电工程的信息集成（徐玖平，2014）。

国内外学者针对不同应用领域的复杂系统集成和验证存在的难点与挑战，开展了大量研究，在理论和应用方面都取得了很好的研究成果。互联网与大数据环境下，高端装备制造研制任务的分布式、网络化和多源信息融合等特征更加明显。现有的理论方法和研究成果在解决新兴技术条件下高端装备制造研制任务的集成与验证问题时具有以下几个方面的局限性。①互联网与大数据环境下，高端装备制造跨领域、跨行业和跨区域特征更加明显，研制任务呈现复杂网络化的特征。现有的系统集成方法不能很好地对研制任务网络进行聚合和集成，针对高端装备制造研制任务大规模、分布式等特点的集成方法还有待进一步研究。②传统的系统集成过程大多属于离线的集成方式，不能很好地利用互联网与大数据环境下高端装备制造研制任务网络集成过程中动态产生的数据和信息。③现有的验证和评估方法较少综合考虑和利用集成过程中的知识、信息、资源、组织、技术等方面的数据，此外，针对动态行为的验证评估的理论和方法较少。

综上所述，虽然现有文献在用户需求分析和管理、任务分解与资源配置管理、任务网络分析与评价，以及任务集成与验证评估等研究领域开展了相关工作，但是，面向互联网与大数据环境，针对高端装备制造工程管理问题系统性的研究还不多见。另外，NASA、波音公司等企业和 INCOSE 等专业协会推广应用体系结构框架和 V 模型，将其用于指导装备制造工程管理实践，已取得了初步成效，但是新兴信息技术环境下的相关研究与实践仍处于起步阶段。因此，结合我国国情和发展需求，面向互联网和大数据环境，系统深入开展高端装备制造研制任务集成管理方面的研究还有许多工作要做，还有许多相关问题亟待解决。

第2章 高端装备制造研制任务集成管理研究框架

2.1 高端装备制造研制任务集成管理

2.1.1 用户需求分析与管理

高端装备制造相对于传统装备制造而言，具有投资风险大、产品技术复杂、用户需求个性化、研制任务网络化等特点。因此，满足用户的个性化需求（要求）是高端装备制造研制的出发点和落脚点。互联网和大数据技术的发展，已使得从高端装备的用户个性化需求获取开始，通过用户需求到系统功能的映射，到高端装备的系统功能设计，以及最终实现高端装备制造研制成为可能。

1. 高端装备制造研制任务用户需求获取与分析

传统的高端装备制造研制任务的用户需求获取主要来自与客户的沟通，这种需求获取的渠道和手段是有限的。在后信息时代，从互联网与大数据中获取高端装备制造研制的用户需求，已成为需求获取的重要渠道。互联网作为开源信息的主要来源，蕴含了大量宝贵的潜在需求信息。然而，由于互联网数据具有规模大、分散化、价值密度低和可靠性低等特征，亟待高级的信息采集、处理和分析技术对其进行筛选过滤，使其成为后续需求确认与管理的有用信息。

因此，首先需要构建获取高端装备制造研制用户需求的数据服务共享平台，其核心是一套可扩展的混合数据管理系统；其次，根据用户需求获取的需要，研究部署一系列互联网数据采集工具，全面实时地抓取满足要求的潜在需求相关数据；再次，对原始数据进行自然语言处理、去重清洗等预处理，从中进行信息抽取以构建特定高端装备制造研制用户需求的知识图谱；最后，在预处理的基础上，利用知识图谱分析用户需求和发现竞争情报，包括潜在用户观点抽取、主要竞争装备发现、相关制造技术趋势预测等。

2. 高端装备制造研制任务需求确认与管理

从互联网与大数据中获取的高端装备制造研制需求还需要得到用户的进一步

确认，这是一个研制者与广大用户共同交互的过程，需要在需求获取、分析的基础上，不断向用户推荐高端装备制造研制的有效需求信息，推荐满足用户需求的功能设计，进而对创新研制任务需求进行预测，逐步明确创新研制任务需求，实现对需求的变更管理。

相应地，首先需要在获取高端装备制造研制用户需求的数据服务共享平台上，建立基于推荐系统的需求确认与管理云平台框架，研究基于用户的协同过滤的需求预测推荐模型，计算个性化用户需求与相关领域用户之间的相似关系，生成需求推荐列表；其次，建立基于内容的相关创新能力推荐模型，并根据用户个性化定制信息将初步的用户需求和功能设计推荐给用户且限定可行需求的范围；最后，研究基于标签的相关设计服务推荐模型，为用户选择设计服务提供辅助决策支持。

面向高端装备研制工程实际背景，针对互联网与大数据环境下高端装备制造研制需求信息的海量、分散、多源、模糊、非结构化等特点，开展高端装备制造研制的用户需求分析与管理研究，突破面向高端装备制造研制用户需求的知识图谱构建、潜在用户群需求观点提炼等关键技术，构建满足高端装备制造研制用户需求的数据服务和推荐系统平台，为高端装备制造研制个性化的用户需求获取、确认和管理提供辅助分析工具。

2.1.2 任务分解结构与资源配置管理

高端装备的创新研制是一项跨领域、跨行业、跨区域、多学科融合的复杂系统工程，创新研制的首要任务是将个性化的用户需求转化为系统设计和研制任务要求。一项大的研制任务通常要按系统、子系统、功能模块逐级分解并落实到各个研制单位和团队，由于高端装备制造研制通常时间紧、任务重，参研单位多，研制风险高、管理难度大，因此，从用户需求到任务分解结构的转化，以及数据驱动的高端装备制造研制任务资源动态优化配置成为互联网与大数据环境下高端装备制造研制任务管理的关键科学问题。

1. 从高端装备制造研制用户需求到任务分解结构的转化机制和描述建模

高端装备制造研制阶段的首要任务就是要将用户需求转化为研制任务要求。在具体的研制过程中，需要从不同层次、维度和任务粒度等方面对从用户需求到研制任务分解结构的转化机制进行规范化描述，按系统、子系统、功能模块逐级分解并落实到各个研制单位和团队，从而构成一个由功能分解模块和参研机构相互结合的多层结构的研制任务网络。

为此，首先需要基于高端装备制造研制用户需求分析的结果，运用体系结构框架技术和多视图产品工具，建立从用户需求到研制任务的转化机制以及相应的规范化描述模型，将用户需求映射到高端装备制造研制任务所包含的核心要素上，实现需求流到任务流的转化；其次，在此基础上，从系统、技术和组织等多个视角，研究高端装备制造研制任务的规范化描述建模方法；最后，研究并建立研制任务的层次结构关系以及基于多视图的任务分解结构模型。

2. 高端装备制造研制任务资源动态优化配置管理

高端装备制造研制任务需要整合各个研制单位和团队的可用资源，资源配置的合理性对整个创新研制任务的进展具有重要影响。此外，研制过程中各种不确定因素的变化导致管理者需要对各种资源进行动态调整和优化配置，进而实现有限资源的效益最大化，保证研制任务的顺利完成。

首先，需要运用多视图的任务分解结构模型对各个任务的要求、各类资源的需求进行系统分析，梳理任务与资源的关联关系，研究在各种资源约束下高端装备制造研制任务资源配置问题模型及其智能优化算法；其次，根据研制过程中不断收集和产生的研制质量、进度等运行、管理数据信息以及变化的情况，运用数据挖掘技术，对初始的任务资源配置方案进行持续不断的改进，动态调整和优化资源配置；最后，根据资源动态优化配置的变化规律，提出相应的调整策略和管理机制。

于是，面向高端装备研制工程实际背景，通过对从高端装备制造研制用户需求到任务分解结构的转化机制和描述建模、任务资源动态优化配置管理的研究，就可以形成可执行的任务分解结构和研制任务清单，建立通用的、基于多视图的任务分解结构模型与描述方法和数据驱动的研制任务资源优化配置模型，提出相应的调整策略和管理机制，从而为互联网与大数据环境下高端装备制造研制任务分解结构与资源配置管理提供科学的转化、描述、分析与优化方法支撑。

2.1.3　任务网络化建模及评价分析

高端装备的创新研制需要在获取用户需求和实现从用户需求到任务分解结构的转化基础之上，把研制任务分解并落实到各个研制单位和团队，构成一个由研制任务和参研机构相互结合的多层任务网络。研制任务网络的节点就是高端装备制造研制工作中的任务、子任务以及参与任务管理和研制的组织机构。由于高端装备制造研制任务相互联系、相互作用，需要运用相互作用网络方法来对其进行建模、分析与评价。

1. 高端装备制造研制任务网络化建模

由于高端装备制造研制任务参与组织众多，任务繁重，且研制任务各要素之间关系错综复杂，管理者需要及时掌握整个研制过程的各种数据信息，才能对整个研制任务网络进行有效管控。因此，需要研究对高端装备制造研制任务进行网络化建模的方法，实现基于网络大数据的高端装备制造任务的关联关系挖掘、任务状态的实时监控和分析。因而，首先需要以多视图的任务分解结构模型为基础，结合任务实施的组织管理结构，对研制过程中的任务层、组织层进行相互作用网络建模；其次，运用相互作用网络理论，研究任务网络的拓扑结构属性及其对任务依赖关系的影响，从研制过程的各种数据中提取和挖掘任务网络的关联关系、统计特征和演化规律；最后，通过对任务网络中的任务延迟和任务变更所带来的级联传播影响进行建模分析，研究任务-任务、组织-任务、组织-组织之间相互影响的强度和作用模式。

2. 高端装备制造研制任务网络评价与鲁棒性分析

由于高端装备制造研制工作技术难度大、参与单位多、任务体量大、不确定性因素多，部分研制任务实际进展可能会慢于预定计划，进而影响整个高端装备研制工作的完成。因此，需要基于各种研制工作过程数据，开展研制任务网络评价和鲁棒性分析，以便更好把握整体研制工作进程，实现研制任务的鲁棒性调度。为此，首先需要在高端装备制造研制任务网络化建模的基础上，运用复杂网络理论方法，利用研制过程数据，开展基于相互作用网络模型的创新研制任务网络评价；其次，从参与组织和研制任务的角度，识别制约高端装备制造研制工作按计划完成的重要节点；最后，面向研制过程中可能出现的多种风险，开展创新研制任务网络鲁棒性分析和风险管理。

因而，通过互联网与大数据环境下高端装备制造研制任务网络化建模和任务网络评价与鲁棒性分析，就可以为高端装备制造研制任务网络的实时分析与评价提供理论方法支持，进而更好地管控和把握整体研制工作进程。

2.1.4　任务集成与验证

不同层次的任务集成与验证评估是高端装备制造研制过程中需要重点研究的内容。互联网与大数据环境下，高端装备制造研制任务网络涉及的信息、资源、知识和技术等数据可以被及时地采集、处理、传输与重用，这为任务的集成管理提供了新的环境和技术支撑。在研制任务网络分析和评价的基础上，基于一致的、可追溯的形式化模型，研究高端装备制造研制任务集成分析和验证评估的理论方法，可以为高端装备制造研制从功能模块、子系统到系统的集成验证，以及设计与研制的需求满足度评估等提供科学的理论依据和有效的方法支持。

1. 高端装备制造研制任务集成分析

互联网与大数据环境下，整个研制任务网络涉及与活动、资源、技术、组织和人员相关的信息及数据，需要在统一的、形式化的各类模型基础上，结合研制任务网络的结构分析，研究高端装备制造研制任务集成分析的方法，实现从研制任务到系统结构、功能和需求模型的追溯，从而提高高端装备制造研制任务集成管理的水平和效率。为此，首先需要在各类模型和数据的基础上，进行研制任务网络集成的多准则设计；其次，在此基础上，研究高端装备制造研制任务网络的聚合方法，确定任务集成的范围；再次，考虑高端装备制造研制任务集成的时间因素，研究大数据环境下高端装备制造研制任务集成的决策方法，动态地确定任务集成的时间节点；最后，基于高端装备制造研制任务与系统功能之间的映射关系，研究高端装备制造研制任务的多功能集成方法。

2. 高端装备制造研制任务验证评估

在建立了形式化的需求、功能和系统结构模型以及研制任务网络的基础上，需要在任务集成过程中从逻辑关系、资源冲突和需求满足度等方面进行验证评估。互联网与大数据环境下，大量的数据和模型为高端装备制造研制任务的验证评估提供了新的条件与技术支撑。高端装备制造研制任务验证评估可以结合任务网络运行的大量实际数据，辅助分析和验证高端装备制造研制任务体系架构的逻辑（时序关系）合理性、行为（功能和过程）正确性以及是否满足用户的预期需求，进而预测在不同环境条件下可能达到的任务状态。于是，要从横向和纵向两个方面对高端装备制造研制任务进行验证评估。首先，研究高端装备制造研制过程中子任务模块集成和组装之后高层次模块的验证评估方法；其次，使用 MBSE 方法从横向上开展高端装备制造研制任务的一致性验证研究，主要对任务的时序、资源冲突、子任务完成质量等进行验证评估；最后，使用 MBSE 方法从纵向上开展需求满足度评估研究，验证评估纵向集成组装后新生成的模块功能是否能够满足用户需求，集成后任务是否有缺失以及各子任务模块之间是否耦合紧密。

因此，通过提出高端装备制造研制任务数据驱动和基于模型的集成验证方法，我们就可以构建高端装备制造研制任务网络集成和验证理论。具体地，通过分析互联网与大数据环境下高端装备制造研制任务集成的过程和要素，构建高端装备制造研制任务集成的准则，并设计高端装备制造研制任务网络集成的有效方法，提出数据驱动的任务网络集成动态决策理论，从而为互联网与大数据环境下高端装备制造研制任务的一体化集成、系统架构评估和需求满足度分析等方面提供理论支撑。

2.2 基于模型的系统工程

2.2.1 基于模型的系统工程关键要素

随着科技的进步，尤其是近年来互联网、大数据、人工智能等新兴技术的发展，装备系统越来越复杂，其规模越来越大，小到一台电视机的系统亦是如此，更何况复杂的高端装备。系统的组分、功能和交互数量在近年来呈现显著增长的趋势，而大量的这些系统要素共同作用的复杂性挑战已经达到空前的高度，这被普遍认为是系统工程人员当前面临的关键问题（INCOSE，2014）。这就意味着，我们需要以一种清晰简洁、逻辑语义一致的方式来表示系统设计方案，对系统的演化行为进行建模，并且系统工程工具需要能在系统的全生命周期促成不同利益相关者之间的协作。

MBSE 是规范化应用建模技术的系统工程方法论，用于支撑系统从概念设计阶段开始并持续贯穿到系统开发及其后续生命周期阶段的需求、设计、分析、验证、确认等活动（INCOSE，2007）。

国际系统工程协会早在 1998 年就宣称 MBSE 是一种全新的系统工程方法论，近些年来在《系统工程 2020 年愿景》（INCOSE，2007）和《系统工程 2025 年愿景》（INCOSE，2014）中面向工业界、学术界发起 MBSE 倡议，并极力推动系统工程从传统基于文档的学科向基于模型的学科转变和发展，MBSE 已逐渐成为应对新一轮科技革命和产业革命条件下高端装备研制和全生命周期管理的顶层方法论与研发新范式。

MBSE 使用建模方法分析与记录系统工程生命周期的关键方面，它有广泛的适用范围，横向跨越整个系统生命周期，纵向跨越从体系到单一组分，并能辐射系统、功能、需求等之间的复杂关系（Vaneman and Carlson，2019）。MBSE 方法强调以系统模型为中心构建系统工程工作构件的知识库，通过模拟系统模型来进行成本验证、性能研究和设计选择，实现捕捉系统需求并支撑开展满足这些需求的设计决策。它一方面可以弥补传统基于文档的系统工程方法在应对海量数据和复杂系统管理时的不足；另一方面通过继承系统工程 V 模型过程的理念，可以将全生命周期过程中各个阶段的模型、数据等全面集成在一起，并支持外围领域模型的接口和扩展，能够实现全生命周期、全系统的模型可视化追踪、管理与控制。如此，我们就能很轻易地围绕高端装备的创新研制量身定制一组系统模型，减少或消除对传统文档的依赖，可快速响应条件和需求变更，实现模型重用，并以一种更加有效的方式对系统进行原型虚拟，探索系统结构和行为，以及系统内部和外部之间的信息交互（Vaneman and Carlson，2019）。

MBSE 方法的主要优势包括：①提高跨领域利益相关者（如用户、项目管理人员、系统工程师、软硬件开发人员、测试人员等）之间的沟通效率；②通过多视角构建系统模型及分析变更的影响来提升系统复杂性管理能力，并支持在早期进行系统的提前验证和确认，从而可以降低风险，降低设计更改的周期时间和费用；③通过提供明确清晰的系统模型来评估一致性、正确性和完备性，有助于对整个系统内部的各个细节形成统一的理解，提升产品质量；④能够以一种更加规范化的方式以及利用模型驱动方法内在的嵌入式抽取机制增强知识的获取及信息的重用，并带来设计变更时更短的循环周期和更低的维护成本；⑤能够利用各种概念的清晰一致表示提供一个完整的、一致的并可追溯的系统设计。例如，MBSE 方法是民机研制过程管理的全新突破，通过实施基于模型的系统工程，可以实现飞机整机的虚拟集成；建立“虚拟铁鸟”模型，可以有效地改进现有设计流程，尤其是系统集成阶段的设计和评价方法，从而避免不必要的重复设计工作，减少整机物理实验的次数和成本（李德林等，2021）。

MBSE 有效实施的关键是支持“基于模型”或“模型驱动”环境下系统工程的方法论，其核心要素表征为一组相关的建模语言、系统结构、建模过程、建模框架以及建模工具与集成数据仓库的集合，如图 2-1 所示。目前，较为成熟的 MBSE 方法论包括 INCOSE 的面向对象的系统工程方法（object-oriented systems engineering method，OOSEM）、IBM Rational Harmony 方法论和 Rational 统一系统工程过程（Rational unified process for systems engineering，RUP-SE）、Vitech MBSE 方法论、NASA 喷气推进实验室开发的状态分析（state analysis，SA）方法论以及对象过程方法论（object-process methodology，OPM）等。同时，MBSE 实施的首要原则是一致性原则，即要确保同一实体数据在不同视图模型、抽象层次上的一致性。

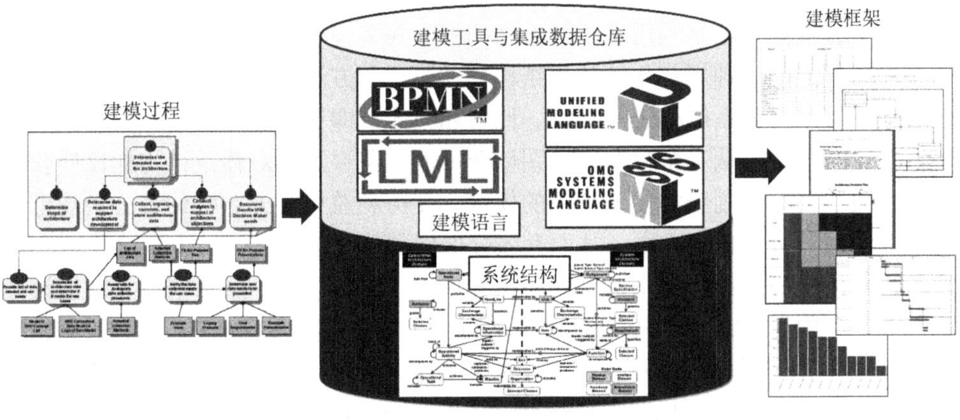

图 2-1　MBSE 实施环境及核心要素

MBSE 作为一种全新的范式，被 NASA、美国国防部、欧洲航天局等组织积极地应用于高端装备和重大项目的研发、技术管理等方面；国际系统工程协会和对象管理组织（Object Management Group，OMG）等在对 UML 进行重用和扩展的基础上，推出了 SysML，消除了不同模型语言在表达方法及术语上的不同，规范了符号和语义；IBM 等软件和解决方案提供商也在积极地开展相关研究，并开发了相关的支持环境。MBSE 发展的最终目的是形成系统工程业界通用的、统一的、贯穿各学科各剖面各周期的开发流程与标准，并且有着强大的支持各学科领域专业工具相互通信联动的开发平台的支撑。

2.2.2 体系结构框架及视图模型

体系结构是复杂系统各组分的结构、它们之间的关系以及指导其设计和随时间演化的原则与指南的统称。体系结构最初用于建筑学，表示设计建筑物和其他物理结构的艺术和科学等。此后，人们将体系结构思想应用到计算机软硬件领域，提出了计算机体系结构、软件体系结构等概念（Ge et al.，2013）。20 世纪末，体系结构概念也逐渐被应用到系统工程领域。作为表征复杂系统在其所处环境中所具备的各种基本概念和本质属性的概念模型，体系结构（architecture）是比系统结构（structure）意义更为广泛的概念，是复杂系统的构成基础及其功能和行为的主要决定因素，是信息化时代做好高端装备顶层设计，保证组分系统之间综合集成和可互操作的关键，是指导高端装备设计、开发、可靠运行和演化发展的蓝图（王明哲，2008）。因此，体系结构可以在高端装备制造研制中起到承上启下的作用，既是连接高端装备需求和系统功能组成之间的桥梁，也是指导高端装备制造研制决策的基础。

体系结构建模通常是指捕获详细的体系结构描述，即构建体系结构模型。目前最具代表性的方法是利用基于体系结构框架的多视图理论开展体系结构建模。体系结构框架是一种规范化的体系结构描述过程和方法，能够确保各利益相关方基于统一标准对体系结构进行理解、比较和集成，即提供一种规范化的定义、参考、指南和规则，从多个视角、视图以及不同抽象层次上对体系结构加以捕获。它将复杂的问题域划分为便于管理的模块，使得利益相关方对整体进行宏观把握的同时，可以关注特定方面，从而有效降低问题的复杂性（Ge et al.，2013）。

体系结构开发的雏形来自企业建模领域，且通常仅限于某个信息系统的设计和开发。其中，1987 年发布的 Zachman 框架是最早且最为普遍使用的体系结构框架，它利用一个二维分类矩阵以一种高度结构化和形式化的方式表示了各方在不同视角上对于信息系统不同方面的描述（Zachman，1987）。然而，20 世纪 90 年代以来，真正推动体系结构框架蓬勃发展的则是一些国防部门和军事机构，尤其是美军将体系结构看作应对信息时代国防部能力转型的一种有效机制，并因此发布了一系列体系结构框架，包括指挥自动化系统 C4ISR（command，control，communications，computers，intelligence，surveillance，and reconnaissance）体系结构框架 1.0 版和 2.0 版以及 DoDAF 1.0 版、1.5 版和 2.0 版（Wagenhals and Levis，2009）。受其影响，多个国家和组织也开发了框架产品，如英国国防部体系结构框架（Ministry of Defence architecture framework，MODAF）、北大西洋公约组织（以下简称北约）体系结构框架（North Atlantic Treaty Organization architecture framework，NAF）等。此外，一些企业在描述信息系统体系结构中也形成了一些比较流行的企业信息系统体系结构框架，如联邦企业体系结构框架（federal enterprise architecture framework，FEAF）和开放组织体系结构框架（The Open Group architecture framework，TOGAF）等。不同体系结构框架在视角和模型上存在较大差异，不兼容的框架模型相互之间无法交互导致不同组织之间的互操作/集成问题。于是，为了给国防组织机构提供一种体系结构描述的标准表示方式，对象管理组织于 2017 年底发布了统一体系结构框架（unified architecture framework，UAF），可以从上至下对更广泛的复杂系统的设计与执行构建一致的体系结构（包括硬件、软件、数据、人员和设施要素等），支持对复杂系统的分析、规范设计及验证，并提升了基于 UML/SysML 或其他建模标准的不同工具之间的体系结构信息交换能力（OMG，2020）。表 2-1 列出了部分代表性体系结构框架。

表 2-1　代表性体系结构框架

发布时间	体系结构框架名称	发布机构或个人
1987 年	Zachman 框架	Zachman
1996 年 6 月	C4ISR 体系结构框架 1.0 版	C4ISR 体系集成任务组
1997 年 12 月	C4ISR 体系结构框架 2.0 版	C4ISR 体系结构工作组
1999 年 9 月	FEAF	美国联邦首席信息官委员会
2000 年 11 月	NAF 1.0 版	北约咨询指控（Consultation，Command and Control，C3）委员会
2003 年 8 月	DoDAF 1.0 版	美国国防部采办和技术副部长等
2006 年 12 月	国防部企业体系结构联盟战略	美国国防部首席信息官办公室
2007 年 4 月	DoDAF 1.5 版	美国国防部采办和技术副部长等
2007 年 11 月	NAF 3.0 版	北约 C3 委员会
2008 年 4 月	MODAF 1.2 版	英国国防部体系结构框架工作组

续表

发布时间	体系结构框架名称	发布机构或个人
2009 年 5 月	DoDAF 2.0 版	美国国防部采办和技术副部长等
2010 年 4 月	MODAF 1.2.004 版	英国国防部体系结构框架工作组
2010 年 4 月	DoDAF 2.02 版	美国国防部采办和技术副部长等
2017 年 12 月	UAF 1.0 版	对象管理组织
2018 年 1 月	NAF 4.0 版	北约 C3 委员会
2018 年 4 月	TOGAF 9.2 版	The Open Group（开放组织）
2020 年 4 月	UAF 1.1 版	对象管理组织

其中，2009 年 5 月发布的 DoDAF 2.0 版是美军在先前体系结构框架版本基础上集成了 MODAF、NAF 和 TOGAF 等框架的模型，形成了 8 类视图和 52 个视图描述模型（详见附录 A），新增的能力视图（capability viewpoint，CV）和项目视图（project viewpoint，PV）及其元模型可用于支撑武器装备发展规划中的能力组合管理。DoDAF 2.0 版并不指定任何特定的模型或视图，而是强调用“以数据为中心”的方法替代先前的“以产品为中心”的方法，将体系结构数据作为任何有效支持决策的体系结构开发的必要组成部分。更具体地，它提出了一种全新的 DoDAF 元模型（DoDAF meta-model，DM2），用于组织语义相关数据概念（或数据要素）及进行数据类型通用分类（通用术语定义），并基于形式化本体基础的国际国防企业体系结构规范（international defence enterprise architecture specification，IDEAS）的一些重要属性定义数据要素之间的关系和属性。DoDAF 2.0 的核心思想是以权威部门的数据为基础，借助 DM2、灵活的体系结构设计方法以及不同表现技术，捕获符合目标的体系结构描述。因此，DoDAF 2.0 更具灵活性和适应性，提高了跨体系结构描述、跨组织的数据重用性和可维护性。

2.3 基于系统工程 V 模型的任务集成管理研究框架

系统工程 V 模型最早大约出现于 20 世纪 60 年代，是用于定义复杂系统生命周期的开始、结束和概念设计、研发、生产、使用、维修、处置等活动过程阶段的系统工程生命周期模型（Graessler et al.，2018；Vaneman，2016）。V 模型常用于描述典型的系统工程过程，特别是在概念设计和研发阶段。系统总体部门（通常是指系统工程部门）首先要对用户需求进行调整（增加或减少），形成系统的功能和性能要求，随后对设计方案进行权衡分析与比较，选择可以满足系统需求的最优方案；其次把系统分解为若干个子系统，对子系统的方案和规范进行定义，在此基础上，进行更低层次的配置分解，一直到最低配置项，在分解的同时，定义每个实体的集成、验证和确认方法；最后，自底向上，进行最低配置项→子系统→系统的集成、验证和确认，最终得到完整的系统。这一过程强调了对用户需求持续确认和定义需求开发中集成验证计划的必要性以及持续的风险与机会评估的重要性，适用于组织高端装备（或复杂产品）的协同设计与集成制造，以及协调跨多个企业的大型研发项目（谭跃进等，2017）。目前系统工程 V 模型广泛应用于商业和国防军工项目，主要用于高端装备制造工程管理实践，如 NASA 喷气推进实验室、美国国防部、欧洲航天局等组织的重大项目研发和管理等。

基于体系结构框架技术和系统工程 V 模型的思想可以为高端装备制造研制任务的整个从分解到集成的演进过程提供工程管理方法及手段。一方面，它可以明确整个系统的功能设计与结构设计，形成完整、一致并可追溯的形式化模型，确认需求和系统执行能为用户提供解决问题的正确方案；另一方面，它可以对功能模块、子系统及整个系统进行逐级集成与验证评估，确保高端装备的系统规范、设计、流程和产品等符合需求。

因此，本书针对互联网与大数据环境下高端装备制造的特点，聚焦高端装备制造研制阶段的用户需求分析、自顶向下的任务分解与资源配置、任务网络分析和自底向上的系统集成验证等四个环节，运用体系结构框架技术和系统工程 V 模型，重点研究系统工程 V 模型中的用户需求分析与管理、任务分解结构与资源配置管理、任务网络分析与评价、任务集成与验证等问题，并结合高端装备研制工程实际背景开展应用研究。

具体地，首先开展高端装备制造研制任务用户需求分析与管理研究，研究互联网与大数据环境下用户需求获取与分析、需求确认与管理，并通过需求到系统功能的映射，得到高端装备的系统功能设计。其次，开展高端装备制造研制任务分解结构与资源配置管理研究，研究互联网与大数据环境下用户需求到任务分解结构的转化机制和描述建模，以及任务资源动态优化配置管理。再次，开展高端装备制造研制任务网络分析与评价研究，研究互联网与大数据环境下高端装备制造研制任务网络化建模、任务网络评价与鲁棒性分析。最后，开展高端装备制造研制任务集成与验证研究，研究互联网与大数据环境下高端装备制造研制集成分析、任务验证评估。本书各章节研究内容之间的关系如图 2-2 所示。

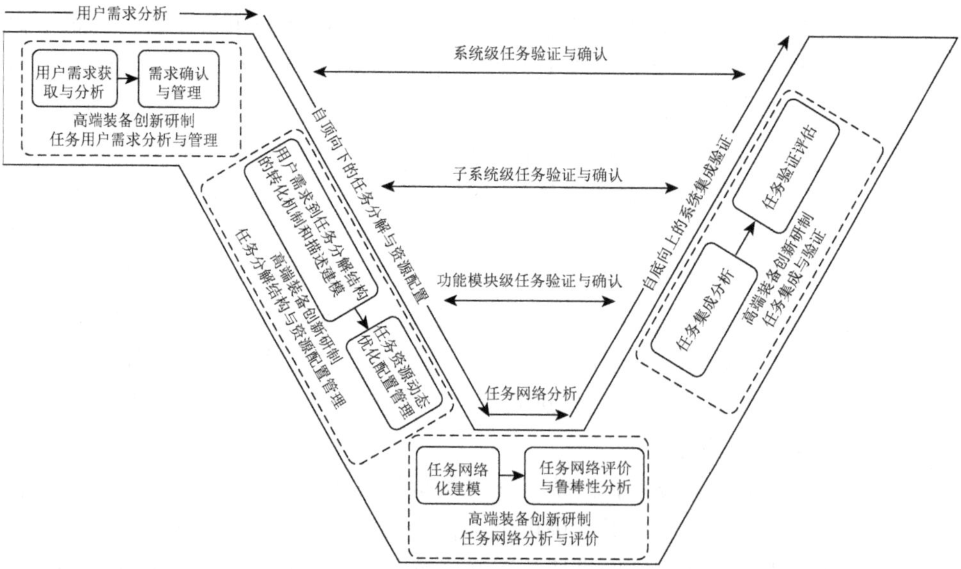

图 2-2　各章节研究内容之间的关系

2.4　本 章 小 结

本章针对互联网与大数据环境下高端装备制造的特点，首先聚焦高端装备制造研制阶段的用户需求分析与管理、任务分解结构与资源配置管理、任务网络分析与评价、任务集成与验证等四个环节，提出了高端装备制造研制任务集成管理的研究内容。一是研究互联网与大数据环境下相关需求分析与管理的理论和方法，并通过需求到系统功能的映射，得到高端装备的系统功能设计；二是研究从高端装备制造研制用户需求到任务分解结构的转化机制和描述建模以及任务资源动态优化配置管理；三是研究高端装备制造研制任务网络的构建、分析和评价方法；四是研究高端装备制造研制任务多层次、多阶段集成与验证的理论和方法。其次，概述了高端装备研制和全生命周期管理的顶层方法论与研发新范式——基于模型的系统工程，包括其主要优势和有效实施的关键要素，以及具有代表性的体系结构框架技术及其视图模型。最后，运用体系结构框架技术和系统工程 V 模型，提出了高端装备制造研制任务集成管理研究框架，阐述了高端装备制造研制阶段四个环节等内容之间的相互关系。

第 3 章　高端装备制造研制需求获取与分析

3.1　研究问题与框架

3.1.1　问题背景及意义

1. 问题背景

高端装备的创新发展对我国制造业的发展具有重要的意义。从行业角度来看，高端装备制造业是指具有高技术水平和强竞争力的制造业，拥有较高的技术壁垒；从产业角度来看，高端装备制造业处于产业链的核心高端地位，其发展水平将决定产业链的发展水平。根据应用场景的不同，高端装备制造业可以分为航空装备制造业、卫星设备制造业、轨道交通装备制造业、海洋设备制造业和智能制造业五大领域。高端装备具有用户需求导向性与技术含量高的特点，分析用户需求和技术需求是高端装备制造研制任务过程中的一项关键任务。

高端装备技术含量高、资金投入大、涉及学科多、服役寿命长，需要组织跨领域、跨行业、跨区域的制造力量，如高档数控机床和机器人、航空航天装备、海洋工程装备和高技术船舶、先进轨道交通装备、节能和新能源汽车、电力设备、农业机械装备等。当前，全球新一轮科技革命与产业革命正在酝酿新突破，特别是以互联网和大数据为代表的新兴信息技术和制造业的深度融合，再加上新能源、新材料、生物技术的突破，引发了产业变革，形成了新的生产方式、产业形式、商业模式和经济增长点。

我国高端装备正在经历从低端到高端、从跟跑到领跑、从模仿到创新、从制造到智造、从大批量到小批量个性化的发展变革，因而面临着新的挑战。与世界先进水平相比，我国高端装备制造业存在自主创新能力薄弱、关键核心技术与高端装备对外依存度高、依赖新兴信息技术的产业链高端缺位、管理方法和服务体系建设明显滞后等问题，所以大力发展高端装备制造业是提升中国产业核心竞争力的必然选择，是抢占未来科技发展制高点的战略要求，对于我国实施创新驱动发展战略和践行“一带一路”倡议、加快经济转型升级、实现由制造大国向制造强国转变具有十分重要的战略意义。

在高端装备研发过程中，获取并分析用户需求是产品设计的第一步。随着信息技术、物联网和大数据技术的发展，高端装备制造企业有机会迅速获取用户对产品的需求，如何将客户的诉求转化为对产品设计任务的需求，是决定研制阶段的先导环节。客户需求的挖掘对企业而言非常重要，因为它有助于企业制订关于产品改进、新产品开发、市场定位、市场细分和在线广告等方面的规划及做出相关决策（Feit et al.，2010；Tirunillai and Tellis，2014；Tuarob and Tucker，2015）。斯坦迪什咨询集团的数据调查研究结果表明，在各项导致产品开发失败的原因中，需求分析不完整占比最高，达 13.1%；此外，缺乏客户的参与、客户期望不实际、需求和需求规格说明书的变更、提供不必要的功能等也与需求分析不完整相关。在项目成功的因素中，清楚的需求表达和理解占比高达 13.0%（Dick et al.，2017）。产品开发项目早期的错误如果不能得到及时纠正，后期修改付出的代价会更大。调查显示，如果需求缺陷是在编码阶段发现的，弥补缺陷的成本将比在需求工程阶段发现并修正该缺陷的成本高 20 倍，如果到验收测试时才发现缺陷，那么修正缺陷将需要 100 倍以上的工作量（Boehm and Basili，2001）。客户需求管理的重要性在学术界和工业界获得了广泛的关注（Pohl，2010；方海和戴梓毅，2014）。高端装备需求的获取，主要是利用大数据分析技术挖掘出互联网上不同类型的高端装备需求信息。如图 3-1 所示，在目标值一定的情况下，好的需求工程随项目时间的延长并不会显著增加项目成本。

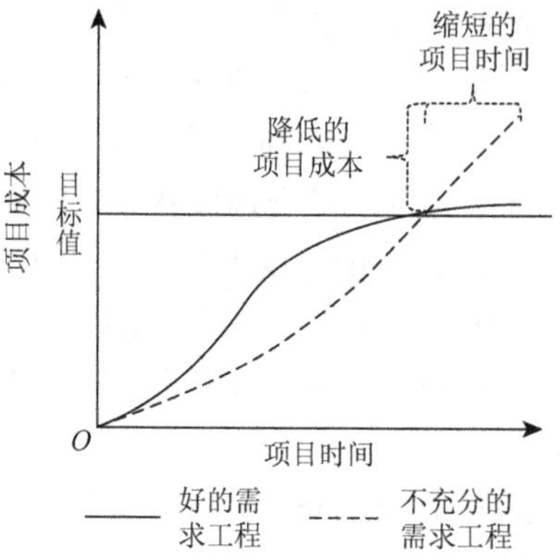

图 3-1　好的需求工程带来的效率潜力

数据能够刻画消费者的行为，借助数据进行决策是当今企业获取市场信息、了解客户需求的重要渠道。数据分析能使决策者发现隐藏在数据中的客户行为模式。大数据以及多样的数据种类已经改变了企业了解消费者的行为方式，也改变了企业及其管理者的决策模式（Erevelles et al.，2016）。企业可以利用近期的数据，基于数据分析得到的结果进行决策。传统数据与大数据之间的主要差异之一在于数据的结构形式，传统数据以结构化数据为主，大数据以用户生成的非结构化数据为主。结构化数据可以通过扫描仪、传感器、文件和数据库收集；非结构化数据主要通过社交媒体获取，不仅包含从博客等文本信息中提取的文本数据，还包括视频、音频和图像等非文本数据。随着数据规模不断扩大，数据的价值问题也逐渐凸显。通过清除不必要和无关的数据，剩余的数据可能在为企业提供有用且有价值的洞察力方面发挥作用。

客户需求发现在产品开发的整个生命周期都起着重要作用。需求是一种用于识别产品和过程操作性、功能性、设计约束的陈述。这种陈述是明确的、可测的、被消费者接受且符合内部质量保证的。需求工程是系统工程的子集，涉及开发、追踪、分析和管理等系统行为。例如，汽车产品开发的最后一项是验收测试汽车是否符合要求，选取的验收标准就是产品是否符合利益相关者的需求。因此，产品的需求工程不仅存在于产品开发初期，在整个生命周期都起着重要的作用。图 3-2 描述了整个产品开发过程中需求的应用。

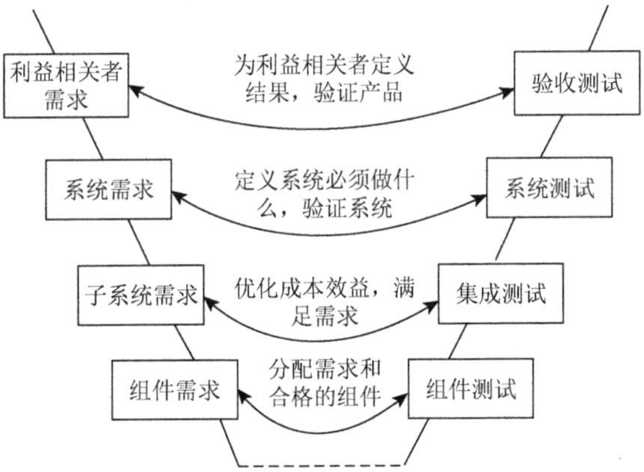

图 3-2 整个产品开发过程中需求的应用

传统的用户需求获取方法主要是与客户进行沟通，这种方法具有一定的局限性。客户的需求是动态的、发展的，而且包含显性需求与隐性需求，市场调研等简单的方式可以获取显性需求，但隐性需求需要从与客户有关的海量数据中挖掘。很多产品之所以同质化、缺乏竞争力，就是因为没有挖掘到客户的隐性需求。互联网作为开源信息的主要来源，蕴含了大量宝贵的潜在需求信息。从互联网和大数据中获取高端装备的用户需求，利用市场反馈数据进行融合处理，已经成为高端装备需求获取的重要渠道。然而，互联网数据规模大、分散化、价值密度低和可靠性低，亟待高级的信息采集、处理和分析技术对其进行筛选过滤。

在高端装备制造过程中，除了考虑用户需求，还需要综合考虑制造方法的技术可行性；同时，一些颠覆性技术的出现能够有效地将高端装备制造研制任务变为现实。高端装备的用户需求导向性与高技术含量特征决定了其创新研制离不开用户需求的牵引与技术需求的推动作用，用户需求的牵引主要是解决“需要创新研制什么样的高端装备”的方向性问题，技术需求的推动则侧重于解决“能够创新研制什么样的高端装备”的可行性问题。互联网上出现的先进技术与创新性技术对高端装备的制造具有指导意义，技术创新引领产品创新。因此，在分析用户需求的同时，还需要获取和分析高端装备的技术需求，从高端装备制造的用户需求和技术需求两个维度出发，基于互联网与大数据的环境，结合用户需求数据和技术发展数据等，开展互联网与大数据环境下的高端装备需求分析研究。

2. 研究意义

在竞争激烈的市场中，制造企业必须通过了解客户的需求来不断创新产品，从而避免单纯的价格竞争。产品和装备的需求分析研究一直是管理科学领域的一个研究热点。传统的需求获取主要是通过调查问卷等方法，这种需求获取的渠道和手段是低效的，且获取的内容也是有限的。互联网和大数据技术的发展为高端装备研制者提供了更多有效的需求获取手段，互联网上的高端装备的评论数据和反馈数据是分析装备需求的重要来源，但是现在还没有一套规范的框架可以从开源数据中获取用户需求和技术需求，相关研究还有所欠缺。因此，本书研究的从开源数据中获取高端装备需求的方法具有重要的理论意义。

高端装备的制造需要同时考虑用户需求和技术需求，但在实际研制过程中高端装备的需求分析还缺乏一种有效的方法。传统的通过调查问卷等方式对用户需求进行分析的方法费时费力，不利于制造商控制成本。本书的内容可以为高端装备制造商提供一种方便有效的用户需求获取方法，不仅可以节省成本，还可以提高用户对产品的满意度。同时，本书提出的利用知识图谱查询技术的方法可以获取与高端装备有关的先进技术，为研制者及时了解先进的技术信息，从而改进高端装备的设计提供支撑。因此，本书对高端装备用户需求和技术需求分析的研究具有广泛的应用前景与重要的现实意义。

了解并满足顾客的需求已经成为企业面临的一项重要挑战。企业不仅要了解市场的需求，根据市场的需要来生产产品；还要从创新的角度出发，以客户为中心进行个性化分析，实施创新、个性化驱动的产品战略，满足不同客户的需求。此外，建立规范化的产品需求管理体系是确保高端产品开发成功的最有效的途径。完备的需求管理机制可以克服以下几种情况：客户在描述需求时无法保证需求的完整性，项目工作人员对需求的理解与客户有歧义，客户的描述过于抽象或者过于理想化以至于工作人员无法理解，开发人员收集需求的过程中忽略了某些涉众人员（最终用户、测试人员、市场营销人员等）的需求且没有进行需求确认等。

在需求工程中建立完整的需求管理体系，保证项目需求的统一性和准确性，是企业的核心能力，也是高端装备制造业面临的重要挑战。

3.1.2　需求获取与分析的基本流程

高端装备的需求来自高端装备全生命周期的各个阶段，包括用户需求、产品需求、技术需求、功能需求等多个方面。由于高端装备相对于一般产品具有用户需求导向和技术创新性高两个特点，此处关注用户需求和技术需求两个方面。

用户需求分析是指在高端装备设计和研制之前对用户需求进行调查与挖掘，是高端装备设计、完善和维护的依据。由于用户对高端装备提出的需求通常是模糊的、不完整的，因此高端装备需求分析的主要目的是通过一定的手段挖掘用户的隐藏需求，帮助研制者更全面地了解用户的实际需求。技术需求分析是在高端装备研制的过程中，获取与高端装备相关的先进技术，分析通过什么样的技术可以实现对高端装备的改进，了解技术支撑的更多高端装备设计的可能。用户需求分析的结果可以为技术需求的分析提供引导，以便查询和完善用户更希望提高的产品属性的相关技术，减少不必要的工作。高端装备需求分析框架详细说明了用户需求分析和技术需求分析的内容及其相互之间的联系，并对开源数据的获取、预处理、文本分析等流程进行了介绍，最终得到的用户需求和技术需求共同作为高端装备制造研制的需求。需求分析主体研究内容及其之间的关系如图 3-3 所示。

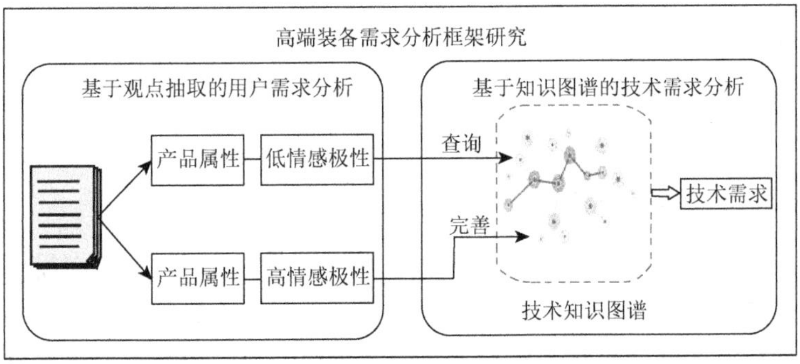

图 3-3　需求分析主体研究内容及其之间的关系图

用户需求分析的流程如下：首先，对从互联网上收集的高端装备评论数据进行评价对象和用户观点的抽取，得到<评价对象，观点词>二元组；其次，对这些二元组的每一类评价对象观点进行情感分析，分析用户对这一类对象的情感极性，从而可以得到高端装备用户满意度较低的属性；最后，对这些满意度较低的属性进行属性值的推荐，这样就得到了高端装备的用户需求。

技术需求分析主要是基于技术知识图谱的查询。互联网上包含许多与高端装备相关的实时更新的技术信息，构建知识图谱的目的就是将这些先进技术的数据与高端装备的属性相关联，以便研制者能够及时获取最新的技术信息，为高端装备的研制提供更多可行技术的参考。对于互联网上新出现的技术，需要通过文本分类的方法对其进行分类，链接到知识图谱中对应的实体，对知识图谱进行扩充。最终，通过知识图谱查找到的相关实体和技术文档便是高端装备的技术需求。

在高端装备需求分析过程中，用户需求分析的结果可以为技术需求分析明确需要重点关注的属性，技术需求分析的结果可以为用户需求分析提供技术参考和补充。具体来讲，用户需求分析可以得到用户关注度较高的属性（用户评论较多的属性），对于这些对象，可以将其添加到高端装备技术知识图谱中，对知识图谱进行完善。在用户需求分析阶段，通过情感分析，可以得到用户满意度较差的属性（情感分值较低的属性），这些属性是研制者需要重点考虑的属性。在对这些属性的属性值进行推荐的过程中，可以利用高端装备技术知识图谱进行查询，找到与这些属性相关的先进技术，这些技术可以为研制者提供参考，从而明确高端装备的技术需求。

互联网和大数据环境下高端装备需求分析与传统的需求分析不同，主要是从互联网上获取开源数据，利用数据挖掘、自然语言处理、深度学习等技术分析得到用户需求和技术需求。具体流程如图 3-4 所示。首先，对互联网上可能包含用户需求和技术需求的开源数据进行采集，并对其进行预处理以得到满足自然语言处理要求的数据。其次，对包含用户需求的数据进行基于 LSTM 的观点抽取、情感倾向分析和需求推荐，进而发现高端装备的用户需求；对包含技术需求的数据进行知识抽取、技术文本分类，并绘制技术知识图谱，进而得到高端装备的技术需求。

1. 开源数据采集

互联网上有大量的高端装备用户评论信息，隐含着用户的潜在需求。原始用户需求数据主要包括电子商务网站的产品评价、社区论坛的评论和微博评论等数据。对于高端装备的技术需求而言，包含先进技术信息的数据主要为论文和专利数据，这些数据存在于论文文献库和专利数据库。另外，新闻中也可能提及某些技术，但此类数据中的技术描述不够翔实。需要注意的是，这些互联网上的开源数据不在本地，这就带来了数据访问的问题，因此首先需要解决开源需求数据的采集问题，一般是通过文本数据库和网页抓取等渠道获取。

2. 数据预处理

经过开源数据采集得到的数据大多是非结构化或半结构化的，无确定形式并

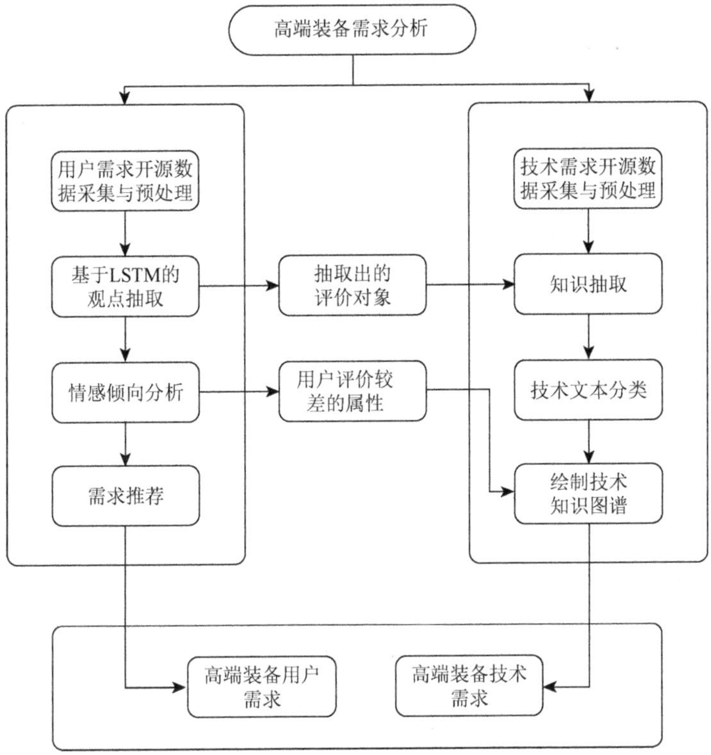

图 3-4　高端装备需求分析流程图

且难以被机器理解，所以需要对其进行预处理，以便后续进行深度分析。预处理部分涉及的操作包括噪声过滤、内容去重、分句分词等。

噪声过滤：从互联网网页中采集的数据除了包含高端装备需求的有价值的文本内容外，还常常有一些与主题无关的噪声数据，如导航区、超链接、广告信息、版权信息等。这些数据对后期的文本处理非常不利，不仅增加了工作量，而且增大了结果的错误概率。因此需要从文本数据中滤除这些噪声数据。

内容去重：由于网站自身原因或数据采集过程中出现错误，从互联网上爬取下来的原始需求数据可能会出现多条内容相同的情况，这些都属于重复数据。因此，需要综合利用针对不同媒体的重复内容检测技术，快速发现并滤除需求数据中存在的大量重复内容。

分句分词：因为观点抽取和知识抽取都是针对单条语句，而从互联网上采集的评论是由多条语句组成的，因此首先需要将这些大段的评论分为单句。然后需要对文本数据进行词语切分，快速给出分出的各词语，以便后续对词语进行序列标注和知识抽取。

3. 用户观点抽取

用户观点抽取是高端装备用户需求分析中一个关键的环节，观点抽取的结果是用户需求的主要体现。观点抽取任务可以被视为文本序列标注任务，即对评论句中的评价对象和观点词进行标注。首先将自然语言转化为词向量，其次将词向量输入 BiLSTM 网络进行训练，最后利用激活函数将 BiLSTM 网络的输出转化为标注结果。利用标注好的训练集对神经网络进行训练，BiLSTM 网络可以实现对新文本的观点标注。最终从评论文本中抽取出<评价对象，观点词>二元组的集合，即用户对高端装备各个属性观点的集合。

4. 情感倾向分析和需求推荐

在抽取得到用户的观点后，需要通过情感倾向分析得到用户对这种属性的态度。采用基于支持向量机（support vector machine，SVM）的方法对这些观点进行情感分析，可以得到用户对某高端装备属性或性能的情感倾向。然后对属性值和情感分值进行统计，正向评论所占比例越多表明用户满意度越高，反之越低。这样可以得到用户满意度较低的高端装备属性。以高端装备的属性值和性能参数的相似度作为两种高端装备类型之间的相似度指标，可以查找与某高端装备相似的其他装备，根据这些相似装备的属性值，可以为用户满意度较差的属性的值进行推荐，从而为高端装备研制者提供参考。

5. 知识抽取

构建高端装备技术知识图谱最重要的步骤是对知识进行抽取，即抽取技术文本中的“实体-关系-实体”三元组。首先对技术文本中的句子进行依存句法分析，分析句子中词语之间的语法依存关系。然后根据这些依存关系制定三元组抽取的规则，包括以谓语为中心的抽取规则和与命名实体相关的实体关系抽取规则。在对用户观点进行抽取后可以得到用户的评价对象，这些评价对象即为高端装备的属性，这些属性也可以作为实体与高端装备相链接，形成三元组。最终得到的这些三元组便可构成知识图谱。将这些三元组的实体作为节点，关系作为边，可以将这些实体关系用网络展示，从而实现知识图谱的可视化。

6. 技术文本分类

在利用抽取得到的“实体-关系-实体”三元组构成的知识图谱之后，还需要对知识图谱进行扩充，即需要将与高端装备属性相关的技术文本作为实体添加到知识图谱之中，以便为高端装备研制者提供更加详细的技术说明。为将技术文本链接到知识图谱中合适的实体上，需要对技术文本进行分类，分类的类别即为高端装备的属性。采用 LSTM 网络对文本进行分类，首先将技术文本转化为词向量；其次利用训练集对神经网络进行训练，训练好的神经网络可以对新文本所属类别进行预测，即判断该技术文本与高端装备的哪个属性有关；最后将这些技术文本作为实体节点添加到知识图谱中对应的属性上，这样就实现了知识图谱的扩充。基于扩充后的知识图谱，可以对与用户满意度较差的属性的相关技术进行查询，为研制者提供技术方面的支撑。

3.2　基于观点抽取的用户需求分析

高端装备用户需求分析主要是基于对用户评论的观点抽取。互联网上包含大量对于某种高端装备的评论，但这些评论中有大部分都是和用户观点无关的信息。观点抽取的目的就是将这些评论中的用户观点以＜评价对象，观点词＞的形式抽取出来，评价对象是高端装备的某种属性或者性能，观点是用户对于这种评价对象的情感态度。抽取得到的＜评价对象，观点词＞二元组中，观点词是自然语言文本，所以还需要对这些观点词进行情感分析，从而将其转化为情感分值。根据情感分值可以分析得到用户满意度较差的高端装备属性，对于这些属性的属性值，需要对其进行需求的推荐，从而得到用户满意度较高的属性值，以此作为高端装备的用户需求。

需求获取首先是对原始开源需求数据进行预处理，然后借助观点抽取方法进行细粒度的特征提取，再通过情感分析和需求推荐得到用户的需求。其中用户观点抽取是发现和跟踪用户需求的核心，也是最具有挑战性的研究。

观点抽取即对评价对象和评价词的联合抽取，旨在识别文本中用户的评论对象和观点意见。评价对象是指描述实体（高端装备）的属性（装备的组成构件，如飞机的航空发动机）或特征功能（如操作手感）的词语或短语。评价词是表达用户的主观情绪或意见的词语或短语。例如，在评论“这辆车的外观好看，空间非常大。”中，“外观”和“空间”是评价对象，“好看”和“大”为评价词。

评价对象和评价词的识别任务可以被形式化为文本序列标注任务，即对用户的评论句中的每一个词语打上一个标签，用来表示该词语的性质。例如，如果要对评论句“车的外观好看，空间非常大。”中的评价对象和评价词进行序列标注，输出结果如表 3-1 所示。

表 3-1　观点抽取的序列标注示例

车	的	外观	好看	，	空间	非常	大	。
S	*O*	*T*	*C*	*O*	*T*	*D*	*C*	*O*

表 3-1 中第一行为评论句分词的结果，第二行为序列标注后每个词的标签，其中 S 表示评价的主体，T 表示评价对象（评价对象的某种属性），C 表示评价词，D 表示程度词，O 表示其他的词语。

RNN 可以对任意长度的时序数据进行序列标注，相比于 CRF 等方法具有更好的性能，因此在处理序列标注任务中得到了广泛的应用。LSTM 是对 RNN 的一种改进，主要解决了 RNN 在处理长序列数据时存在的梯度消失和梯度爆炸问题，以及难以捕捉长时依赖关系的问题。因此，本章在前人的基础上采用基于 LSTM 网络的方法来识别评论句中的评价对象和评价词。

3.2.1 神经网络基础

RNN 是一种用于处理序列数据的神经网络。在传统神经网络模型中，输入层和输出层是相互独立的，RNN 的输出不仅与当前的输入相关，而且与前一时刻的输出相关。因此，RNN 具有记忆功能。一种典型的 RNN（Elman，1990）的技术原理图如图 3-5 所示。

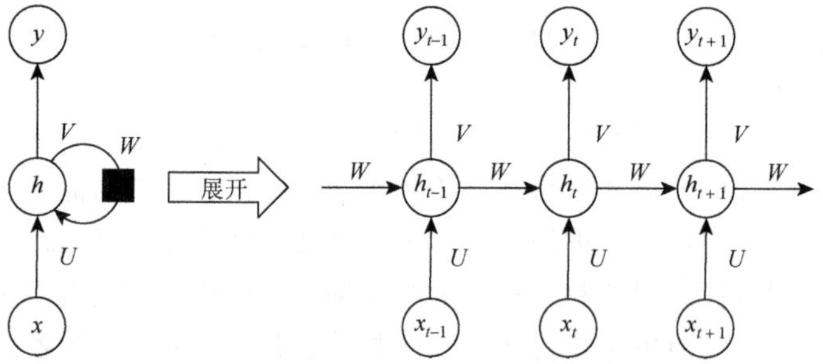

图 3-5 典型的 RNN 技术原理图

图中的黑色正方形表示权重矩阵

在图 3-5 中，x_t 是时刻 t 的输入，h_t 是时刻 t 的隐藏层的状态，为网络的存储单元，并以循环方式传递给下一层。时刻 t–1 的隐藏层与时刻 t 的隐藏层之间存在连接，这使隐藏层能够记录历史输入。每层由一系列神经元组成，这些层通过突触实现完全连接。假设输入的 x_t 是维度为 N（词表规模为 N）的向量；输出的 y_t 是维度为 M（标注个数为 M）的向量，表示当前输入的标注结果；隐藏层状态 h_t 记录句子的历史（设定 $h_0 = 0$），其维度 L 由人工设置。输入层到隐藏层的突触权重是 U（$L \times N$ 的矩阵），上一时刻隐藏层到此时刻隐藏层的突触权重为 W（$L \times L$ 的矩阵），隐藏层和输出层之间的突触权重为 V（$M \times L$ 的矩阵），则 RNN 的更新方程为

$$
\begin{aligned}
a_t &= b + Wh_{t-1} + Ux_t \\
h_t &= \tanh(a_t) \\
y_t &= \mathrm{softmax}(c + Vh_t)
\end{aligned}
\tag{3-1}
$$

这种简单的 RNN 存在一个比较明显的问题：当使用反向传播更新参数时，时刻越早更新幅度越小，即“忘记”了以前遇到的知识，导致模型性能不佳。LSTM 网络则可以较好地解决这一问题。LSTM 网络本质上仍然是一个 RNN，但其中的隐藏层不再是一个简单的激活函数，而是由几个门共同构成，以实现时间序列上的长期记忆功能。LSTM 模型的门控机制允许存储单元在工作期间维持一段时间的信息记忆，并确保内部梯度在训练时不会受到不利因素的干扰。一个典型的 LSTM 隐藏层的结构图如图 3-6 所示，它由四个元件组成：①具有自连接的存储单元 c_t（神经元）；②用于控制输入信号流入存储单元的输入门 i_t；③用于控制激活存储单元对其他存储单元影响的输出门 o_t；④允许存储单元通过自连接自适应重置其当前状态的忘记门 f_t。

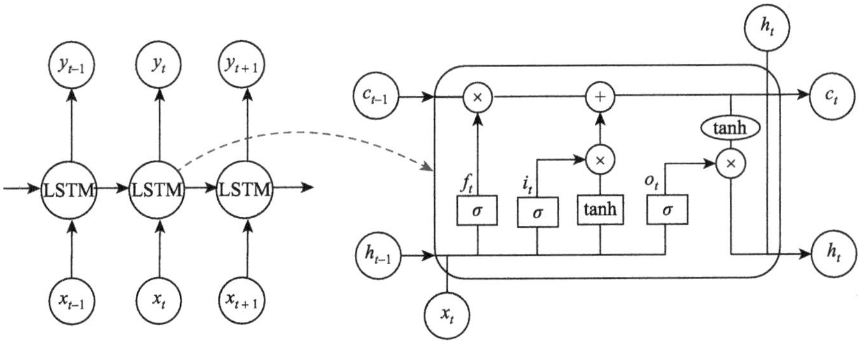

图 3-6　LSTM 隐藏层结构图

LSTM 网络隐藏层包含三个控制门：输入门 i_t、输出门 o_t 和忘记门 f_t。这些门的输出分别连接到乘法单元上，用于控制网络的输入、输出以及存储单元的读写状态。式（3-2）～式（3-4）描述了如何在每个时间步 t 更新存储单元。

$$
\begin{aligned}
f_t &= \sigma(b_f + W_f h_{t-1} + U_f x_t) \\
i_t &= \sigma(b_i + W_i h_{t-1} + U_i x_t)
\end{aligned}
\tag{3-2}
$$

忘记门 f_t 和输入门 i_t 分别决定了隐藏层中哪些信息将要被忘记和哪些新信息将要被储存。LSTM 存储单元内部状态以如式（3-3）所示的方式进行更新。

$$
\begin{aligned}
\tilde{c}_t &= \tanh(b_c + W_c h_{t-1} + U_c x_t) \\
c_t &= i_t \times \tilde{c}_t + f_t \times c_{t-1}
\end{aligned}
\tag{3-3}
$$

然后，根据输出门 o_t 和存储单元 c_t 更新隐藏层 h_t，并将存储单元 c_t 和隐藏层 h_t 传递给下一时间，即

$$\begin{aligned} o_t &= \sigma(b_q + W_q h_{t-i} + U_q x_t) \\ h_t &= o_t \times \tanh(c_t) \end{aligned} \tag{3-4}$$

需要注意的是，上述 LSTM 仅能获取上文的信息，但来自下文的信息可能也同样至关重要。例如，有两个句子：①这辆汽车的价格为 20 万元；②这辆汽车的价格很实惠。

其中，①句不算评论句，因此不应将“价格”标记为评价对象。②句为评论句，因此应该将“价格”标记为评价对象。在 LSTM 中，由于隐藏层仅记录历史信息，当 LSTM 标注这两个句子的词语“价格”时，所有输入都是相同的，不能区别对待。为了同时捕获上文和下文的远程依赖关系，本书使用 BiLSTM 进行观点抽取。BiLSTM 在隐藏层同时具有前向 LSTM 和反向 LSTM，前向 LSTM 可以捕获上文的特征信息，反向 LSTM 可以捕获下文的特征信息，然后通过融合捕获的上文特征信息和下文特征信息最终获得全局的上下文信息。其原理如图 3-7 所示。

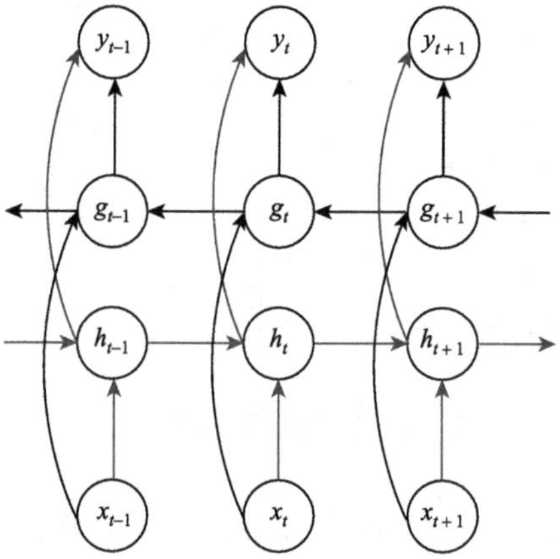

图 3-7　BiLSTM 原理图

图 3-7 中 h_t 代表随时间向后移动的隐藏层的状态，g_t 代表随时间向前移动的隐藏层的状态，这使得输出 y_t 能够计算同时依赖于过去、现在和未来的输入值。BiLSTM 的更新公式如式（3-5）所示：

$$\begin{aligned} h_t &= \tanh(\vec{b} + \vec{W} h_{t-1} + \vec{U} x_t) \\ g_t &= \tanh(b + W g_{t+1} + U x_t) \\ y_t &= \text{softmax}(c + \vec{V} h_t + \vec{V} g_t) \end{aligned} \tag{3-5}$$

其中，W、U 和 b 为上文所述的各层之间突触的反向权重；$\vec{W}$、$\vec{U}$ 和 $\vec{b}$ 为各层之间突触的正向权重。BiLSTM 的前向和后向计算都是独立完成的，直至它们在输出层中组合。

3.2.2　任务引导的用户观点抽取

基于 BiLSTM 对句子进行评价对象和评价词抽取就是对句子进行序列标注，根据标注结果抽取评价对象。具体地讲，首先对评价句进行分词，在判断某一个词语是否为评价对象或评价词时，有必要考虑其前后一定范围内的词语。在此窗口范围内，将所有词语的词向量作为 LSTM 的输入，最后一个词语的输出和一个采用 softmax 激活函数的神经元相连接，以达到分类的目的。如图 3-8 所示，判断上文评论句中的“外观”一词是不是一个评价对象或评价词时，选取其窗口范围内的若干词语（假设选取前后两个词语）组成的词向量作为 LSTM 模型的输入。在得到每个词语的最佳标注结果后，可以直接将各个时刻的最佳标注结果连接起来作为句子整体的标注序列。最后，根据标注结果抽取评价对象。

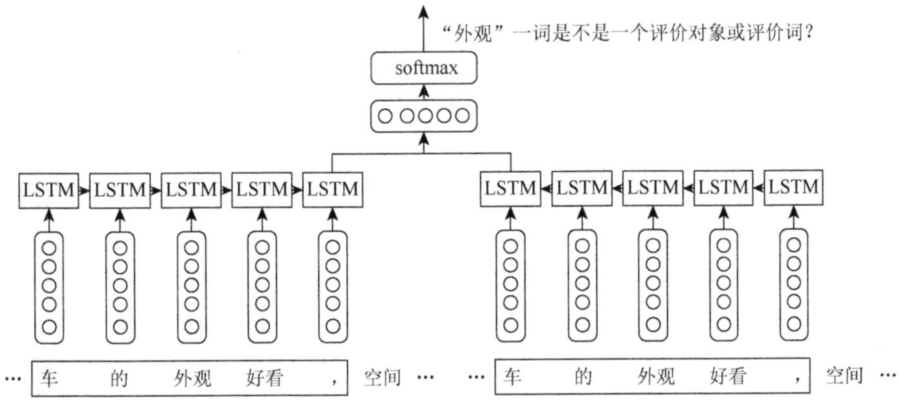

图 3-8　文本标注原理图

本章建立的神经网络采用具有 BiLSTM 单元的网络层实现观点抽取。首先对文本输入词嵌入层进行词向量的训练，其次将词嵌入层的输入馈送到 BiLSTM 网络层中，将 BiLSTM 层的输出用于输出层，生成序列标注的结果。下面对网络各层和网络的训练分别进行说明。

1. 词嵌入层

神经网络中的第一层是词嵌入层，该层将输入文本转换为固定大小的密集实数向量。将自然语言文本转化为词嵌入是利用深度学习方法进行自然语言处理的第一步，即采用某种方式对词语进行编号，并将其转化为表示词语分布的密集低维向量。词向量的每个维度都可能描述该词语的语法或语义属性，它对于理解词语的概念和词语之间的相关关系具有重要的作用。词向量的表达主要有以下两种方式。

（1）评论文本由一堆词语组成，所有的词语便构成了一个词库表。这个词库表可以用一个长向量来表示，词的个数就是词库表向量的维度。那么，任何一个词，都可以表示成一个向量，词在词库表中出现的位置设为 1，其他的位置设为 0。这种表示方法不需要烦琐的计算，简单易得，但是有两个缺点：一是词向量维度的大小取决于语料库中词语的数量，当文本量较大时，矩阵会过于稀疏，而且会引发维度灾难；二是词语编码是随机的，向量之间相互独立，无法获取词语之间的关联关系（如近义词关系）。

（2）分布式词向量可以克服以上两个缺点。分布式词向量最早由 Hinton（1986）提出，基本思路是通过训练将每个词映射成一个固定长度的短向量，所有这些向量就构成一个词向量空间，每一个向量可被视为该空间上的一个点。因为向量的长度可以自主选择，与词典规模无关，因此不会产生维度灾难，而且这种表示方式可以准确表示各个词语之间的概念关系，比上一种方法更具优势（Pennington et al.，2014）。

分布式词向量的训练有多种方法，如预训练词嵌入（Collobert et al.，2011）、谷歌嵌入、亚马逊嵌入（McAuley and Leskovec，2013）等，本书主要用的是谷歌嵌入的方法。利用谷歌嵌入的方法可以有效地计算来自大型语料库的词嵌入，其主要包括两个对数线性模型：①bag-of-word 模型，它根据上下文的词语预测当前的词；②skip-gram 模型，它根据给出的当前词语预测其周围的词语。skip-gram 模型是一个三层的神经网络模型，其基本思想是：给定一个词语，预测该词语的上下文词语的概率。具体如图 3-9 所示。然后，利用余弦相似度计算词间语义相似度，计算方法如式（3-6）所示。余弦相似度越大，表示词间语义相似度越高。

$$\cos(W_i, W_j) = \frac{\sum_{k=1}^{N}(W_i^k \times W_j^k)}{\sqrt{\sum_{k=1}^{N}(W_i^k)^2} \times \sqrt{\sum_{k=1}^{N}(W_j^k)^2}} \tag{3-6}$$

其中，W_i^k 为词 W_i 的词向量的第 k 维；N 为向量的维度。

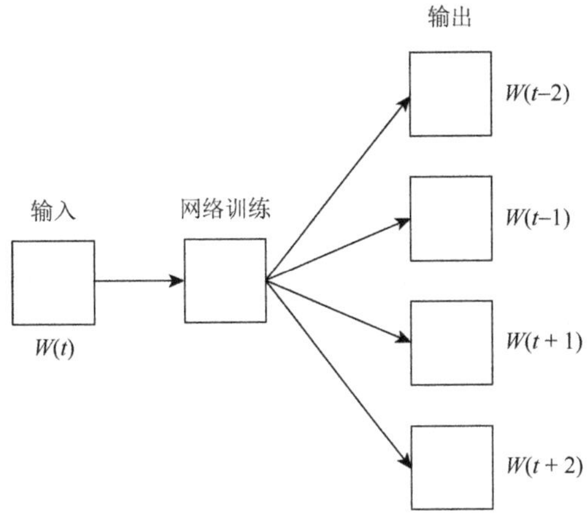

图 3-9　skip-gram 模型示意图

自从 Tomas Mikolov（托马斯 • 米科洛夫）提出 word2vec 后，它就成了利用深度学习进行自然语言处理的基础部件。word2vec 的基本思想是构建一个多层神经网络，然后在给定文本中获取对应的输入和输出，在训练过程中不断修正神经网络中的参数。随着训练的进行，模型中语义属性相近的词语逐渐聚集，近义词语之间的向量空间逐渐缩短，经过训练最终可以得到词向量。如图 3-10 所示，假设一个词的稀疏向量为 [0,1,0,0,0]，它可以通过神经网络学习得到的权重矩阵转化为低维稠密向量，即完成了该词的词嵌入。

$$[0\ 1\ 0\ 0\ 0]\begin{bmatrix}24 & 2\\ 3 & 12\\ 18 & 0\\ 11 & 4\\ 5 & 23\end{bmatrix}=[3\ 12]$$

图 3-10　词向量训练示意图

词嵌入层的目的是通过学习将离散词库表中的每个单词嵌入较低维度的连续向量空间中。该层能够从输入文本中提取语义特征，而无须手动定义各种特征，它的输出将作为输入被传送到网络中的其他层。

2. LSTM 层

网络的第二层是 LSTM 层，由多个 LSTM 单元组成，每个 LSTM 单元是由四个主要部件组成的，包括存储单元、输入门、忘记门和输出门。具有多个单元的 LSTM 层可以被认为是跨时间步长的深度网络，其中每个时间步长代表一个层。

dropout（Srivastava et al.，2014）是一种在神经网络中使用的正则化技术，可以避免过拟合问题。它是通过在训练神经网络的同时随机丢弃一部分神经单元来实现的，具体来说就是将 LSTM 单元的输出传送到 dropout，将一些单元的输出乘以零，然后将这部分的单元丢弃。

3. 输出层

网络中的最后一层是输出层，它决定序列的预测标注与实际标注的偏差是如何受到惩罚的。由于序列标注任务是一个多分类的问题，所以输出层采用 softmax 输出单元。

softmax 方法主要用于神经网络的输出层对输出结果进行多类别的分类，表示 n 个不同类上的概率分布。softmax 可以将 K 维的实数向量压缩（映射）成另一个 K 维的实数向量，其中向量中的每个元素取值都介于 0 到 1 之间。softmax 函数的定义为

$$S_i = \frac{\exp(z_i)}{\sum_{k=1}^{K} \exp(z_k)} \tag{3-7}$$

其中，z_i 为正确类别对应的概率分布；K 为类别的数目。

LSTM 层的输出经过 softmax 函数处理可以得到词语对所有目标分类的概率分布，即通过 softmax 函数的结果可以判别当前输入模型的文本是否为目标类别。如果是，则输出该词语的标注类别。

4. 网络训练

神经网络训练的目标是最小化预测分布的交叉熵和所有样本的实际分布。研究证明交叉熵函数能够加速反向传播算法的计算，缩短停滞期，提供良好的整体网络性能（Turian et al.，2010）。交叉熵是大于 0 的损失函数，刻画的是实际输出（概率）与期望输出（概率）的距离，即交叉熵的值越小，两个概率分布就越接近。因为观点抽取序列标注是多级分类问题，输出单元为 softmax，所以采用多分类的交叉熵损失函数。假设神经网络中需要优化的参数集为 θ，则多分类交叉熵的损失函数为

$$C(\theta) = -\frac{1}{t}\sum_{i=1}^{t} p(x_i)\ln q(x_i) \tag{3-8}$$

其中，x_i 为输入的文本；t 为训练样本的数量；$p(x_i)$ 为输入 x_i 正确的分类；$q(x_i)$ 为输入 x_i 实际的输出，即 softmax 函数的输出。

在网络训练的过程中，通过反向传播算法对样本进行学习，为了得到参数集 θ，需要使用更新规则对其优化。具有自适应学习率的优化算法在大量学习任务中表现得相当鲁棒，因此选择一种具有代表性的自适应学习率算法——AdaDelta（Zeiler，2012）对其进行优化。AdaDelta 算法不需要手动调整学习速率，对超参数不敏感，具有较好的效果。对于第 t 次迭代，参数集 θ 的更新变化为

$$\Delta\theta_t = -\frac{\sqrt{\sum_{r=1}^{t-1}\Delta\theta_r}}{\sqrt{E|g_t^2|+\varepsilon}} \tag{3-9}$$

其中，g_t 为第 t 次迭代时参数的梯度，即 $\partial f(x_t)/\partial x_t$；$E|g_t^2|$ 为第 t 次迭代时 g^2 的平均值；ε 为常数。

3.2.3　用户情感分析与需求推荐

在抽取得到用户的观点之后，需要对评价对象进行人工合并。原因有以下两点。①高端装备评价文本中存在很多同义词，而且同一评价对象可能有多种不同的表达方式，讨论相同评价对象的两条观点可以被划分为一个类别。②用户的多个评价对象可能与高端装备同一属性有关，如新能源汽车评价中“汽车的续航能力很好”“汽车的电池很好”的评价对象分别为“续航能力”和“电池”，但它们都与汽车的电池相关，这些评价对象也应该被归为同一类别。

对合并后的特征进行统计，得到数量最多的前 n 个评价对象作为用户较为关心的属性。然后对这些属性的用户情感进行分析，得到用户的满意度。对于用户不满意的特征属性，需要根据与该装备相似的其他装备的属性值对其进行推荐，即为用户需求的推荐。

在通过观点抽取得到用户对于高端装备各属性的观点之后，便可对其进行情感分析。用户情感极性分析的本质是分类问题，将评论句的词向量作为分类的特征，将基于 SVM 的方法用于情感极性的分类。在得到用户对于高端装备各属性的情感分值之后，便可区分出用户满意度较差的属性，对于这些属性需要对其进行需求推荐，以得到用户满意度较高的属性值。需求推荐的过程即寻找与用户评价的高端装备型号相似的其他型号，判断这些相似型号对应属性的情感分值，选择用户情感评价为正的属性值作为原高端装备型号的推荐结果，这些推荐结果即为用户的需求。这些推荐的用户需求可以为高端装备研制者改进装备属性提供有价值的参考。具体步骤如下。

在抽取得到用户的评价对象和观点后，还需要通过情感倾向分析得到用户对这种属性的态度。每个评论语句的情感倾向有正向和负向极性，情感分值是评价某条用户评论情感倾向性的一个指标，正向情感句情感分值为正值，负向情感句情感分值为负值。本章用基于 SVM 的情感分类方法进行情感倾向分析。该方法主要是将评论句中的词向量作为特征，利用机器学习中的 SVM 分类器求出评论数据的极性。

SVM 作为一种有监督的学习方法，常被用于二分类问题（图 3-11）。其主要思想是找到一个超平面作为两类训练样本点的分割，以确保最小的分类错误率。在线性可分的情况下，存在一个或多个可以将训练样本完全分开的超平面，SVM

的目标是找到其中的最优超平面，最优超平面是可以最大化每类数据中与超平面距离最近的点与该平面之间距离的平面。对于线性不可分的情况，使用核函数（一种非线性映射算法）将低维输入空间线性不可分的样本变换为高维特征空间，使其变得线性可分。

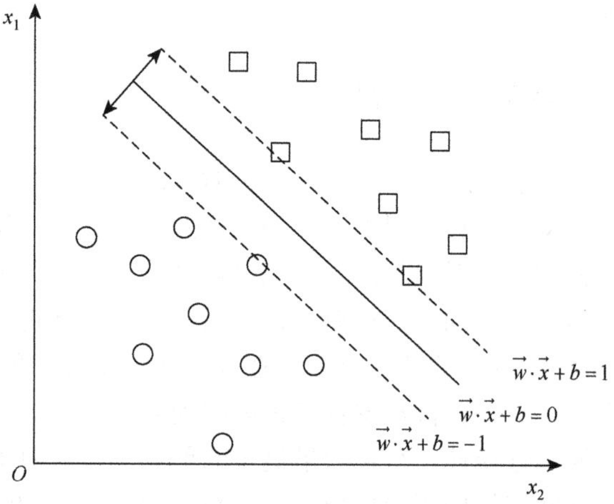

图 3-11　二分类问题的 SVM 示意图

图中的小方形表示正例，圆圈表示负例

实验考虑的文本特征主要为词向量，首先对词向量进行训练，然后将此评论句中的词向量取平均值作为这句话的向量，利用训练好的模型对评论句的情感极性进行判断，最终得到用户对高端装备的情感倾向。

在经过情感分析之后，可以得到＜评价对象，观点词，情感＞三元组。根据各个三元组的情感极性对高端装备的属性进行评分，正向评论越多表明满意度越高，该属性的评分就越高，反之越低。高端装备单个属性评分计算方式如式（3-10）所示，该评分的取值为 0～1 的小数，NP_i 为高端装备第 i 个属性的正向评论数，NN_i 为负向评论数。

$$\mathrm{score}(a_i)=\frac{\mathrm{NP}_i}{\mathrm{NP}_i+\mathrm{NN}_i} \tag{3-10}$$

在得到用户对高端装备各属性的情感评分之后，便可以找到用户满意度较差的属性，从而可以使高端装备研制者在短时间内获得更多有价值的用户情感信息。

3.3　基于知识图谱的技术需求分析

在高端装备制造过程中，仅考量用户需求的制造方案是不够的，也需要综合考量其技术可行性；同时，一些颠覆性技术不仅能够有效地将高端装备制造变为现实，更能够捕获出现新型高端装备的历史机遇。因此，在分析用户需求的同时，还需要获取高端装备的技术需求，为高端装备的研制者提供参考。

由于高端装备产品技术密集性与创新性高，互联网上出现的先进技术与创新性技术对高端装备的制造具有重要指导意义，技术驱动能够引领产品创新。若要将技术驱动的需求融入高端装备产品的设计，需要对相关技术进行获取查询。高端装备技术需求的分析，主要是将互联网上与高端装备相关的先进技术的知识结构提炼出来，建立关于某高端装备技术的知识图谱，以用于技术需求的查询。

本节旨在构建基于领域知识和开源数据的高端装备技术需求知识图谱，即针对高端装备相关技术领域的知识与数据进行总体的梳理和组织，并以知识图谱的形式对高端装备技术知识的汇集与总结结果进行存储和展示。高端装备技术知识图谱可以包含高端装备的基本属性、与这些属性相关的先进技术以及技术的内容等，这些信息可以为高端装备相关技术的查询和获取提供有效的参考与可信的数据支撑。

开展基于知识图谱的技术需求分析研究，需要从互联网上与高端装备相关的专利技术文本数据中抽取实体间有向关系三元组，构建高端装备技术知识图谱，并结合用户需求分析的结果对此知识图谱进行扩充。然后对技术文本进行分类，找到与其相关的高端装备属性，并将这些技术文本作为实体添加到现有知识图谱中。

本节从需求知识图谱基础、面向领域的技术知识抽取、结合任务的用户需求推荐三个部分对基于知识图谱的高端装备技术需求分析进行阐述。

3.3.1 需求知识图谱基础

知识图谱，是指结构化的语义知识库，通常用来在信息领域通过符号的形式来对物理世界或抽象概念中的对象与对象之间的相互关系进行描绘和再现。根据万维网联盟（World Wide Web Consortium，W3C）所发布的资源描述框架技术标准，它的基本单位是三元组，通常以“实体-关系-实体”与“实体-属性-属性值”的形式存在。其中，实体在知识图谱中常以节点的方式来呈现，而关系则以边的形式表示。关系连接各实体节点，形成相互连接的巨大知识网络。

基于知识图谱，能够实现对现有万维网从单一的网络链接向深度的概念链接的转变。与其说知识图谱彻底颠覆了基于文本的网页检索方式，不如说其形成了一套新的知识组织方式，更好地将现有知识进行了一次网络覆盖，在知识实体之间建立了更为明晰的连接关系。知识图谱以较小的代价将网络中固有的与不断增加的新知识组织起来，从而大大提高了知识的利用率与检索的准确率，为知识挖掘与关系推理乃至新关系与新知识的预测提供了可能性。

知识抽取是知识图谱构建过程中最重要的一个环节，它将同源或多源的信息从各自的数据源中抽取出来，并进一步利用其形成具有符合标准的一定格式与结构的知识，即从中准确识别出实体与实体间的关系。通常原始数据有结构化数据、半结构化数据与非结构化数据三种。针对结构化数据，因为其已经具备符合知识图谱构建要求的格式，可以直接进入知识聚合的步骤，不需要对其进行信息抽取操作。对于半结构化数据与非结构化数据，则需要在原始数据的基础上进行信息抽取操作，对文本或数据中的实体和关系进行抽取，形成三元组。目前基于结构化数据与半结构化数据的信息抽取技术相对成熟，准确率也较高，但非结构化数据由于其表达方式较为复杂，同时受限于不同的语言与相应的语法，故而在信息抽取方面存在一定的困难。

对于非结构化和半结构化文本的知识抽取，首先应由最初的原始数据着手，从自然语言构成的各种文本中，抽取出实体与实体间的关系，将自然语言转化为符合 W3C 标准的 RDF 数据，即前文所提到的“实体-关系-实体”三元组。语法结构具有特定的层次结构，其建立的基础是依存关系（或从属关系）。主导这种依存关系的通常是句子中的动词，它前后的词语因为动词的存在构成了依存与被依存的关系。这种依存方式由这个动词进行描述，与 RDF 形式三元组中的主谓宾关系相互对应。通常来说，支配者对应主语，被支配者对应宾语。根据这种依存形式的基本概念，可以以从属对 R（Gov，Dep）的形式表征两个具有从属关系的词语。其中 R 是动词所代表的关系，Gov 是占支配地位的对象，Dep 是受支配的对象。通过以类似树状的形式表示多个从属对，可以在一定程度上表达句子中复杂的词语关系。通常，Gov 词作为父节点，Dep 词作为子节点。

3.3.2 面向领域的技术知识抽取

高端装备知识抽取是高端装备知识图谱构建过程中最基本和最重要的一步，知识抽取即“实体-关系-实体”三元组的抽取，通过对高端装备技术文本进行知识抽取可以得到一系列的三元组，它们是高端装备技术知识图谱的基本组成。

1. 数据来源分析

高端装备技术知识图谱不仅需要包含高质量的常识性知识，还要能及时发现并添加关于特定高端装备的前沿技术知识。在这种背景下，高端装备技术知识图谱首先通过收集来自百科类站点的高端装备相关页面和各种垂直站点的结构化数据来覆盖大部分常识性知识。这些数据普遍质量较高，但其更新的速度较慢。其次，高端装备技术知识图谱需要通过从各种半结构化数据中抽取“实体-关系-实体”三元组来丰富实体的描述。相比高质量的常识性知识，通过数据挖掘抽取得到的知识数据更大，更能反映前沿技术，但其质量相对较差，存在一定的错误。

百科类数据包括百度百科、维基百科、互动百科等网站上的数据，可以通过以下方式从百科网站中获取所需的内容：①在文章页面抽取各种实体；②通过信息框抽取实体所对应的“属性-属性值”对和“关系-实体”对。这部分为较为结构化的数据，不需要对其进行过多的处理，只需整合为“实体-关系-实体”三元组即可。

因为构建高端装备的知识图谱的目的是及时地获取最先进的技术，所以还需要从互联网上收集与高端装备相关的先进技术的数据。这部分的数据主要来自一些与高端装备技术相关的新闻网站、论坛和专利数据库。在选择好合适的网站后，可以利用爬虫技术对互联网上的相关数据进行爬取，之后通过噪声过滤、内容去重等预处理，将其整理为半结构化数据。

2. 实体关系三元组抽取

在从数据源中获得高端装备相关技术的半结构化数据后，需要抽取数据中包含的知识，这是知识图谱构建过程中最重要的一个环节。本书选择基于语法规则分析的方法对技术文本数据中的实体关系进行抽取。

在定义文本知识抽取的规则之前，首先要对文本的依存句法进行分析。依存句法分析是通过分析句子中成分之间的依存关系来展示句法结构。具体来说，依存句法分析即识别句子中词语之间的主谓、动宾、动补等关系。例如，对文本“车的外观好看，空间非常大”进行依存句法分析后的结果如图 3-12 所示。

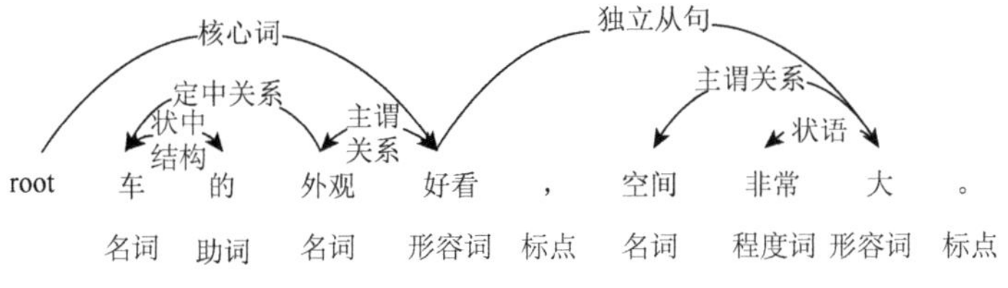

图 3-12　依存句法分析示意图

依存句法分析的结果以有向图的形式呈现。图 3-12 中的节点为句子中的词语，节点之间的有向弧表示了词语和词语之间的依存关系，其中弧的方向表示依存词依赖于核心词。图 3-12 中中间层是分词后的文本，下层是词性标注的结果，上层是依存句法分析的结果，显示了词与词之间的依赖关系。

文本中的实体和关系之间往往存在着特定的联系，利用实体和关系的词性序列或句法依存关系可以实现实体和关系三元组的抽取。通过对相关技术文本的统计和研究，我们总结了实体和关系的出现模式。其中，可能包含实体关系的文本中的依存关系主要有以下几种。

（1）主谓关系（subject-verb，SBV）。主谓关系结构可以提供主语和谓语的修饰关系，其中隐藏了大量实体关系的信息。例如，在句子“新能源汽车包括控制系统”中，“新能源汽车”为主语，“包括”为谓语。

（2）动宾关系（verb-object，VOB）。动宾关系是谓语和宾语的配对关系，作为 SBV 关系的补充，可以找到与 SBV 中实体相关的实体。例如，在句子“新能源汽车包括控制系统”中，“包括”为谓语，“控制系统”为宾语。

（3）动补关系（complement，CMP）。动补关系是动词和补充词语构成的关系。例如，在句子“装置清理干净异味”和“盖体固定于上方”中，“清理”和“固定”分别为谓语，“干净”和“于”为补足语。

（4）介宾关系（preposition-object，POB）。介宾关系是指介词和宾语的配对关系。例如，在句子“盖体固定于上方”中，“于”为介词，“上方”为宾语。

（5）定中关系（attribute，ATT）。它是由修饰语和中心语组成的配对关系。中心语主要为名词、动词或形容词，修饰语是在中心语前面起修饰作用的成分。例如，在短语“漂亮的外观”中，“漂亮”是修饰语，“外观”是中心词。

在通过词性分析得到文本词语的词性后，可以按以下步骤进行观点的抽取。

实体关系三元组的核心主要是谓语动词，所以首先抽取以谓语动词为中心的实体关系三元组。如果经过词性分析得知某个词语为动词，则根据它可能与其他词语组成的关系分别按如下规则进行抽取。

（1）“主语-谓语-宾语”关系。判断该谓语词语与其他词语是否形成 SBV 和 VOB 关系，如果是，则这些词共同形成主谓宾关系，将其以“主语-谓语-宾语”的形式存储到三元组关系列表中。例如，在句子“新能源汽车包括控制系统”中，实体关系三元组即“新能源汽车-包括-控制系统”。

（2）“主语-谓语＋动补-宾语”关系。判断谓语词语与其他词语是否形成 SBV、VOB 和 CMP 关系，如果是，则这些词形成了动补关系，将其以“主语-谓语＋动补-宾语”的形式存储到三元组中。例如，在句子“装置清理干净异味”中，可以提取出“装置-清理干净-异味”三元组。

（3）“主语-谓语＋介词-宾语”关系。首先判断该谓语与其他词语是否形成 SBV 和 CMP 关系，如果是，则判断 CMP 中动补词语是否与其他词形成 POB 关系，如果是，则这些词构成含有介宾关系的主谓动补结构，将其以“主语-谓语＋介词-宾语”的形式组成三元组。例如，从句子“盖体固定于上方”中提取到的三元组为“盖体-固定于-上方”。

在抽取的过程中，还需要重点关注一些命名实体，即以名称为标识的实体，包括人名、公司名、地点名、事件名等。如果在文本中出现命名实体，则将该命名实体作为第一个实体。如果该命名实体与其他词形成 ATT 关系，而且它修饰的中心词是一般名词（非命名实体），则将此一般名词作为关系。如果该一般名词还与另一个一般名词构成了 ATT 关系，则将另一个一般名词作为第二个实体。

通过上述语法规则可以对实体关系三元组进行抽取。但得到三元组后，还需要根据领域知识对这些三元组进行完善，即利用用户观点抽取的结果对其进行扩充。通过观点抽取可以得到用户的评价对象，对这些评价对象进行汇总，便可得到用户最关心的一些评价对象。将这些对象通过人工筛选，补充到实体关系的三元组集中。例如，对于新能源汽车来说，用户关心的属性和性能可能包括汽车的动力、续航能力、空间等，将这些属性与新能源汽车本身形成的三元组（如汽车-属性-动力）添加到现有三元组中。最终利用得到的这些三元组便可以绘制一个基本的高端装备技术知识图谱。

3. 高端装备技术文本分类

在得到实体关系三元组构成的知识图谱后，还需要对其进行扩充。因为通过由三元组构成的知识图谱仅可以查询到与高端装备有关的实体的关键词，无法获取其全部的、详细的信息。因此还需要将这些详细的技术文本作为节点添加到知识图谱中。在添加的过程中，首先需要对其进行分类，即对与其相关的高端装备的属性进行标注，这就需要利用文本分类的技术。

文本分类是一种自然语言处理的典型任务，它旨在为给定的文本文档分配标签，即将其划分到已知的一个或者多个类别集合中，如将新闻文本分配到其所属的主题类别，如“政治”“游戏”“财经”等。目前文本分类任务已经被应用到了许多领域，如主题分类、垃圾邮件检测等。在本书中，文本分类具体指的是对高端装备相关的技术文本（以专利为例）进行分类，从而得到与该专利有关的高端装备的属性。

文本分类任务与一般的有监督的学习任务类似，需要一个文本文档集合 $D=(d_1,d_2,\cdots,d_n)$ 和其对应的类别标注 $C=(c_1,c_2,\cdots,c_n)$ 用以训练，然后利用这些数据训练分类模型，从而可以实现对新文本类别的预测。近年来，深度学习技术在文本处理问题上取得了显著的成功。许多研究者（Kim，2014；Zhang and LeCun，2015）已经将卷积神经网络（convolutional neural network，CNN）应用于各种自然语言处理和文本处理任务，并取得了很好的效果。研究表明 RNN 也对文本分类非常有效（Socher et al.，2013），特别是在基于序列的学习任务中 LSTM 网络表现良好。此外，诸如 word2vec 等的词嵌入方法，将词语和短语映射到较低维度空间，可以被用于训练文本分类的语义特征提取器。

鉴于文本文档中的句子具有固有的顺序性，且 LSTM 网络在文本分类任务中具有较好的效果，因此本书使用词嵌入进行语义特征提取，然后使用有 LSTM 单元的神经网络训练文本分类器。如图 3-13 所示，该图描述了基于 LSTM 网络的文本分类器结构，该分类器由三部分组成：①词嵌入层，将输入的每个句子中的每个词语分别映射到低维词向量；②LSTM 层，神经网络的主体单元；③输出层，将 LSTM 层的输出转化为以文本形式描述的高端装备的属性。

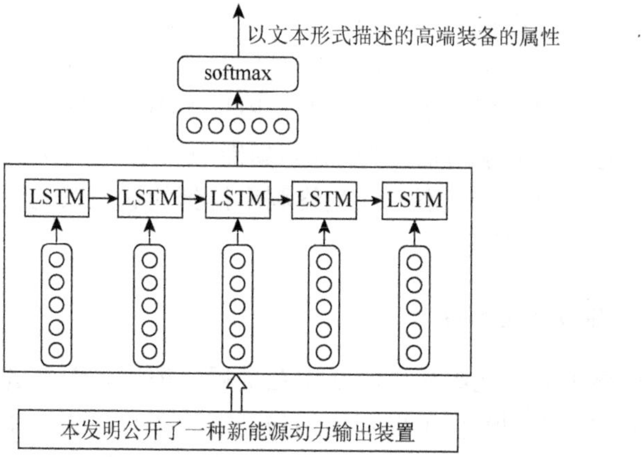

图 3-13　基于 LSTM 网络的文本分类器结构

（1）词嵌入层。与观点抽取的神经网络相同，该网络的第一层也为词嵌入层，即输入层。文本分类的对象通常是一大段文本，需要在输入词嵌入层之前对文本进行预处理，即分词和去停用词。分词是利用中文分词技术将整段文本分割成单个的中文词语；去停用词是提前去除一些不包含任何信息的词，如“了”“的”等。词嵌入层可以将文本中离散的词语映射到低维密集词向量中，用作神经网络的输入。

该层的作用是将输入文本中的每个词语投影为 N 维实值向量。记 E_{w_i} 是单词 w_i 的单词表示，则该层将输入的词语序列 $\{w_1, w_2, \cdots, w_n\}$ 映射成一系列单词向量 $\{E_{w_1}, E_{w_2}, \cdots, E_{w_n}\}$。因为在训练过程中使用固定长度的词向量，因此需要选择足够大的长度作为词向量的最大长度，并在向量短于最大长度时将空缺值填充为 0。

（2）LSTM 层。该层与 LSTM 的网络结构相同，由输入门、忘记门组成，可以实现记忆功能。在 3.2 节中，基于 LSTM 网络对用户的观点进行了抽取，在此同样采用 LSTM 网络对技术文本进行分类。LSTM 文本分类网络和观点抽取网络在 LSTM 网络层的设计以及整体训练过程上有很多相似之处，在每个 LSTM 层之后同样需要 dropout 层丢弃部分神经元以防止过拟合问题。

（3）输出层。输出层是将输入序列映射到固定大小的向量中，然后将向量送到 softmax 层以进行分类。分类的类别为高端装备的属性，即根据技术文本描述的对象进行分类。最后一个 LSTM 层的输出可以被视为整个文本序列的表示，其具有完全连接的层，可以将结果输入 softmax 层，用以预测各个类别的概率分布。训练网络时同样是采用多分类的交叉熵损失函数。

在对这些技术文本进行分类之后，可以将其链接到知识图谱对应的属性节点上，从而通过知识图谱对与某属性相关的技术文本进行查询。高端装备技术需求分析的最终结果为与高端装备各属性相关的技术文本的集合。在用户需求分析阶段，已经得到了需要改进的（用户满意度较差）高端装备属性，对于这些属性需要追踪与其相关的技术。但同时还需要考虑其技术可行性，即基于构建的技术知识图谱，整理得到高端装备主要属性和其对应的先进技术文本信息，这些高端装备属性和相关技术的集合共同构成了技术需求，为高端装备的设计者提供参考，以评估推荐的性能参数是否具有技术可行性以及现有技术是否可以推动高端装备的创新制造。

3.3.3 结合任务的用户需求推荐

我们将购买某种型号高端装备的用户视为一个类似的群体，将此群体作为一个整体进行考虑。此处借鉴推荐系统领域基于内容推荐的思想，对用户需求进行推荐。对某装备用户需求进行推荐，首先需要寻找与该装备相似的其他装备，该过程需要考虑这两种装备的相似度。在计算相似度时，需要对其特征或者属性值进行比较和计算。如何定义混合型数据之间的相似性是首先需要解决的问题。不同类型数据间相似性的描述方法如下所示。

1. 数值型数据

对于数值型数据，可以基于几何性质对数据间的相似度进行度量。假设有两种装备 $X_i\{x_{i1},x_{i2},\cdots,x_{iq}\}$ 和 $X_j\{x_{j1},x_{j2},\cdots,x_{jq}\}$，其中 x_{ik} 和 x_{jk} 分别为装备 x_i 和 x_j 的第 k 种属性值，这些属性值均为数值型连续数据，则它们的距离可以定义为

$$d(X_i,X_j)=\frac{\sum_{k=1}^{q}\left(\frac{x_{ik}-x_{jk}}{x_k^{\max}-x_k^{\min}}\right)^2}{q} \tag{3-11}$$

其中，q 为数据集 X 的维数；$x_k^{\max}$ 为数据集 X 在 k 维上的最大值；$x_k^{\min}$ 为数据集 X 在 k 维上的最小值。

2. 分类型数据

分类型数据的相似度难以用连续型数据的几何距离作为度量标准。当分类属性相同的数量较少时，数据间的相似性较小；当分类属性相同的数量较多时，数据间的相似性较大。假设有两种装备 $X_i\{x_{i1},x_{i2},\cdots,x_{iq}\}$， $X_j\{x_{j1},x_{j2},\cdots,x_{jq}\}$，其中 x_{ik} 和 x_{jk} 分别为装备 x_i 和 x_j 的第 k 种属性值，则它们的距离可以定义为

$$d(X_i,X_j)=\frac{\sum_{k=1}^{q}\delta(x_{ik},x_{jk})}{q} \qquad (3\text{-}12)$$

$$\delta(x_{1k},x_{2k})=\begin{cases}0, & x_{1i}=x_{2i}\\ 1, & x_{1i}\neq x_{2i}\end{cases}$$

其中， q 为数据集 X 的维数。

对于数值型数据和分类型数据的距离计算公式——式（3-11）和式（3-12）来说，其满足如下性质。

（1）值域： $d(x,y)$ 属于[0, 1]。

（2）最大值 $d(x,y)=0$ 当且仅当 $x_i=y_i,1\leqslant i\leqslant n$。

（3）对称性： $d(x,y)=d(y,x)$。

3. 混合型数据

混合型数据之间的距离是数值型和分类型数据距离的结合。假设两种装备的分类型属性分别为 $X_i=\{X_{i1},X_{i2}\}$ 和 $X_j=\{X_{j1},X_{j2}\}$， X_{i1} 和 X_{j1} 为装备的数值型属性集合， X_{i2} 和 X_{j2} 为装备的分类型属性集合。它们的相似度可以定义为

$$S(X_i,X_j)=\frac{1}{d(X_{i1},X_{j1})+w\cdot d(X_{i2},X_{j2})} \qquad (3\text{-}13)$$

其中， w 为分类型属性相对于数值型属性的权重。它是根据属性重要程度，人工选取的参数，用以调整整体相似度与各属性的相似度之间的关系。

通过上述相似度的计算方法可以计算得到与用户购买的高端装备最相似的 k 种装备，同样可以利用抽取用户观点和情感分析的方法，得到用户对这些相似装备的属性的情感分值。如果用户对所购买高端装备的第 k 种属性满意度较低，则查找相似装备中属性满意度较高的装备的属性值，将其作为推荐结果推荐给该用户，这些推荐的属性值即为该高端装备的用户需求。

高端装备用户需求分析的最终结果即为这些推荐的属性值，经过整理可以得到高端装备主要属性及其对应的属性值集合。属性值可能为参数的区间范围或是某种属性类别，如新能源汽车的续航里程属性对应一段里程的范围区间，新能源

汽车的颜色属性对应某种具体的颜色。这些高端装备属性和属性值的集合共同构成了用户需求，将为高端装备研制者设计用户满意度较高的装备提供参考。

3.4 本章小结

高端装备具有用户需求导向和技术密集性高等特点，因此在研制过程中需要对其进行用户需求和技术需求的分析。针对高端装备用户需求分析问题，本章提出了基于 BiLSTM 的方法抽取评论中的用户观点，并对抽取结果进行情感分析，经过需求推荐得到用户需求。针对高端装备技术需求分析问题，本章提出了基于语法规则的知识抽取方法，利用抽取结果构建知识图谱，进一步基于对技术文本的分类对知识图谱进行扩充。本章的主要内容有以下三点：构建了互联网与大数据环境下高端装备需求分析框架；提出了基于观点抽取的用户需求分析方法；提出了基于知识图谱的技术需求分析方法。互联网与大数据环境下高端装备需求分析是一项意义重大但充满挑战的研究，下一步可以考虑将用户需求与技术需求进行融合，得到更加统一的需求分析结果。在用户需求方面，可以进行用户的个性化需求分析，不同用户群体对高端装备的需求侧重点有所不同，在数据量足够大的前提下，对不同的客户样本分别进行分析，能够得到更加个性化的需求分析结果；技术方面需要进一步加工处理高端装备技术知识图谱，进行知识融合、知识加工等操作，可以使知识图谱更加规范，另外还要及时追踪最先进的技术，收集相关技术数据，及时对知识图谱进行更新，从而使其能够覆盖前沿技术的信息。

第 4 章 高端装备制造研制用户需求建模与映射转化

4.1 用户需求到任务网络映射转化框架建模研究

高端装备制造研制用户需求到任务网络的映射转化是一个复杂的系统工程，需要用户、高端装备设计人员、生产方、供应商等多方共同参与，问题庞大、内容复杂，难以直接对其进行研究。因此，围绕用户需求到任务网络的映射转化过程，进行框架建模，明确关键步骤，界定问题边界，对开展理论研究和持续推进项目进度都有着非常重要的意义。本章从高端装备概念设计阶段入手，分析用户需求映射到生产任务过程的关键步骤，并以此为突破点针对映射转化过程进行描述框架建模，为后面的理论方法应用和实例研究开展打好基础。

4.1.1 用户需求映射到生产任务过程概述

在产品设计的传统过程中，需求建模是一个非常重要的过程。需求建模最早起源于软件工程的研究领域，随着互联网时代的到来，需求已经成为一种关键的技术资源，涉及现代社会以用户为主体的多种产业经济。任何产品在研发之前，都必须先对产品使用方，即用户的需求进行收集和分析，并综合性地评估和分析不同的用户需求在产品生命周期的不同阶段会对产品本身产生的影响。只有在充分考虑用户需求的基础上，才能在产品的设计阶段做出合理的选择和决策，使生产出来的最终产品能够满足利益相关方的需求。如图 4-1 所示，系统工程理论将产品的概念设计置于非常重要的地位，认为在整个产品生命周期中（从产品的概念设计到产品的开发与生产，最后到投入使用、升级以及退役阶段），产品的概念设计阶段投入的花费可能只占整个产品开发费用的 20%，但是这个阶段直接决定了未来投入费用的 80%。换言之，产品的设计过程直接决定着产品未来的发展前景，而在设计过程中发挥关键作用的就是用户的需求。如何将用户需求合理地转化为高端装备应该具备的功能特性，并反映到具体的生产任务上来，形成对应的生产研制任务网络，是高端装备制造研制用户需求到任务网络映射转化的关键问题。

在高端装备设计过程中，最重要的是如何将用户的需求转化为高端装备应该具备的功能特性，使生产出来的产品能够满足用户的实际需求。由于用户的需求

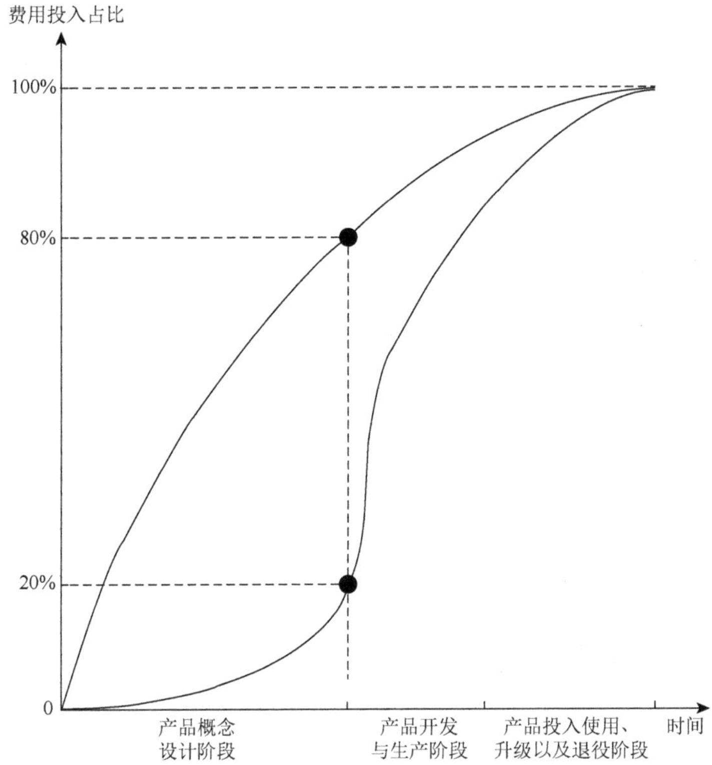

图 4-1　不同阶段的产品开发费用曲线

来源多、内容杂，没有统一的格式和规范，要使其成为能够为设计人员正确利用的资源，就必须对其进行预处理。互联网与大数据环境下，高端装备的需求通常来源于互联网，将需求应用于产品设计过程主要有以下三个步骤：①原始数据采集；②原始需求数据管理；③原始需求数据预处理。具体来讲，需要将经过噪声过滤、中文分词、内容去重以及关键词过滤等操作的用户需求作为输入，通过由用户需求到高端装备功能结构的映射方法，输出高端装备相应的功能特性，并对这些生成的功能特性进行结构化描述，从而构建高端装备的功能结构视图（彭大健等，2021）。高端装备的功能特性结构比普通个性化产品更加复杂，具体表现为：①功能结构层次多；②功能间关系复杂；③功能定性与定量界限模糊。因此选择合适的高端装备功能特性描述方法，对整个高端装备设计与开发的过程起着至关重要的作用。在明确了高端装备应该具备何种功能特性以及各个功能特性之间的关系后，如何制定高端装备的具体研制任务是接下来面临的问题。高端装备的技术含量高、涉及学科多，参与研发的部门往往存在于多个领域、行业和区域，因此研发任务的制定也相当复杂。通过制定相应的映射转化规则（如以产品的功能特性重要度为首要原则，或以产品功能特性的相互关系为依据），将产品应满足的功能特性转化为若干具体研制任务，生成高端装备制造研制的任务网络结构，最终将用户需求转换成生产任务，是高端装备制造研制用户需求映射到研制任务结构的基本过程（周丰，2014）。

4.1.2 用户需求映射到生产任务关键步骤分析

为高端装备制造研制用户需求到任务网络映射转化制定一个规范化框架，首先要明确其中的关键步骤。将用户的需求转化为任务网络结构不是一蹴而就的，而是有一个循序渐进的发展过程，如同自然界的任何事物都符合发展的规律，高端装备制造研制用户需求到任务网络映射转化的过程同样符合发展的规律。在对其进行剖析和重要信息提取后，在合理简化的基础上，本节将高端装备制造研制用户需求到任务网络映射转化的过程分为三个阶段，如图 4-2 所示。

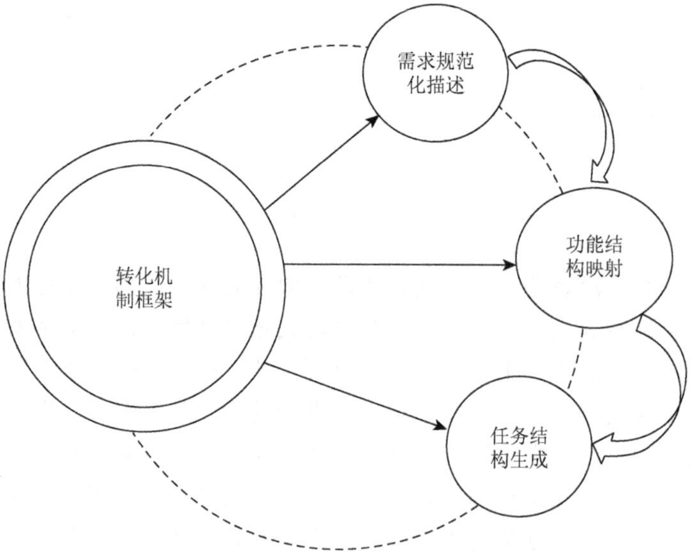

图 4-2 用户需求到任务网络映射转化初步框架

（1）需求规范化描述。本书以用户的需求作为最初的输入，并且认为在输入映射转化模型前，用户的需求已经经过了一系列预处理（噪声过滤、中文分词、内容去重以及关键词过滤等），以需求关键词的形式呈现（Mishra et al.，2018）。但此时的用户需求由于存在二义性、模糊性、不完备性、隐藏性等特点，还不能将其直接输入映射转化模型，必须先对其进行规范化描述，并采用技术手段将自身存在矛盾的若干需求进行冲突消解，再引入专家的意见和建议，对其进行确认，确保其既能反映用户最原始的需求，又不存在内部矛盾。

（2）功能结构映射。将用户的需求通过科学合理的技术方法转化为高端装备应该具备的功能特性，是整个高端装备制造研制用户需求到任务网络映射转化过程最关键、最核心的一个步骤。在此步骤中，将已经规范化的需求作为输入，通过用户需求到产品功能结构的映射转化方法和技术，将其转化为产品的功能特性结构，并且利用功能结构建模描述方法加以描述，最终形成完整的高端装备功能结构体系（Fu and Liu，2021）。该体系不仅可以被应用于本书研究的映射转化过程，还可以生成功能说明文档，甚至在后期装备实验与可靠性评估中发挥作用（崔会会，2020）。

（3）任务结构生成。如何将用户的需求最终转换成产品研发的任务流，形成高端装备制造研制任务网络结构，是从“虚”到“实”的需求落地过程中的重要问题。首先，根据结构化的高端装备功能特性，利用不同高端装备功能特性之间的逻辑关系（如父子关系、层递关系、主次关系、并列关系等），以网络计划技术为基础构建高端装备制造研制的任务网络结构（Mayya et al.，2021）。其次，利用网络计划技术中的相关描述和优化方法，对整个初步生成的任务网络结构进行总体生产制造时间的计算，并对其进行优化处理，选择最优路径，优化生产制造方案。最后，通过甘特图类的相关描述方法，将高端装备制造研制的任务工作时间表清晰、明确地展现出来。

以上三个重要步骤，是高端装备制造研制用户需求到任务网络映射转化机制的核心部分，也是本书展开研究的技术路线。

4.1.3　用户需求到任务网络映射转化描述框架

在以上分析的基础上，我们从宏观的角度对高端装备制造研制用户需求到任务网络映射转化过程进行总体描述和框架建模，提取映射转化过程的关键步骤，进行重点描述，利用体系构建和视图绘制方法，将高端装备制造研制用户需求到任务网络映射转化过程进行可视化呈现。该映射转化过程的总体描述框架如图 4-3 所示。

整个映射转化框架将高端装备制造研制用户需求到任务网络映射过程分为两个领域，一个是需求领域，另一个是任务领域，而产品功能则作为“桥梁”连接这两个领域。重点的技术建模有以下三个部分。

（1）需求规范化描述。这部分主要利用用户需求的框架表示方法，结合需求信息树和需求描述框架对用户需求加以描述。再通过事例推理策略、模糊理论和专家迭代确认的方法，对用户需求进行规范化处理和确认。此部分的框架结构如图 4-4 所示。

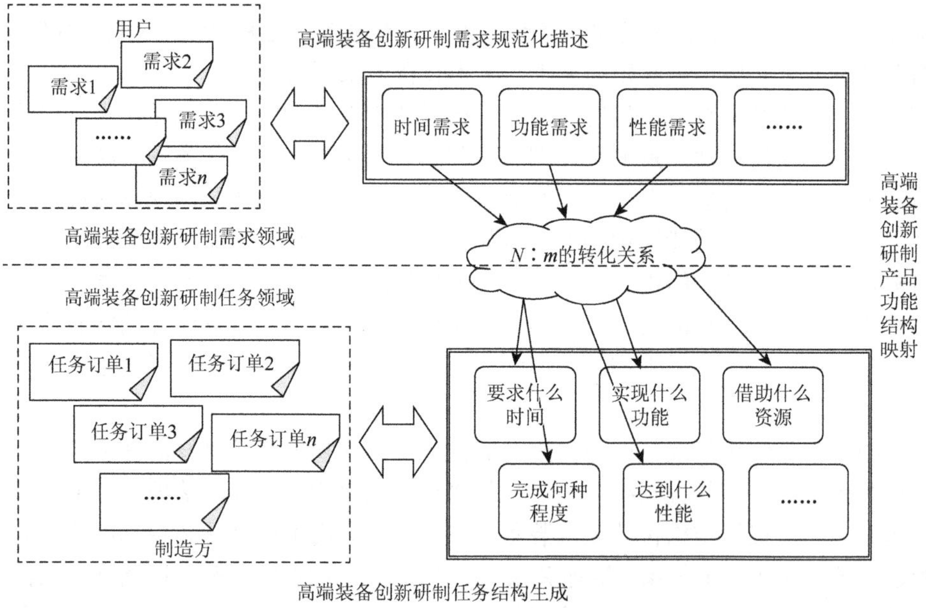

图 4-3　映射转化过程总体描述框架

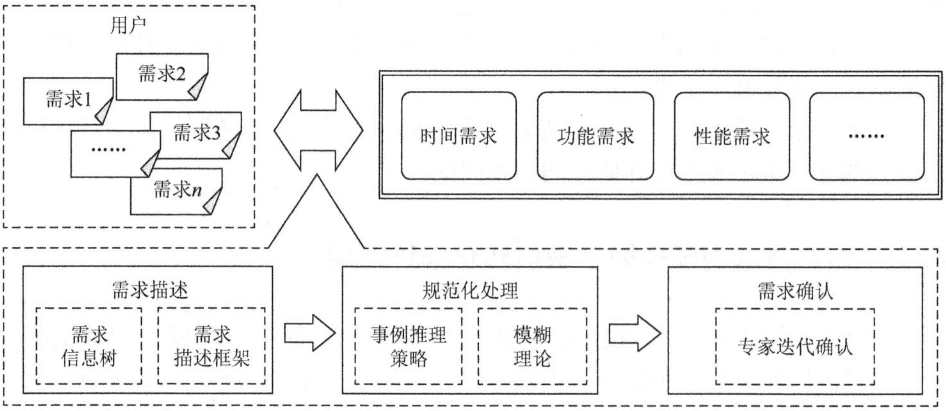

图 4-4　需求规范化描述框架

（2）功能结构映射。这部分是连接用户需求与研制任务的纽带，以高端装备的功能特性结构为中间产品，为高端装备制造研制用户需求向研制任务转化提供方法。结合模糊理论和质量功能展开（quality function deployment，QFD），把规范化的用户需求转化为高端装备的功能结构，具体如图 4-5 所示。

（3）任务结构生成。这部分主要聚焦高端装备制造研制的任务结构生成，采用网络计划技术，将由用户需求生成的高端装备功能特性转化为高端装备的研制任务网络，真正做到用户需求落地于生产研制任务。通过任务网络优化技术选择最优方案，并通过甘特图加以展示和描述，具体如图 4-6 所示。

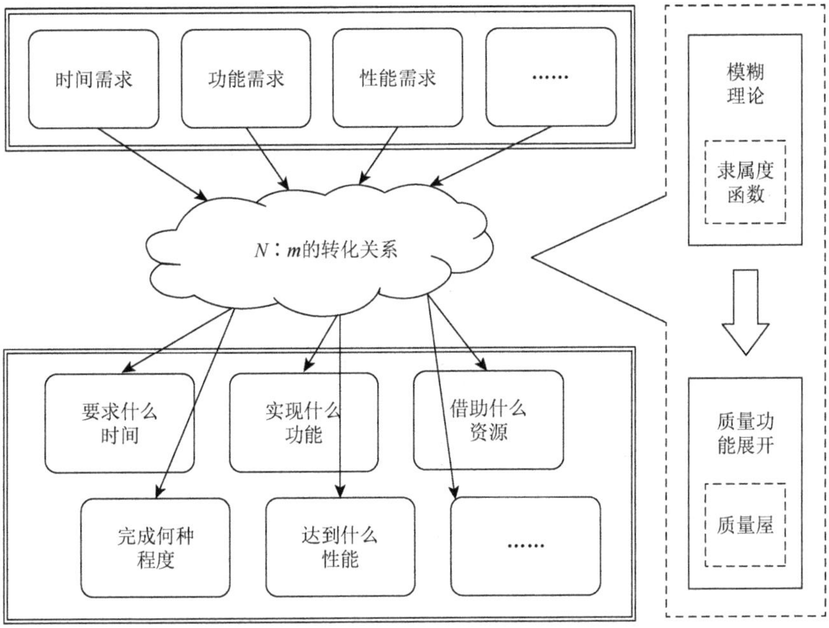

图 4-5　功能结构映射框架

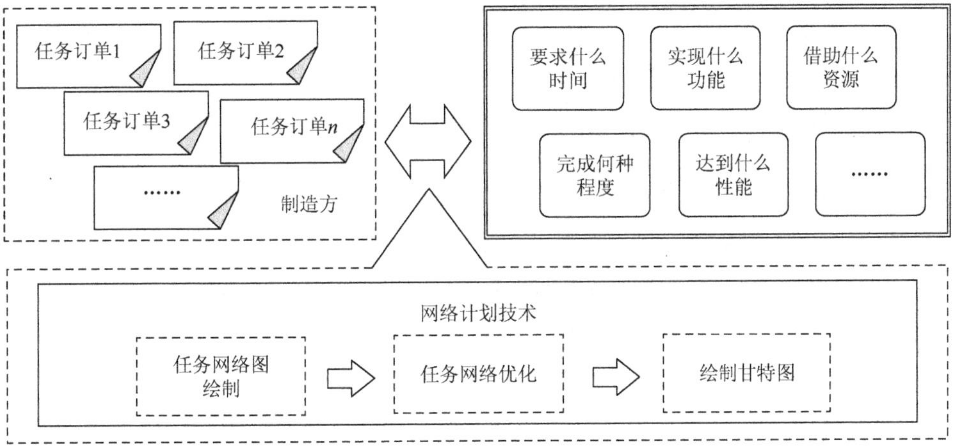

图 4-6　任务结构生成框架

4.2 高端装备制造研制用户需求描述与功能结构的映射方法

用户需求的规范化描述和功能结构的映射转化是高端装备制造研制用户需求到任务网络映射转化过程的关键步骤，也是本书重点开展研究的部分。本节主要围绕用户需求描述方式、用户需求规范化处理以及基于QFD的用户需求到高端装备功能特性的映射转化方法展开研究，利用多种基于不同视图的描述方式将用户需求更加清晰地展现出来，并针对多种需求不规范的情况提出相应的处理手段，同时结合模糊理论和质量屋（house of quality，HoQ）技术来实现用户需求向高端装备功能特性映射转化的目标。

4.2.1 高端装备制造研制用户需求的描述方式

用户需求的合理规范化描述是进行高端装备制造研制用户需求到任务网络映射转化的第一步，描述方法是否科学高效直接影响到高端装备在设计制造中能否真正反映用户的实际需求，关系到高端装备未来的应用与发展。由于用户的需求往往来源多、内容杂，且通常以文字的形式进行表达，各个需求之间的关系和约束难以体现。采用结构形式化的用户需求描述方法，不仅能够更加清晰地展现用户需求的总体情况，更能深度挖掘各个需求之间的内在联系，为下一阶段高端装备制造研制的功能结构映射打好基础。

信息树是一种具有树形层次结构的信息表达方式，一般具有一个信息根节点，多个信息叶节点。通过分析用户不同需求之间的层次关系，可以自顶向下地建立需求信息树。用以描述用户对产品功能特性结构的信息树，有以下两种。

1. 基于高端装备物理体系结构的用户需求信息树

当用户被设定为高端装备的设计人员时，基于物理体系结构的需求描述变得非常重要。需要从系统层级开始不断地自顶向下分解，对构成高端装备的资源分层描述。一般这种分解从高端装备的总系统开始，逐渐分解为中间层的各个部件，再把部件分解为构成部件的各个零件，然后将零件进一步分解，形成零件下的不同对象，最终生成如图 4-7 所示的基于高端装备物理体系结构的用户需求信息树（靳健等，2020）。

在基于高端装备物理体系结构的用户需求信息树的每一层，都有该层的特定属性的信息，这些信息被称作该层的特征。如图 4-7 所示，高端装备总系统被分解为四个不同的层次，对应有系统级特征、部件级特征、零件级特征和对象级特

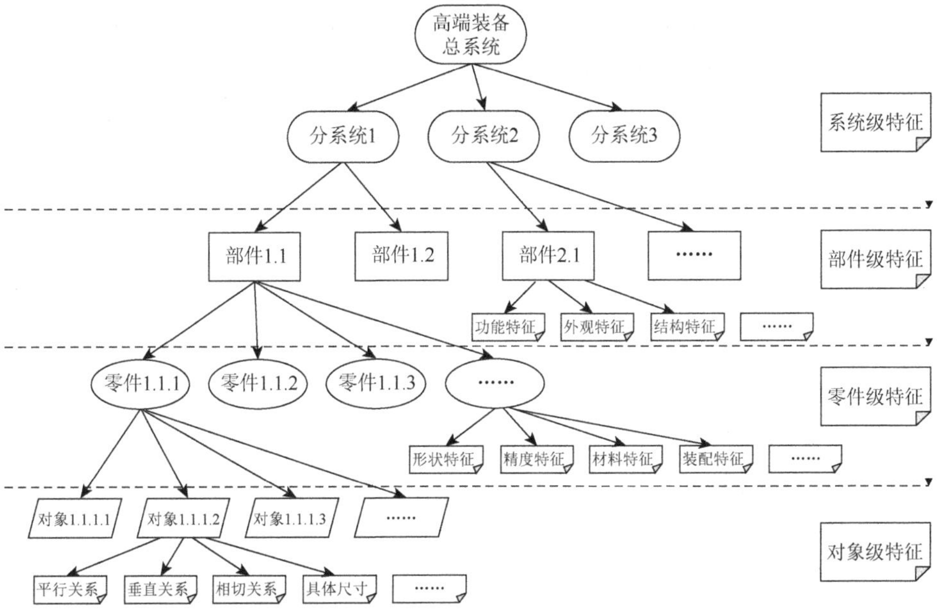

图 4-7　基于高端装备物理体系结构的用户需求信息树

征四个不同的层级特征。例如，在部件级特征中，用户要求某个部件应该具备怎样的功能特征、外观特征、结构特征等的需求，都会被直接描述到该部件下（Hanna et al.，2020）；或者对于某个零件，用户要求其满足怎样的形状特征、精度特征、材料特征、装配特征等条件，同样会被直接描述在该零件下；又或者对零件下的某个具体对象来说，其应该满足怎样的几何关系，具备怎样的具体尺寸等，也同样会直接被描述在该对象的下方。

这种基于高端装备物理体系结构的用户需求描述方法，在使用上对设计人员提出了一些要求：①要求设计人员首先对高端装备总系统进行详细的分解，充分考虑高端装备的产品结构，尽可能地细化每一个分系统、部件、零件以及对象，确保不遗漏任何的关键组成部分；②要求设计人员具备一定的专业性知识，对系统的各个部件熟悉并了解相关参数，能够在各个层级上提出若干合理需求；③要求在高端装备产品设计阶段充分保证设计人员的参与程度，使设计人员需求能够被实时反映到产品的概念设计上，设计人员需要配合专业工程师和系统工程师完成初步设计。

2. 基于高端装备功能体系结构的用户需求信息树

当用户被设定为使用人员时，基于功能体系结构的需求描述更加实用。这种需求信息树主要面向高端装备的功能体系结构，将高端装备应该具备的功能特性结构化，不断分解为具体的子功能，再将用户的需求反映到这些子功能上，明确设计的产品应该具有哪些功能，以及不同功能之间的层次结构和约束关系是怎样的。生成的基于高端装备功能体系结构的用户需求信息树如图 4-8 所示。

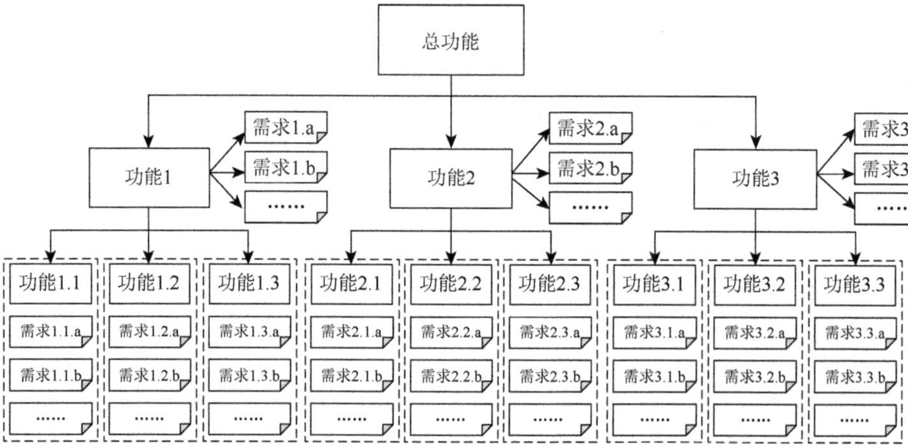

图 4-8　基于高端装备功能体系结构的用户需求信息树

基于高端装备功能体系结构的用户需求信息树相比于基于高端装备物理体系结构的用户需求信息树，在结构上更加简洁，内容指向性也更加明确，不涉及产品的物理结构，只描述用户在产品的各个功能上所要求具备的一些属性。针对高端装备的不同功能，可以有一个或多个属性需求，针对不同功能下的不同子功能，也可以有一个或多个更加细化的属性需求。这就要求设计人员对用户的需求要有很好的理解，能够对用户提出的需求进行转化和归类，最终将其映射到不同的功能上去，并且要确定各个功能特性需求之间的约束和联系，从而能够在信息树中对其加以描述和表示（朱政霖等，2018）。

两种不同的需求信息树具有各自的优势和缺陷，因此在合适的阶段应用对应的用户需求描述方法，对高端装备制造研制用户需求到任务网络的映射转化过程起着至关重要的作用。基于高端装备功能体系结构的用户需求信息树更适合在用户需求到任务网络的映射转化过程中来描述用户的需求。因为这种信息树紧紧围绕着高端装备的功能特性展开，重点描述不同需求与不同功能特性之间的对应关系，更加契合用户需求到功能特性的映射转化目的。而基于高端装备物理体系结构的用户需求信息树更适合在产品设计定型后交付供应商的生产过程中来描述用户的需求，因为这种信息树更加侧重于高端装备不同实体部件与用户需求之间的联系，适合用于生产制造阶段——通过加大用户的参与力度，帮助用户和供应商交流沟通，从而确保高端装备的最终成品能够满足用户的需求。

3. 基于高端装备框架化的需求描述模板

除了应用功能强大的可视化信息树描述用户需求外，还需相应地配套框架化的需求描述模板，便于设计人员应用计算机辅助设计对用户需求进行概念处理，框架化的用户需求描述模板如图 4-9 所示。

<框架名>

<table>
<tr><td><槽名1></td><td><槽值1>|<侧面名11> <侧面名111>，侧面值<112>，…
<侧面名12> <侧面名121>，侧面值<122>，…
⋮</td></tr>
<tr><td><槽名2></td><td><槽值2>|<侧面名21> <侧面名211>，侧面值<212>，…
<侧面名22> <侧面名221>，侧面值<222>，…
⋮</td></tr>
<tr><td><槽名<i>n</i>></td><td><槽值<i>n</i>>|<侧面名<i>n</i>1> <侧面名<i>n</i>11>，侧面值<<i>n</i>12>，…
<侧面名<i>n</i>2> <侧面名<i>n</i>21>，侧面值<<i>n</i>22>，…
⋮</td></tr>
</table>

图 4-9　框架化的用户需求描述模板

框架描述是需求信息树的一种形式化语言，需求信息树中的每一个需求都需要用框架模板表述出来。针对不同的信息树有不同的框架模板设定方法，本节采用基于高端装备功能体系结构的用户需求信息树框架模板对每一个用户需求进行描述，定义两种框架模板。

定义的需求结构关系框架模板如图 4-10 所示。

<弧>

槽名	默认值
上游需求	空
下游需求	空
关系	空
标记	空

图 4-10　需求结构关系框架模板

关于需求结构关系框架模板的说明如表 4-1 所示。

表 4-1　需求结构关系框架模板的说明

槽名	注释
上游需求	该弧的上游需求
下游需求	该弧的下游需求
关系	总体与部分的关系
标记	上游有多个需求标记为 1，否则标记为 0

定义的需求自身信息框架模板如图 4-11 所示。

<需求>

槽名	默认值
需求名	空
需求值类型	空
需求值	空
标记	空

图 4-11　需求自身信息框架模板

关于需求自身信息框架模板的说明如表 4-2 所示。

表 4-2　需求自身信息框架模板的说明

槽名	注释
需求名	用户的具体需求名称
需求值类型	数值型需求为 n，语言描述型需求为 s
需求值	数值型需求填入具体数值，语言描述型需求填入描述语言
标记	已被处理过的需求标记为 1，否则标记为 0

4.2.2　高端装备制造研制用户需求的规范化处理

在高端装备制造研制的过程中，用户需求的来源广泛，内容复杂多样，主要以互联网环境下的大数据形式展现。设计人员要对这些复杂多样的用户需求进行处理，需要以规范化的形式对其进行描述，以消除大量需求内部存在的一些矛盾，在用户需求输入功能映射转化之前就将冲突进行消解，避免在设计过程后期产生高成本代价的影响。从互联网大数据环境下的用户需求到规范化处理过后的用户需求，需要经过以下四个环节。

1. 基于自然语言推理的高端装备用户需求分析

由于来源于互联网的用户需求数据量大，不可能通过人为的处理对其进行分类和描述，必须采用计算机辅助概念设计工具，并结合人工智能技术对大批量的用户需求进行一系列的信息提取、噪声过滤、中文分词、内容去重以及关键词过滤等处理（Pang et al.，2017）。其中，基于自然语言推理的用户需求分析技术是一种比较成熟的方案，其整体框架如图 4-12 所示。

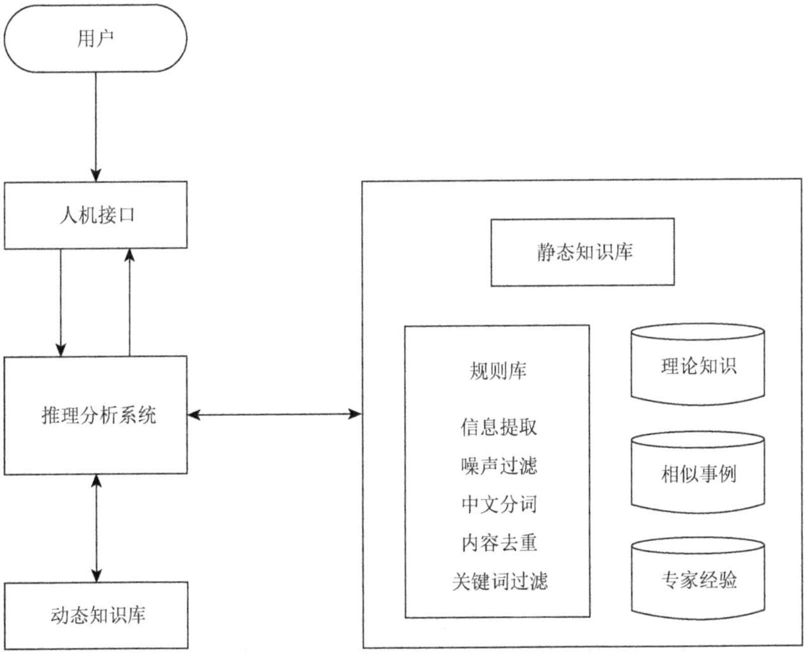

图 4-12　基于自然语言推理的用户需求分析技术

用户将自身需求通过人机接口输入计算机的推理分析系统中，推理分析系统开始自动运用静态和动态知识库的知识处理用户需求，包括利用规则库中的信息提取、噪声过滤、中文分词、内容去重以及关键词过滤等方法，根据该领域内的理论知识，匹配相似事例，并结合专家经验对用户需求进行一系列处理。同时，设计人员可以随时补充动态知识库中的知识，调整对用户需求规范化处理的具体要求。整个过程结合了人工智能与计算机辅助概念设计理论，使得大数据环境下的用户需求能够被快速、准确地处理，为功能映射转化提供了可靠的输入。

2. 高端装备制造研制用户需求概念冲突的处理

由于用户在提出需求的过程中，处于整个系统中较低的维度，提出的需求可能在用户所处的维度上能够实现，但在高端装备系统层级可能会出现多个需求互相产生矛盾的情况，导致无法同时实现所有需求或相应的需求需要被修改等问题，因此对用户需求进行冲突消解是一个很重要的预处理工作。本节采用基于事例推理的冲突消解策略，具体流程如图 4-13 所示（Liu et al.，2018）。

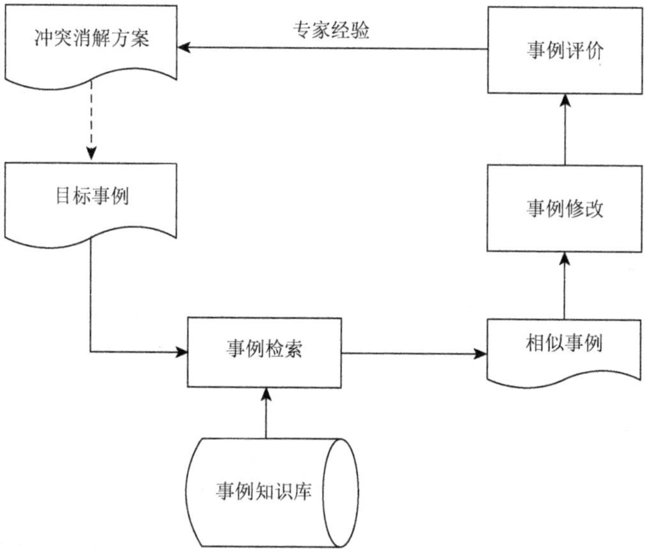

图 4-13　基于事例推理的冲突消解策略

首先将有冲突的用户需求作为一个目标事例，根据已有的事例知识库对其进行事例检索，参照一些特征信息进行相似性匹配，找到事例知识库中以往存在的相似事例；根据相似事例的成功经验，对目标事例进行修改，在满足需求的原则上协调冲突双方，并形成一个新的事例；接着对这个新的事例进行评价，主要分析修改后的事例能否满足用户的需求且内部是否仍然存在矛盾；修改事例的方案可能会出现很多种，这时就要加入专家经验对其进行综合评定，考虑各方面的影响和不同因子的权重，找出最优的事例修改方案，并以此确定最终的冲突消解方案，实现对用户需求的冲突消解。

3. 高端装备制造研制用户需求概念约束的处理

由于用户的需求来源广泛，在经过了基于自然语言推理的用户需求分析后，关键内容会被提取出来，并且作为功能结构映射转化的输入参与模型的计算。在高端装备功能结构映射的环节，采用的质量功能展开方法要求所有的需求输入为定性描述，因此针对一些用户提出的定量描述的需求，需要采用相应的处理手段，对这部分需求进行概念转换。隶属度函数是能够有效帮助设计人员实现这种转化的一种实用且高效的工具。隶属度函数通过一定的函数关系，能够将模糊信息用数值的方式进行表示。隶属度函数中的参数通常根据历史数据或者专家经验确定，采用模糊统计法、例证法和专家经验法等方法对用户需求进行定量到定性的转化处理。

在确定隶属度函数时，需要参照专家经验给出的模糊控制的具体参数。模糊控制的方法包括模糊统计法、例证法和专家经验法，主要采用戒上型和戒下型两类隶属度函数，具体形式如式（4-1）和式（4-2）所示。

1）戒上型

$$\mu(x)=\begin{cases}\dfrac{1}{1+[a(x-c)]^b}, & x>c\\ 1, & x\leqslant c\end{cases} \tag{4-1}$$

其中，a、b、c 为函数中的设定参数，$a>0$，$b>0$。戒上型隶属度函数的分布曲线如图 4-14 所示。

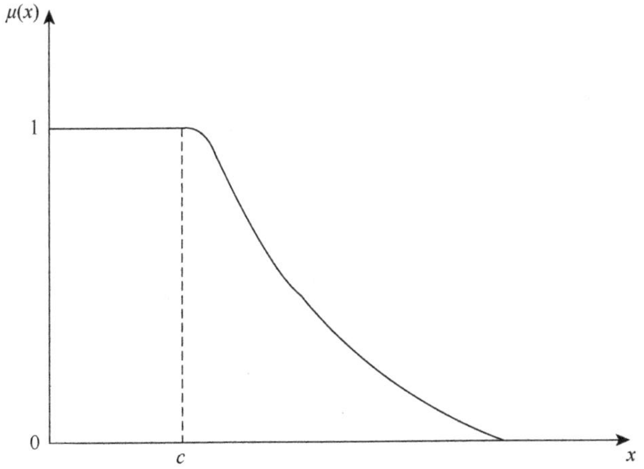

图 4-14　戒上型隶属度函数的分布曲线

2）戒下型

$$\mu(x)=\begin{cases}0, & x<c\\ \dfrac{1}{1+[a(x-c)]^b}, & x\geqslant c\end{cases} \tag{4-2}$$

其中，a、b、c 为函数中的设定参数，$a>0$，$b<0$。戒下型隶属度函数的分布曲线如图 4-15 所示。

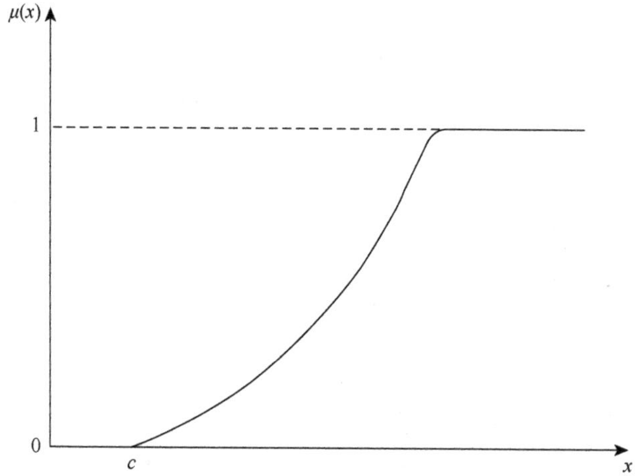

图 4-15　戒下型隶属度函数的分布曲线

根据专家给出的隶属度函数，将定量描述的用户需求输入隶属度函数的模型中，计算该用户需求分别属于不同类别的隶属度大小，然后根据计算值判别该用户需求属于的具体的类别，这样就完成了由定量描述的用户需求向定性描述的用户需求的转化。定性描述的用户需求能够适用于以质量屋技术为主的模型计算，从而为基于质量功能展开方法的用户需求到功能结构映射转化打好基础。

4. 高端装备制造研制用户需求概念多元化的处理

在给用户需求框定概念边界时，容易出现用户需求定界模糊，在分类时给设计人员造成困难的情况。一般的分类定界方法通常对不同类别下的项目有很明确的划分标准，对边界的定义也是严格的，这种方法在具体分析用户需求时对一些边界模糊的需求难以给出明确的类别属性，导致在下一阶段用户需求向高端装备功能特性转化时产生困难。以处理边界模糊问题为突出优势的模糊聚类方法能够合理、准确地解决这类问题，因此本节采用模糊聚类方法，对用户需求概念出现边界模糊不清的情况进行处理。

处理过程如下。①确定需求分类的标准。明确将需求分为哪几类，并对每一个需求类别编号。②将不同需求对于不同分类标准的模糊变量标准化。由于需求在进行模糊聚类之前拥有不同标准的评价数值，所以要使其标准化，将其取值范围固定在[0, 1]，并构造多维模糊向量（$X_{i1}, X_{i2}, X_{i3}, \cdots, X_{in}$）。③计算不同需求与需求分类标准之间的相似程度。设不同需求与需求分类标准之间的相似程度为 r_{ij}，并构造相似矩阵 R，计算方法如式（4-3）所示。

$$r_{ij}=\begin{cases}1 & ,\ i=j\\ 1-c\sum_{k=1}^{m}\left|x_{ik}-x_{jk}\right| & ,\ i\neq j\end{cases} \tag{4-3}$$

其中，c 为修正系数，且 $0<c<1$，以保证 $0<r_{ij}<1$。④对构建的相似矩阵 R 进行检验，分析其是否满足模糊关系中的自反性、对称性以及传递性。若该矩阵不满足三个特性中的任何一个，则对其进行平方处理，然后再进行检验，直至其满足关系约束条件。⑤以生成的相似矩阵为依据，对用户需求进行分类，通过设定并改变模糊参数 λ 的值，产生不同的需求类别划分结果，最后根据实际情况选择合理的需求分类结果。

4.2.3　基于质量功能展开的用户需求到高端装备功能特性的映射转化方法

1. 质量功能展开方法概述

质量功能展开是一种将用户需求通过层次演绎分析过程映射转化为产品功能特性的工程技术方法，以用户需求为主要因素，并将其反映到产品设计及生产的每一个环节中，使产品的功能结构特性完全能够满足用户提出的需求。该方法提升了用户在产品设计过程中的参与程度，大大增强了产品的市场竞争力。

质量功能展开方法应用于工程设计和产品研发，具有很多种不同的结构模型，其中瀑布式质量功能展开模型是目前工业、制造业领域最为流行的一种模型，其结构如图 4-16 所示。

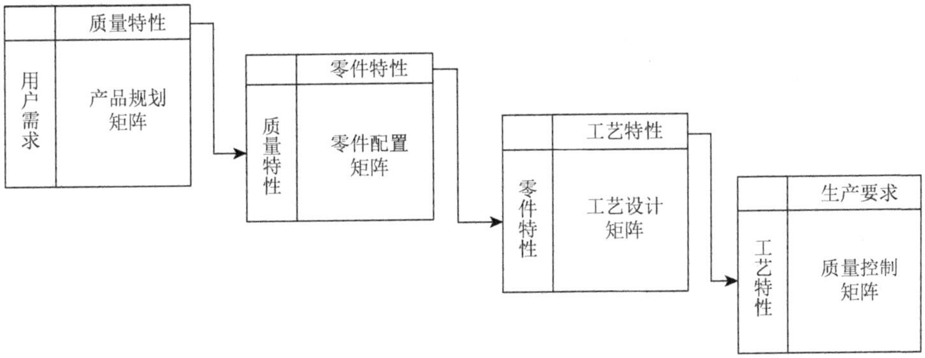

图 4-16　瀑布式质量功能展开模型

瀑布式质量功能展开模型首先以用户需求为出发点，通过产品规划矩阵将用户需求映射转化为产品的质量特性；其次通过零件配置矩阵将产品的质量特性转化为产品的零件特性；再次通过工艺设计矩阵将产品的零件特性转化为生产的工艺特性；最后通过质量控制矩阵，将生产的工艺特性转化为产品的具体生产要求。通过四个映射转化矩阵在瀑布式的结构模型中连续作用，将用户需求贯穿于产品设计阶段的每一个过程，极大程度地保证了用户需求能够被正确地反映在产品的设计和生产过程中。

2. 基于质量屋的用户需求到高端装备功能特性映射转化方法

质量屋是实现质量功能展开的关键技术手段，也是将用户需求映射转化为高端装备功能特性的一个具体可行方法。质量屋的构造如图 4-17 所示。

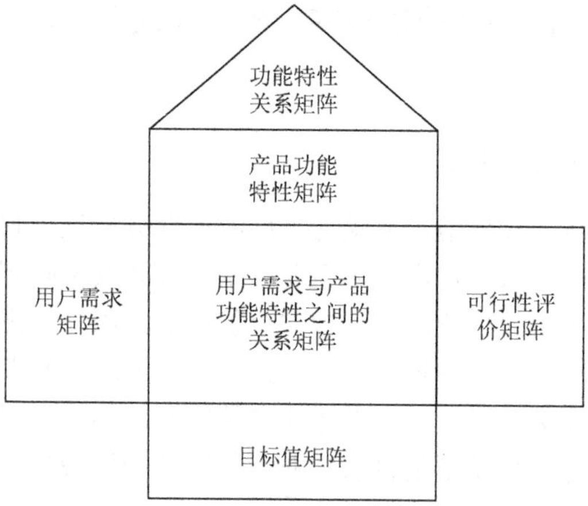

图 4-17　质量屋

质量屋中的各个部分含义如下。

（1）用户需求矩阵，主要用于表示用户的需求以及不同需求的重要程度，通常按照优先级情况对用户需求进行排序。

（2）产品功能特性矩阵，主要用于表示为了满足用户的需求，设计的产品应该具备的功能特性。

（3）用户需求与产品功能特性之间的关系矩阵，主要用于表示各个产品功能特性与不同用户需求之间的关系，描述各个产品功能对实现用户需求的贡献程度。

（4）功能特性关系矩阵，主要用于表示产品的各个功能特性之间的关系，这种关系可能是相互制约或者相互促进的。

（5）可行性评价矩阵，主要用于表示企业就行业内其他竞争对手的技术竞争性对产品未来的改进或发展的影响。

（6）目标值矩阵，用于表示最终的计算结果，即质量屋中的各个部分对产品功能特性的影响总值，并以此为依据对产品功能特性的重要程度进行排序。

基于质量屋技术的用户需求到高端装备功能特性的映射转化流程如图 4-18 所示。①从用户需求开始，对用户需求进行规范化描述；②将规范化描述后的用户需求进行层次化排序，明确各个需求之间的层次关系；③结合层次分析法确定各个需求的重要度；④将带有重要度排序的用户需求作为输入，填入质量屋的用户需求矩阵；⑤根据专家经验确定高端装备应该具备哪些功能，并将其填入质量屋的产品功能特性矩阵；⑥对高端装备各个功能之间的关系进行分析，将结果填入功能特性关系矩阵；⑦验证功能特性关系矩阵是否符合设计的相关要求，如果符合则进入下一步，如果不符合则进行调整，直至功能特性关系矩阵符合要求；⑧确定用户需求与高端装备功能特性的关系，将其填入质量屋的用户需求与产品功能特性之间的关系矩阵；⑨利用同样的验证方法，验证用户需求与产品功能特性之间的关系矩阵是否符合要求，如果符合则进入下一步，如果不符合则进行修改，直至其符合设计的相关要求；⑩通过市场调研分析同类产品竞争情况，将结果填入可行性评价矩阵；⑪通过质量屋的矩阵运算规则，计算出高端装备各个功能特性的重要性排序结果（Shriyam et al.，2017）。

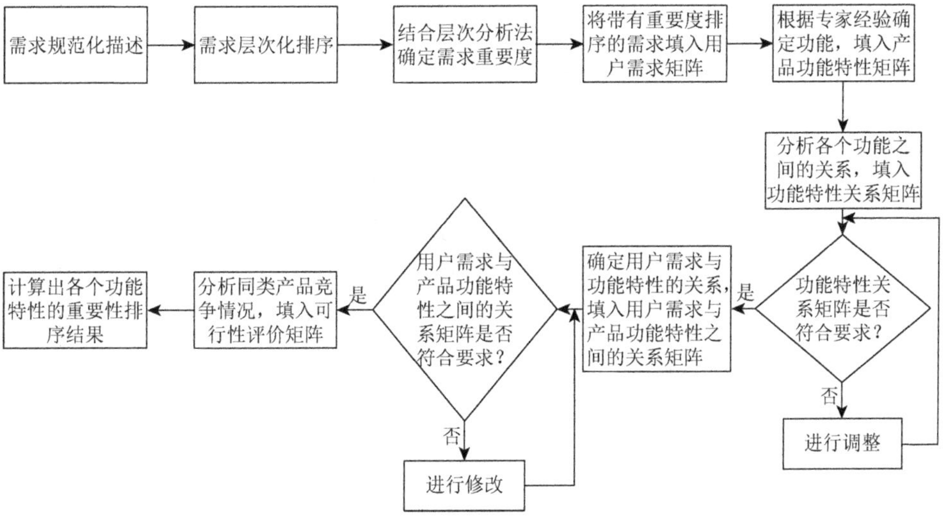

图 4-18　基于质量屋技术的映射转化流程

质量屋中每一部分的具体计算方法如下。

（1）用户需求矩阵的确定。在对用户需求进行规范化描述后，建立基于高端装备功能体系结构的用户需求信息树，为方便处理，这里的需求信息树按照总需求-高端装备质量属性-具体概念的分解方式进行结构建模（Guo and Qi，2021），结果如图 4-19 所示。然后判断某两个影响因素的相对重要性，构建每一个层次的判断矩阵，计算方法如式（4-4）所示。

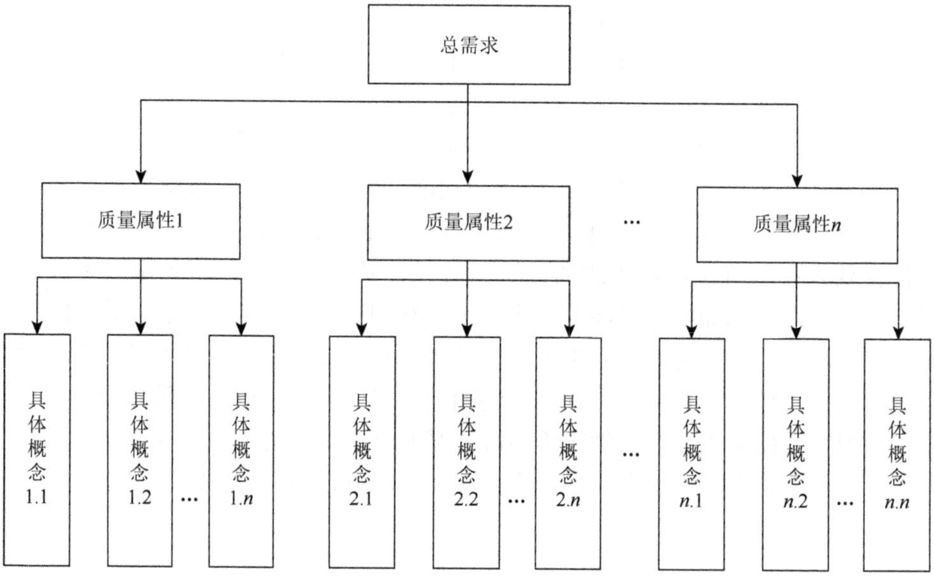

图 4-19　需求信息树分解

$$A=\begin{bmatrix} a_{11} & \cdots & a_{1n} \\ \vdots & & \vdots \\ a_{n1} & \cdots & a_{nn} \end{bmatrix},\ a_{ij}>0,\ a_{ij}=\frac{1}{a_{ji}} \tag{4-4}$$

重要度分析根据层次分析法进行，具体标度方式说明如表 4-3 所示。

表 4-3　层次分析法的具体标度方式说明

标度	含义
1	表示两个因素相比，同样重要
3	表示两个因素相比，前者稍微重要
5	表示两个因素相比，前者明显重要
7	表示两个因素相比，前者强烈重要

续表

标度	含义
9	表示两个因素相比，前者极端重要
2、4、6、8	表示上述两判别结果的中值

计算每一个判断矩阵的特征向量，首先计算判断矩阵中每一行元素的乘积，如式（4-5）所示。

$$K_i = \prod_{j=1}^{n} b_{ij} \tag{4-5}$$

再计算其 n 次方根的值，如式（4-6）所示。

$$\overline{W_i} = \sqrt[n]{K_i} \tag{4-6}$$

最后进行标准化，结果即为判断矩阵的特征向量，如式（4-7）所示。

$$W_i = \frac{\overline{W_i}}{\sum_{j=1}^{n} \overline{W_j}} \tag{4-7}$$

此外，还要对判断矩阵进行一致性检验，CI（consistency index，一致性指数）和 CR（consistent ratio，一致性比率）是用来评估矩阵中元素之间一致性的指标。具体如式（4-8）和式（4-9）所示。

$$\mathrm{CI} = \frac{\lambda_{\max} - N}{N - 1} \tag{4-8}$$

$$\mathrm{CR} = \frac{\mathrm{CI}}{\mathrm{RI}} \tag{4-9}$$

其中，$\lambda_{\max}$ 为判断矩阵 A 的最大特征值；N 为矩阵维数；RI 为平均随机一致性指标，取值见表 4-4。若 $\mathrm{CR} < 0.1$，则满足一致性要求，否则需要调整判断矩阵的值，重新计算，直至其通过一致性检验。

表 4-4　平均随机一致性指标

项目	对应的数值						
N	3	4	5	6	7	8	9
RI	0.58	0.90	1.12	1.24	1.32	1.41	1.45

最后，通过将单层次排序的向量相乘得到总层次排序，作为质量屋中用户需求矩阵的输入。

（2）产品功能特性矩阵的确定。高端装备产品功能特性矩阵的确定主要是依据公认的规则和权威知识，结合专家经验，参考设计手册，结合实际情况给出。

（3）用户需求与产品功能特性之间的关系矩阵的确定。针对高端装备相关的功能特性，查阅相关资料，并结合专家经验确定相互关系，如表 4-5 所示。

表 4-5　用户需求与产品功能特性之间的关系矩阵

需求	功能 1	功能 2	…	功能 *n*
需求 1	◎			
需求 2		○		
⋮				
需求 *n*				△

注：“◎”表示相关程度最大；“○”表示相关程度一般；“△”表示相关程度最小；空白表示不相关

（4）功能特性关系矩阵的确定。针对高端装备功能特性之间的相互关系，结合专家经验确定正负影响关系，具体如图 4-20 所示。

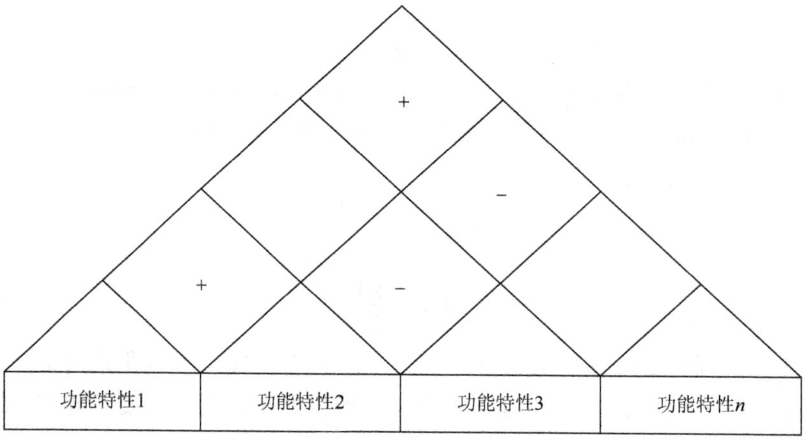

图 4-20　功能特性关系矩阵

“+”表示正相关，即提高这一技术会促进另一技术的提高；“−”表示负相关，即技术之间是制约的关系

（5）可行性评价矩阵的计算。在这里不做详细讨论。

以上就是基于质量屋技术的实现用户需求向高端装备功能特性映射转化的关键过程。

3. 应用质量功能展开方法的优势与不足

质量功能展开作为一种工程技术手段，本身具有以下几个优点。

（1）任何个性化产品的设计阶段都需要围绕用户需求展开，而质量功能展开方法恰恰是以用户需求为主导进行产品功能结构映射的一种方法，它能够最大限度地确保产品的最终设计满足用户的需求。

（2）质量功能展开方法主要面向用户需求，而对专业工程知识的引用不多，这使得在整个产品设计阶段由于工程知识引起的设计更改次数大大减少了，缩短了设计时间和开发周期，对大型工程项目有很好的辅助设计作用。

（3）质量功能展开方法有效减少了传统工程在产品研发的概念设计阶段冗杂的调查、分析和处理步骤，在人力、物力、财力的节省上表现比较突出，不仅能够最大限度地减少产品开发所需的成本，还能够缩短产品开发周期，加快产品开发进度。

（4）质量功能展开方法不仅能够应用于用户需求向产品总体功能特性的映射转化过程，还可以用于产品总体功能特性向零部件功能特性转化，零部件功能特性向生产过程特性转化以及生产过程特性向生产特性转化等其他产品设计研发阶段，在产品个性化设计领域有非常广阔的应用范围。

在高端装备制造研制的产品设计阶段，将质量功能展开方法应用于用户需求向高端装备功能结构特性映射转化的过程，主要有以下优势与不足。

（1）在高端装备制造研制的产品设计过程中，用户需求向高端装备功能特性映射转化过程能够通过质量功能展开的技术手段被可视化地展现出来，使用户能够实时观察需求在工程设计中如何发挥作用，直观清晰地对整个高端装备设计过程有所了解。

（2）高端装备制造研制用户需求到任务网络的映射转化在互联网及大数据背景下变得更加复杂和困难。运用质量功能展开方法，不仅能够有效地将用户的实际需求准确、合理地转化为高端装备应该具备的功能特性，实现需求到技术的关键转换，还能够有效地省去设计过程中的冗余步骤，减少成本，缩短工期。

（3）运用质量功能展开方法在进行用户需求向高端装备功能特性的映射转化时，很多关键步骤需要以专家经验和专业知识为参考，存在着一定程度的主观因素干扰，这对映射转化过程的科学性和合理性可能有一定的影响。

（4）质量功能展开方法无法将用户定量描述的需求映射到高端装备功能特性参数的设置上，理论方法上存在一些不足，需要结合目前高端装备制造研制的实际发展情况对其进行创新与拓展。

4.3　基于高端装备制造研制用户需求到任务网络映射转化机制的实例应用

在高端装备制造领域，减速机是一个非常重要且常用的核心零部件，主要用于大型机械设备的减速传动，相当于这些大型机械设备的“关节”。尤其在军用智能机器人的生产制造中，需要配备减速传动平稳、传动运动精度高、工作温度适宜且产品寿命长的减速机。旋转矢量减速机相比传统的减速机，其内部结构更加复杂，对零件的加工精度要求更高，是目前应用于工业智能机器人综合性能最好的减速机，其内部结构如图 4-21 所示。然而我国对旋转矢量减速机的研发开始得较晚，关键核心技术一直被日本垄断，导致目前国内机器人的生产制造成本居高不下（梁晓星等，2018）。因此，将旋转矢量减速机作为本节的实例研究对象，一方面能对我国实现国产旋转矢量减速机产品批量化生产有所帮助，另一方面也能验证本章的理论方法是否科学合理，对高端装备制造研制用户需求到任务网络映射转化机制的改进和发展有重要意义。

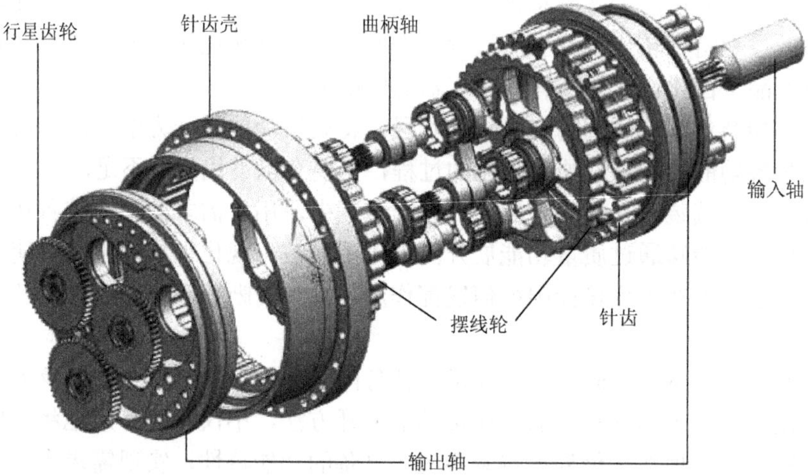

图 4-21　旋转矢量减速机内部结构

4.3.1　旋转矢量减速机的用户需求规范化描述

在对旋转矢量减速机的用户需求进行规范化描述之前，首先要对旋转矢量减速机的设计概念进行明确和分类，为进一步描述用户需求搭好框架。通过对机械设备的产品设计任务书进行分析，可以提取到旋转矢量减速机在设计上主要有以下要素：承载能力、传动减速误差、振动噪声、密封性、自动化、环境适应能力、绝缘性、耐腐蚀性、耐爆性、耐尘性、耐热性、体积、重量、安全性保护设计、工作寿命、故障率、稳定性、生产成本、设计成本、市场价格、工作效率、维修便捷性、零件可替换能力。通过属性识别、概念分类等手段，结合专家经验和产品设计任务书对以上旋转矢量减速机的设计要素进行基于高端装备功能体系结构的用户需求信息树的建立，结果如图 4-22 所示。

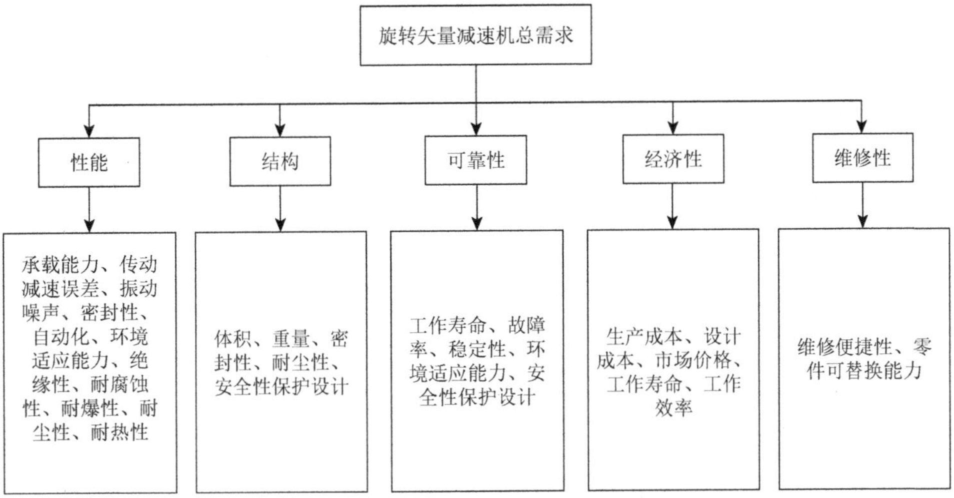

图 4-22　旋转矢量减速机需求信息树

通过查阅相关资料和调研考察等方式，收集互联网上大量关于旋转矢量减速机的用户需求，将其交付需求处理中心，结合人工智能技术对大批量的用户需求进行一系列信息提取、噪声过滤、中文分词、内容去重以及关键词过滤等处理，最后筛选出以下几个有代表性的用户需求进行进一步的规范化描述。这里将用户需求分为定性描述和定量描述两种类别，具体如表 4-6 所示。

表 4-6　旋转矢量减速机的代表性用户需求

需求类别	用户内容需求
定性描述的用户需求	①振动噪声低；②承载能力强；③体积小巧； ④轻量化；⑤故障率低；⑥生产成本低；⑦维修方便
定量描述的用户需求	①传动减速允许误差±1‰；②工作寿命 10 年； ③工作效率 $\eta = 0.92$

为了便于对用户需求进行概念约束和多元化处理，采用框架化的需求描述模板对以上用户需求进行描述，已被处理过的需求标记为 1，否则标记为 0，结果如表 4-7 所示。

表 4-7　用户需求框架化描述

需求名	需求类别	需求值	标记
振动噪声	定性描述	低	0
承载能力	定性描述	强	0

续表

需求名	需求类别	需求值	标记
体积	定性描述	小巧	0
重量	定性描述	轻	0
故障率	定性描述	低	0
生产成本	定性描述	低	0
维修便捷性	定性描述	方便	0
传动减速误差	定量描述	±1‰	0
工作寿命	定量描述	10 年	0
工作效率	定量描述	0.92	0

接着，对各个用户需求之间的关系弧也用框架化的描述模板进行表示，上游有多个需求标记为 1，否则标记为 0，结果如表 4-8 所示。

表 4-8　用户需求关系弧框架化描述

上游需求	下游需求	关系	标记
性能	振动噪声	属于	0
性能	承载能力	属于	0
性能	传动减速误差	属于	0
结构	体积	属于	0
结构	重量	属于	0
可靠性	故障率	属于	0
可靠性	工作寿命	属于	1
经济性	工作寿命	属于	1
经济性	生产成本	属于	0
经济性	工作效率	属于	0
维修性	维修便捷性	属于	0

在将用户的不同需求之间的结构关系用框架化语言描述后，需要对其进行下一步处理。首先对用户的需求进行概念约束的处理，主要针对定量描述的用户需求，通过隶属度函数将其转化为定性描述的用户需求，然后将其作为输入参与质量屋的计算。将用户需求框架中需求类型为定量描述的需求列举出来，即传动减速误差、工作寿命和工作效率，分别确定其相应的隶属度函数。隶属度函数的确定需要结合专业知识和专家经验。确定传动减速误差的隶属度函数如式（4-10）和式（4-11）所示。

$$\mu_{误差小}(x)=\begin{cases}1 & ,\ 0\leqslant x\leqslant 0.01\\ \dfrac{1}{1+[100(x-0.01)]^{2}} & ,\ 0.01<x\leqslant 0.05\end{cases} \tag{4-10}$$

$$\mu_{误差大}(x)=\begin{cases}0 & ,\ 0\leqslant x<0.02\\ \dfrac{1}{1+[100(x-0.02)]^{-2}} & ,\ 0.02\leqslant x\leqslant 0.05\end{cases} \tag{4-11}$$

根据式（4-10）和式（4-11），可以将传动减速误差±1‰进行概念转化，将 $x=0.001$ 代入式（4-10）和式（4-11）进行计算，得到结果为 $\mu_{误差小}(0.001)=1$，$\mu_{误差大}(0.001)=0$。因此，根据隶属度函数将传动减速误差±1‰转化为了传动减速误差小。

同理，将工作寿命和工作效率通过隶属度函数进行转化，最后得到的结果为工作寿命长、工作效率高的用户需求。重新绘制用户需求的框架化的描述模板，结果如表 4-9 所示。

表 4-9　处理后的用户需求框架化描述模板

需求名	需求类别	需求值	标记
振动噪声	定性描述	低	0
承载能力	定性描述	强	0
体积	定性描述	小巧	0
重量	定性描述	轻	0
故障率	定性描述	低	0
生产成本	定性描述	低	0
维修便捷性	定性描述	方便	0
传动减速误差	定性描述	小	1
工作寿命	定性描述	长	1
工作效率	定性描述	高	1

接着对各个用户需求之间的关系弧进行需求概念多元化的处理，主要针对边界定义模糊的需求。在分类时可能将边界定义模糊的需求归属于两个类别，这在应用质量屋技术时是不被允许的，因此本节利用模糊聚类方法对其进行处理，明确其概念边界。通过表 4-8 可以得知，旋转矢量减速机的“工作寿命”既属于可靠性类别，又属于经济性类别，因此需要对其进行处理。

首先根据用户需求的结构关系选定模糊分类的标准，设 A_1 表示可靠性，A_2 表示经济性，A_3 表示维修性；同时设定该模糊聚类标准下的每一个用户需求对三种不同的类别拥有一个重要度模糊向量 $X_i=(X_{i1},X_{i2},X_{i3})$，并设 X_1 表示故障率，X_2 表示工作寿命，X_3 表示生产成本，X_4 表示工作效率，X_5 表示维修便捷性。根据专业知识和专家经验分析得到每个需求的重要度模糊向量，结果如下：$X_1=(0.8,0.7,0.5)$；$X_2=(0.9,0.2,0.1)$；$X_3=(0.1,0.9,0.1)$；$X_4=(0.1,0.7,0.1)$；$X_5=(0.2,0.1,0.9)$。利用式（4-3）计算用户需求与选定模糊分类标准之间的相似程度 r_{ij}，构建用户需求的模糊相似矩阵 R，设定参数 $c=0.3$，$m=3$，则

$$R=\begin{bmatrix}1 & 0.70 & 0.61 & 0.67 & 0.52\\ 0.70 & 1 & 0.55 & 0.61 & 0.52\\ 0.61 & 0.55 & 1 & 0.94 & 0.49\\ 0.67 & 0.61 & 0.94 & 1 & 0.52\\ 0.52 & 0.52 & 0.49 & 0.52 & 1\end{bmatrix}$$

显然该模糊相似矩阵满足自反性和对称性，这里还要对其是否满足传递性进行验证。

由于

$$R\circ R=\begin{bmatrix}1 & 0.70 & 0.67 & 0.67 & 0.52\\ 0.70 & 1 & 0.61 & 0.67 & 0.52\\ 0.67 & 0.61 & 1 & 0.94 & 0.52\\ 0.67 & 0.67 & 0.94 & 1 & 0.52\\ 0.52 & 0.52 & 0.52 & 0.52 & 1\end{bmatrix}\not\subset R$$

因此需要利用平方法对 R 进行改进：

$$R^2\circ R^2=\begin{bmatrix}1 & 0.70 & 0.67 & 0.67 & 0.52\\ 0.70 & 1 & 0.67 & 0.67 & 0.52\\ 0.67 & 0.67 & 1 & 0.94 & 0.52\\ 0.67 & 0.67 & 0.94 & 1 & 0.52\\ 0.52 & 0.52 & 0.52 & 0.52 & 1\end{bmatrix}\not\subset R^2$$

继续对 R 进行改进：

$$R^4\circ R^4=\begin{bmatrix}1 & 0.70 & 0.67 & 0.67 & 0.52\\ 0.70 & 1 & 0.67 & 0.67 & 0.52\\ 0.67 & 0.67 & 1 & 0.94 & 0.52\\ 0.67 & 0.67 & 0.94 & 1 & 0.52\\ 0.52 & 0.52 & 0.52 & 0.52 & 1\end{bmatrix}=R^4$$

此时 R^4 满足模糊等价矩阵的传递性，因此选择 R^4 作为用于模糊聚类的模糊等价矩阵。

对模糊等价矩阵进行聚类分析时，可以设定一个分类参数 λ。当 $r_{ij}>\lambda$ 时，

$r_{ij}=1$；当 $r_{ij}<\lambda$ 时，$r_{ij}=0$。通过这种方法将原模糊等价矩阵转化为一个不同参数 λ 下的具体分类矩阵，实现模糊矩阵的动态分类功能，帮助设计人员为概念边界模糊的用户需求制定最合理的分类方法。

当参数 λ 取不同值时，相应的模糊矩阵如下所示。

$$R^4_{\lambda=0.95}=\begin{bmatrix}1&0&0&0&0\\0&1&0&0&0\\0&0&1&0&0\\0&0&0&1&0\\0&0&0&0&1\end{bmatrix}\quad R^4_{\lambda=0.75}=\begin{bmatrix}1&0&0&0&0\\0&1&0&0&0\\0&0&1&1&0\\0&0&1&1&0\\0&0&0&0&1\end{bmatrix}\quad R^4_{\lambda=0.69}=\begin{bmatrix}1&1&0&0&0\\1&1&0&0&0\\0&0&1&1&0\\0&0&1&1&0\\0&0&0&0&1\end{bmatrix}$$

$$R^4_{\lambda=0.59}=\begin{bmatrix}1&1&1&1&0\\1&1&1&1&0\\1&1&1&1&0\\1&1&1&1&0\\0&0&0&0&1\end{bmatrix}\quad R^4_{\lambda=0.49}=\begin{bmatrix}1&1&1&1&1\\1&1&1&1&1\\1&1&1&1&1\\1&1&1&1&1\\1&1&1&1&1\end{bmatrix}$$

根据计算结果可以得知以下结论。

（1）当 $\lambda=0.95$ 时，用户需求被划分为五类，即{故障率}，{工作寿命}，{生产成本}，{工作效率}，{维修便捷性}。

（2）当 $\lambda=0.75$ 时，用户需求被划分为四类，即{故障率}，{工作寿命}，{生产成本、工作效率}，{维修便捷性}。

（3）当 $\lambda=0.69$ 时，用户需求被划分为三类，即{故障率、工作寿命}，{生产成本、工作效率}，{维修便捷性}。

（4）当 $\lambda=0.59$ 时，用户需求被划分为两类，即{故障率、工作寿命、生产成本、工作效率}，{维修便捷性}。

（5）当 $\lambda=0.49$ 时，用户需求被划分为一类，即{故障率、工作寿命、生产成本、工作效率、维修便捷性}。

结合实际情况可以发现，当 $\lambda=0.69$ 时的分类结果最为合理，因此工作寿命被划分到了可靠性类别中，而从经济性类别中剔除。最后的分类结果为：可靠性 = {故障率、工作寿命}；经济性 = {生产成本、工作效率}；维修性 = {维修便捷性}。需求概念多元化处理后的关系弧框架化描述模板如表 4-10 所示。

表 4-10　处理后的关系弧框架化描述模板

上游需求	下游需求	关系	标记
性能	振动噪声	属于	0
性能	承载能力	属于	0

续表

上游需求	下游需求	关系	标记
性能	传动减速误差	属于	0
结构	体积	属于	0
结构	重量	属于	0
可靠性	故障率	属于	0
可靠性	工作寿命	属于	0
经济性	生产成本	属于	0
经济性	工作效率	属于	0
维修性	维修便捷性	属于	0

利用基于高端装备功能体系结构的用户需求信息树描述方法，结合已经规范化处理过的用户需求的框架化描述模板，将旋转矢量减速机的用户需求描述出来，结果如图 4-23 所示。

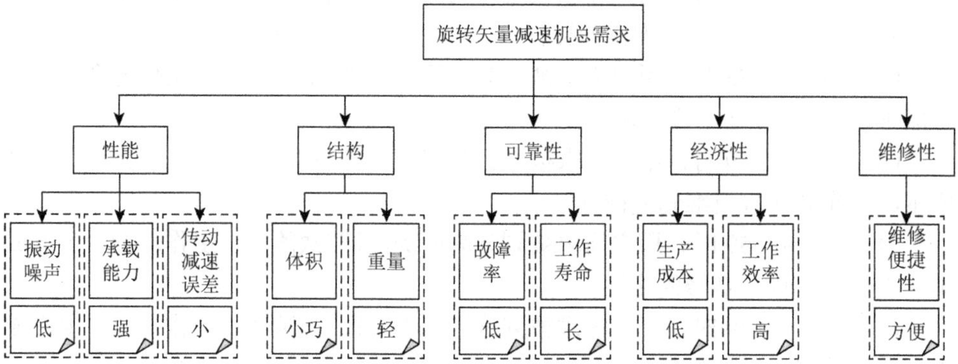

图 4-23　规范处理后的旋转矢量减速机需求信息树

4.3.2　旋转矢量减速机的用户需求到产品功能特性的映射转化

在完成对用户需求的规范化描述之后，就进入用户需求到高端装备功能特性的映射转化阶段。首先要对不同用户的需求进行重要度排序，本节利用层次分析法来确定用户需求的重要度。

根据图 4-23 的用户需求层次化结构，将用户需求划分为三个层次。第一层包含旋转矢量减速机总需求，设为 A；第二层包含性能、结构、可靠性、经济性、维修性，分别设为 B_1、B_2、B_3、B_4、B_5；第三层包含振动噪声、承载能力、传动减速误差、体积、重量、故障率、工作寿命、生产成本、工作效率和维修便捷性，分别设为 C_1、C_2、C_3、C_4、C_5、C_6、C_7、C_8、C_9、C_{10}。首先对第二层的用户需求进行比较分析，根据专家经验和专业知识，利用 Santy 标度法得到的判断矩阵和一致性检验结果如表 4-11 所示。

表 4-11　第二层用户需求的判断矩阵和一致性检验结果

第二层用户需求	B_1	B_2	B_3	B_4	B_5	W_A
B_1	1	7	3	5	9	0.5128
B_2	1/7	1	1/5	1/3	3	0.0634
B_3	1/3	5	1	3	7	0.2615
B_4	1/5	3	1/3	1	5	0.1290
B_5	1/9	1/3	1/7	1/5	1	0.0333
一致性检验	$\lambda_{max}=5.2375$，CI = 0.0594，CR = 0.0530＜0.1					

再对第三层的用户需求区分类别地进行比较分析，根据专家经验和专业知识，利用 Santy 标度法得到的判断矩阵和一致性检验结果如表 4-12、表 4-13、表 4-14 和表 4-15 所示。

表 4-12　第二层用户需求 B_1 的判断矩阵和一致性检验结果

第三层用户需求	C_1	C_2	C_3	W_{B_1}
C_1	1	1/5	1/7	0.0719
C_2	5	1	1/3	0.2790
C_3	7	3	1	0.6491
一致性检验	$\lambda_{max}=3.0649$，CI = 0.0324，CR = 0.0559＜0.1			

表 4-13　第二层用户需求 B_2 的判断矩阵和一致性检验结果

第三层用户需求	C_4	C_5	W_{B_2}
C_4	1	3	0.7500
C_5	1/3	1	0.2500
一致性检验	$\lambda_{max}=2$，CI = 0，CR = 0＜0.1		

表 4-14　第二层用户需求 B_3 的判断矩阵和一致性检验结果

第三层用户需求	C_6	C_7	W_{B_3}
C_6	1	2	0.3333
C_7	1/2	1	0.6667
一致性检验	$\lambda_{max}=2$，CI = 0，CR = 0＜0.1		

表 4-15　第二层用户需求 B_4 的判断矩阵和一致性检验结果

第三层用户需求	C_8	C_9	W_{B_4}
C_8	1	5	0.1667
C_9	1/5	1	0.8333
一致性检验	$\lambda_{max}=2$，CI = 0，CR = 0<0.1		

由于第二层用户需求中，维修性 B_5 类别下只有一个维修便捷性 C_{10}，因此不需要再进行重要性判断。结合第二层和第三层的重要性判断矩阵，最后的用户需求层次总排序结果如表 4-16 所示（保留三位小数）。

表 4-16　用户需求层次总排序结果

权重	总需求 A									
	C_1	C_2	C_3	C_4	C_5	C_6	C_7	C_8	C_9	C_{10}
W	0.037	0.143	0.333	0.048	0.016	0.087	0.174	0.022	0.107	0.033

根据层次分析法计算得出的用户需求重要度排序为：传动减速误差小、工作寿命长、承载能力强、工作效率高、故障率低、体积小巧、振动噪声低、维修便捷、生产成本低、重量轻。

在完成了质量屋的用户需求矩阵后，需要对产品功能特性矩阵进行分析和确定，根据专家经验和专业知识，结合旋转矢量减速机的工程任务书，得到用户需求与产品功能特性之间的对应关系，如表 4-17 所示。

表 4-17　用户需求与产品功能特性之间的对应关系

用户需求	产品功能特性	用户需求	产品功能特性
振动噪声低	工艺设计、传动结构、润滑设计、传动平稳性	故障率低	传动平稳性
承载能力强	工艺设计、承载能力、零件材料	工作寿命长	润滑设计
传动减速误差小	工艺设计、装配精度	生产成本低	成本
体积小巧	外形尺寸	工作效率高	工艺设计、传动结构、承载能力、传动平稳性
重量轻	外形尺寸	维修便捷	售后服务

将用户需求对应的产品功能特性整合归并，筛选出最有代表性的旋转矢量减速机的产品设计功能特性，即工艺设计、传动结构、承载能力、装配精度、润滑设计、售后服务、外形尺寸、成本、传动平稳性、零件材料。

将以上产品功能特性与用户需求相比较分析，根据专业知识和专家经验，分析两者的相关性，确定用户需求与产品功能特性之间的关系矩阵，结果如表 4-18 所示。

表 4-18　用户需求与产品功能特性之间的关系矩阵

用户需求	工艺设计	传动结构	承载能力	装配精度	润滑设计	售后服务	外形尺寸	成本	传动平稳性	零件材料
振动噪声低	◎	◎		△	◎				◎	△
承载能力强	◎		◎				△			◎
传动减速误差小	◎	○		◎	○				○	
体积小巧							◎			○
重量轻							◎			○
故障率低	△	△		△	○				◎	
工作寿命长	△			△	○				△	△
生产成本低						△		◎		△
工作效率高	○	○	○		△				○	
维修便捷						◎				

注：“◎”表示相关程度最大；“○”表示相关程度一般；“△”表示相关程度最小；空白表示不相关

继续比较产品各个功能特性之间的关系，制定功能特性关系矩阵，结果如图 4-24 所示。

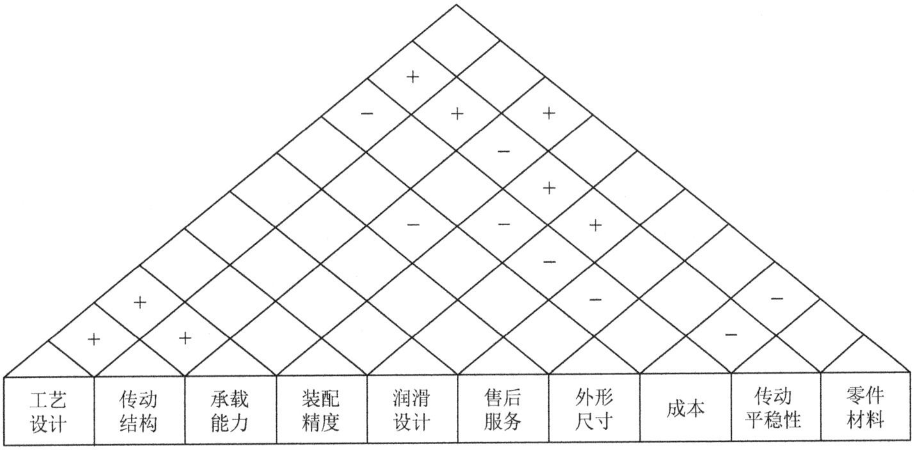

图 4-24　旋转矢量减速机功能特性关系矩阵

“+”表示正相关，即提高这一技术会促进另一技术的提高；“–”代表负相关，即技术之间是制约的关系最后，将质量屋的各个部分合到一起，形成完整的质量屋，如图 4-25 所示。

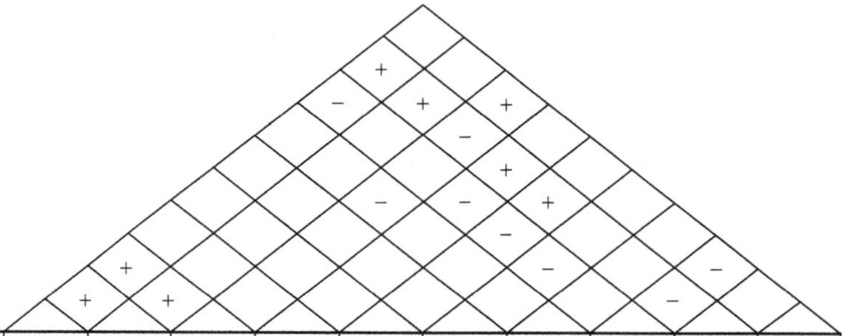

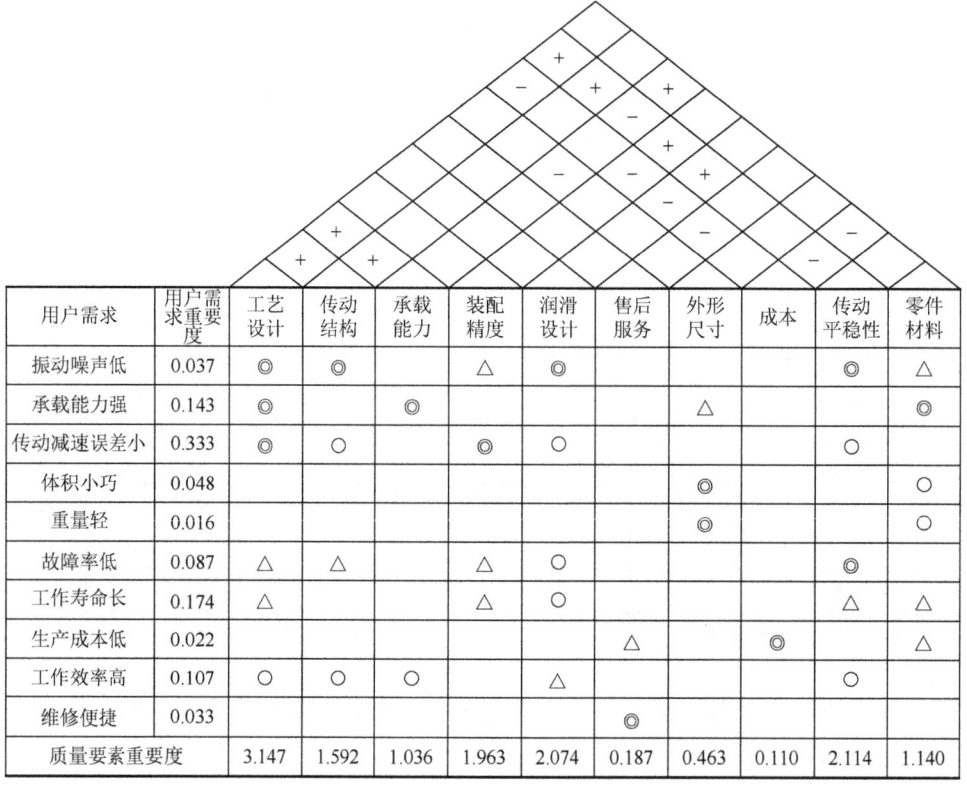

用户需求	用户需求重要度	工艺设计	传动结构	承载能力	装配精度	润滑设计	售后服务	外形尺寸	成本	传动平稳性	零件材料
振动噪声低	0.037	◎	◎		△	◎				◎	△
承载能力强	0.143	◎		◎				△			◎
传动减速误差小	0.333	◎	○		◎	○				○	
体积小巧	0.048							◎			○
重量轻	0.016							◎			○
故障率低	0.087	△	△		△	○				◎	
工作寿命长	0.174	△			△	○				△	△
生产成本低	0.022						△		◎		△
工作效率高	0.107	○	○	○		△				○	
维修便捷	0.033						◎				
质量要素重要度		3.147	1.592	1.036	1.963	2.074	0.187	0.463	0.110	2.114	1.140

图 4-25　旋转矢量减速机质量屋

“◎”表示相关程度最大；“○”表示相关程度一般；“△”表示相关程度最小；空白表示不相关；“＋”表示正相关，即提高这一技术会促进另一技术的提高；“–”代表负相关，即技术之间是制约的关系

在质量屋的要素计算中，设◎＝5，○＝3，△＝1，将各个用户需求重要度与产品功能特性相关性相乘再相加，可以得到质量屋中的目标值矩阵，即质量屋中的各个部分对产品功能特性的影响总值。以此为依据对产品的功能特性重要度进行排序，可以得到以不同用户需求的重要度为依据的高端装备不同功能特性重要度排序。具体功能特性重要度排序结果如下：工艺设计、传动平稳性、润滑设计、装配精度、传动结构、零件材料、承载能力、外形尺寸、售后服务、成本。由此可见，用户更加关心旋转矢量减速机的工艺设计以及传动是否平稳，而较少地关心产品的售后服务和成本。

通过质量屋技术，能够将用户需求科学合理地转化为产品的功能特性，实现了旋转矢量减速机设计研制过程中用户需求到功能结构特性的映射转化。质量屋技术也为其他同类别的高端装备制造研制用户需求到功能结构特性的映射转化提供了一种可行的方法。

4.4 本 章 小 结

本章主要针对高端装备制造研制用户需求建模与映射转化过程进行了分析研究。首先，概述了高端装备制造研制用户需求到任务网络映射转化过程，并概括提取出了映射转化过程中的关键步骤，将其分为需求规范化描述、功能结构映射、任务结构生成三个阶段；围绕整体映射转化过程，描述了用户需求到任务网络的映射转化描述框架，并针对每一个阶段单独描述了实现步骤和技术框架。其次，针对高端装备制造研制用户需求到高端装备功能特性结构的映射转化过程，利用信息树和框架模板对用户需求进行了描述，在此基础上对用户需求进行了一系列的规范化处理，包括基于自然语言推理的用户需求分析，需求概念冲突的处理，需求概念约束的处理以及需求概念多元化的处理四个部分。再次，基于质量功能展开方法的用户需求到高端装备功能特性的映射转化方法，详细描述了利用质量屋技术实现从用户需求到高端装备功能特性重要度排序的关键步骤。最后，开展了基于高端装备制造研制用户需求到任务网络映射转化机制的实例研究，以旋转矢量减速机为研究对象，应用本章建立的用户需求到任务网络映射转化的方法和模型，分别对旋转矢量减速机的用户需求进行了规范化描述、将旋转矢量减速机的用户需求通过质量屋技术映射转化为了产品的功能特性，整体上实现了高端装备制造研制用户需求的建模与映射转化。

第 5 章　高端装备制造研制任务分解建模与方案优选

5.1　高端装备制造研制任务分析

5.1.1　高端装备制造研制任务类型分析

高端装备制造研制与传统的产品制造有所不同，高端装备自身的特点决定了它要比其他产品更具有复杂性、战略性和高价值，也需要更高的投入等。结合现有的复杂产品制造过程，高端装备制造研制任务的特点表现为以下几点。①信息交互频繁。在当今大数据时代，高端装备在制造过程中数据的交互频繁，包括前期用户需求获取、需求确认，以及研制过程中各个创新团队、供应商等多方信息的交流、迭代等。②任务关系复杂。高端装备由于其构成复杂，通常情况下高端装备的任务具有多层次、多维度、多功能等特点，任务之间关系复杂。③制造网络协同。高端装备是技术密集型产品，需要多学科融合，多方协同，跨领域制造，从而形成高端装备制造网络。④制造环境动态化。随着智能制造、互联网、信息技术的迅猛发展，制造模式不断升级，需求不断演进和更新，人们对产品的要求逐渐提升。这导致高端装备的制造环境经历着动态而持续的变化。高端装备的创新研制任务具有其他复杂产品的任务特点，以及自身“高端”之处（龚心规，2012）。

在高端装备的创新研制任务中，总任务是包括若干逻辑关系、时间关系、空间关系的子任务的集合。

1. 任务相关关系类型

从任务之间的相关（依赖）关系来看，可将其分为三大类：不相关、单一相关、强相关。

不相关：高端装备任务之间是没有关系的，相互之间没有信息交互，各不相关，各个任务独立完成，不存在相互依赖关系。

单一相关：任务 A 与任务 B 存在相关关系，且是单方面依赖，要么任务 A 依赖任务 B，要么任务 B 依赖任务 A。

强相关：任务之间具有显著的相关性，存在着充分的信息交互，彼此之间存在不可或缺的紧密关系。一旦缺少其中一方，另一方将难以完成，因此需要任务之间相互协作以完成整体目标。

2. 任务逻辑关系类型

从任务之间的逻辑关系来看，可将其分为串联、并联、交叉三种。

串联：任务之间存在前后逻辑的串联关系，当其中的某一任务完成后，才能进行下一项的任务。如果之前的其中有一项没能完成，后面的任务将不能正常进行。

并联：任务之间是并行执行的，只是时间逻辑上存在并行，在信息上并无交互。

交叉：不同的任务在完成过程中是交叉进行的。

5.1.2　高端装备制造研制任务分解原则

高端装备的创新研制项目是一个复杂的系统工程，由具有不同关联关系的子系统组成。为了实现这些子系统，可将其分解为若干创新研制子任务。可以从功能结构和内聚关联性方面对这些子任务进行分析。

首先，任务分解须满足一定的功能结构要求。

其次，任务分解必须保证任务所包含的活动具有较强的关联性关系，同时任务之间的信息交互较少（内聚与耦合关系的综合考虑）。

以上是现有产品开发在任务分解过程中主要考虑的原则，在高端装备制造研制中，由于研制任务具有紧迫性、任务之间存在逻辑紧密性，应当结合供应商的实际情况进行任务分解，设计出高端装备的并行产品开发模式。因此在任务分解的过程中，要保证供应商能够满足某一子任务的功能及相关要求，也就是要保证供应商能完成该项子任务。

5.2　考虑任务粒度与可行度的高端装备制造研制任务分解模型研究

5.2.1　基于功能分析的任务分解

一项高端装备制造研制任务，通常通过相应的功能来满足用户的需求，这些存在逻辑关系的功能模块组成相应的产品任务结构。在产品设计的初期，通过功能分析能够较为准确地分析任务结构中的功能模块耦合关系，从而根据功能之间的关系，对总任务进行初步的分解。通过功能分析，将高端装备制造研制任务自顶向下进行初步分解，分成的子任务间功能性相关性低，而子任务本身内聚性高。

1. 产品功能分析方法

功能是满足用户需求的产品属性的表现，是介于抽象与具体之间的描述，而由于功能之间存在特殊的关系，我们可以对研制任务进行模块化的划分，从而能够在某种程度上帮助顶层设计人员快速将研制任务进行模块化分解。在软件开发的多视图技术的启发下，对高端装备进行功能视图分析，能够更直观、清晰地呈现高端装备的功能。下面根据高端装备制造研制任务的需要，提出三种高端装备的功能分析方法，即功能的主成分分析方法、功能耦合关系分析方法、技术类型功能分析方法。

1）功能的主成分分析方法

Kano 模型是日本研究者提出的产品开发和用户满意度模型。这里借鉴该模型对高端装备产品的功能进行分析。对于高端装备，在产品概念设计阶段会提出一系列的功能来满足用户的需求，在这些功能集中，有些功能是主要的功能，属于该装备的核心功能，有些是辅助功能。因此，可以按照该模型的思想，对高端装备功能进行主成分分析，按照对用户的重要度将功能分为三类：核心功能、次核心功能、辅助功能。

核心功能是指满足用户主要需求、基本需求的功能，作为实现用户需求的关键部分。核心功能是产品设计所必须实现的，只有实现了核心功能，才能称为产品。次核心功能是指在满足用户基本需求的基础上的“增值功能”，将这部分功能设计好了，能使产品更加具有吸引力，增加它的附加价值。辅助功能是指对满足用户需求贡献相对较低的功能。

2）功能耦合关系分析方法

如果说功能是满足用户需求的结构载体，那么产品则是满足用户需求的具体载体。这个载体包含了若干个子模块，这些子模块之间存在不同的耦合关系，有些子模块间耦合关系较强，有些较弱。将这些子模块看作节点，将它们之间的耦合关系视为边，可以构成一个高端装备的功能无向网络，从而根据节点的耦合强度进行聚类，对高端装备功能进行分析。

3）技术类型功能分析方法

技术是实现产品功能的关键因素，实现不同的功能需要不同领域的技术。因此对功能的分析可根据技术的类型进行。可借鉴不同领域的映射，利用领域映射矩阵（domain mapping matrix，DMM）跨领域完成映射分解。这里将实现产品的技术分为特定技术和通用性技术。

2. 基于功能的任务分解

在对上述三种功能分析方法进行分析后，这里选择功能耦合关系分析方法进行下一步研究。在功能耦合关系分析中，强耦合关系的功能在通常情况下对于用户的重要度较高，所需技术的领域较为相似。

令有限域 F 为高端装备功能集，假定某一装备包含 7 个子功能，即

$$F = \{f_a, f_b, f_c, f_d, f_e, f_f, f_g\}$$

假设通过功能耦合关系分析方法得到的功能集为

$$F = \{(f_a, f_b), f_c, f_d, (f_e, f_f, f_g)\}$$

设有限域 T 为任务集，则该任务集可分解为

$$T = \{t(f_a, f_b), t(f_c), t(f_d), t(f_e, f_f, f_g)\}$$

通过功能分析对任务进行初步的分解，得到 4 个子任务 $t(f_a, f_b)$，$t(f_c)$，$t(f_d)$，$t(f_e, f_f, f_g)$。

该方法能有效地将一个复杂的制造任务进行细化，将其转化为下一步可继续操作的模块。通过该方法，可以快速对高端装备制造研制任务进行初步分解，并且符合设计者、制造商的逻辑思维。然而，在实际情况中初步分解的子任务，并不一定有供应商能够完成。另外，此时的供应商对应于某一子任务，是不是匹配度最高的，也有待下一步检验。因此，在将高端装备制造研制任务用功能分析法进行初步分解后，还应该考虑任务粒度、任务可行度等属性，对高端装备制造研制任务进行精准分解。

5.2.2　基于任务粒度与可行度的高端装备制造研制任务的精准分解

通过对高端装备制造研制任务进行功能分析，完成了任务的第一步分解。为了使子任务更明确，使供应商与任务之间的适配性更高，本节将对第一步得到的高端装备制造研制任务分解后的任务集进行任务粒度、任务可行度的计算，从而对高端装备制造研制任务进行精细分解。

1. 任务粒度分析

任务粒度是进行任务分解中常用的衡量指标，通过任务粒度的计算可以对高端装备制造研制任务的关联性、任务大小等进行分析。通常情况下，任务粒度计算，包括任务关联系数、任务重用系数的计算。

1）任务粒度

任务粒度是描述任务的重要属性之一，其是任务聚合程度高低的量化体现（包北方等，2014）。从宏观上来说，任务粒度可以体现任务之间的层级关系。任务层级越往上，任务粒度越大；任务层级越往下，任务粒度越小。从微观上来说，任务处于某个集合当中，每个任务都是这个集合的点，任务数量越少，任务粒度越

大；任务数量越多，任务粒度越小。任务粒度可以直接影响实现该任务所需要的时间、技术资源、成本等。因此任务粒度可表示为

$$P_i = a \times \frac{1}{n_t} \tag{5-1}$$

其中，P_i为任务粒度；n_t为任务的数量；a为任务粒度系数。

通常认为任务粒度系数a与任务之间的内聚性相关。内聚性，在计算机领域，是指与机能相关的程序组合成某一模块的程度。系统内聚性越高，软件代码的可读性、重用性越强。在此，对于高端装备制造研制任务的分解，我们借鉴该思想，进行任务粒度分析。

2）任务关联系数

任务关联系数是描述任务之间关联程度的指标（包北方等，2014）。这里采用的是包北方等（2014）提出的任务关联系数的计算方法。

令（D,O）为一个活动结构，D为活动结构中的有限的若干活动单元；cs 和 ds 为输入的若干活动单元集，输出活动单元集用p和q来描述。（p,cs）表示属于活动单元的某一个约束控制元。$|t|$为有效约束控制元的数量。$(\{p\}\cup \mathrm{cs})\cap(\{q\}\cup \mathrm{ds})\neq\varnothing$表示不同的约束控制元的输入输出活动单元存在信息交互（交集）。$\{p\}\cup \mathrm{cs}$、$\{q\}\cup \mathrm{ds}$表示控制元中所有的活动单元的集合。如若一个约束控制元的输入、输出活动在其他约束控制元中出现的频数越多，信息交互就越多，其任务关联系数就会越大。

$$\lambda(t)=\begin{cases}\sum\limits_{(p,\mathrm{cs})\in t}|\{\exists(p,\mathrm{cs}),(q,\mathrm{ds})\in t\}|(\{p\}\cup \mathrm{cs})\cap(\{q\}\cup \mathrm{ds})\neq\varnothing \text{且}(p\neq q)|/(|t|\times|t-1|), & |t|>1\\ 0, & |t|\leqslant 1\end{cases} \tag{5-2}$$

3）任务重用系数

任务重用系数是指约束控制元中活动单元被重用的程度，它等于约束活动结构中被重用的活动与所有活动的比值。

$$\gamma(t)=\begin{cases}|\{\exists(p,\mathrm{cs}),(q,\mathrm{ds})\in t\}|(\{p\}\cup \mathrm{cs})\cap(\{q\}\cup \mathrm{ds})=\varnothing \text{且}(p\neq q)|/|t|, & |t|>1\\ 0, & |t|\leqslant 1\end{cases} \tag{5-3}$$

任务粒度系数由任务之间的关系决定，主要是指任务之间的关联与重用程度。任务粒度系数可表示为

$$a(t)=\sum\lambda(t)\times\gamma(t) \tag{5-4}$$

因此在进行任务分解的时候，考虑任务粒度的大小能很好地从任务之间的逻辑、关联性等方面对任务进行逐层分解。设定一定的任务粒度的阈值，在该阈值

的区间内进行任务分解直至得到合适的子任务，当继续分解的任务粒度小于该阈值时，表明此时子任务内聚性较强，不适合继续分解。

2. 任务可行度分析

在高端装备制造研制过程中，通过对研制任务进行功能分析，可以实现任务的初步分解。然而，此时分解得到的子任务不一定能够找到相应的供应商来完成。此外，初步分解的子任务集是否与现有的供应商相匹配，即现有供应商是否能够为这些子任务提供足够的功能满足度，也是需要考虑的因素。因此，对初步得到的子任务进行可行度分析是非常有必要的——通过计算供应商对任务的匹配度，比较多个分解方案，来选择出供应商与任务耦合度较高的方案。

任务可行度是指该任务在项目的招标范围内能被供应商执行的程度，具体来说，就是在此项目招标范围内是否存在供应商能够实现该子任务，以及能够实现该子任务的供应商候选集的丰富程度。供应商候选集丰富程度的取值范围为[0, 1)。

任务可行度的数学表示如式（5-5）所示：

$$A_i = R_x C(x) \tag{5-5}$$

其中，R_x 为是否存在供应商能够实现该子任务的情况，取值为 0 或 1。1 表示存在，0 表示不存在。

$C(x)$ 为供应商候选集丰富程度，令其为

$$C(x) = \frac{x}{100},\ x \geqslant 0 \tag{5-6}$$

其中，x 为大于或等于 0 的整数，表示能够实现该子任务的供应商的数量。这里对 $C(x)$ 的性质进行简要说明：当 $x=0$ 的时候，$C(x)=0$；$C(x)$ 为在[0, 100]上的增函数，且取值为[0, 1]，当 $x>100$ 时，取函数值为 1。所以任务可行度可表示为

$$A_i = R_x \frac{x}{100},\ x \geqslant 0 \tag{5-7}$$

从任务可行度函数可以看出，当不存在供应商能实现该子任务时，此时的任务可行度为 0；当存在供应商能实现该子任务时，此类供应商数量越多，候选集越丰富，任务可行度的值就越大。

通过对任务可行度的分析可以判断初步分解的子任务集是否合理，是否要改变分解策略。通过该分析，能减少供应商不能实现该子任务，而需重新交互的代价。

3. 高端装备任务精准分解

通过对高端装备制造研制任务进行功能分析，可以得到高端装备的创新研制任务的初步分解任务集。但大多数情况下，不能直接将此时的任务集分配给创新团队进行研发，因为此时的任务集之间的信息交互性比较高。为了让子任务更加

明确，需要对子任务集进一步分解，充分考虑子任务之间的信息交互程度，计算子任务之间的关联关系（Ebert and Ray，2021）。将子任务的属性进行量化，以任务粒度和任务可行度等标准来对高端装备初步分解任务集进行精确分解。

具体的算法步骤如下。

输入：通过功能分析方法得到初步分解任务集 S1，任务粒度阈值 P0，任务可行度阈值 A0。

输出：子任务集合 S2。

步骤 1：对初步分解得到的子任务集，进行任务可行度分析。

步骤 2：达到设定的任务可行度阈值，说明存在供应商能够实现该子任务；未达到任务可行度阈值，进一步分解子任务集。

步骤 3：如果子任务集任务可行度已经满足，达到可行度阈值，利用任务粒度进行下一步任务分解。

步骤 4：子任务集满足设定的任务粒度阈值，则保留此时的任务分解方案；否则，进一步对子任务集进行分解，直到其满足设定的任务粒度阈值。

步骤 5：将在设定的任务粒度阈值内的所有任务分解方案保留。

5.2.3　混合信息下多属性高端装备任务分解方案优选决策方法

本节将对获得的高端装备的任务分解可行方案进行优选，考虑高端装备的任务集成复杂度、任务分解方案的可行度、执行过程中的不确定风险这三个属性，采用优劣排序（superiority and inferiority ranking，SIR）方法对分解方案进行优选。

在高端装备任务分解过程中，根据任务分解的模型设定的属性阈值进行分解，可以得到若干个可行方案。如何从这些方案中选出较优的，进行下一步任务的分配与供应商的选择，也是高端装备制造研制任务分解转化机制的关键之一。也就是说，需要对这些已经获得的任务分解方案从多维度、多属性进行综合的度量、排序（Zhong et al.，2021）。然而，对于高端装备制造研制任务分解方案的评价，目前研究较少，如何设定高端装备制造研制任务分解方案的评价属性，如何对这些属性进行计算，如何构建高端装备任务分解方案优选策略正是本节的研究重点。

通过对高端装备制造研制任务进行分析及分解，得出的任务分解方案的可行度越高越好。因为方案的可行度越高说明能够实现该任务的供应商数量越多，方案执行阶段可选择的接受对象越多。

然而，考虑到任务在执行过程中的不确定因素会带来风险，需要该领域的专家对任务分解方案的不确定风险进行评估，该风险值越低越好。因为高端装备的研制任务紧迫性高、成本高、构成复杂等，需要提前对子任务的方案执行过程中的不确定风险进行评估。

同时，任务完成后的每一次集成都是一次迭代，子任务层级关系越复杂、数量越多，所需要的迭代次数就越多，其中花费的代价，包括时间、人力、物力等各种成本将会越来越高。因此，在对高端装备的分解方案进行遴选时，要考虑任务集成复杂度。

任务集成复杂度、任务分解方案的可行度、执行过程中的不确定风险这三种属性对于分解方案的重要程度是不一样的。在对任务的分解方案进行遴选时，需要考虑三种属性的重要程度，进行多属性决策。

除此之外，这三种属性的信息值可能是不同类型的。因此，这是一个混合信息下的多属性高端装备任务分解方案决策问题（Radwan et al.，2021）。

1. 任务分解方案属性计算

1）任务集成复杂度

任务集成复杂度是考虑任务最后集成的装备/产品的复杂性的指标，需要考虑子任务的层级关系和数量关系。任务集成复杂度将影响子任务集成产品时花费的代价，包括时间、技术、人员等因素。因此，在对高端装备任务分解方案进行选择时，任务集成复杂度越低越好。

令正整数 l 为子任务所分的层级数，n_t 为子任务的数量，则任务集成复杂度可表示为 $z(l, n_t)$，并且存在以下性质。

（1）随着子任务所分的层级数 l 的增加，任务集成复杂度 $z(l, n_t)$也增加。

（2）随着子任务的数量 n_t 的增加，任务集成复杂度 $z(l, n_t)$也增加。

（3）任务集成复杂度满足关系

$$\frac{z(l+\Delta, n_t) - z(l, n_t)}{z(l, n_t+\Delta) - z(l, n_t)} > 1$$

也就是说，随着纵向任务层级数的增加，任务集成复杂度 $z(l, n_t)$的增长率大于横向子任务数量增加时 $z(l, n_t)$的增长率。

（4）存在 l 和 n_t 的正整数，使任务集成复杂度 $z(l, n_t)$取值为(0, 1)。

鉴于以上性质，引进函数

$$f(x, y) = \frac{e^x y - 1}{e^x y + 1} \tag{5-8}$$

其中，x 和 y 均大于 0。先要证明 $f(x, y)$ 符合以上性质，即需证明：①是增函数；②x 比 y 增长得快；③其值在(0, 1)之间。则任务集成复杂度可以表示为

$$f(l, n_t) = \frac{e^l n_t - 1}{e^l n_t + 1} \tag{5-9}$$

其中，正整数 l 为子任务所分的层级数；n_t 为子任务的数量，并且该值越低越好。

2）任务分解方案的可行度

任务分解方案的可行度是指综合考虑了这个任务分解方案中所有子任务的可行度的总和，即

$$\mathrm{PA}_i = \frac{1}{n}\sum_{i=1}^{n} R_{x_i}\frac{x}{100}，\ x_i \geqslant 0 \tag{5-10}$$

其中，R_{x_i} 为是否存在实现该子任务的供应商；x 为存在满足该子任务的供应商的数量。

3）执行过程中的不确定风险

任务分解方案执行过程中的不确定风险 R_i 需要通过该领域的专家以犹豫模糊数进行评估。该值越低越好，因此用 1 减去犹豫得分值为该属性的评分值。以下是犹豫模糊数的相关概念。

在现实世界的决策过程中，人们通常使用犹豫的模糊信息来表示偏好评估。Xia 和 Xu（2011）定义了犹豫模糊集（hesitant fuzzy set，HFS），其中包括几个不同值的隶属度和非隶属度。

HFS 可以被描述为

$$H = \{< x, h_H(x) >| x \in X\} \tag{5-11}$$

其中，$h_H(x)$ 属于[0, 1]，即这个可能值属于集合 H 中的元素 X。Xia 和 Xu（2011）将 $h_H(x)$ 定义为犹豫模糊数。

假设这里有两个犹豫模糊数 h_1、h_2，根据犹豫模糊数的定义可以得到如下运算法则。

（1）$h_1 \oplus h_2 = H\{(\gamma_1 + \gamma_2 - \gamma_1\gamma_2) | \gamma_1 \in h_1, \gamma_2 \in h_2\}$。

（2）$h_1 \otimes h_2 = H\{\gamma_1\gamma_2 | \gamma_1 \in h_1, \gamma_2 \in h_2\}$。

（3）$\lambda h = H\{1-(1-\gamma)^{\lambda} | \gamma \in h\}$，$\lambda > 0$。

（4）$h^{\lambda} = H\{\gamma^{\lambda} | \gamma \in h\}$，$\lambda > 0$。

（5）$h^{C} = H\{1-\gamma | \gamma \in h\}$。

假设 为了计算两个犹豫模糊数的距离或方便对其进行比较，对元素较少的犹豫模糊数进行拓展。如果决策者是追求风险的就重复添加犹豫模糊数中最大的元素，直到两个犹豫模糊数的元素相等，反之则添加最小的（Xu and Xia，2011）。

在犹豫模糊多属性决策过程中，犹豫模糊数的排序是非常重要的一个步骤。Xia 和 Xu（2011）定义了犹豫模糊的得分函数；Farhadinia（2013）提出了改进的犹豫模糊得分函数；Zhang 和 Xu（2014）提出了一种新的犹豫模糊得分函数，它只需要一个步骤就可以对犹豫模糊数进行排序。然而，Zhang 和 Xu（2014）提出的得分函数有参数，还需要对参数进行分析。因此，我们对几何犹豫模糊得分函数进行分析，该得分函数结合数学上的几何均值进行考虑，描述如下（Farhadinia，2014）。

存在一个犹豫模糊数 $h=\{\gamma^1,\gamma^2,\cdots,\gamma^n\}$，一个新的犹豫模糊得分函数 $S(h)$ 被定义为

$$S(h)=\sqrt[n]{\prod_{i=1}^{n}\gamma^i}=(\gamma^1\times\gamma^2\times\cdots\times\gamma^n)^{1/n} \tag{5-12}$$

根据这个几何得分函数我们可以得到下列性质。

性质 1　对任意犹豫模糊数 $h=\{\gamma^1,\gamma^2,\cdots,\gamma^n\}$，它的新的得分函数值 $S(h)\in[0,1]$。

证明　令 $\gamma^+=\max\{\gamma^\lambda\mid\lambda=1,2,\cdots,n\}$ 和 $\gamma^-=\min\{\gamma^\lambda\mid\lambda=1,2,\cdots,n\}$。因为 $\gamma^\lambda\in[0,1]$，$\lambda=1,2,\cdots,n$，然后

$$Z(h)=\sqrt[n]{\prod_{i=1}^{n}\gamma^i}=(\gamma^1\times\gamma^2\times\cdots\times\gamma^n)^{1/n}\leqslant(\gamma^+\times\gamma^+\times\cdots\times\gamma^+)^{1/n}=\sqrt[n]{(\gamma^+)^n}=\gamma^+\leqslant1$$

$$Z(h)=\sqrt[n]{\prod_{i=1}^{n}\gamma^i}=(\gamma^1\times\gamma^2\times\cdots\times\gamma^n)^{1/n}\geqslant(\gamma^-\times\gamma^-\times\cdots\times\gamma^-)^{1/n}=\sqrt[n]{(\gamma^-)^n}=\gamma^-\geqslant0$$

因此，$0\leqslant Z(h)\leqslant1$。

性质 2　存在两个犹豫模糊数 $h_1=\left\{\gamma_1^1,\gamma_1^2,\cdots,\gamma_1^n\right\}$，$h_2=\left\{\gamma_2^1,\gamma_2^2,\cdots,\gamma_2^n\right\}$，它们内部的元素是按照递增的方式排列的，且元素个数相等，如果 $\gamma_1^1\leqslant\gamma_2^1,\gamma_1^2\leqslant\gamma_2^2,\cdots,\gamma_1^n\leqslant\gamma_2^n$,则 $S(h_1)\leqslant S(h_2)$。

证明　因为 $\gamma_1^n\leqslant\gamma_2^n$,则

$$\sqrt[n]{\prod_{i=1}^{n}\gamma_1^{\,i}}=(\gamma_1^{\,1}\times\gamma_1^{\,2}\times\cdots\times\gamma_1^{\,n})^{1/n}\leqslant\sqrt[n]{\prod_{i=1}^{n}\gamma_2^{\,i}}=(\gamma_2^{\,1}\times\gamma_2^{\,2}\times\cdots\times\gamma_2^{\,n})^{1/n}$$

即 $S(h_1)\leqslant S(h_2)$。

对于新提出的几何犹豫模糊得分函数，可以到新的排序结果。

存在两个犹豫模糊数 h_1 和 h_2，根据式（5-12）可以定义新的排序方法。

（1）如果 $S(h_1)>S(h_2)$，则 h_1 优于 h_2，记为 $h_1\succ h_2$。

（2）如果 $S(h_1)=S(h_2)$，则 h_1 与 h_2 等价，记为 $h_1\sim h_2$。

（3）如果 $S(h_1)<S(h_2)$，则 h_1 劣于 h_2，记为 $h_1\prec h_2$。

为了解释该得分函数的可用性，下面的例子可以用来说明这个问题。存在 3 个犹豫模糊数：

$$h_1=\{0.3,0.5\}，\quad h_2=\{0.4\}，\quad h_3=\{0.2,0.4,0.6\}$$

我们采用不同的排序方法对它们进行排序。根据新提出的得分函数，有

$$S(h_1)=0.3873，\quad S(h_2)=0.4000，\quad S(h_3)=0.3634$$

则

$$h_2\succ h_1\succ h_3$$

不同排序方法计算结果对比情况如表 5-1 所示。

表 5-1　不同排序方法计算结果对比情况

排序方法	得分值	排序
Xia 和 Xu（2011）	$S(h_1)=S(h_2)=S(h_3)=0.4000$	$h_1 \sim h_2 \sim h_3$
Farhadinia（2013，2014）	$S(h_1)=0.4670$，$S(h_2)=0.4000$，$S(h_3)=0.4670$	$h_1 \sim h_3 \succ h_2$
Liao 和 Xu（2013）	$S(h_1)=S(h_2)=S(h_3)=0.4000$，$v(h_1)=0.1000$，$v(h_2)=0.0000$，$v(h_3)=0.1633$	$h_2 \succ h_1 \succ h_3$
Zhang 和 Xu（2014）	$S(h_1)=0.3886$，$S(h_2)=0.4000$，$S(h_3)=0.3672$	$h_2 \succ h_1 \succ h_3$
本节新提出的得分函数	$S(h_1)=0.3873$，$S(h_2)=0.4000$，$S(h_3)=0.3634$	$h_2 \succ h_1 \succ h_3$

从表 5-1 可以看出，Xia 和 Xu（2011）的方法无法区分这三个犹豫模糊数，Farhadinia（2013，2014）的方法无法区分 h_1 和 h_3，而本节新提出的几何犹豫模糊得分函数的排序结果与 Liao 和 Xu（2013）及 Zhang 和 Xu（2014）一致。然而，Liao 和 Xu（2013）的方法计算复杂，Zhang 和 Xu（2014）的方法需要对参数 δ 进行分析，所以本节新提出的几何犹豫模糊得分函数排序方法要优于以上排序方法。

2. *基于 SIR 方法的分解方案优选*

近些年来，多属性决策被广泛研究，其中较为重要的就是根据多属性来对方案进行排序。目前对于方案进行排序的方法有很多，包括 TOPSIS（technique for order preference by similarity to an ideal solution，逼近理想解排序方法）等。而 SIR 方法是由 Xu（2001）提出的一种多属性决策排序方法，这是一种级别较高的方法，被广泛运用于方案的排序，其优点是能够在条件较弱的情况下对方案进行排序。该方法构建了方案的优势流和劣势流，根据优势流与劣势流得到方案的部分以及完全排序。SIR 方法的基本原理如下。

令一个方案集为 $X=\{x_1,x_2,\cdots,x_n\}$，属性集为 $C=\{c_1,c_2,\cdots,c_n\}$，c_k^i 为方案 x_i 在属性 c_k 下的属性值。计算过程可以分为以下几个步骤。

（1）计算方案之间的优劣势度。

$$G(x_i,x_j)=g_k\left(p(x_i,x_j)\right) \tag{5-13}$$

其中，

$$p(x_i,x_j)=c_k^i-c_k^j \tag{5-14}$$

通常情况下，$g_k\left(p(x_i,x_j)\right)$在[0, 1]上，它有六种形式，见表 5-2，表示决策者的偏好结构。不同的决策者有不同的决策偏好，决策者可以根据自身的知识结构、环境和兴趣，在辅助决策过程中考虑该值在不同表现形式下的计算结果。令 t_1 为决策者决策偏好参数，t_2 为决策中立值，两者都属于[0, 1]。其中高斯判别准则（Gauss criterion）在现实决策中用得较多（Behzadian et al.，2010）。

表 5-2　决策准则偏好函数表

准则	函数形式	准则	函数形式
①常用准则	$g(p)=\begin{cases}1, & p>0\\ 0, & p\leqslant 0\end{cases}$	④分级准则	$g(p)=\begin{cases}1, & p>t_1\\ 1/2, & t_2<p<t_1\\ 0, & p\leqslant t_2\end{cases}$
②拟准则	$g(p)=\begin{cases}1, & p>t_2\\ 0, & p\leqslant t_2\end{cases}$	⑤线性偏好准则	$g(p)=\begin{cases}1, & p>t_1\\ p/t_1, & 0<p<t_1\\ 0, & p\leqslant 0\end{cases}$
③无差异区间线性偏好准则	$g(p)=\begin{cases}1 & , p>t_1\\ (d-q)/(p-q), & t_2<p<t_1\\ 0 & , p\leqslant t_2\end{cases}$	⑥高斯判别准则	$g(p)=\begin{cases}1-\exp(-d^2/2\sigma^2), & p>0\\ 0 & , p\leqslant 0\end{cases}$

（2）构建方案属性的优势与劣势矩阵。

令$S(x_i)$和$I(x_i)$分别为方案x_i对于属性c_j的优势和劣势指数，通过该优势和劣势指数可以得到方案属性之间的优势和劣势矩阵，即

$$S=[S_j(x_i)]_{q\times r}\text{，}\quad I=[I_j(x_i)]_{q\times r}$$

其中，

$$\begin{cases}S_j(x_i)=\sum\limits_{k=1}^{q}G(x_i,x_j)=\sum\limits_{k=1}^{q}g_k(c_k^i-c_k^j)\\ I_j(x_i)=\sum\limits_{k=1}^{q}G(x_j,x_i)=\sum\limits_{k=1}^{q}g_k(c_k^j-c_k^i)\end{cases} \tag{5-15}$$

（3）构建方案的优势流与劣势流。

$$\begin{cases}\upsilon_j(x_i)^{>}=\varphi[S_1(x_i),S_2(x_i),\cdots,S_m(x_i)]\\ \upsilon_j(x_i)^{<}=\varphi[I_1(x_i),I_2(x_i),\cdots,I_m(x_i)]\end{cases} \tag{5-16}$$

其中，φ为决策信息集成函数（Beliakov et al.，2007），通常情况下，可用 TOPSIS 或简单加权进行集成。因此，优势流$\upsilon_j(x_i)^{>}$越大，$\upsilon_j(x_i)^{<}$越小，令偏差为$d(x_i)=\upsilon_j(x_i)^{>}-\upsilon_j(x_i)^{<}$，则$d(x_i)$越大方案越优。

根据上述几个步骤，采用 SIR 方法，对混合信息下多属性高端装备任务分解方案进行对比，可以选出较优的方案，为下一步任务的分配提供输入基础。

5.3　基于 NSGA Ⅲ的供应商选择的任务分配模型及示例研究

通过对高端装备制造研制任务的分解方案进行优选决策，我们得到了较优的分解方案，本节将对这个较优方案进行任务分配，考虑供应商的产品质量、产品价格、任务完成时间、风险水平、信息化水平、组织管理水平、信誉度等因素，进行多目标建模；最后，通过智能优化算法进行多目标模型的求解。

在高端装备制造研制过程中，将高端装备的一项任务分解为 n 个子任务，假定任务集合为 $T=\{t_1,t_2,\cdots,t_n\}$ ，要想将这些任务科学有效地完成，通过当前的服务、加工等外包形式寻找供应商，采用科学、合理的方案对这些子任务逐一进行任务分配。令子任务 t_n 对应的候选供应商集合为 $S_1=\{S_{m1},S_{m2},\cdots,S_{mn_k}\}$ ，则任务集对应的供应商候选集为

$$S=\{S_1,S_2,\cdots,S_n\}=\begin{Bmatrix}(S_{11},S_{12},\cdots,S_{1n_1})\\(S_{21},S_{22},\cdots,S_{2n_2})\\\vdots\\(S_{m1},S_{m2},\cdots,S_{mn_k})\end{Bmatrix}$$

其实，这就是一个多对多的任务分配问题。总的来说，就是将 n 个子任务，分配给招标范围内的 m 个供应商中最合适的那一个。也就是将 n 个 t_n 子任务分配给 m 个供应商，其中每个子任务对应的可选供应商集不一样，即将 n 个子任务与限定的供应商进行匹配，最终得到较为合适的供应商组合。

在高端装备供应商的选择及任务分配过程中，要考虑的问题如下。

（1）构建供应商的评价指标。

（2）建立供应商的选择模型。

（3）科学分配任务，做到资源利用最大化、完工时间最短、产品质量最高、服务水平最好。

5.3.1　基于供应商的任务分配多目标建模

1. 供应商评价指标

供应商选择需要考虑的因素有很多，是一个复杂的决策问题，需要对这些因素进行评价、计算。有些因素是定量的，有些因素是定性的，需要对定性因素进行描述，并用合理的度量方法对定性因素进行量化。

目前影响供应商选择的因素主要包括产品因素、组织因素、战略因素这三大

块（张旭凤和于杰，2014），其描述如表 5-3 所示。但这三大因素考虑的是通常概念下的供应商，大多数情况下只考虑提供具体的货物。然而，在高端装备制造研制任务中，供应商具有广泛的含义，其既可以是提供具体产品的供应商，也可以是对创新技术进行研发、对创新理论进行研究的供应商。总之，能够实现高端装备制造研制任务的提供者都是供应商。

表 5-3　影响供应商选择的因素

因素	具体内容
产品因素	产品价格、产品质量、产品交货期、生产过程的柔性
组织因素	设计能力、组织结构、财务管理能力
战略因素	管理水平、信誉等级、信息共享能力

因此，本节结合上述供应商的概念与高端装备制造研制的任务特点，提出高端装备制造研制过程中选择供应商的影响因素及其评价标准。在高端装备制造研制过程中应结合其任务特点开展供应商的选择与任务分配的研究，从而完成高端装备制造研制“需求流”到“任务流”的转化，并最终将任务科学地分配给能够实现各个子任务的供应商。对高端装备制造研制供应商的选择不仅要考虑通常概念下供应商的范畴，还要应更系统、科学地进行指标的构建，包括供应商的产品质量、应急能力、大数据平台资源、信誉度等因素。本节将高端装备制造研制过程中选择供应商的主要影响因素分为如下几点。

1）产品因素

产品因素主要是涉及供应商的产品质量、产品价格、产品交货期（任务完成时间）。产品质量是影响高端装备的供应商选择的核心因素。产品是否能够很好地满足用户的需求，首要由产品质量体现，一个能够使用的产品基本要求就是要保证其固有的产品质量。产品价格是供应商和招标方都关心的问题，产品价格过高，招标方就会耗费过大，产品价格过低，供应商利润将会变小。产品交货期是指产品的完成时间，产品越早完成，越能提前满足用户的需求，因此供应商应在恰当的时间交付产品。

2）风险水平

本节将从供应商的财务管理能力、应急能力方面分析其风险水平。供应商的财务管理能力主要指供应商的资金链是否稳定。资金链稳定，对于一个企业长久正常运营起着至关重要的作用。原材料、产品、创新、人才引进等都需要财务支撑，一旦财务不稳定，或是出现危机，供应商内部就需要面对这些风险，因此资金链的稳定能够增强供应商的抗风险能力。应急能力，主要是指供应商面对突发事件采取措施、解决问题的综合表现能力。特别是在高端装备制造业，应急能力尤为重要。高端装备是一系列的复杂产品，在制造过程中不管是技术还是原材料具有很大的不确定性，随着大数据及智能制造的发展，人们对于产品的需求更替加快。因此，高端装备对供应商的应急能力要求很高，它需要这些供应商在制造、完成任务的过程中遇到不确定情况时，能快速制订出处理这些不确定因素的方案。

3）信息化水平

信息技术是当今企业不可或缺的一项技术，信息技术贯穿各行各业。信息技术的发展对当代制造业、服务业等行业起着推动作用。本节所指的高端装备供应商的信息化水平主要包括大数据平台资源、信息交互水平、信息共享能力等方面。信息化水平越高的供应商，其企业运营的效率、产生的效益一般也越高。

4）组织管理水平

组织管理水平关系到供应商运营的效益与企业的可持续发展，主要体现在供应商企业管理层的素质方面。组织管理水平越高，企业能够产生的附加值就越高，即能够实现系统的“涌现性”。

5）其他

此外，对于高端装备供应商的评价指标，还应考虑供应商内部的软硬件设施状况、供应商的信誉度、地理位置等。

本书把高端装备供应商评价指标分为以上五大影响因素，接下来将对这些因素进行分析，并对其进行数学描述。

2. 目标函数建立

基于对上述高端装备的创新研制供应商评价指标的分析，结合高端装备制造研制的任务特点，我们主要考虑供应商的产品质量、产品价格、任务完成时间、风险水平、信息化水平、组织管理水平、信誉度这几个因素，建立如下多目标模型。

（1）产品质量q_i，对供应商提供的产品历史数据进行综合评判而获得。将其量化在(0, 1)上，q_i数值越高产品质量越好。

（2）产品价格c_i，根据供应商提供的价格而获得。产品价格c_i是成本型变量，为了计算方便，对其进行标准化处理，将其量化到(0, 1)上。

（3）任务完成时间t_i，根据供应商给出的任务完成时间而获得。根据供应商提供的任务完成时间进行计算，将其量化到(0, 1)上。

（4）风险水平r_i，通过分析供应商企业的资金链稳定性及应急能力而获得。将其量化到(0, 1)上。

（5）信息化水平e_i，根据供应商企业的信息化水平，包括大数据平台资源情况进行评判。将其量化到(0, 1)上。

（6）组织管理水平m_i，根据对不同供应商企业的组织管理水平进行对比而获得。将其量化到(0, 1)上。

（7）信誉度h_i，综合供应商历史完成任务的成功率而获得。将其量化到(0, 1)上。

考虑上述影响因素，建立如下模型。

假定任务集合为$T=\{t_1,t_2,\cdots,t_n\}$，令子任务t_n对应的候选供应商集合为$S_1=\{S_{m1},S_{m2},\cdots,S_{mn_k}\}$，也就是一个多对多的任务分配问题，即将$n$个子任务，分配给招标范围内的$m$个供应商中最合适的供应商。

令决策变量$z(m,j)=\begin{cases}1\\0\end{cases}$，当$z(m,j)=1$时，表示$m$个供应商中，第$j$个供应商被选择。

分配给供应商的任务完成的质量越高越好，则有

$$\max F\big(q,z(m,j)\big)=\sum_{i=1}^{n}\sum_{i=j}^{m}q_i z(m,j) \tag{5-17}$$

其中，q_i为第j个供应商完成第i个任务的产品质量；$F\big(q,z(m,j)\big)$为所有选择的供应商完成任务的质量的总和。

同理，分配给供应商的任务完成的成本越低越好，则有

$$\min F\big(c,z(m,j)\big)=\sum_{i=1}^{n}\sum_{i=j}^{m}c_i z(m,j) \tag{5-18}$$

其中，c_i为第j个供应商完成第i个任务的成本；$F\big(c,z(m,j)\big)$为所有选择的供应商完成任务的成本的总和。

同理，分配给供应商的任务完成的时间越短越好，则有

$$\min F\big(t,z(m,j)\big)=\sum_{i=1}^{n}\sum_{i=j}^{m}t_i z(m,j) \tag{5-19}$$

其中，t_i为第j个供应商完成第i个任务的时间；$F\big(t,z(m,j)\big)$为所有选择的供应商完成任务的时间的总和。

同理，分配给供应商的任务，被完成的风险水平越低越好，则有

$$\min F\big(r,z(m,j)\big)=\sum_{i=1}^{n}\sum_{i=j}^{m}r_i z(m,j) \tag{5-20}$$

其中，r_i为第j个供应商完成第i个任务的风险水平；$F\big(r,z(m,j)\big)$为所有选择的供应商完成任务的风险水平的总和。

除此之外，还考虑了供应商的信息化水平e_i，组织管理水平m_i，信誉度h_i，将其作为选择供应商的约束，并设定相应的阈值。我们根据供应商这三个数据的分布情况，设定约束阈值如式（5-21）所示。

$$\begin{cases} e_i \geqslant 0.6 \\ m_i \geqslant 0.55 \\ h_i \geqslant 0.78 \end{cases} \tag{5-21}$$

接下来，我们结合这 4 个目标函数、3 个约束，对高端装备制造研制的供应商进行选择和分配任务。

5.3.2 NSGA Ⅲ模型求解

在当前制造服务多样化的环境下，高端装备的供应商选择、任务分配是一个复杂的选择问题，因为其解空间过大是一个 NP 难题。通常的算法计算过程复杂、难以求解，且在选择的过程中涉及多个目标，若采取传统的将多目标化为单一目标的方法，会使建立的模型失真。因此采用智能优化算法对供应商进行选择和分配任务是十分必要的。智能优化算法不仅可以对多个目标同时优化，而且计算速度快，寻优结果好，因此在多目标规划求解中被广泛运用，如 PSO（particle swarm optimization，粒子群优化）、MOEAD（multi-objective evolutionary algorithm based on decomposition，基于分解的多目标进化算法）、NSGA Ⅱ等。在 5.3.1 节，我们提出了供应商的产品质量、产品价格、任务完成时间、风险水平、信息化水平、组织管理水平、信誉度等 7 个因素，因此这是一个多目标优化问题，本节采用能够处理 3 个及以上目标的 NSGA Ⅲ进行建模求解。

1. NSGA Ⅲ模型基本原理

在多目标问题建模时，通常存在多个相互矛盾、相互制约的目标。这些都是解决问题要优化的对象。每一个既定的目标都可以达到局部最优解，但是在多目标问题上单目标的最优解并不一定是整个问题的多个目标的最优解。因此，对于多个目标的同时寻优是解决多目标问题的关键。然而，这些目标之间是存在着矛盾与制约关系的，通常存在着多种约束关系。在获得多个目标的最优解过程中得到的是一个可以接受的解空间，也就是帕累托解，或称为非支配解。

NSGA Ⅲ是在 NSGA Ⅱ的基础上发展出来的第三代遗传算法，首先要对非支配解进行分层，然后从最后一个非支配层中挑选出个体进入下一个子代。可以将实现 NSGA Ⅲ的算法理解为以下步骤（Yuan et al.，2014）。

（1）首先假定一个规模为 N 的种群 P_1，用遗传算子（包括选择、重组、变异），对初始种群进行操作，得到规模大小为 N 的种群 P_2，将种群 P_1 与种群 P_2 进行混合，得到一个新的种群 P_3，此时的种群规模为 $2N$。

（2）对新的种群 P_3 进行非支配排序，得到非支配层级为 $1, 2, 3, \cdots, k$ 的多层个体。把非支配层级为 $1, 2, 3, \cdots, k$ 的个体，按照顺序加入下一子代的种群 P_4，当种群 P_4 的规模大于 N 时，令此时的非支配层级为 L，接着从 L 层里找出 K 个个体，让 K 加上之前所有层级个体数的和为 N。

（3）函数标量化操作。对多目标函数进行标量化，为下一步关联参考点打好基础。首先，需要计算 M 个目标函数中的每一个目标维度 i 上的最小值，得到第 i 个目标上一一对应的最小值为 Z_i，则 Z_i 的集合就可以被当作理想点集合（ideal points）。获得该理想点集合后，可以建立标量化公式，即

$$f_i'(x) = f_i(x) - Z_i^{\min} \tag{5-22}$$

然后进行极值点的选取。引进 ASF（achievement scalarizing function，收益标量函数），同样对各个维度上的目标函数进行计算。

$$\mathrm{ASF}(X,W) = \max_{i=1:m} \frac{f_i'(x)}{W_i} \tag{5-23}$$

对所有的函数进行遍历计算，找到极值点。根据极值点的具体数值，求得对应坐标轴上的截距，将其记录为 a_i。然后将得到的 a_i 归一化，即

$$f_i^n(x) = \frac{f_i'(x)}{a_i} \tag{5-24}$$

（4）个体关联参考点。NSGA Ⅲ是一种基于参考点的多目标进化算法，因此，对参考点的选取非常重要，三个目标函数的参考点原理图如图 5-1 所示。

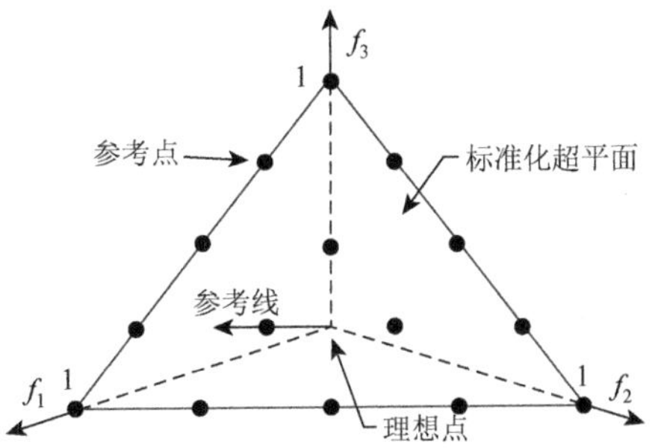

图 5-1　三个目标函数的参考点原理图

选取参考点的原则是依次往上，逐级递减，采用递归的方式进行。然后构建参考点到原点的向量，并对每一个种群个体遍历计算其到该向量的距离，找出距离每个种群个体最近的参考点，记下此时的相关信息与相应的最短距离，如图 5-2 所示。

（5）筛选子代并删除参考点。某个参考点可能与多个种群有关系，也可能没关系。对非支配层排序，如果从第一个非支配层到第 FL 层（即最后可以接受的非支配层）的种群成员数目总和首次超过种群规模 N，此时，可以定义 K_{t+1} 为包

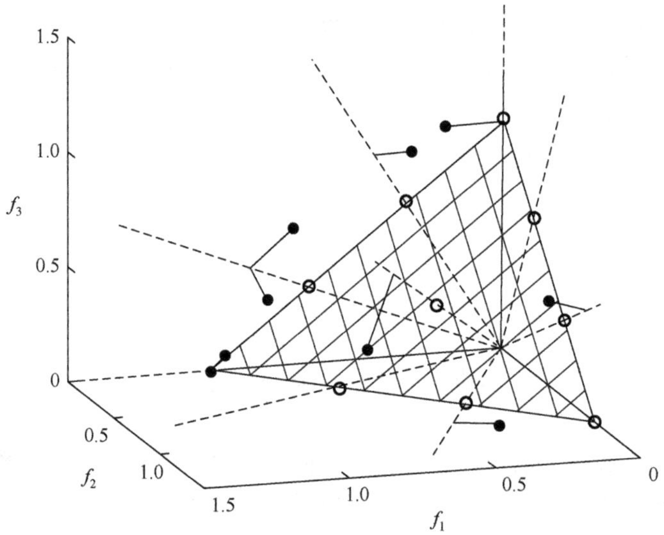

图 5-2　构建参考点向量

图中的小黑点表示种群个体；小圆圈表示参考点；黑色短线表示种群个体到向量的距离；虚线表示参考点到原点的向量

含 FL 层全部个体的集合。由于集合 K_{t+1} 的规模超出了设定的数值，所以，要进行筛选。首先，对所有的参考点进行搜索，找出其中没有包含 FL 层个体的 K_{t+1} 被引用的次数，并记录被引用次数最少的参考点，也就是数量最少的种群个体所关联的参考点。若某个参考点关联的种群个体数量为 0，但在 FL 层中能够找到个体关联到该参考点，应将距离它最小的点提取出来，放入下一代种群中；此外，如果在 FL 层中没有个体关联到这个参考点，就将其删除，其余参考点关联的种群个体数量大于 0，则选取与之距离最小的参考点。当种群规模为 N 时算法结束。

2. 算法设计

（1）编码。由于方案是为每个任务从对应的 n 个可行供应商中寻找供应商，因此，这个问题属于实值编码问题。对于方案 x_i，用 j 表示第 j 个任务，x_{ij} 表示第 i 个方案中第 j 个任务所选择的供应商序号。那么对于 n 个任务，方案的编码形式如图 5-3 所示。

（2）交叉。具体步骤如下。

步骤 1：从当前种群中随机选择两个个体。

步骤 2：随机选择交叉点。

步骤 3：对两个个体染色体交叉点上的编码位进行互换。

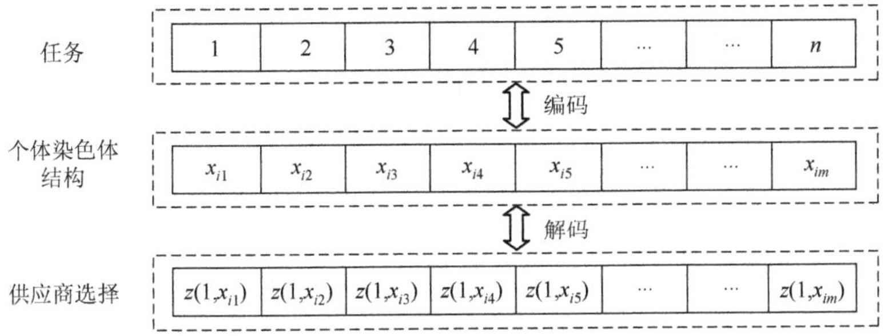

图 5-3　方案的编码形式示意图

步骤 4：生成交叉后的种群。

（3）变异。具体步骤如下。

步骤 1：从交叉后的种群中随机选择 $n\times\gamma$ 个个体进行变异操作。

步骤 2：随机选择变异的编码位置。

步骤 3：对待变异个体的编码位置进行变异操作（重新生成编码位）。

步骤 4：生成变异后的种群。

（4）违反染色体约束操作。在交叉、变异环节，往往会出现部分个体跳出现有的取值范围的现象，通常情况下会采取一定的越界处理方式以及惩罚措施，包括罚函数等。这里假定，经过一定操作后某个个体溢出某个区间范围时，则采取等区间长度距离的方式将其还原到原区间内。区间长度的越界处理算法如图 5-4 所示，其中 $L_i(j)$ 描述的是个体 i 编码内部的第 j 位。

if $L_i(j)\geqslant 2\times \text{range}_{\text{left}}-\text{range}_{\text{right}}$ & $L_i(j)\leqslant \text{range}_{\text{left}}$

　　$L_i(j)=\text{range}_{\text{left}}+\left(\text{range}_{\text{left}}-L_i(j)\right)$

else if $L_i(j)\geqslant \text{range}_{\text{right}}$ & $L_i(j)\leqslant 2\times\text{range}_{\text{right}}-\text{range}_{\text{left}}$

　　$L_i(j)=\text{range}_{\text{right}}-\left(L_i(j)-\text{range}_{\text{right}}\right)$

else if $L_i(j)\leqslant 2\times \text{range}_{\text{left}}-\text{range}_{\text{right}}$ & $L_i(j)\geqslant 2\times \text{range}_{\text{right}}-\text{range}_{\text{left}}$

　　$L_i(j)=\text{range}_{\text{left}}+\text{rand}\times(\text{range}_{\text{right}}-\text{range}_{\text{left}})$

else

　　$L_i(j)=L_i(j)$

图 5-4　区间长度的越界处理算法

（5）非支配排序：获取非支配解集。

（6）重复以上步骤，直到满足迭代停止条件。

5.3.3　新能源汽车需求到任务分解结构转化

新能源汽车是指采用非常规动力燃料作为汽车的动力源，并采用先进的材质，先进的驱动以及动力控制技术，从汽车的结构、原理上进行创新的一类汽车。目前市场上将新能源汽车分为以下几大类。①电动汽车，是主要以电动机为驱动的汽车，如纯电动汽车、混合动力汽车以及燃料电池电动汽车；②气体燃料汽车，是指采用可燃气体作为能源驱动的汽车；③生物燃料汽车，是指以生物燃料或混合有生物燃料和传统燃料为动力的汽车；④氢燃料汽车，是指以氢气作为能量源的汽车，其燃机主要包括纯氢内燃机、氢/汽油两用内燃机、氢-汽油双燃料内燃机。其中，纯电动汽车完全以车载电源为汽车的动力，符合国家车辆准入管理规定，是以电动机产生的动力来驱动车轮行驶的汽车。一般纯电动汽车采用高效率蓄电池为动力源。其主要部件构成包括电力驱动控制系统、底盘、车身和电气系统（吴艳和贺正楚，2016）。其与传统汽车相比不同的是电力驱动控制系统，纯电动汽车的电力驱动控制系统主要包括电力驱动、车载电源、辅助模块三大块。

现通过一定的需求转化的方法，将用户需求转换为新能源汽车的研发任务。新能源汽车结构如图 5-5 所示，对其使用 NSGA Ⅲ模型进行分析。

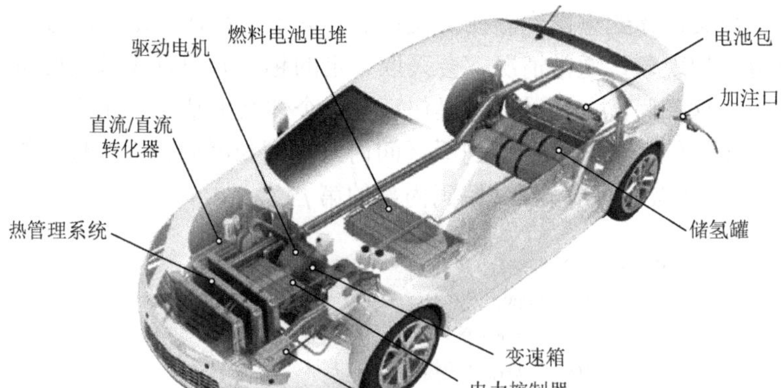

图 5-5　新能源汽车结构示意图

1. 任务分解

从互联网上通过大数据技术获取用户需求，并采用需求转换的方法将其转化为产品的总设计任务。根据对产品功能的分析，采用功能耦合关系分析方法进行第一步的任务分解。通过对新能源汽车的原理构造进行分析，其根据功能主要可以被分为四大模块：电力驱动系统、整车控制器、车身、辅助系统。结合实际中新能源汽车项目的研发设计活动，其流程的前后逻辑关系如图 5-6 所示，其中“0”表示整车。

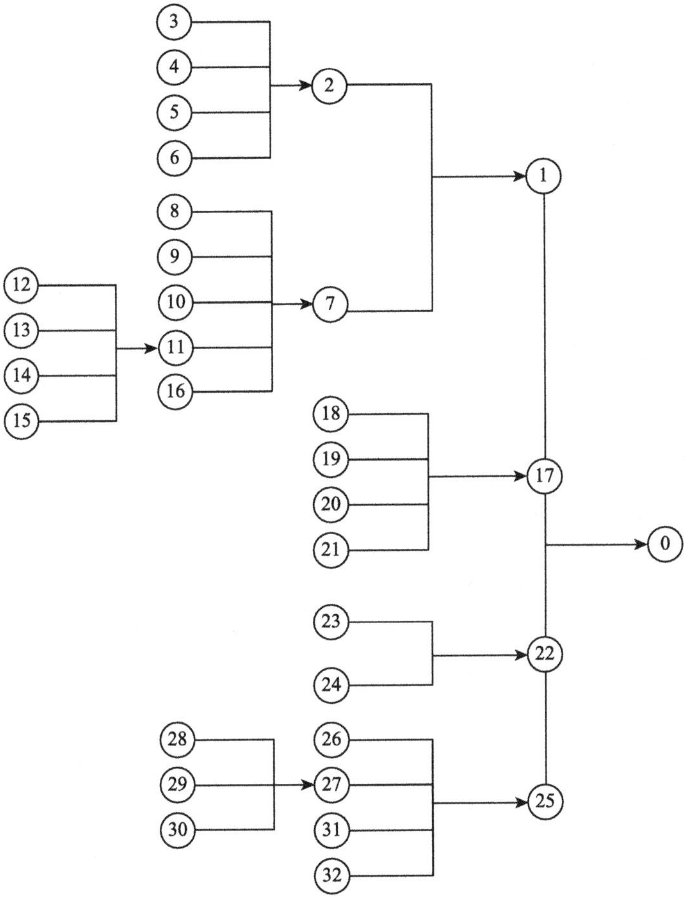

图 5-6　新能源汽车项目研发设计活动流程的前后逻辑关系

图 5-6 包括 32 个项目单元，具体研发设计单元名称如表 5-4 所示。

表 5-4　新能源汽车项目研发设计单元名称

序号	研发设计单元名称	序号	研发设计单元名称
1	电力驱动系统	8	电子控制器
2	电源系统	9	功率转换器
3	动力电池	10	驱动电机
4	电池管理系统	11	机械传动装置
5	车载充电机	12	离合器
6	辅助动力源	13	变速器
7	驱动电机系统	14	传动轴及其他万向传动装置

续表

序号	研发设计单元名称	序号	研发设计单元名称
15	驱动桥（主减速器、差速器桥壳等）	24	车身安全防护装置
16	车轮	25	辅助系统
17	整车控制器	26	汽车仪表、照明及附属装置
18	电机控制器	27	动力转向系统
19	电流传感器	28	转向操纵机构
20	电压传感器	29	转向器
21	温度传感器等	30	转向传动机构
22	车身	31	前后悬架
23	白车身（选用承载式车身，不需要车架）	32	制动系统

对于该款新能源汽车采用 NSGA Ⅲ模型进行分解。首先根据其功能分析结果进行第一步任务分解。

根据新能源汽车的功能分析结果进行初步任务分解，得到 4 个子任务分别为：电力驱动系统设计（*A*），包括表 5-4 中的 1 到 16；整车控制器设计（*B*），包括表 5-4 中的 17 到 21；车身设计（*C*），包括表 5-4 中的 22 到 24；辅助系统设计（*D*），包括表 5-4 中的 25 到 32。具体分解结果如图 5-7 所示。

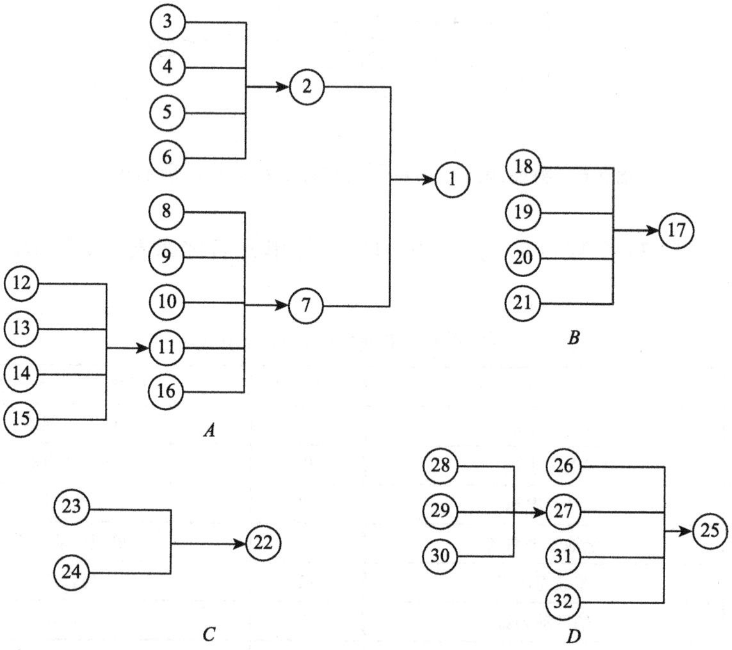

图 5-7　初步任务分解结果

此时得到的任务分解方案较为粗糙。在可行性方面，以电力驱动系统为例，其包括电源系统设计和驱动电机系统，而电源系统属于新能源汽车的核心模块之一，作为动力来源，对技术的创新有较高要求，对研发单位有一定的要求。因此将电源系统分解在电力驱动系统中，任务的可行性是比较低的。

计算原始方案的任务粒度。各个子任务的控制单元，输入、输出活动单元表示如下。

D_A={1,2,3,4,5,6,7,8,9,10,11,12,13,14,15,16}

$O_A=\{(2,\{3,4,5,6\}),(11,\{12,13,14,15\}),(7,\{8,9,10,11,16\}),(1,\{2,7\})\}$

D_B={17,18,19,20,21}，$O_B=\{(17,\{18,19,20,21\})\}$

D_C={22,23,24}，$O_C=\{(22,\{23,24\})\}$

D_D={25,26,27,28,29,30,31,32}，$O_D=\{(27,\{28,29,30\}),(25,\{26,27,31,32\})\}$

根据式（5-2）、式（5-3）和式（5-4），计算得到的初步分解方案的任务关联系数、任务重用系数、任务粒度系数如表 5-5 所示。

表 5-5　初步分解方案任务粒度指标计算结果

任务序号	任务关联系数	任务重用系数	任务粒度系数
A	0.25	0.19	0.05
B	0	0	0
C	0	0	0
D	0.50	0.13	0.06

由式（5-1）得到此时的任务粒度为

$$P(t)=\frac{\sum(\lambda(t)\times\gamma(t))}{n_t}=0.027$$

设定一般情况下高端装备的研发任务粒度的阈值为 0.02（包北方等，2014），上述初步任务分解方案的任务粒度大于 0.02，因此需要对任务粒度系数较大的子任务进行进一步的精细分解，可以得到 4 个任务分解方案，如表 5-6 所示。

表 5-6　进一步精细分解后的任务分解方案列表

方案序号	子任务集	包含的项目研发设计活动对应的序号
方案 1	A_1	2,3,4,5,6
	A_2	7,8,9,10,11,12,13,14,15,16
	A_3	1,2,7
	B	17,18,19,20,21

续表

方案序号	子任务集	包含的项目研发设计活动对应的序号
方案 1	C	22,23,24
	D	25,26,27,28,29,30,31,32
方案 2	A_1	2,3,4,5,6
	A_{22}	7,8,9,10,11,16
	A_3	1,2,7
	A_4	11,12,13,14,15
	B	17,18,19,20,21
	C	22,23,24
	D	25,26,27,28,29,30,31,32
方案 3	A	1,2,3,4,5,6,7,8,9,10,11,12,13,14,15,16
	B	17,18,19,20,21
	C	22,23,24
	D_1	25,26,27,31,32
	D_2	27,28,29,30
方案 4	A_1	2,3,4,5,6
	A_2	7,8,9,10,11,12,13,14,15,16
	A_3	1,2,7
	B	17,18,19,20,21
	C	22,23,24
	D_1	25,26,27,31,32
	D_2	27,28,29,30

四个方案的各个子任务的控制单元，输入、输出活动单元表示如下。

$D_A=\{1,2,3,4,5,6,7,8,9,10,11,12,13,14,15,16\}$

$O_A=\{(2,\{3,4,5,6\}),(11,\{12,13,14,15\}),(7,\{8,9,10,11,16\}),(1,\{2,7\})\}$

$D_B=\{17,18,19,20,21\}$，$O_B=\{(17,\{18,19,20,21\})\}$

$D_C=\{22,23,24\}$，$O_C=\{(22,\{23,24\})\}$

$D_D=\{25,26,27,28,29,30,31,32\}$，

$O_D=\{(27,\{28,29,30\}),(25,\{26,27,31,32\})\}$

$D_{A_1}=\{2,3,4,5,6\}$，$O_{A_1}=\{(2,\{3,4,5,6\})\}$

$D_{A_2}=\{7,8,9,10,11,12,13,14,15,16\}$，

$O_{A_2}=\{(11,\{12,13,14,15\}),(7,\{8,9,10,11,16\})\}$

$D_{A_{22}}=\{7,8,9,10,11,16\}$，$O_{A_{22}}=\{(7,\{8,9,10,11,16\})\}$

$D_{A_3}=\{1,2,7\}$，$O_{A_3}=\{(1,\{2,7\})\}$

$D_{D_1}=\{25,26,27,31,32\}$，$O_{D_1}=\{(25,\{26,27,31,32\})\}$

$D_{D_2}=\{27,28,29,30\}$，$O_{D_2}=\{(27,\{28,29,30\})\}$

运用式（5-1）、式（5-2）、式（5-3）和式（5-4），可以计算出以上四个方案的任务粒度，如表 5-7 所示。

表 5-7　分解方案的任务粒度

方案序号	任务粒度
方案 1	0.018 75
方案 2	0.008 90
方案 3	0.009 38
方案 4	0.006 70

可以看出，这四个方案的任务粒度均在阈值 0.02 以下，因此，这四个方案均可作为可行解的任务分解方案。

2. 分解方案优选

本小节将根据任务分解方案的可行度、任务分解方案执行过程中的不确定风险、任务集成复杂度选择出最优的分解方案。其中，任务分解方案的可行度主要与子任务对应的能够满足该子任务的供应商数量相关；对于任务分解方案执行过程中的不确定风险，根据该领域的专家经验，采用犹豫模糊数对风险值进行评估；任务集成复杂度是考虑在任务完成后对其所有任务进行集成的一个方案。

（1）计算任务分解方案的可行度。所有子任务对应的供应商数量如表 5-8 所示。

表 5-8　子任务对应供应商的数量

子任务集	供应商数量/个	子任务集	供应商数量/个
A	40	B	80
A_1	80	C	80
A_{22}	80	D	80
A_3	80	D_1	90
A_4	100	D_2	100

根据式（5-10）可以得到任务分解方案的可行度，如表 5-9 所示。

表 5-9　任务分解方案的可行度

方案序号	可行度
方案 1	0.8000
方案 2	0.8286
方案 3	0.7800
方案 4	0.8429

（2）计算任务分解方案执行过程中的不确定风险。分解方案的不确定风险由该领域的专家采用犹豫模糊数进行评估，数据如表 5-10 所示。

表 5-10　任务分解方案不确定风险评估值

项目	方案 1	方案 2	方案 3	方案 4
评估值	(0.6,0.65)	(0.4,0.45)	(0.65,0.7)	(0.55,0.6)

通过 5.2.3 节的假设对任务分解方案的犹豫模糊数进行补充，这里假定决策者是保守型，添加评估值较小的，结果如表 5-11 所示。

表 5-11　任务分解方案不确定风险标准值

项目	方案 1	方案 2	方案 3	方案 4
标准值	(0.6,0.6,0.65)	(0.4,0.4,0.45)	(0.65,0.65,0.7)	(0.55,0.55,0.6)

通过采用式（5-12），可以计算得到每个分解方案的不确定风险的犹豫模糊得分值，如表 5-12 所示。

表 5-12　任务分解方案不确定风险的犹豫模糊得分值

项目	方案 1	方案 2	方案 3	方案 4
得分值	0.6162	0.4160	0.6630	0.5662

由于不确定风险的犹豫模糊得分值越低越好，在计算过程中将其化为正向数值（利用 1 减去该值），结果如表 5-13 所示。

表 5-13　任务分解方案不确定风险得分正向值

项目	方案 1	方案 2	方案 3	方案 4
得分正向值	0.3838	0.5840	0.3370	0.4338

（3）计算分解方案的集成复杂度。首先分析每个任务分解方案中子任务的层级与数量，结果如表 5-14 所示。

表 5-14　任务分解方案中子任务层级和数量

方案序号	子任务层级/层	子任务数量/个
方案 1	2	6
方案 2	3	7
方案 3	2	5
方案 4	2	7

然后根据式（5-9）计算各个方案的任务集成复杂度，结果如表 5-15 所示。

表 5-15　任务分解方案集成复杂度

方案序号	任务集成复杂度
方案 1	0.9559
方案 2	0.9859
方案 3	0.9473
方案 4	0.9621

由于任务集成复杂度越低越好，在计算过程中将其化为正向数值（利用 1 减去该值），结果如表 5-16 所示。

表 5-16　任务分解方案集成复杂度得分正向值

方案序号	任务集成复杂度得分正向值
方案 1	0.0441
方案 2	0.0141
方案 3	0.0527
方案 4	0.0379

因此，可以构建一个分解方案的多属性决策模型，对分解方案进行优选。根

据任务的执行逻辑，结合上述步骤对混合信息下的任务分解方案进行多属性决策。令 P_i 为第 i 个方案，得到属性值如下：

$$G=\begin{matrix}P_1\\P_2\\P_3\\P_4\end{matrix}\begin{pmatrix}0.8000 & 0.3838 & 0.0441\\0.8286 & 0.5840 & 0.0141\\0.7800 & 0.3370 & 0.0527\\0.8429 & 0.4338 & 0.0379\end{pmatrix}$$

（1）根据式（5-13）和式（5-14），计算方案之间的优、劣势矩阵。

$$X=\begin{matrix}P_1\\P_2\\P_3\\P_4\end{matrix}\begin{pmatrix}0.0200 & 0.0468 & 0.0300\\0.0486 & 0.2470 & 0.0000\\0.0000 & 0.0000 & 0.0386\\0.0629 & 0.0968 & 0.0238\end{pmatrix}\quad Y=\begin{matrix}P_1\\P_2\\P_3\\P_4\end{matrix}\begin{pmatrix}0.0429 & 0.2002 & 0.0086\\0.0143 & 0.0000 & 0.0386\\0.0629 & 0.2470 & 0.0000\\0.0000 & 0.1502 & 0.0148\end{pmatrix}$$

（2）对于决策偏好 P，采用高斯判别准则，构建方案属性的优势与劣势标准差异信息矩阵。根据式（5-15），可以计算得到方案属性之间的优势与劣势矩阵。运用高斯判别准则将其处理成标准差异信息矩阵。

$$S=\begin{matrix}P_1\\P_2\\P_3\\P_4\end{matrix}\begin{pmatrix}0.000\,100 & 0.000\,547 & 0.000\,225\\0.000\,590 & 0.015\,137 & 0.000\,000\\0.000\,000 & 0.000\,000 & 0.000\,372\\0.000\,989 & 0.002\,340 & 0.000\,142\end{pmatrix}$$

$$I=\begin{matrix}P_1\\P_2\\P_3\\P_4\end{matrix}\begin{pmatrix}0.000\,460 & 0.009\,970 & 0.000\,018\\0.000\,051 & 0.000\,000 & 0.000\,372\\0.000\,989 & 0.015\,137 & 0.000\,000\\0.000\,000 & 0.005\,624 & 0.000\,055\end{pmatrix}$$

（3）构建方案的优势流与劣势流。属性的权重向量为 ω_0=(0.4,0.3,0.3)，根据式（5-16）以及 $d(x_i)=\upsilon_j(x_i)^{>}-\upsilon_j(x_i)^{<}$ 计算方案之间的优劣势流偏差，得出基于 SIR 方法的任务分解方案的排序结果，如表 5-17 所示。

表 5-17　基于 SIR 方法的任务分解方案排序结果

方案序号	优势流	劣势流	净流	完全排序
方案 1	0.0003	0.0032	−0.0029	3
方案 2	0.0048	0.0001	0.0047	1
方案 3	0.0001	0.0049	−0.0048	4
方案 4	0.0011	0.0017	−0.0006	2

由各个方案的净流得到方案的完全排序结果：方案 2＞方案 4＞方案 1＞方案

3。其中方案 2 为最优方案，方案 3 为最次方案。对任务分解方案进行优选是非常重要的，在产品研发设计初期，对任务分解方案用科学的方法进行评价，能够减少后续产品制造、生产、研发的成本，并降低风险。本节首先从不同维度对任务完成后的集成程度进行了量化，在一定程度上为以后的产品总装降低了难度。其次，采用犹豫模糊数对分解方案的不确定风险进行了评估，能更贴近决策者对事物评价的实际心理状态。最后，基于分解方案的三个属性，提出了在混合信息下对任务分解方案属性进行决策的方法，以便选择合适的方案。

3. 任务分配与供应商选择

根据表 5-17 中得到的优选方案，选定方案 2 进行任务分配。本小节将对任务集进行分配并选择合适的供应商。方案 2 包括的子任务集为 A_1、A_{22}、A_3、A_4、B、C、D，可供分配的供应商集合为 S_1，S_2，S_3，S_4，S_5，S_6，S_7，其中每个供应商集合对应的数量分别为 80，80，80，100，80，80，80，总共 580 个供应商。为简明起见，将任务 A_1 的供应商数据列于表 5-18 中，其余供应商的数据见附录 B。为了便于计算，将所有供应商用序号 1～580 进行表示，将供应商所属集合用标记 1～7 表示。

表 5-18 供应商数据表

子任务	序号	产品质量 q	产品价格 c	任务完成时间 t	风险水平 r	信息化水平 e	组织管理水平 m	信誉度 h	标记
A_1	1	0.7826	0.7295	0.5884	0.4950	0.6979	0.6338	0.7835	1
	2	0.7023	0.7314	0.5504	0.4936	0.7168	0.6912	0.8596	1
	3	0.7765	0.7091	0.6469	0.4472	0.7888	0.6655	0.9000	1
	4	0.7501	0.7058	0.5754	0.5026	0.7038	0.6556	0.8188	1
	5	0.7000	0.7534	0.6348	0.4860	0.7729	0.6456	0.8791	1
	6	0.7897	0.7401	0.5963	0.4420	0.7047	0.5913	0.8429	1
	7	0.8093	0.6492	0.5856	0.5046	0.8009	0.5992	0.9000	1
	8	0.7106	0.7070	0.6146	0.4940	0.7263	0.6232	0.8604	1
	9	0.7529	0.7379	0.6006	0.5342	0.7592	0.6139	0.8702	1
	10	0.8924	0.6338	0.5985	0.5104	0.8494	0.6812	0.8806	1
	11	0.8708	0.6742	0.5593	0.5442	0.8258	0.6561	0.8836	1
	12	0.8276	0.7215	0.6429	0.4789	0.8212	0.6172	0.8307	1
	13	0.7301	0.6713	0.5912	0.5280	0.8659	0.6829	0.9000	1
	14	0.8131	0.7327	0.5564	0.5000	0.7781	0.6425	0.8591	1
	15	0.8688	0.7536	0.5949	0.4973	0.7695	0.6340	0.8414	1
	16	0.8275	0.7561	0.6557	0.4865	0.6889	0.6762	0.8575	1
	17	0.7907	0.6333	0.6193	0.4898	0.6917	0.6734	0.8894	1

续表

子任务	序号	产品质量 q	产品价格 c	任务完成时间 t	风险水平 r	信息化水平 e	组织管理水平 m	信誉度 h	标记
A_1	18	0.8022	0.6584	0.5746	0.5179	0.7985	0.6491	0.8357	1
	19	0.7120	0.6562	0.6045	0.4939	0.7697	0.6264	0.9000	1
	20	0.8438	0.7280	0.5578	0.5530	0.7611	0.5987	0.8737	1
	21	0.7813	0.6623	0.5754	0.5090	0.7728	0.6311	0.8215	1
	22	0.8868	0.7112	0.6000	0.4980	0.8332	0.6062	0.8529	1
	23	0.7741	0.7411	0.5680	0.5049	0.8227	0.5868	0.8290	1
	24	0.7485	0.7618	0.5147	0.4611	0.7433	0.6488	0.8856	1
	25	0.8758	0.6668	0.6634	0.5194	0.7308	0.6695	0.8343	1
	26	0.8796	0.7165	0.6556	0.5117	0.8054	0.5876	0.8024	1
	27	0.7978	0.6775	0.5607	0.5309	0.8157	0.6910	0.8131	1
	28	0.8627	0.7568	0.6123	0.5470	0.7615	0.6435	0.8538	1
	29	0.8038	0.6466	0.5838	0.4933	0.8727	0.6622	0.9000	1
	30	0.7890	0.6689	0.6112	0.5481	0.8395	0.6002	0.8193	1
	31	0.8188	0.6911	0.5711	0.4894	0.7337	0.6172	0.8705	1
	32	0.7699	0.7041	0.5643	0.5074	0.8799	0.5753	0.7873	1
	33	0.8092	0.6763	0.6119	0.5371	0.7681	0.6187	0.8429	1
	34	0.7887	0.6960	0.6264	0.4817	0.8398	0.5663	0.8126	1
	35	0.7919	0.7265	0.6236	0.4842	0.7923	0.6955	0.8507	1
	36	0.7657	0.6483	0.6328	0.4411	0.8429	0.5667	0.8745	1
	37	0.8880	0.7030	0.6181	0.4607	0.7735	0.6626	0.8192	1
	38	0.7522	0.7257	0.5526	0.4625	0.8498	0.6532	0.8739	1
	39	0.8022	0.7051	0.5931	0.5093	0.7715	0.6547	0.8623	1
	40	0.8631	0.7629	0.6196	0.5355	0.7878	0.6771	0.8347	1
	41	0.7879	0.6661	0.5365	0.4580	0.7944	0.6537	0.8423	1
	42	0.8043	0.6535	0.5689	0.5069	0.8636	0.6123	0.8446	1
	43	0.8406	0.6473	0.6556	0.5010	0.7989	0.6299	0.8486	1
	44	0.8811	0.7095	0.6146	0.5215	0.7998	0.7225	0.8921	1
	45	0.8048	0.6995	0.6226	0.5251	0.8386	0.6665	0.8918	1
	46	0.7414	0.6386	0.6200	0.4821	0.8234	0.6508	0.9000	1
	47	0.8120	0.7232	0.6391	0.4950	0.7961	0.6648	0.8595	1
	48	0.7687	0.7438	0.6080	0.4812	0.7981	0.6301	0.8573	1
	49	0.7923	0.7271	0.6110	0.4124	0.7292	0.6406	0.8142	1
	50	0.8658	0.7020	0.5711	0.5138	0.7998	0.6518	0.9000	1
	51	0.8159	0.6297	0.5565	0.5331	0.7406	0.7014	0.8504	1

续表

子任务	序号	产品质量 q	产品价格 c	任务完成时间 t	风险水平 r	信息化水平 e	组织管理水平 m	信誉度 h	标记
A_1	52	0.7522	0.6891	0.6124	0.5460	0.8084	0.6374	0.7709	1
	53	0.7724	0.6998	0.6381	0.5346	0.8308	0.6422	0.8939	1
	54	0.8621	0.6889	0.6305	0.5219	0.7693	0.6554	0.8552	1
	55	0.7598	0.6940	0.6479	0.5190	0.7603	0.6157	0.9000	1
	56	0.8030	0.7343	0.5839	0.4999	0.7944	0.6157	0.8698	1
	57	0.8450	0.7071	0.6524	0.4999	0.7797	0.6851	0.8571	1
	58	0.7315	0.6665	0.5449	0.4488	0.7320	0.6911	0.8444	1
	59	0.7910	0.7071	0.5968	0.4557	0.8998	0.6717	0.8080	1
	60	0.8084	0.7356	0.5912	0.5355	0.7381	0.6330	0.9000	1
	61	0.7225	0.7585	0.5920	0.4926	0.8948	0.6583	0.7761	1
	62	0.7240	0.7162	0.5936	0.5396	0.7373	0.6661	0.7997	1
	63	0.9186	0.6394	0.6268	0.5031	0.7821	0.6602	0.8359	1
	64	0.8582	0.6404	0.6439	0.5490	0.8176	0.6354	0.8724	1
	65	0.7088	0.6448	0.5645	0.5218	0.8193	0.6368	0.8328	1
	66	0.7865	0.7736	0.5953	0.4952	0.8431	0.7047	0.8198	1
	67	0.7964	0.6248	0.6256	0.4835	0.7616	0.5867	0.8804	1
	68	0.7628	0.7055	0.6321	0.4835	0.8060	0.6246	0.8183	1
	69	0.8954	0.7664	0.5731	0.4905	0.8111	0.5384	0.8664	1
	70	0.7511	0.6895	0.5646	0.5047	0.8324	0.6063	0.8349	1
	71	0.8506	0.6460	0.6172	0.5167	0.8669	0.6503	0.8770	1
	72	0.7000	0.7322	0.6419	0.4910	0.8689	0.6372	0.8745	1
	73	0.8136	0.6870	0.5675	0.4621	0.7201	0.5838	0.8377	1
	74	0.8977	0.7415	0.5721	0.4894	0.9000	0.6813	0.8760	1
	75	0.8350	0.6971	0.6415	0.4706	0.8363	0.7140	0.9000	1
	76	0.7773	0.7382	0.5916	0.4680	0.7744	0.6644	0.8506	1
	77	0.8769	0.8052	0.6313	0.5057	0.8012	0.6108	0.8911	1
	78	0.8353	0.6344	0.5686	0.5559	0.7546	0.6506	0.9000	1
	79	0.7653	0.7031	0.5694	0.5455	0.8382	0.6052	0.8379	1
	80	0.7357	0.6889	0.5448	0.4975	0.8386	0.6444	0.8513	1

采用基于 NSGA Ⅲ的供应商选择的任务分配多目标模型进行计算，考虑其中的产品质量、产品价格、任务完成时间、风险水平 4 个目标，将信息化水平、组织管理水平、信誉度作为约束条件。将实验迭代次数设置为 5000 次，最终得到

200 组任务分配与供应商选择的可行解，见附录 C。

这里列举其中 20 组解，如表 5-19 所示。表 5-19 中第 1 组可行解的形式如下：[49,150,236,273,343,450,568]。其表达的意思是，子任务 A_1 分配给了 49 号供应商，子任务 A_{22} 分配给了 150 号供应商，子任务 A_3 分配给了 236 号供应商，子任务 A_4 分配给了 273 号供应商，子任务 B 分配给了 343 号供应商，子任务 C 分配给了 450 号供应商，子任务 D 分配给了 568 号供应商。其他可行解的意思与这一组可行解表达的意思一样。

表 5-19　任务分配与供应商选择的可行解

序号	可行解	目标值
1	[49,150,236,273,343,450,568]	[5.6271,4.7702,4.2736,2.9973]
2	[49,113,223,261,351,467,568]	[5.6504,5.0107,4.1848,2.9820]
3	[11,102,167,310,364,486,502]	[6.0612,4.7777,3.9262,3.5104]
4	[37,117,168,278,343,435,579]	[6.2694,4.7033,4.4614,3.2365]
5	[74,102,196,330,361,435,502]	[6.2063,4.8858,4.0469,3.3651]
6	[51,132,180,329,407,495,561]	[5.8945,4.4258,4.1707,3.5227]
7	[49,117,229,261,351,467,564]	[5.9066,5.1349,4.2503,3.1154]
8	[36,150,174,308,407,435,568]	[5.7354,4.5111,4.3220,3.1783]
9	[36,150,236,308,343,435,580]	[5.7171,4.5479,4.3404,3.1276]
10	[24,92,236,322,392,497,532]	[5.4117,4.8026,3.9325,3.2908]
11	[18,113,223,261,351,467,568]	[5.6603,4.9420,4.1484,3.0874]
12	[24,112,236,279,392,467,502]	[5.5579,5.0488,3.8782,3.1155]
13	[41,143,236,295,364,432,580]	[5.4489,4.5124,3.9623,3.2500]
14	[49,143,236,273,392,452,580]	[5.4456,4.8115,4.0948,3.0546]
15	[51,132,226,329,361,435,579]	[6.2448,4.5392,4.1666,3.4875]
16	[63,105,168,329,343,435,579]	[6.3006,4.5390,4.4361,3.3514]
17	[11,102,167,310,378,459,502]	[6.1151,4.8001,3.9263,3.5121]
18	[37,117,168,278,343,435,579]	[6.2694,4.7033,4.4614,3.2365]
19	[74,102,196,273,361,435,502]	[6.2188,4.9189,4.0489,3.3430]
20	[74,127,228,261,343,441,502]	[6.0149,5.0627,4.0664,3.2507]

将其进行可视化，200 组可行解的分布，如图 5-8 所示。纵轴为供应商编号，横轴为可行解的编号。从图 5-8 中可以看到，这 200 组可行解中，每组可行解包括 7 个供应商，对应 7 个子任务。

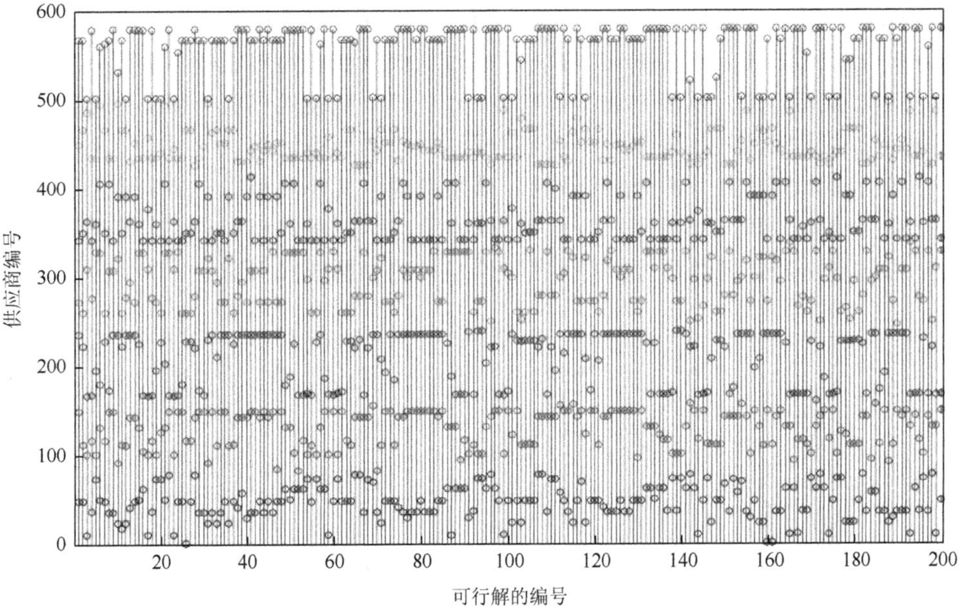

图 5-8　200 组可行解的分布情况

选取其中的一组可行解（迭代第 5000 次时），以产品价格、任务完成时间、风险水平为例，可以做出帕累托解集的分布，如图 5-9 所示。可以看出，该帕累托解集分布的聚合情况呈现较好的趋势。

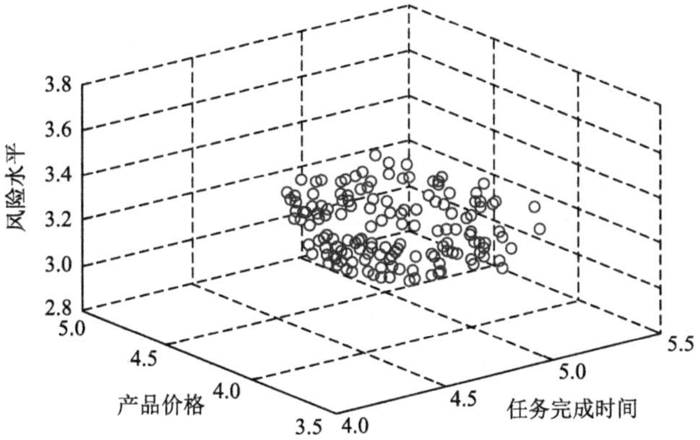

图 5-9　选取的这一组可行解的帕累托解集分布

4. 结果分析

本节的示例部分将新能源汽车需求到任务分解结构转化过程分为 3 部分——

任务分解、分解方案优选、任务分配与供应商选择，最终将该项目分成 7 个子任务——A_1、A_{22}、A_3、A_4、B、C、D，并通过 NSGA Ⅲ模型对子任务进行分配，产生了 200 组可行解，从而完成了新能源汽车的项目研发的任务分解结构转化，为高端装备的需求到任务分解结构转化提供了一定的理论依据。

在新能源汽车任务的分配示例中，我们考虑了 4 个目标（产品质量、产品价格、任务完成时间、风险水平），得到 200 组供应商选择的可行解。对其结果进行进一步讨论分析，每组可行解对应的 4 个目标值如图 5-10 所示。

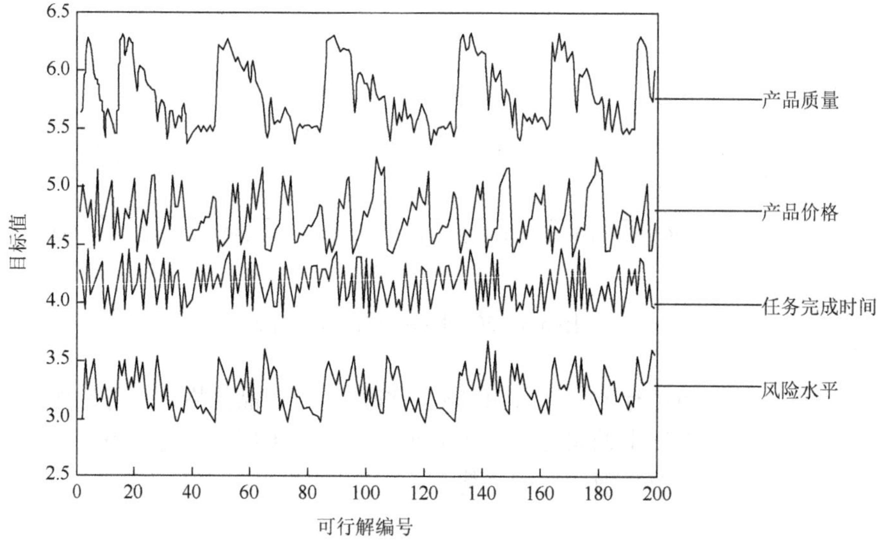

图 5-10　200 组可行解分别对应的目标值

从图 5-10 中可以看出每组可行解对应的每个目标的数值，该目标值为 7 个子任务对应的所选供应商的产品质量总和、产品价格总和、任务完成时间总和、风险水平总和。通过该图可以直观地看出各组可行解在选择供应商时的 4 个目标的具体总和值。这 4 个目标值总和数据的分布情况如图 5-11 所示。

盒图（boxplot）是目前较为流行的观察分布的图，图中包括了中位数、四分位数、最大值和最小值。通过该图能够清楚地看出可行解的各个目标值总和数据的分布，能够直观地看出目标值的极值点以及中位数，从而辅助决策者更好地评估所选供应商的能力。

因此，可以看出 NSGA Ⅲ模型能较好地处理任务与供应商的匹配问题，能同时考虑多个目标，弥补了以往多目标转化为单目标而导致目标相关性失真的缺陷。

新能源汽车需求到任务分解结构转化的示例，改变了传统的需求转化后以人的经验为主导对研制任务进行分解、分配的管理模式。本节以科学的方法对用户的需求进行转化，对创新研制任务进行分解，不仅保证了用户对产品的需求在制造过程中不失真，将概念化的用户需求转化成可执行的研制任务，而且将抽象的研制任务分解为明确的子任务，并进行任务分配，减少了高端装备制造研制任务之间的信息交互，从而降低了研制中的协同复杂度以及创新研制的不确定风险。在运用 NSGA Ⅲ模型进行新能源汽车需求到任务分解结构转化的示例分析中，需求转化到任务分解阶段保证了产品的质量，提高了产品研发的效率；在任务分配、供应商选择阶段，通过智能优化算法合理选择供应商，提高了供应商的适配性，优化了任务分配的结果，可以节省高端装备的研发时间、降低研发的投入、提高产品的质量。因此，新能源汽车需求到任务分解结构的转化机制的研究，验证了本章建立的 NSGA Ⅲ模型的可行性。

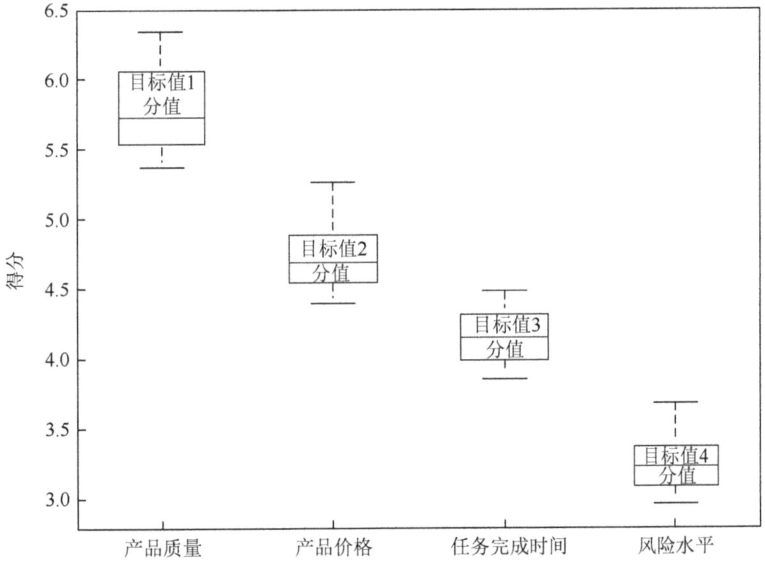

图 5-11　目标值总和数据的分布情况

5.4　本 章 小 结

本章首先分析了高端装备制造研制任务，包括任务特点、类型、分解原则，定义了任务粒度、任务可行度、任务集成复杂度等概念。然后，对高端装备的创新研制任务按照功能结构进行初步分解，得到任务初步分解集；根据任务可行度、任务粒度对任务分解集精细分解，设定任务粒度的阈值，得到若干可行方案；根据任务分解方案的可行度、执行过程中的不确定风险、任务集成复杂度对任务分解方案进行优选。

其次，针对高端装备的任务特点，进行任务分配与供应商选择。对高端装备的任务分配与供应商选择问题进行描述；构建了供应商评价指标，针对子任务集建立了供应商选择多目标模型，选取的 4 个目标包括产品质量、产品价格、任务完成时间、风险水平；鉴于该问题的多目标复杂程度，以及解空间较大，利用智能优化算法 NSGA Ⅲ对该对目标模型进行求解。

最后，选取高端装备制造领域的新能源汽车作为示例进行研究。对新能源汽车的研发设计活动进行任务分解、任务分配，实现新能源汽车用户需求到任务分解结构的转化。对得到的 4 个分解方案进行优选，并采用 NSGA Ⅲ模型进行求解，得到 200 组任务分配与供应商选择的可行解。该示例成功地验证了本章所提出的 NSGA Ⅲ模型。

第 6 章　任务资源动态优化配置管理

6.1　任务资源优化配置问题描述及分析

6.1.1　任务资源优化配置问题描述

在《经济学解说》中，资源被定义为“生产过程中所使用的投入”，即资源是企业生产过程中各类生产要素的总称（蒙德尔等，2000）。高端装备制造研制过程中的资源整合行为是由高端装备生命周期中的资源集结、资源创新、资源生产等一系列活动构成的，且随着高端装备的研制进程依次展开。

资源可分为可更新资源、消耗性资源与双重限制资源三大类。本章研究的资源为可更新资源，可更新资源在每个时刻的供应量是有限的，不随任务的进展而消耗，可以被重复利用，如人力、设备等。资源数量会对装备研制任务的运行参数产生影响，给某个子任务分配不同数量的资源，该子任务的工期、成本等会有所不同。本章考虑高端装备制造研制任务中的多种不确定性因素，研究在给定资源总量的条件下如何给各个子任务合理分配资源。该问题具体可描述为：高端装备制造研制任务包含多个子任务，子任务之间存在串行、并行、返工迭代、重叠执行等多种不确定关系，子任务的完工可能会引发其他子任务的返工迭代或紧后子任务开始执行，并且某些子任务可以被允许重叠执行（张西林等，2019）；整个研制任务可用的资源总量是有限的，给子任务分配的资源数量会影响其工期和成本；当资源分配量一定时，子任务的工期、成本在一定的范围内随机波动；此时，在给定的研制任务流程下，以研制任务平均工期最短、平均成本最小为目标，对高端装备制造研制任务的资源配置方案进行优化。

6.1.2　研制任务资源分解

资源分解结构（resource breakdown structure，RBS）是按照资源种类和形式而划分的资源层级结构，它是项目分解结构的一种，通过它可以在资源需求细节上制订进度计划，并可以通过汇总的方式向更高一层汇总资源需求和资源可用性（Rad，1999）。

资源分解结构作为一类典型的项目结构，能够将研制任务资源分解成若干较小的单位，为资源的计划、估算和管理提供一个一致性的框架。RBS 在资源统计、测量、分类上具有简单易行、结构明晰等优点，RBS 可以帮助高端装备研制管理人员了解高端装备研制全过程的所有资源，还可以将这些资源内容和子任务对应起来以掌握任务成本结构与进度。RBS 涵盖项目全周期的资源，将高端装备研制所需要的资源按照一定的准则分为不同类别。RBS 将各个类别的资源逐渐细化和分级，最终使其成为不可再分的资源单位，即标准资源要素，这些资源要素的可测度应该是相同的，即具有一致性的标准的测量单位。高端装备研制管理人员可以了解详细的资源信息，规划在后续的高端装备研制子任务中何时何地可能使用何种资源。

当高端装备研制的资源分解结构将研制任务分别分配给高端装备研制团队或组织的某个群体或个人以后，高端装备研制管理人员还需要使用这种资源分解结构，以便说明在实施这些任务过程中有权得到资源的情况以及高端装备研制资源的整体分配情况。

高端装备研制资源分解结构可以用表 6-1 所示的资源矩阵来描述。

表 6-1　资源矩阵

任务	资源需求量				相关说明
	资源 1	资源 2	……	资源 n	
子任务 1					
子任务 2					
……					
子任务 m					

6.1.3　研制任务资源冲突描述

在高端装备制造研制任务资源配置过程中，各子任务的相互配合是极为重要的。一般来说，高端装备制造研制任务的资源是有限的，在资源配置的过程中，为了实现整体任务最优，根据一定的规则，将资源分配给各个子任务，该问题属于多项目资源配置问题（Engwall and Jerbrant，2003）。多项目资源的成功配置，必然要求负责资源分配的部门或机构对资源状况有深入的了解以及各利益相关者之间进行合作，因此，各子任务之间的资源冲突是高端装备制造研制任务中资源配置的首要问题。首先是资源约束，能够及时按要求把资源准备好是子任务按时完工的前提，然而在高端装备制造研制任务执行过程中，由于受到资源总量的限制，每个子任务的理想资源并不一定能够完全满足，需要合理权衡，对子任务所需资源进行合理配置；而且由于各个子任务的进度不同，各子任务很难精确地预算和使用资源，会导致资源的使用率不均匀。其次是关联性明显，在高端装备制造研制任务网络中，各个子任务的进度偏差或成功与否对整个任务网络会存在着一定的关联影响效应，某个子任务的变动可能会对整个任务网络造成严重影响，从而会引起资源配置方案的变动，甚至可能会决定整个研制任务的成败。

1）资源冲突产生的原因

由于受到成本、时间和环境等众多因素的影响，各子任务都渴望能够得到更多的资源，而总资源是有限的，因而对于各子任务而言，会存在资源不足的问题。在子任务执行过程中，由于资金、人力、设备等资源之间的搭配不尽合理，也可能会出现偏差，而子任务的推迟又会造成资源消耗的增加。一般来说，资源的特性包括以下两点。①资源是有价的。通常情况下，高端装备制造研制任务消耗的资源是有一定价值的、稀缺的，无论占用和消耗哪种资源，都需要一定的成本。②资源是有限的。任何资源都是有限的，因此各个子任务不可能真正实现资源的完美配置，如果不能很好地协调平衡资源分配，会产生子任务之间的资源冲突。这些资源的特性决定了高端装备制造研制任务的某些子任务之间不可避免地要产生资源冲突。

如果给某子任务分配的资源过多，会造成资源闲置浪费，成本增加；同样如果给某子任务分配的资源过少，会造成该子任务不能完成或者延期完成，从而使整个研制任务延期或失败。因此，在高端装备制造研制任务管理过程中需要有效地对各个子任务进行合理的资源配置。

2）“时间-资源”目标

高端装备制造研制任务中的“时间-资源”目标通常有以下几种表现形式。

（1）资源无限，确保工期。为确保任务如期完成，可以无限制地投入资源，不存在资源限制，这种情况为一种理想状态。

（2）资源有限，可适时调配资源。与第一种情况有类似的地方，但资源的供给存在一定限制，只能适当增加供给。在实际执行中，为不延误工期，可以在短时间内增加资源的投入。但资源的投入不应是无限制增加，而应控制在适当的范围内。

（3）资源固定，工期最短。即固定资源供应总量或固定资源每天的供应量，且不得出现项目延期的情况。这时，资源的供应曲线应尽量平滑，避免出现资源供应的波峰或波谷。

（4）资源有限时，在有限的条件下增加资源。与上一种情况有些相似，此情况允许在一定条件下或是在一定的资源约束内追加资源投入，但一般不可以将工期向后拖延，从而保证项目对资源的保持率。

（5）适度利用外部资源。大型项目的技术开发风险高、资金需求量大，单个企业往往难以独自开发，为了有效地弥补自身资源的不足，可以适当利用外部的组织、机构，甚至竞争对手等的资源。

6.1.4 不同资源配置方案下的研制任务运行效果评价

DSM 是以矩阵的形式对产品开发过程进行建模和分析（Sinha et al.，2020）。它包含基于团队的 DSM、基于任务的 DSM 和基于参数的 DSM 等多种形式。可以使用基于任务的 DSM 进行高端装备制造研制任务过程的优化重组。DSM 包含各子任务间的信息交换，从中可以发现某项任务开始时需要哪些信息及一个任务产生的信息将提供给哪些任务。

1. DSM 量化表达

矩阵的维数表示研制任务子任务的个数，对角线上的元素代表研制任务子任务本身。DSM 的每一行表示该任务的完成需要其他各列任务的支持信息；每一列表示该列任务对其他各行任务的输出或者支持信息。

设计结构矩阵的表示方法如图 6-1 所示，给出 n 个研制任务的子任务 $A_i(i=1,2,3,\cdots,n)$，则设计结构矩阵中各行各列对应的元素表示子任务与子任务之间的关系。矩阵中的元素 A_{ij} 表示子任务 A_j 输出信息给子任务 A_i，即 $A_{ij}=1\ (i\neq j)$，否则 $A_{ij}=0\ (i\neq j)$，表示子任务 A_j 不输出信息给子任务 A_i。

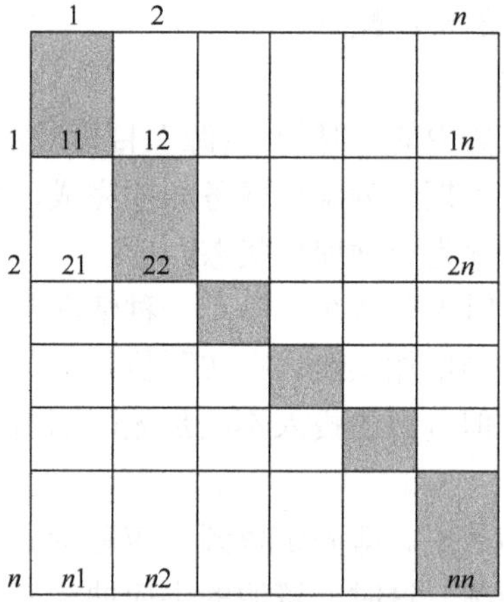

图 6-1　设计结构矩阵

图中灰色底纹部分表示无信息输出

2. 基于 DSM 的高端装备制造研制任务仿真

采用 DSM 对高端装备制造研制任务网络进行描述，采用离散事件仿真模型进行仿真，使用 MATLAB 编程实现（张西林等，2019）。模型输入信息为子任务工期、成本、所需资源、DSM 等。某一时点上的子任务完工触发状态的转变，状态包括各子任务完工、正在执行、排队等待等。高端装备制造研制任务单次仿真运行流程图如图 6-2 所示，仿真过程中的关键变量如表 6-2 所示。

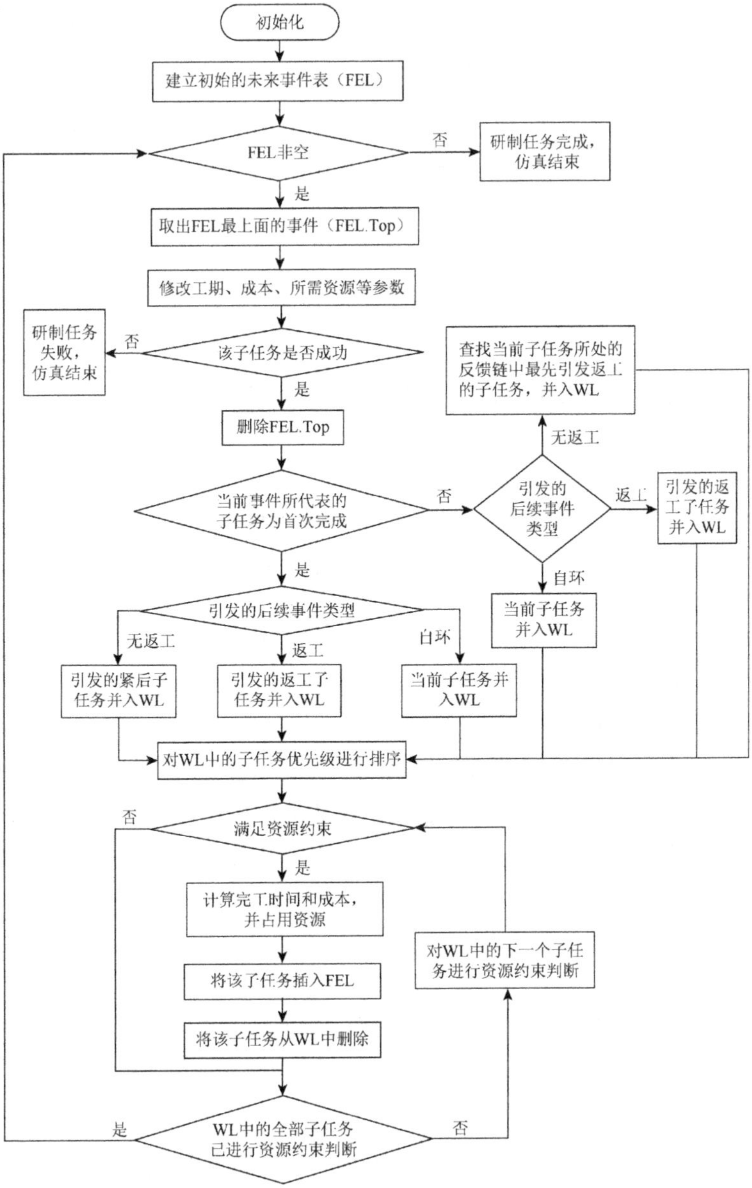

图 6-2　单次仿真运行流程图

WL 表示等待执行的子任务列表

表 6-2 仿真过程中的关键变量

变量	含义	变量	含义
FEL	未来事件表	TotalRes	当前可用资源总量
WL	等待执行的子任务列表	CompleteCount	子任务的完成次数
CostExtraction	随机抽取的子任务成本	FailCount	任务失败次数
DurationExtraction	随机抽取的子任务工期	b	运行次数间隔
TNOW	当前事件发生的时刻	α	仿真稳定性的精度要求
TotalCost	研制任务的总成本	m	仿真运行的次数
TotalDuration	研制任务的总工期		

6.2 研制任务资源配置优化算法

6.2.1 基于 MOPSO 算法的研制任务资源配置优化算法框架

多目标粒子群优化（multi-objective particle swarm optimization，MOPSO）算法是将粒子群优化（particle swarm optimization，PSO）算法用于解决多目标优化问题（Abdullah et al.，2019）。每个粒子都代表多目标优化问题的一个潜在解，用位置、速度、适应度值等三项指标表示粒子的特征。从初始粒子群中筛选非劣解集，当一个粒子不受其他粒子支配时，把粒子放入非劣解集中。粒子通过跟踪个体最优粒子 pBest（个体所经历位置中计算得到的适应度值最优的位置的粒子）和群体最优粒子 gBest（群非劣解集中随机选择的粒子）不断更新位置。合并个体最优粒子 pBest 集和当前的非劣解集，并从中筛选出新的非劣解集。

使用 MOPSO 进行高端装备制造研制任务资源配置优化：按照研制任务资源配置方案对粒子的位置、速度进行编码，以研制任务仿真输出的平均工期、成本等指标评价资源配置方案的优劣，并将粒子以逐渐降低的概率进行变异，通过不断迭代寻找满意的资源配置方案。

6.2.2 基于 MOPSO 算法的研制任务资源配置优化算法实现

1. 粒子编码

在 MOPSO 算法中，每个粒子位置表示一种高端装备制造研制任务资源配置方案，粒子位置的各维表示给子任务分配的资源数量。每个粒子的速度表示对应资源配置方案的变化速度，粒子速度的各维表示给子任务分配的资源数量的变化

速度。在资源配置优化过程中，粒子的位置、速度表达式分别为

$$x_k = (x_{k1}, x_{k2}, \cdots, x_{kj}, \cdots, x_{kn}) \tag{6-1}$$

$$v_k = (v_{k1}, v_{k2}, \cdots, v_{kj}, \cdots, v_{kn}) \tag{6-2}$$

其中，k 为粒子编号，即资源配置方案编号；x_k 为粒子 k 的位置，即资源配置方案；j 为子任务编号；x_{kj} 为粒子 k 中给子任务 j 分配的资源数量；v_k 为粒子 k 的速度，即资源分配量变化速度；v_{kj} 为粒子 k 中给子任务 j 分配资源数量的增减速度。

MOPSO 算法伪代码如图 6-3 所示。

```
Initialize
for it = 1:MaxIt
    for i = 1:nPop
        V_k(t + 1) = round(ω · v_k(t) + c_1 · r_1 · (pBest_k(t)−x_k(t)) + c_2 · r_2 · (gBest_k(t)−x_k(t)))
        V_k(t + 1) = max(v_k(t + 1),vmin),V_k(t + 1) = min(v_k(t + 1),vmax)
        x_k(t + 1) = x_k(t)+V_k(t + 1)
        x_k(t + 1) = max(x_k(t + 1),xmin),x_k(t + 1) = min(x_k(t + 1),xmax)
        Apply mutation
    end for
    Add non-dominated particles to repository
    Determine domination of new repository members
    Keep only non-dominated members in the repository
    Update grid and grid indices
    if numel(rep)>nRep
        Delete(numel(rep)-nRep)repository members
    end if
end for
```

图 6-3　MOPSO 算法伪代码

2. 适应度评价

本节通过平均工期和平均成本等指标对不同资源配置方案下的研制任务运行效果进行评价。由于难以直接进行数学建模求解研制任务的工期和成本，本节基于 DSM 对各个粒子对应的资源配置方案下的研制任务进行仿真，具体的仿真建模过程参考张西林等（2018）。以仿真输出的平均工期和平均成本作为 MOPSO 算法中各个粒子的适应度评价指标，对各个粒子对应的研制任务资源配置方案进行非支配排序。

3. 粒子速度、位置的更新及修正

由于给子任务分配的资源数量要求为整数，需要对粒子速度的各维的值进行

取整。粒子速度的更新公式为

$$v_k(t+1)=\text{round}\left(\omega\times v_k(t)+c_1\times r_1\times(\text{pBest}_k(t)-x_k(t))+c_2\times r_2\times(\text{gBest}_k(t)-x_k(t))\right) \tag{6-3}$$

为防止粒子过快地从搜索空间的一个区域飞向另一个区域，将粒子的每一维速度（资源分配量变化速度）限制在区间$\left[\text{vmin}_j,\text{vmax}_j\right]$中。若粒子$k$第$j$维的速度小于$\text{vmin}_j$，则$v_{kj}(t)$取$\text{vmin}_j$；若粒子$k$第$j$维的速度大于$\text{vmax}_j$，则$v_{kj}(t)$取$\text{vmax}_j$。

粒子位置更新公式为

$$x_k(t+1)=x_k(t)+v_k(t+1) \tag{6-4}$$

其中，$x_k(t+1)$为$t+1$次迭代时粒子k的位置。

4. 变异操作

MOPSO 算法收敛速度快，但可能会使粒子种群陷入局部最优解而无法跳出。为克服该缺陷，本节在研制任务资源配置优化算法迭代过程中对粒子进行变异操作。在优化算法迭代的初始阶段，为扩大对资源配置方案的搜索范围，取较大的粒子变异概率；为使算法能够快速收敛，随着迭代次数的增加，逐渐减小粒子的变异概率。建立相应的变异概率表达式，粒子的变异概率可表示为

$$\text{pm}(t)=\left(1-\frac{(t-1)}{(\text{MaxT}-1)}\right)^{\frac{1}{\mu}} \tag{6-5}$$

其中，$\text{pm}(t)$为第t次迭代时的变异概率；MaxT 为 MOPSO 算法的最大迭代次数；μ为调整系数。

在粒子变异过程中，首先随机选择粒子上的位置 r，其对应的资源分配量的变异范围如式（6-6）、式（6-7）所示，其中 xmax 与 xmin 代表最大值与最小值。

$$\text{lb}_r=\max\{(x_r-\text{round}(\text{pm}\times(\text{xmax}_r-\text{xmin}_r))),\ \text{xmin}_r\} \tag{6-6}$$

$$\text{ub}_r=\min\{(x_r+\text{round}(\text{pm}\times(\text{xmax}_r-\text{xmin}_r))),\ \text{xmax}_r\} \tag{6-7}$$

令粒子位置r对应的资源分配量为lb_r与ub_r之间的随机整数，产生新的研制任务资源配置方案，完成粒子的变异过程。

6.3 算例研究

6.3.1 算例描述

以某无人机研制任务的资源配置问题为例进行算例研究，该无人机研制任务包含 14 个子任务，各个子任务的最短工期、最大成本、资源需求最大量等数据

如表 6-3 所示。其中，“资源需求最大量”为子任务的资源需求的最大数量，大于该值，子任务的工期不再缩短。“资源需求最小量”为“资源需求最大量”的 60%，若给子任务分配的资源量小于其“资源需求最小量”，则子任务不能执行。“最短工期”为给子任务分配的资源量为“资源需求最大量”时所对应的工期，假设其服从三角分布，DM_o、DM_m、DM_p 分别表示“最短工期”的最乐观工期、最可能工期、最悲观工期。“最大成本”为给子任务分配的资源量为“资源需求最大量”时所对应的成本，假设其服从三角分布，CM_o、CM_m、CM_p 分别表示“最大成本”的最乐观成本、最可能成本、最悲观成本。

表 6-3　某无人机研制任务的部分输入数据

子任务编号	子任务名称	最短工期/天			最大成本/万美元			资源需求最大量 RU
		DM_o	DM_m	DM_p	CM_o	CM_m	CM_p	
1	方案论证	1.9	2.0	3.0	0.9	0.9	1.4	400
2	初步设计方案配置	4.8	5.0	8.8	0.5	0.6	1.0	600
3	准备表面模型与内部图纸	2.7	2.8	4.2	0.3	0.3	0.5	600
4	空气动力学分析与评估	9.0	10.0	12.5	0.7	0.8	0.9	400
5	确立初步结构	14.3	15.0	26.3	12.8	13.5	23.6	600
6	准备有限元模型结构	9.0	10.0	11.0	1.0	1.1	1.2	500
7	开发结构设计参数	7.2	8.0	10.0	1.1	1.2	1.5	500
8	惯性分析	4.8	5.0	8.8	0.9	0.9	1.6	300
9	稳定控制分析与评估	18.0	20.0	22.0	2.0	2.3	2.5	500
10	建立受力图	9.5	10.0	17.5	2.1	2.3	4.0	400
11	确定内载荷分布	14.3	15.0	26.3	2.1	2.3	3.9	500
12	评估结构强度、刚度与寿命	13.5	15.0	18.8	4.1	4.5	5.6	400
13	初步制造计划分析	30.0	32.5	36.0	21.4	23.2	25.7	600
14	生成阶段报告	4.5	5.0	6.3	2.0	2.2	2.8	500

在无人机研制任务资源配置过程中，给某个子任务分配的资源数量不同，该子任务的工期、成本等参数不同。假设给子任务分配不同的资源数量时，该子任务的工期、成本均服从三角分布，相应的最乐观工期、最可能工期、最悲观工期、最乐观成本、最可能成本、最悲观成本等参数使用前文方法进行计算。

6.3.2　参数设置

当整个研制任务可用的资源总量为 1000 时，任取一个研制任务流程：[1 7

2 3 6 5 13 8 4 10 9 12 11 14]，以研制任务工期最短、成本最小为目标函数，基于 MOPSO 算法对该无人机研制任务资源配置方案进行优化。参数设置如下：迭代次数为 200 次；种群规模为 100；外部档案个体数为 50；每个个体的仿真次数为 500 次；初始惯性权重 ω 为 0.5；惯性权重阻尼率为 0.99；个体加速因子 c_1 为 0.5；群体加速因子 c_2 为 1；初始变异率调整系数 μ 为 0.1，变异率随迭代次数的增加而降低。首先通过运行 MOPSO 算法得到帕累托最优解集，把帕累托最优解集中的每个最优解映射到相应的资源配置方案。然后，把各种资源配置方案下的研制任务的仿真次数增加到 5000 次，根据仿真输出的研制任务工期和成本，重新计算帕累托最优解集，并计算其凸集，选取帕累托最优解集与凸集的交集作为精选解集。

6.3.3 优化结果及分析

通过上述方法，可以对无人机研制任务的资源配置方案进行优化。以给每个子任务分配的资源量都为其资源需求最大量作为优化前方案，把优化后的方案与优化前的方案进行对比。资源配置优化前与优化后无人机研制任务的工期、成本比较如图 6-4 所示，可见，通过上述方法对研制任务资源配置进行优化，可使研制任务工期有所缩短、成本得到明显降低。

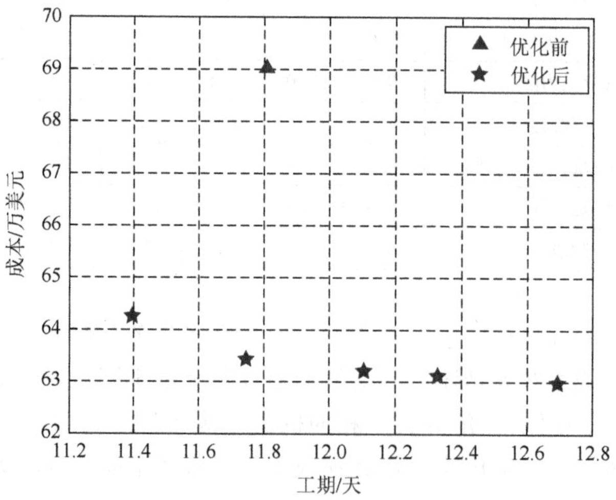

图 6-4　优化前与优化后的资源配置方案下的研制任务工期、成本比较

优化前和优化后的无人机研制任务资源配置方案及其对应的工期、成本、资

源冲突次数、返工次数等参数如表 6-4 所示。通过研制任务资源配置优化可以降低资源冲突程度，优化后的资源配置方案下研制任务执行过程中出现资源冲突的次数的均值分别比优化前降低了 53.3%、41.9%、53.6%、54.0%、55.0%，均有了很大程度的降低。但优化后的研制任务平均返工次数会有所增加，分别比优化前增加了 6.3%、20.5%、5.4%、6.3%、5.4%。

表 6-4　优化前和优化后的资源配置方案下研制任务运行效果比较

项目	资源配置方案	工期/天	成本/万美元	资源冲突次数/次	返工次数/次
资源配置优化前	400 600 600 400 600 500 500 300 500 400 500 400 600 500	118.1	69.01	29.1	11.2
资源配置优化方案 1	240 360 362 240 360 307 300 235 314 244 436 245 360 314	126.9	62.98	13.6	11.9
资源配置优化方案 2	400 362 360 240 408 318 300 203 314 242 392 246 360 500	114.0	64.26	16.9	13.5
资源配置优化方案 3	240 363 363 240 361 307 300 211 314 255 452 265 360 300	123.3	63.10	13.5	11.8
资源配置优化方案 4	290 361 362 240 364 323 300 233 312 246 461 244 360 435	121.1	63.20	13.4	11.9
资源配置优化方案 5	400 361 363 240 394 310 300 213 313 254 463 270 360 500	117.4	63.43	13.1	11.8

当资源总量有限时，在研制任务执行过程中可能会存在资源冲突，某些子任务会受到资源的限制而无法及时执行，需要等到其他子任务完工释放资源后才能开始执行。优化前和优化后的资源配置方案下研制任务某次执行过程的甘特图如图 6-5 所示。

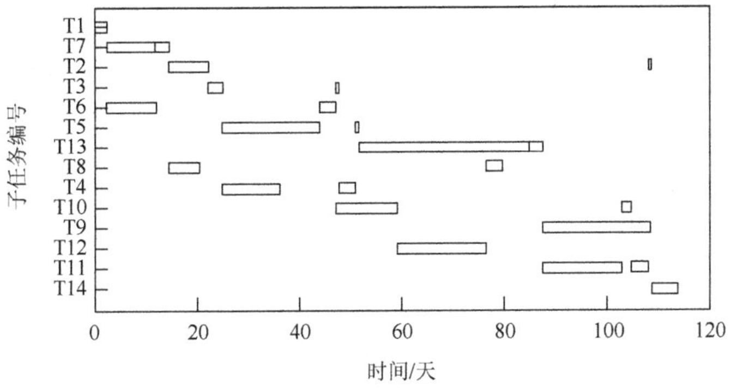

(a) 资源配置优化前方案的甘特图

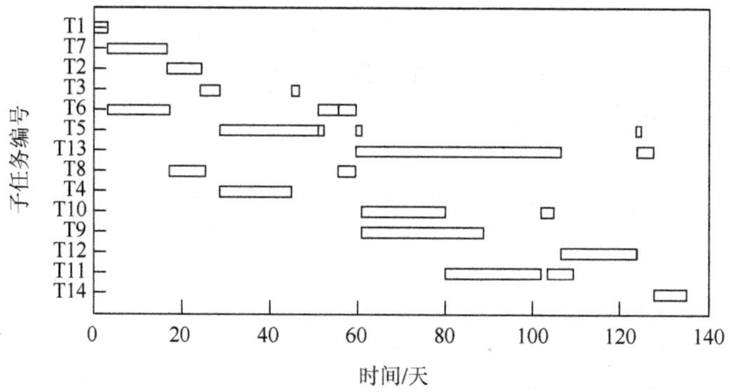

(b) 资源配置优化方案1的甘特图

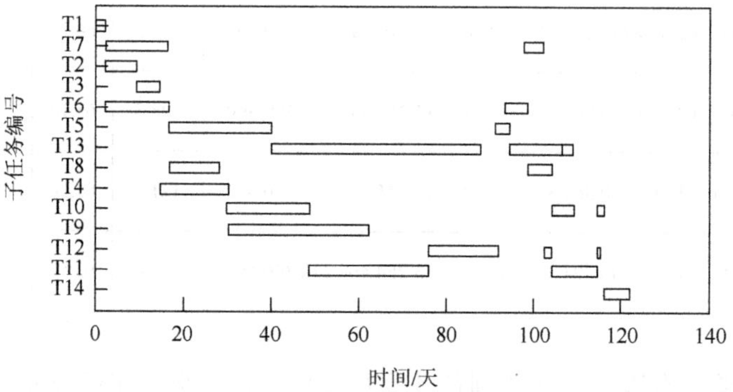

(c) 资源配置优化方案2的甘特图

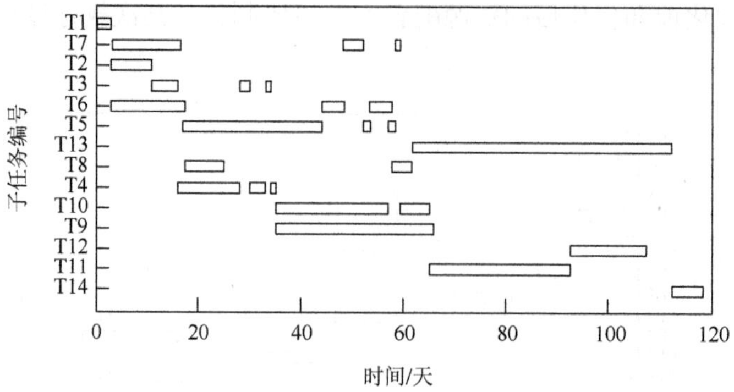

(d) 资源配置优化方案3的甘特图

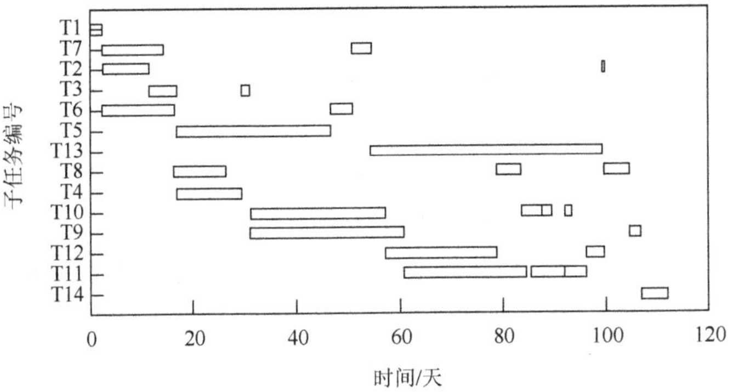

(e) 资源配置优化方案4的甘特图

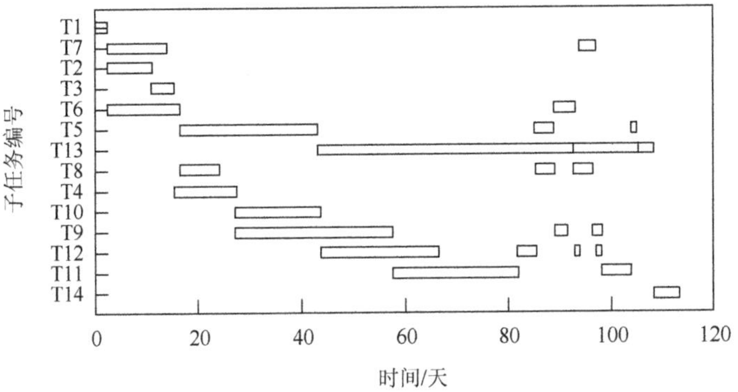

(f) 资源配置优化方案5的甘特图

图 6-5　优化前和优化后的资源配置方案下的研制任务执行过程甘特图

当给各个子任务分配的资源量为其需求量的最大值时，资源冲突最严重，这使得某些子任务由于资源冲突不能并行执行，减少了子任务的并行执行数量。虽然每个子任务工期均为其最短工期，但整个研制任务的工期不是最短的。而且如果不考虑返工成本，此时完成各个子任务所需的成本是最大的，整个研制任务的成本也比较大。

通过研制任务资源配置优化，减少给子任务的资源分配量，可以降低完成子任务所需的成本，从而可以有效降低整个研制任务的成本。根据研制任务的执行过程给各个子任务合理分配资源，给子任务分配资源量的减少会延长子任务工期，但同时会减少研制任务执行过程中子任务之间的资源冲突，增加了子任务并行执行的数量，可在一定程度上缩短研制任务的工期。但如果过分地追求低成本，也可能会使研制任务工期延长。允许更多子任务并行执行的同时，会使返工子任务的数量有所增加，从而会增加平均返工次数。

6.4　本章小结

本章根据高端装备制造研制任务资源配置优化问题的特点，把不同资源配置方案下的研制任务仿真嵌入 MOPSO 算法中，构建了基于 MOPSO 的高端装备制造研制任务资源配置多目标优化算法，取得了较好的优化效果。6.3 节的算例表明，本章构建的方法可根据高端装备制造研制任务的具体执行过程进行资源配置，能够大幅度降低子任务之间的资源冲突程度，可在一定程度上缩短高端装备制造研制任务的工期，并有效降低高端装备制造研制任务的成本。

第7章　任务网络化建模、评价与分析

7.1　高端装备制造研制任务网络化建模

7.1.1　问题定义

大数据和物联网的出现，为高端装备制造研制任务管理带来了巨大变革。“个性化定制”是高端装备研制的一个显著特点，即通过把复杂的用户需求转化为可执行的任务订单，进而分解为可操作执行的子任务。高端装备制造研制任务参与组织众多，任务繁重，且研制任务各要素之间关系错综复杂，呈现出多属性、层次性、动态性和网络化等特征，难以用传统的方法进行建模分析与管理，需要对其进行网络化建模，梳理分析出存在于高端装备制造研制任务中的拓扑属性与结构规律，为高端装备制造研制任务评价与分析提供模型参数输入。

7.1.2　研制任务结构分析

高端装备制造研制任务本质上是一个多维度、多层次、多界面、多子系统的复杂系统，其系统结构是高端装备制造研制任务具有的若干子系统、每个子系统所包含的具有一定功能的要素及其相互关系的总称，即各子系统、各要素之间相互联系、相互作用的方式和秩序，表现为各要素在时间、空间上的作用方式和作用关系。

在高端装备制造研制任务结构分析中，结构基本元素分为两大方面：项目组织与项目任务。结构中元素间的关系涉及三种类型：任务与任务之间的相互关系、组织与组织之间的相互关系、任务与组织之间的相互关系。本节主要从任务子系统与组织子系统以及子系统之间的相互关系对研制任务进行结构分析。

1. 任务子系统

项目任务是指为实现项目目标而进行的可以定义名称、独立存在、需要一定时间或资源完成的工作活动或行动过程，记项目中的任务集合 $A=\{a_i \mid 1\leqslant i\leqslant N\}$，其中 N 为任务总数。a_i 需要的时间和资源分别记为 D_i、$\vec{R}_i=\{R_i^1,\cdots,R_i^K\}$，$R_i^K$ 为 a_i 对资源 k 的需求量。

项目任务是为达成项目目标而需要进行的工作的分解，是开展项目预算、编制进度计划以及执行和监控项目工作的基础。在一个项目中，任务的定义比较灵活。例如，可以把整个产品设计作为一项任务，也可以将产品设计中的每一道工序作为一项任务。完成任务需要人力、物力，占用一定的时间。但有些工作，如油漆后的干燥、等待材料等，虽不消耗资源，但是要消耗时间，在完成任务的过程中，它们同样是一个不可缺少的过程。这些不消耗资源的等待结果的过程也被视为任务。

项目任务子系统是指由任务集合 A 组成的。记 $S=\{a_{i,t} \mid a_i \in A, t \geqslant 0\}$，其中 $a_{i,t}$ 表示任务 a_i 在时刻 t 执行。

在该定义下，任意任务活动既能并行执行，又可以序贯执行。显然，任务子系统描述了所有可能的项目执行方案。然而任意可行的任务执行方案还需满足任务活动之间的逻辑关系，任务活动之间的逻辑关系主要包括以下几点。

（1）强制性依赖关系：任务活动之间固有的依赖关系，这种关系是任务之间由于活动的固有特性而本身存在的、无法改变的逻辑关系，有时也被称为硬逻辑关系。在传统项目管理中，强制性依赖关系常常指任务活动之间的时序依赖关系。记 $E=\{<a_i,a_j> \mid 1 \leqslant i,j \leqslant N\}$，表示任务的强制性依赖关系集，则 $<a_i,a_j>$ 表示任务 a_i 是任务 a_j 的紧前活动，a_j 必须在 a_i 完成之后才能开始，称 a_j 为 a_i 的紧后活动。

（2）自由依赖关系：任务活动之间的关系是可以自由处理的，并不存在某种一定的约束。但由于下列原因，人为地设定了某种依赖关系：由于资源的限制，无法并行操作而只能串行操作，所以随意指定一种执行顺序；某些情况下，存在某种最佳实践的活动顺序。记项目任务的自由依赖关系为 U。由于 U 并不是一种内在的、固有的关系，因此在某些情况下会被调整。

（3）相互依赖关系：两个或多个任务的执行相互依赖于对方任务的进度或执行信息的依赖关系。

（4）外部依赖关系：涉及任务活动与非任务活动之间的关系。例如，任务的完成依赖于外部供应商的交货等，记为 B。

2. 组织子系统

项目组织是指项目的行为主体，即为了完成某个特定的项目任务而由不同部门、不同专业的人员所组成的一个特别的工作组织，通过计划、组织、领导、控制等过程，对项目的各种资源进行合理配置，以保证项目目标的成功实现。

由于社会化大生产和专业化分工，一个项目的参与方可能有几个、几十个，甚至成百上千个，常见的有业主、咨询方、设计单位、施工承包商、专业分包商、监理单位、材料供应商、设备制造商、运营方以及上级主管部门、为项目提供融资的银行和信用机构、为项目提供保险的保险公司等。他们之间通过行政的或合同的关系连接形成一个庞大的组织体系，为了实现共同的项目目标承担着各自的项目任务。

项目组织子系统是由项目的行为主体构成的系统，即由项目组织分工协调，共同参与项目任务子系统的计划实施所形成的系统。项目组织子系统中组织之间存在如下主要关系。

（1）协作关系。组织之间存在着各种各样的协作关系，如信息和物资的共享、共同参与项目任务的执行等。协作关系是大型工程项目中具有各种复杂需求的任务活动能够得到实施的根本保障，也是整个工程项目能够顺利完成的基础。

（2）竞争关系。竞争关系是项目组织子系统中的一类特殊关系，这一关系在大型工程项目中表现尤其突出。由于工程项目中信息、物资等资源的稀缺性，组织节点之间往往不得不对这些资源进行竞争。此外，在项目开始的任务招投标阶段，以及组织内部的绩效考核过程中，都会形成组织之间的竞争关系。

（3）层级关系。层级关系是指具有独立职能、能单独参与/完成任务活动的组织部门与其上下级的隶属关系。

（4）其他关系。组织子系统中还存在合同关系、监管关系及项目产品的交付关系等其他关系。

3. 任务与组织之间的关系

作为高端装备制造研制任务结构的两大基本元素，任务子系统与组织子系统除了系统内部元素之间具有相互依赖与相互影响的关系外，两大系统之间也存在复杂的交互关系。高端装备制造研制任务是由项目任务子系统与项目组织子系统互相联系、互相制约而构成的一个整体，通过众多项目组织的分工与协作来完成项目任务的要求。项目任务与项目组织之间的相互关系可从以下两个主要方面来分析。

1）组织是任务的执行主体

众多项目参与方为了满足各自的要求，以承担不同角色的形式参与到工程项目中，形成了项目组织子系统。参与者自身的属性与行为以及参与者与其他参与者之间的交互关系都会直接影响他所执行的项目任务。一方面，参与者自身的属性，包括参与者的能力（专业技能、信息处理能力、协调能力等）、工作经验、拥有的资源（财政资源、物质资源），会影响该参与者执行的任务；另一方面，参与者之间知识的共享、信息的传递、沟通与协调的相互关系也会对项目任务的执行以及项目绩效产生重要影响。

在不确定性条件下，项目任务网络存在四种不可控制因素，分别是：信息交换（information exchange）、干扰（noise）、职能误差（functional errors）以及项目失误（project errors）。信息交换是项目组织成员在执行相互依赖的项目任务时需进行的交流与沟通；干扰是指项目执行主体在任务执行过程中受到的外部扰动，这些干扰会使项目的目标、项目的实施过程具有很大的不确定性；职能误差在不影响其他任务的情况下会导致任务的返工；项目失误指“界面的异常事件”（interface exceptions），“界面的异常事件”不仅会导致任务的返工，还有可能会导致一对或者更多对相互依赖的任务的返工。

从项目任务网络的四种不可控制因素可以看出，项目任务之间的信息交换需求驱动了项目组织之间的信息交换；项目组织的自身属性及其执行任务的状态都会影响项目任务的执行，即一个任务的完成不仅依赖于执行组织的自身属性（知识、技能、资源），还依赖于执行组织执行任务时的工作状态。执行主体在受到干扰的情况下，他的工作状态会直接影响到自身能力的发挥，从而影响任务执行的时间以及质量；项目任务网络中，一个任务的执行出现异常，最轻微的结果是它的执行主体进行返工，最严重的还有可能影响到整个任务网络和组织网络，而导致项目的失败。这四种不可控制因素反映了任务与任务之间特别是任务与组织之间的相互影响关系。

2）任务驱动组织的行为以及组织之间的联系

项目组织是为了完成特定的任务，具有很强的目的性，因此项目任务与项目目标是决定项目组织运行的最重要因素。一方面，单个任务执行所需要的信息、资源与产生的协作等需求都需要相应的项目组织来支撑；另一方面，任务与任务之间信息的传递、知识的共享、产品的交付等也要求执行该对任务的参与组织之间进行协作。因此可以将组织之间的联系视为任务驱动的。

图 7-1 展示了任务之间信息传递需求与组织之间信息传递行为的映射关系。任务 a 与任务 b 是项目任务子系统中两个并行任务，分别由项目组织主体 a 与组织主体 b 来负责执行。在任务执行过程中，并行任务 a 与任务 b 之间产生信息传递、知识共享、协作等需求，这些需求驱动组织主体 a 与组织主体 b 进行相应的协作。

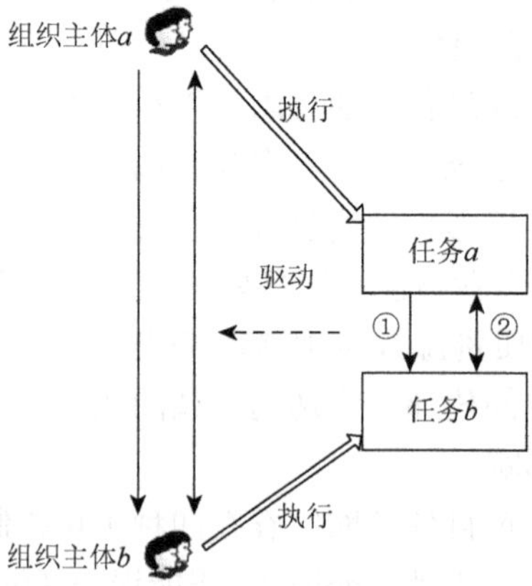

图 7-1 任务之间信息传递需求与组织之间信息传递行为的映射关系图

①代表产品交付需求、信息传递需求（单向）；②代表信息传递、知识共享、协作需求（双向）

传统的项目管理以任务为中心，但高端装备制造研制任务的管理不得不考虑“人”在项目执行中的核心作用以及项目参与方之间的关系。从系统论的角度来看，除了要分析任务子系统与组织子系统内部的要素以及要素之间的关系，还要综合考虑子系统之间的相互影响与相互作用，将两大子系统作为一个整体来研究。因此，在系统分析的基础上，需要对任务与组织之间的相互影响关系展开研究，建立符合大型工程项目特征的分析模型，从而为进一步的定量化求解与管理决策提供支撑。

7.1.3　研制任务的相互作用网络描述与构建

相互作用网络是指由相互依赖、相互作用的网络系统组成的更高层次的复杂网络，是建模表达高端装备制造研制任务的有效方法。在高端装备制造研制任务的相互作用网络中，假设参与研制任务的组织节点为M个，任务为N个，其邻接矩阵为A，元素$\{a_{ij} | 1 \leqslant i, j \leqslant M+N\}$表示节点间的相互连接关系。当$1 \leqslant i$且$j \leqslant M$时，$a_{ij} \geqslant 0$表示组织节点$j$隶属于组织节点$i$；当$M+1 \leqslant i$且$j \leqslant M+N$时，$a_{ij} \geqslant 0$表示任务节点$i$是$j$的前序节点；当$1 \leqslant i \leqslant M$且$M+1 \leqslant j \leqslant M+N$时，$a_{ij} \geqslant 0$表示组织节点$i$参与任务$j$的执行。如果节点$i$和$j$之间没有任何连接，则$a_{ij} = 0$。

1. 相互作用网络任务层建模

高端装备制造研制任务是为实现该创新研制目标而进行的，可以被命名定义，能够独立存在，且需要一定时间或资源来完成工作活动或行动过程。我们需要在对高端装备制造研制任务相互作用网络中的任务层进行建模的基础之上，研究各任务在整个相互作用网络中的影响效果。任务层建模工作需要明确各任务节点的时间信息（如开始时间、完成时间等）、任务之间的依赖关系以及资源需求情况等。

在任务节点的时间信息方面，高端装备制造研制任务可以被描述为集合形式，即$A = \{a_1, a_2, \cdots, a_N\}$，任务完成时间可表示为$D = \{D_1, D_2, \cdots, D_N\}$，其中$D_i = f(a_i)$为任务$a_i$的完成时间函数。

在依赖关系方面，基于以上任务集的集合表示，高端装备制造研制任务之间的依赖关系可通过$E_A = E_{AT} \cup E_{AU} \cup E_{AR} \cup E_{AB}$进行表示。其中$E_{AT} = \{< a_i, a_j > | 1 \leqslant i, j \leqslant N\}$表示研制任务之间的强制性依赖关系集，$< a_i, a_j >$表示$a_j$为$a_i$的紧后任务，$a_i$为$a_j$的紧前任务，$E_{AU}$、$E_{AR}$、$E_{AB}$则分别表示自由依赖关系集、相互依赖关系集、外部依赖关系集。同样，任务节点之间的强制性依赖关系，可用邻接矩阵A_A表示。网络$G = (V, E)$的邻接矩阵可定义为$A_A = \{a_{ij}\}$，$a_{ij} = 1$表示顶点

v_i 与顶点 v_j 间存在依赖关系。

在资源需求方面，假设高端装备制造研制任务中需使用 K 种资源，任务 a_i 对应的资源需求量可以表示为 $\mathrm{AR}_i=\{\mathrm{AR}_i^1,\mathrm{AR}_i^2,\cdots,\mathrm{AR}_i^K\}$。

2. 相互作用网络组织层建模

高端装备制造研制任务涉及许多不同的部门、企业甚至行业。这些组织之间通过行政或者合同关系彼此连接，形成一个庞大的组织层，且各自承担着不同的研制任务。我们需要通过对研制任务相互作用网络组织层建模，来研究高端装备制造研制任务组织层的运行机制和组织之间的相互影响关系。

研制任务相互作用网络组织层建模需要明确一些信息，包括组织节点、参与执行的任务、可用资源、层级关系及其他相互作用关系（协作关系、竞争关系等）。

（1）组织节点。本小节主要考虑参与研制任务执行，且对任务的执行进度、质量、成本等有直接或间接影响的参与主体。假定研制任务网络中组织节点集为 $O=\{o_1,o_2,\cdots,o_M\}$，$o_i(1\leqslant i\leqslant M)$ 既可以是独立的个人/公司，也可以是研制任务执行过程中临时组建的组织。

（2）参与执行的任务。$\mathrm{OA}_{M\times N}=\{\mathrm{OA}_{ij}\,|\,1\leqslant i\leqslant M,1\leqslant j\leqslant N\}$ 表示各个组织节点参与任务执行的加权矩阵，其中 OA_{ij} 表示组织 o_i 参与任务 a_j 的执行力度，且 $\mathrm{OA}_{ij}\geqslant 0$。

（3）可用资源。执行研制任务所需的资源由组织统一控制、规划和调配，组织资源（特别是稀缺资源）的优化调配可以缩短活动延迟与降低成本，组织资源的调配问题是高端装备制造研制任务管理研究的一个重要的优化问题。$\mathrm{OR}_{M\times K}=\{\mathrm{OR}_i^j\,|\,1\leqslant i\leqslant M,1\leqslant j\leqslant K\}$ 表示可配置资源矩阵，OR_i^j 表示组织 o_i 可配置的 j 类资源量，$R^k=\sum_i \mathrm{OR}_i^k$ 表示研制任务中 k 类资源的总量。

（4）层级关系。研制任务执行过程中组织之间的分工协作，一般是由研制任务经理或研制任务管理办公室进行协调。在高端装备制造研制任务中，组织之间存在着上下级管理关系。假设组织间的层级关系为加权矩阵 $H^o=\{H_{ij}^o\,|\,1\leqslant i,j\leqslant M\}$，$H_{ij}^o$ 表示组织 o_i 与 o_j 的层级关系，即 o_i 对 o_j 的直接领导关系（$o_i\to o_j$，且 $H_{ij}^o\geqslant 0$）。

（5）其他相互作用关系。其他相互作用关系是指组织间的协作、竞争等关系，其中，$\mathrm{CO}_{M\times M}$ 表示协作关系，$\mathrm{CP}_{M\times M}$ 表示竞争关系，$\mathrm{OI}_{M\times M}$ 表示网络中的信息流矩阵。创新研制任务网络中组织节点之间的相互作用关系可统一记为 E_O。

3. 相互作用网络构建

在高端装备制造研制任务中，不仅包括任务之间的关系、组织之间的关系，还包括组织与任务之间的各种关系，研制任务的顺利完成需要研制任务相互作用网络中的组织层和任务层有机结合，需要建立相互作用网络模型，研究任务与任务、组织与组织以及任务与组织之间的相互作用效果，从系统层面对研制任务进行网络化分析，实现对研制任务的监控与管理。

高端装备制造研制任务相互作用网络中任务层和组织层之间的相互作用关系主要体现在以下几个方面。

（1）组织对任务的执行作用：$\mathrm{OA}_{M\times N}=\{\mathrm{OA}_{ij}\,|\,1\leqslant i\leqslant M,1\leqslant j\leqslant N\}$。

（2）任务对组织资源的需求：$\mathrm{AR}_i=\{\mathrm{AR}_i^1,\mathrm{AR}_i^2,\cdots,\mathrm{AR}_i^K\}$。

（3）组织对资源的配置：$\mathrm{OR}_{M\times K}=\{\mathrm{OR}_i^j\,|\,1\leqslant i\leqslant M,1\leqslant j\leqslant K\}$。

（4）组织之间的信息流：$\mathrm{OI}_{M\times M}$。

对高端装备制造研制任务的组织、任务子系统进行耦合集成，构建其相互作用网络模型：$\mathrm{IDN}=\{V=A\cup O,E=E_A\cup E_O\cup E_{\mathrm{OA}}\}$，$E_A$、$E_O$ 分别表示任务、组织子系统的内部作用关系，E_{OA} 表示组织层、任务层的相互作用关系。高端装备制造研制任务的相互作用网络结构如图 7-2 所示。

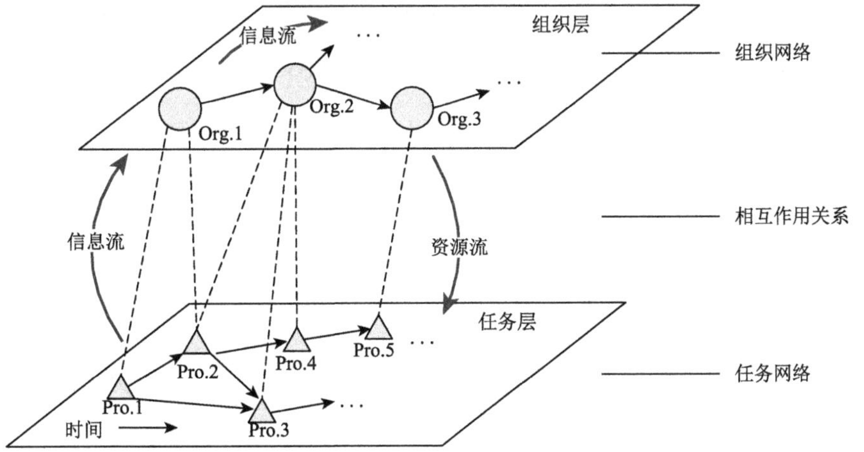

图 7-2 高端装备制造研制任务的相互作用网络结构

圆形 Org 表示组织层的组织子系统节点，三角形 Pro 表示任务层的任务节点，细箭头表示层内节点间的相互关系，虚线表示层间节点间的关系

高端装备制造研制任务相互作用网络包含了研制任务中的各主要要素，传统的任务管理分析方法，如关键路径法（critical path method，CPM）、计划评审技术（program evaluation and review technique，PERT）均可在该网络的子网中体现。该网络把组织和任务联系起来，通过该系统我们可以更系统地分析组织、任务对整个研制任务的影响。

7.1.4 研制任务的相互作用网络分析

1. 统计特征分析

高端装备制造研制任务具有特定的任务和目标，且网络拓扑结构可以在一定程度上反映出研制任务中子任务和组织节点的重要性。如图 7-3（a）所示，其中，圆形表示任务节点，箭头表示执行任务的先后关系，在研制任务相互作用网络任务层中，任意 $s \to t$ 的任务执行路径均需要经过任务节点 i，因而任务节点 i 的任何延迟都会引起整个研制任务完成时间的延长。又如图 7-3（b）所示，研制任务相互作用网络组织层中，节点间的边表示组织的双向信息流，任何从左侧传递的信息都需通过节点 k 到达右侧组织，说明 k 处于网络“关键”位置。与研制任务相互作用网络相关的一些统计指标可以用来表征节点在网络中的位置，通过这些指标可以度量节点的重要性。主要指标如下所示。

（1）节点度。在高端装备制造研制任务相互作用网络的任务层中，节点的入度反映了节点所依赖的前驱节点数量；节点的出度反映了节点能够直接影响的后继节点数量。在高端装备制造研制任务相互作用网络的组织层中，存在组织连接度和任务参与度两种度。前者为组织节点与其他组织节点的连接数；后者为组织节点参与执行的任务数量。

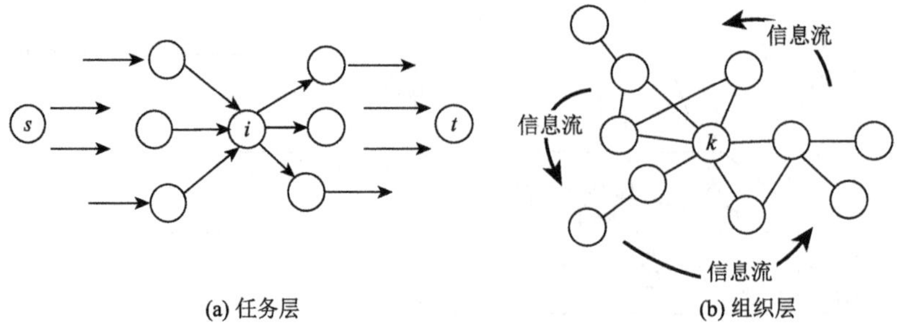

图 7-3　研制任务层拓扑结构的节点重要性

（2）节点介数。介数是指网络中所有的节点对之间的最短路径通过该节点的比例。在高端装备制造研制任务相互作用网络的任务层中，介数反映了创新研制任务执行路径与任务节点网络位置的相关程度；在高端装备制造研制任务相互作用网络的组织层中，介数反映了组织节点对网络信息流动的影响程度。

（3）节点集聚系数。在高端装备制造研制任务相互作用网络的组织层中，节点的集聚系数表示网络中该节点的邻居节点之间的相互连接关系，刻画了与该组织节点连接的组织节点之间存在连接关系的概率。

（4）节点 k-核。节点 k-核即节点度不小于 k 的最大子图。某节点如果属于 c-核心，但不属于$(c+1)$-核心，称该节点的核度为 c。在高端装备制造研制任务相互作用网络组织层中，k-核是通过不断去除节点度小于 k 的组织节点得到的。

2. 研制任务关联性挖掘

高端装备制造研制任务中组织与任务的关系复杂，单个任务可能会涉及许多组织，单个组织可能负责大量任务。任务与任务之间不仅存在完成–开始、开始–开始、完成–完成、开始–完成等直接的简单相互关系，还存在结构、功能、工艺、管理等其他方面的相关关系。任务间存在复杂的物料传输关系和执行时间约束，所有任务按照一定的逻辑规则完成。例如，单个任务的延迟可能会通过直接或间接的关联关系致使整个研制任务无法继续进行，造成不可挽回的损失。因此，需要对研制任务网络的子任务之间的关联性进行深入分析和挖掘。

（1）任务时序依赖的关联性挖掘。高端装备制造研制任务相互作用网络任务层中的边是通过从大数据提供的子任务之间的时序依赖关系建立的，即研制任务相互作用网络任务层中的有向邻接矩阵。图示评审技术（graphical evaluation and review technique，GERT）利用任务之间的不确定的逻辑关联关系为任务之间的时序依赖提供了技术手段，该方法可以刻画任务之间依赖关系的随机性，即活动按一定概率可能发生或不发生。图示评审技术是一种随机网络的方法，节点存在输入端和输出端两类端口，且都表达特定的逻辑关系，节点可分为 5 类：互斥型输入，输入该节点的任意任务完成，该任务完成，且在特定时间范围内，有且仅有一个任务完成；兼有型输入，输入该节点的任意任务完成，该任务完成，任务完成时间在输入节点的任务中最短；汇合型输入，输入该节点的任务都完成时，该任务才完成，完成时间在所有任务中最长；肯定型输出，由节点输出的任务迟早会完成，即任务被完成的概率为 1；随机型输出，由节点输出的任务中有且仅有一个按概率完成。

在高端装备制造研制任务关联性随机网络中，支线表示具体任务或任务的结果，或两个任务之间的相互关系；流反映定量参数和节点之间存在的相互制约关系，如研制任务的耗时、费用等。使用图示评审技术挖掘任务之间的时序依赖关系可采用如下 4 个环节进行描述：首先，根据高端装备制造研制任务的特征，分解研制任务的子任务，构造 GERT 模型；其次，利用大数据技术收集研制任务中各项任务的完成概率和完成时间的概率分布；再次，利用梅森公式，确定网络特征传递系数 $W_g(S)$ 以及当 $W_g(S)|_{s=0}=1$ 时任务的完成概率 P_g；最后，求出特定任务完成时间的期望值。

（2）网络指标与关键路径的关联性挖掘。高端装备制造研制任务相互作用网络的组织层或任务层中，节点是否处于关键路径可以作为其重要性的体现，而节点的网络拓扑参数同样能在一定程度上反映出节点的重要性。为全面分析研制任务关键路径与网络拓扑结构的关系，我们在高端装备制造研制任务相互作用网络任务层上，采用关键链项目管理（critical chain project management，CCPM）理论识别研制任务中的关键链，计算网络中所有任务节点的度、介数、集聚系数和 k-核，以此为依据分析节点网络属性与节点是否位于关键路径上的相关性。

$$<\mathrm{Corr}>=\sum_{g=1}^{G}\frac{r_g}{G}$$

其中，G 为网络指标数量；r_g 为节点某属性值与节点是否位于关键路径上的相关系数，r_g 值越大越能说明具有较大网络属性参数值的节点更有可能位于研制任务关键路径上。$<\mathrm{Corr}>$ 反映了网络属性与节点是否位于研制任务关键路径上的总体相关性。

（3）基于相互作用网络的“组织-任务”关联性挖掘。高端装备制造研制任务中不仅任务与任务之间存在关联关系，组织通过执行的方式也会与任务发生关联。组织与任务之间的关联性贯穿在整个相互作用网络中，这种关系通过信息、资源等在两者中的流动发生作用，形成复杂的风险和延误传播过程。我们拟采用研制任务相互作用网络中延误级联传播动力学进行“组织-任务”关联性挖掘。

7.2 高端装备制造研制任务网络鲁棒性评价

7.2.1 任务网络鲁棒性定义

高端装备制造研制工作技术具有难度大、参与单位多、不确定因素多等特点，很容易导致部分研制任务实际进展时间超出预定计划，进而影响到整个高端装备研制进度的推进和工作的完成。因此，需要基于研制工作过程中的数据，开展研制任务网络鲁棒性分析，以便更好地把握整体研制工作进程，实现研制任务的鲁棒性调度。

7.2.2 任务网络鲁棒性评估指标

在高端装备制造研制任务网络中，为了考察任务执行过程中的资源配置效率以及信息流动情况，相应的评价指标有如下几种。

（1）任务网络资源冗余量。它是针对特定研制任务的，反映网络任务完成能力冗余情况的度量参数。对于研制任务网络来说，最主要的资源是网络资源。任务网络资源冗余量主要可以用来分析任务网络路径或边的冗余量。其中，自然连通度（拓扑自然连通度和重叠自然连通度）是一种典型的计算任务网络路径冗余的度量参数，通过计算任务网络中不同长度闭环数目的加权和，可以刻画出任务网络中替代路径的冗余性。

（2）任务可靠度。它是指研制任务网络在规定条件下和规定时间内，完成规定研制任务的概率。

（3）任务完成度。它是指研制任务网络在规定的条件下和规定的时间内完成规定研制任务的百分比。

在高端装备制造研制网络中，部分研制任务的失败可能严重影响整个高端装备制造研制任务的完成。所以对于研制网络中的关键任务节点进行分析也是网络鲁棒性综合评价的一个重要部分。常见的反映节点重要性的统计量有如下几种。

（1）研制任务网络的节点度。该统计量围绕着任务网络的组织连接度与任务参与度展开研究。关于任务网络的节点关键性，它是指在任务网络中，任务节点对相邻任务活动的依赖程度。其中，入度的大小与该节点开始执行时受到其他任务活动的制约成正比，而出度的大小与该点对其他任务活动的影响成正比。某任务活动直接前驱节点的最早完成时间决定了该任务节点的最早开始时间，相应地，某任务活动直接后继节点的最晚开始时间决定了该任务节点的最晚完成时间。关于组织连接度与任务参与度，它是指在相互作用网络中，组织与组织之间的连接度和组织与任务之间的参与度能在一定程度上分别反映组织节点对参与的其他组织和任务的影响力。

（2）研制任务网络的节点介数。在任务网络中，介数大的任务节点，可能处于大量的研制任务执行路径上，对后续研制任务的顺利执行影响较大。在组织网络中，介数大的组织节点，可能处于信息传递和组织协调的中心。

（3）研制任务网络的节点集聚系数。在组织网络中，组织节点的集聚系数越大，与该组织节点存在连接关系的组织节点，即各邻居节点之间可能存在连接关系的概率越大，这表明这些邻居节点之间形成一个紧密联系的小团体的概率越大，即该组织节点的重要程度越高。

（4）研制任务网络的节点 k-核。在组织网络中，若组织节点处于组织网络的决策和管理中心，那么该节点的 k-核值会越大，也说明其重要程度越高。

7.2.3　创新研制任务网络鲁棒性评价

高端装备制造研制任务涉及相关组织众多、任务体量庞大、任务关系复杂，极易受到各种风险因素的干扰，导致实际研制进程中部分研制任务超出计划安排，从而影响整个高端装备制造研制任务的完成。基于质量的鲁棒性和解的鲁棒性的分析方法是一种有效的面向风险的鲁棒性分析方法。

1. 研制任务网络风险因素

高端装备制造研制过程中存在技术、管理、资金、时间等许多不确定性因素。正是这些因素的变化使得高端装备制造研制工作具有风险。将风险定义为可能危及研制任务完成的潜在问题和事件，则风险主要可划分为以下五类：①技术上的风险，高端装备制造研制探索性强，受技术基础和对技术的认识、掌握等因素的影响，具有很强的技术风险；②管理上的风险，高端装备制造研制项目规模大、参与组织多、任务关系复杂，对组织管理工作提出挑战；③时间上的风险，实际研制任务的完成时间可能超出计划时间，受其他相关研制任务变动或其他因素的影响，交付日期可能随之变动；④资源上的风险，研制过程中可能会出现资源不足、超出预算、供应无法按时到位等情况；⑤范围上的风险，随着研制的进行，新研制任务的出现、不必要研制任务的舍弃、未达到预定研制任务而导致的返工等，都会引起研制任务范围的变更。

2. 面向风险因素的研制任务网络鲁棒性评价

高端装备制造研制中，任务网络鲁棒性是指任务的预定规划在内外环境发生变化后，仍然能顺利进行并维持稳定的能力。内外环境所发生的变化即研制任务网络所存在的各种风险因素，为了避免这些风险因素所引发的严重后果，便要求研制任务网络具有较高的鲁棒性。引入鲁棒性思想对于高端装备制造研制任务网络中实际存在各种不确定性因素的情况是非常必要的，通过度量研制任务网络鲁棒性可以有效指导研制任务的实施。

研制任务网络鲁棒性主要针对两个方面：研制任务网络的运行稳定性和研制任务网络抵抗内外环境所带来的风险干扰的能力。研制任务网络以最大化鲁棒性为优化目标来实现这两个方面的提升，以期确保研制任务顺利完成。当前研制任务网络鲁棒性分析方法主要有以下两种具体分类：质量的鲁棒性和解的鲁棒性。其中，质量的鲁棒性是指研制任务网络计划总体完工日期的稳定性，是针对整个研制任务网络稳定性的一个衡量标准。解的鲁棒性是指任务节点各工序的稳定性，是针对研制任务网络中各个任务节点而言的。质量的鲁棒性和解的鲁棒性两者相辅相成，分别从宏观和微观的角度表达了研制任务网络的鲁棒性。

高端装备制造研制任务网络的鲁棒性分析可考虑如下四个度量参数及模型。①自由时差。对于一项任务，自由时差是指在不影响其紧后任务最早开始时间的条件下，该任务可利用的机动时间。对于任务网络，其自由时差为所有任务自由时差总和。②松弛效用函数。自由时差是假定每单位时差对各个任务产生的效果相同，引入基于时差的函数关系，设计松弛效用函数，可以减少自由时差造成的不必要的松弛时间的浪费。③自由时差与工期比值。在实际研制任务网络中，在考虑任务时差的同时加入任务工期，时差与工期之间的比值越大，能够降低延期时长的能力也越高。④缓冲区大小。缓冲区大小定义为缓冲区时长占任务工期的百分比，在任务进展末期，可以插入缓冲区来消化可能发生的延迟。任务缓冲区的大小与任务的鲁棒性成正比，与所消耗的成本也成正比。

7.3　高端装备制造研制任务网络组织节点风险分析

7.3.1　高端装备制造研制项目级联失效问题

高端装备制造研制任务相互作用网络组织层中统计特征的分析方法仅考虑了组织节点管理能力变化对其直接参与的研制任务执行时间的影响。实际上，组织节点之间的联系错综复杂，一个组织管理能力降低，往往导致信息传递效率低下，进而形成“滚雪球”效应，造成其他组织节点管理效率的降低和研制任务执行的延迟。在高端装备制造研制任务中，任务的执行需要组织间的协作，任务之间存在多种依赖关系，组织之间存在信息依赖或上下级关系。高端装备制造研制任务相互作用网络中两类异质节点通过级联传播的作用方式相互联系。

7.3.2　级联失效建模方法

高端装备制造研制任务相互作用网络上的延误级联传播满足以下四个条件。①组织延误概率，组织节点 i 的延误程度由概率 p_i 决定，当 $p_i = 0$ 时，组织正常运作，当 $p_i = 1$ 时，组织完全瘫痪，参与的所有任务得不到执行；②“组织-组织”延误级联传播，上级组织节点的延误将导致下级节点出现同样程度的延误，即当组织节点 i 的延误概率为 p_i 时，其下属节点 j 的延误概率为 $p_j = p_i$；③“组织-任务”延误级联传播，任务执行时间由参与该任务的所有组织的延误程度决定，即 $t_j' = \left(1 + \varpi \times \sum_{i=1}^{M} p_i a_{ij} \Big/ \sum_{i=1}^{M} a_{ij}\right) \times t_j$，当所有参与该任务的组织完全失效，该任务将花费 ϖ 倍的正常时间才能完成；④参与任务的组织数量，任务的平均参与执行组织数量为 $\overline{d}$，即

$$\sum_{M+1 \leqslant j \leqslant M+N} \sum_{1 \leqslant i \leqslant M} I(a_{ij}) = M \cdot \overline{d}$$

其中，I 为参与执行任务组织数量；M 为组织节点数量；N 为任务数量。

对于研制任务的相互作用网络，级联传播导致发生延误的组织数量或任务数量可以从以下两个方面进行考虑。

一方面，研制任务相互作用网络中处于唯一核心地位的某个组织节点或任务节点出现延误后，将通过研制任务相互作用网络中的组织层和任务层，使网络中大部分的组织节点和任务节点发生延误。记该事件发生的概率为 p_1，则在初始延误出现的过程中，n 个初始节点包含核心节点的概率为

$$p_1 = 1 - \left(\frac{M+N-1}{M+N} \right)^n$$

其中，$\frac{M+N-1}{M+N}$ 为对节点进行一次抽样却不包含核心节点的概率。此时网络中所有节点必将发生延误，即 $n_1' = M + N$。

另一方面，当核心组织或任务节点未出现延误，该事件概率为 $p_2 = 1 - p_1$，此时网络中发生延误的组织和任务节点数量为

$$n_2' = \left[1 - \left(\frac{M+N-1-n-1}{M+N-1} \right)^{n\overline{D'} \cdot \frac{M+N-1-n}{M+N-1}} \right] \cdot (M+N-1-n)$$

其中，$\overline{D'} = \frac{(M+N)\overline{D} - (M+N-1)}{M+N-1}$ 为非核心节点的平均连接数。

综合上述两种情况，在研制任务相互作用网络中，n 个节点发生延误导致的网络延误节点数为

$$\begin{aligned} \Delta &= p_1 n_1' + p_2 n_2' \\ &= p_1(M+N) + (1-p_1) \cdot \left\{ n + \left[1 - \left(\frac{M+N-1-n-1}{M+N-1} \right)^{n\overline{D'} \cdot \frac{M+N-1-n}{M+N-1}} \right] \cdot (M+N-1-n) \right\} \end{aligned}$$

7.3.3　级联失效过程分析

1．“组织-组织”的延误级联传播过程

高端装备制造研制任务中“组织-组织”的延误级联传播过程是指组织之间信息沟通不畅或组织决策失误等导致其他相关联的组织发生不同程度的延误过程。以图 7-4（a）为例，假设图中网络表示高端装备制造研制过程中参与组织的从属关系，下级组织节点的管理效果直接受限于上级节点，并且上级组织节点的错误决策将对下级节点造成最直接的负面效果，如组织 A 的决策失误将直接导致组织

C 运行低效，组织 C 的管理失效会进而影响组织 E、组织 F。另外，假设边的方向表示组织之间信息或资源的流动方向，组织 A 与组织 E、组织 F 之间的资源信息流通将受到组织 C 信息接收处理能力的直接影响，进而影响组织节点之间的协同合作、任务管理等。

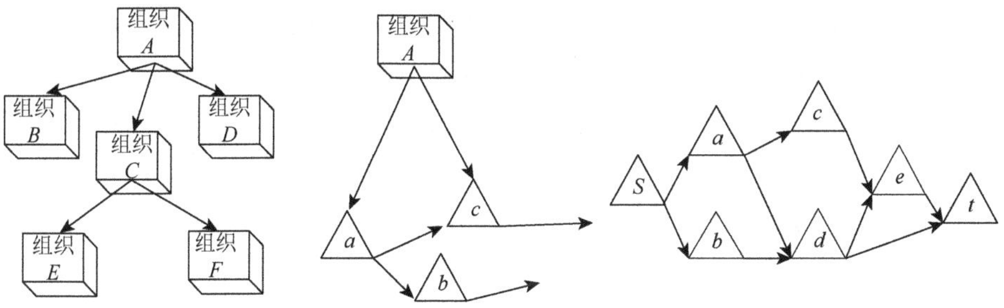

(a) 组织-组织　　(b) 组织-任务　　(c) 任务-任务

图 7-4　级联传播过程示意图

图中的 a、b、c、d、e、t、S 均表示任务节点

2. “组织-任务”的延误级联传播过程

高端装备制造研制任务中“组织-任务”的延误级联传播过程是指组织低效的执行力、错误的决策分析等因素导致其参与的研制任务完工期限、成本等受到不同程度的影响过程。以图 7-4（b）为例，假设组织 A 在高端装备制造研制任务中参与研制任务 a、c，组织 A 中存在的风险因素，如组织协调不力、员工懈怠等，都将对任务 a、c 的完成时间产生负面影响。此外，如果参与研制任务 a、c 的还有其他组织，则发生在任务 a、c 上的延误将导致参与任务执行的其他组织节点任务进度缓慢，从而形成“组织-任务”的延误级联传播现象。

3. “任务-任务”的延误级联传播过程

高端装备制造研制任务中“任务-任务”的延误级联传播过程是指研制任务完工时间延误导致与其相关联的任务的完工时间出现不同程度的延迟过程。假设某研制任务的完成时间发生延迟，即该任务的最早完成时间增加，进而导致该任务的所有紧后任务最早开始时间发生变化，这些紧后任务最早开始时间的变更导致相应最早完成时间的延迟。如图 7-4（c）所示，高端装备制造研制任务的相互作用网络任务层中，任务 a 完成时间的延迟直接影响任务 c、d 的最早开始时间和最早完成时间，进而导致任务 e 的延误。若任务 a 为研制任务关键路径上的节点，那么整个研制任务延迟时间将与该任务完成时间的增量相同；

若该任务为研制任务非关键路径上的节点，完成时间的增加将可能导致研制任务关键路径的变化。

7.4 示例研究

本节以广州—珠海城际轨道交通项目为例，通过对问题背景的分析，建立组织网络模型、任务网络模型，进而构建相互作用网络模型，并在模型的基础上，对任务相互作用网络特征和考虑级联失效的相互作用网络进行计算分析。

7.4.1 示例项目介绍

广州—珠海城际轨道交通项目（铁道部发展计划司合资处，2005）于 2005 年 12 月动工兴建，总投资 181.9 亿元，全线总长 143.7 公里，其中广州至珠海主线长 116.9 公里，北起广州市新广州火车站，经广州市番禺区、佛山市顺德区、中山市，南至珠海市拱北口岸；小榄至江门支线长 26.8 公里，由中山市小榄镇引出，跨西江，经中山市古镇、江门市外海，至江门市新会区（杨婧和陈英武，2011）。该项目由广州至珠海主线和中山至江门支线组成。

7.4.2 实验设计

该项目涉及面极其广泛，参与部门众多，除业主外，还有各级审查部门和相关行业主管部门，如国家发展和改革委员会、国土资源部（现为自然资源部）、信息产业部（现为工业和信息化部）、国家环境保护总局（现为生态环境部）、沿线地方政府及有关部门、勘探监理单位、设计咨询单位等。

由于数据的局限性以及出于演示的目的，本示例仅考虑参与执行主要项目任务的组织主体，并根据项目实际执行中各组织的职能划分，提取 5 种不同的网络关系（杨婧等，2011）。

1. 组织与组织之间的隶属关系

将广州—珠海城际轨道交通项目中的某勘察项目在实际执行过程中的主要任务分配对象作为组织，总结了 20 个具有独立功能的任务执行组织，其中 9 个组织间具有上下级的隶属关系，其邻接矩阵如表 7-1 所示。其中矩阵元素 $a_{ij}=1$ 表示 j 为 i 的下级组织。

表 7-1　广州—珠海城际轨道交通项目中的某勘察项目组织的隶属关系邻接矩阵

组织	RSLZ	JYJH	CWCC	GZGL	JSZX	TWYS	XLCZ	QLCC	DZLJ	CSJZ	SBCC	DQSJ	TXXH	HJGC	GCJJ	GCKC	XMBB	KCZH	SJZT	XMJL
RSLZ	0	0	0	0	0	0	0	0	0	0	0	0	0	0	0	0	0	0	0	0
JYJH	0	0	0	0	0	0	0	0	0	0	0	0	0	0	0	0	1	0	0	0
CWCC	0	0	0	0	0	0	0	0	0	0	0	0	0	0	0	0	1	0	0	0
GZGL	0	0	0	0	0	0	0	0	0	0	0	0	0	0	0	0	0	0	0	0
JSZX	0	0	0	0	0	0	0	0	0	0	0	0	0	0	0	0	1	0	0	0
TWYS	0	0	0	0	0	0	0	0	0	0	0	0	0	0	0	0	0	0	0	0
XLCZ	0	0	0	0	0	0	0	0	0	0	0	0	0	0	0	0	0	0	1	0
QLCC	0	0	0	0	0	0	0	0	0	0	0	0	0	0	0	0	0	0	0	0
DZLJ	0	0	0	0	0	0	0	0	0	0	0	0	0	0	0	0	0	0	0	0
CSJZ	0	0	0	0	0	0	0	0	0	0	0	0	0	0	0	0	0	0	0	0
SBCC	0	0	0	0	0	0	0	0	0	0	0	0	0	0	0	0	0	0	0	0
DQSJ	0	0	0	0	0	0	0	0	0	0	0	0	0	0	0	0	0	0	0	0
TXXH	0	0	0	0	0	0	0	0	0	0	0	0	0	0	0	0	0	0	0	0
HJGC	0	0	0	0	0	0	0	0	0	0	0	0	0	0	0	0	0	0	0	0
GCJJ	0	0	0	0	0	0	0	0	0	0	0	0	0	0	0	0	0	0	0	0
GCKC	0	0	0	0	0	0	0	0	0	0	0	0	0	0	0	0	0	1	0	0
XMBB	0	0	0	0	0	0	0	0	0	0	0	0	0	0	0	0	0	0	0	0
KCZH	0	0	0	0	0	0	0	0	0	0	0	0	0	0	0	0	0	0	0	0
SJZT	0	0	0	0	0	0	0	0	0	0	0	0	0	0	0	0	0	0	0	0
XMJL	0	0	0	0	0	0	0	0	0	0	0	0	0	0	0	0	1	1	1	0

注：RSLZ 为人事劳资处，JYJH 为经营计划处，CWCC 为财务处，GZGL 为国资管理处，JSZX 为技术中心，TWYS 为图文印刷中心，XLCZ 为线路场站处，QLCC 为桥梁处，DZLJ 为地址路基处，CSJZ 为城市建筑院，SBCC 为设备处，DQSJ 为电气化设计处，TXXH 为通信信号设计处，HJGC 为环境工程处，GCJJ 为工程经济处，GCKC 为工程勘察院，XMBB 为项目办，KCZH 为勘测指挥部，SJZT 为设计总体组，XMJL 为项目经理

2. 组织参与任务的审批、执行以及协助关系

项目中的每个任务均安排一个组织负责任务完工的审批、一个组织负责任务的主要执行，以及一个或多个组织协助任务的执行，如表 7-2 所示。

3. 任务与任务之间的时序依赖关系

根据任务网络构建方法，结合表 7-1、表 7-2 和表 7-3 中的邻接矩阵数据，使用网络分析软件 Ucinet（Ucinet 6，Netdraw 2.114）得到项目组织-任务相互作用网络结构，如图 7-5 所示。方块节点表示项目参与组织/参与者，三角形节点表示项目分解的子项目。网络中的有向边表示该工程项目系统中存在的多种关系，方块节点之间的边表示组织单位间的隶属关系，三角形节点之间的边表示子项目执行的时序关系。方块节点与三角形节点之间的边表示组织单位在执行子项目时所起的作用：协助（浅灰）、审批（深灰）和执行（黑色）。组织在项目执行过程中发挥的作用不同，其重要性自然也不一样。正确理解和分析组织在项目执行过程中的重要性，对在组织节点失效情况下的项目风险管理、项目完成时间的鲁棒性分析等具有重要意义。

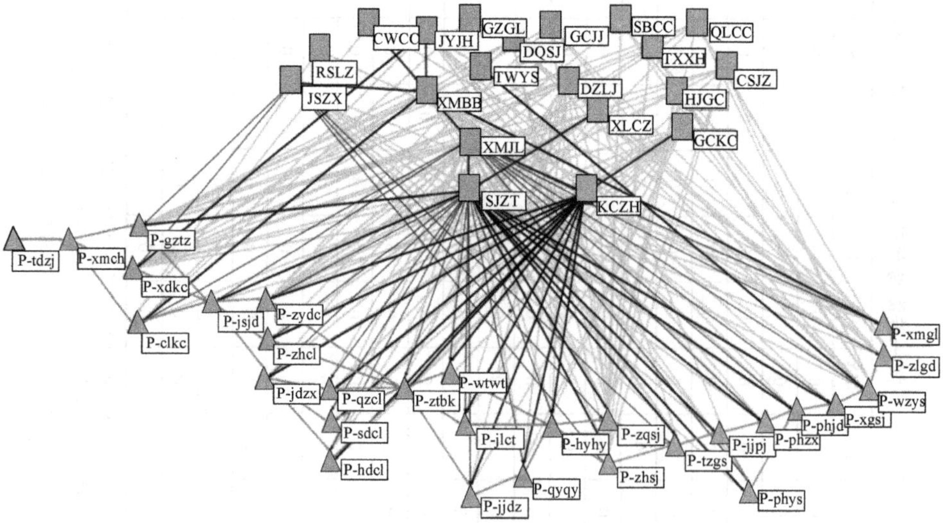

图 7-5 广州—珠海城际轨道交通项目中的某勘察项目组织-任务相互作用网络

7.4.3 结果分析

1. 静态特征分析

为分析项目参与组织在子项目执行过程中的地位和重要性，根据组织在项目

表 7-2　广州—珠海城际轨道交通项目中的某勘察项目的组织-任务执行关系邻接矩阵

任务	RSLZ	JYJH	CWCC	GZGL	JSZX	TWYS	XLCZ	QLCC	DZLJ	CSJZ	SBCC	DQSJ	TXXH	HJGC	GCJJ	GCKC	XMBB	KCZH	SJZT	XMJL
P-tdzj	0	0	0	0	0	0	0	0	0	0	0	0	0	0	0	0	0	0	0	0
P-xmch	0	0	0	0	0	0	0	0	0	0	0	0	0	0	0	0	0	0	0	0
P-clkc	1	1	1	1	0	0	0	0	0	0	0	0	0	0	0	0	2	0	1	3
P-gztz	1	1	1	1	3	1	1	1	1	1	1	1	0	0	0	0	1	0	2	1
P-xdkc	0	2	0	0	3	0	1	1	1	1	1	1	1	1	1	1	1	1	1	1
P-jsjd	0	0	0	0	0	0	0	0	0	0	0	0	0	0	0	0	0	1	2	3
P-jdzx	0	0	0	0	0	0	0	1	0	0	0	0	0	0	0	1	0	2	3	1
P-zhcl	0	0	0	0	0	0	0	1	0	0	0	0	0	0	0	1	0	2	3	1
P-qzcl	0	0	0	0	0	0	0	0	1	0	0	0	0	0	0	1	0	2	3	1
P-hdcl	0	0	0	0	0	0	0	1	0	1	0	0	0	0	0	1	0	2	3	1
P-sdcl	0	0	0	0	0	0	0	0	0	0	1	0	0	0	0	1	0	2	3	1
P-zydc	0	0	0	0	0	0	0	0	0	0	1	0	0	0	0	1	0	2	3	1
P-ztbk	0	0	0	0	0	0	0	0	1	0	0	0	0	0	0	1	0	2	3	1
P-jjdz	0	0	0	0	0	0	0	0	1	0	0	0	0	0	0	1	0	2	3	1
P-jlct	0	0	0	0	0	0	0	0	1	0	0	0	0	0	0	1	0	2	3	1
P-wtwt	0	0	0	0	0	0	0	0	1	0	0	0	0	0	0	1	0	2	3	1
P-qyqy	0	0	0	0	0	0	0	0	1	0	0	0	0	0	0	1	0	2	3	1
P-hyhy	0	0	0	0	0	0	0	0	1	0	0	0	0	0	0	1	0	2	3	1
P-zqsj	0	0	0	0	3	0	1	1	1	1	1	1	1	1	1	0	1	0	2	1
P-zhsj	0	0	0	0	3	0	0	0	0	1	1	1	1	1	0	0	0	0	2	1
P-tzgs	0	0	0	0	0	0	0	0	1	0	0	0	0	0	0	1	0	2	3	1
P-jjpj	0	0	0	0	0	0	0	0	1	0	0	0	0	0	0	1	0	2	3	1

续表

任务	RSLZ	JYJH	CWCC	GZGL	JSZX	TWYS	XLCZ	QLCC	DZLJ	CSJZ	SBCC	DQSJ	TXXH	HJGC	GCJJ	GCKC	XMBB	KCZH	SJZT	XMJL
P-phzx	0	0	0	0	0	0	0	0	1	0	0	0	0	0	0	1	0	2	3	1
P-phys	0	0	0	0	0	0	0	0	1	0	0	0	0	0	0	1	0	2	3	1
P-phjd	0	0	0	0	3	0	1	1	1	1	1	1	1	1	1	0	1	0	2	1
P-xgsj	0	0	0	0	3	0	0	0	0	1	1	1	1	1	0	0	0	0	2	1
P-wzys	0	0	0	0	0	2	1	1	1	1	1	1	1	1	1	0	1	0	1	3
P-zlgd	0	0	0	0	0	0	1	1	1	1	1	1	1	1	1	1	1	1	1	3
P-xmgl	1	1	1	1	1	1	0	0	0	0	0	0	0	0	0	0	2	1	1	3

注：1 表示辅助，2 表示执行，3 表示审批。P-tdzj 为团队组建，P-xmch 为项目策划，P-clkc 为成立勘测指挥部，P-gztz 为工作图准备，P-xdkc 为下达勘察任务书，P-jsjd 为技术交底，P-jdzx 为交点中心，P-zhcl 为水准测量，P-qzcl 为桥址断面测量，P-hdcl 为横断面测量，P-sdcl 为隧道测量，P-zydc 为专业调查，P-ztbk 为钻探布孔，P-jjdz 为机动钻，P-jlct 为静力触探，P-wtwt 为物探，P-qyqy 为取样，P-hyhy 为化验，P-zqsj 为站前设计，P-zhsj 为站后设计，P-tzgs 为投资估算，P-jjpj 为经济评价，P-phzx 为配合咨询，P-phys 为配合预审，P-phjd 为配合鉴定，P-xgsj 为修改设计，P-wzys 为文整印刷，P-zlgd 为资料归档，P-xmgl 为项目管理

表 7-3　广州—珠海城际轨道交通项目中的某勘察项目的任务时序关系邻接矩阵

任务	P-tdzj	P-xmch	P-clkc	P-gztz	P-xdkc	P-jsjd	P-jdzx	P-zhcl	P-qzcl	P-hdcl	P-sdcl	P-zydc	P-ztbk	P-jjdz	P-jlct	P-wtwt	P-qyqy	P-hyhy	P-zqsj	P-zhsj	P-tzgs	P-jjpj	P-phzx	P-phys	P-phjd	P-xgsj	P-wzys	P-zlgd	P-xmgl
P-tdzj	0	1	0	0	0	0	0	0	0	0	0	0	0	0	0	0	0	0	0	0	0	0	0	0	0	0	0	0	0
P-xmch	0	0	1	1	1	0	0	0	0	0	0	0	0	0	0	0	0	0	0	0	0	0	0	0	0	0	0	0	0
P-clkc	0	0	0	0	0	1	0	0	0	0	0	0	0	0	0	0	0	0	0	0	0	0	0	0	0	0	0	0	0
P-gztz	0	0	0	0	0	1	0	0	0	0	0	0	0	0	0	0	0	0	0	0	0	0	0	0	0	0	0	0	0
P-xdkc	0	0	0	0	0	1	0	0	0	0	0	0	0	0	0	0	0	0	0	0	0	0	0	0	0	0	0	0	0
P-jsjd	0	0	0	0	0	0	1	1	0	0	0	1	0	0	0	0	0	0	0	0	0	0	0	0	0	0	0	0	0
P-jdzx	0	0	0	0	0	0	0	0	1	1	1	0	0	0	0	0	0	0	0	0	0	0	0	0	0	0	0	0	0
P-zhcl	0	0	0	0	0	0	0	0	0	0	0	0	1	0	0	0	0	0	0	0	0	0	0	0	0	0	0	0	0
P-qzcl	0	0	0	0	0	0	0	0	0	0	0	0	1	0	0	0	0	0	0	0	0	0	0	0	0	0	0	0	0
P-hdcl	0	0	0	0	0	0	0	0	0	0	0	0	1	0	0	0	0	0	0	0	0	0	0	0	0	0	0	0	0
P-sdcl	0	0	0	0	0	0	0	0	0	0	0	0	1	0	0	0	0	0	0	0	0	0	0	0	0	0	0	0	0
P-zydc	0	0	0	0	0	0	0	0	0	0	0	0	1	0	0	0	0	0	0	0	0	0	0	0	0	0	0	0	0
P-ztbk	0	0	0	0	0	0	0	0	0	0	0	0	0	1	1	1	0	0	0	0	0	0	0	0	0	0	0	0	0
P-jjdz	0	0	0	0	0	0	0	0	0	0	0	0	0	0	0	0	1	0	0	0	0	0	0	0	0	0	0	0	0
P-jlct	0	0	0	0	0	0	0	0	0	0	0	0	0	0	0	0	0	1	0	0	0	0	0	0	0	0	0	0	0
P-wtwt	0	0	0	0	0	0	0	0	0	0	0	0	0	0	0	0	0	1	0	0	0	0	0	0	0	0	0	0	0
P-qyqy	0	0	0	0	0	0	0	0	0	0	0	0	0	0	0	0	0	1	0	0	0	0	0	0	0	0	0	0	0
P-hyhy	0	0	0	0	0	0	0	0	0	0	0	0	0	0	0	0	0	0	1	1	0	0	0	0	0	0	0	0	0
P-zqsj	0	0	0	0	0	0	0	0	0	0	0	0	0	0	0	0	0	0	0	0	1	0	0	0	0	0	0	0	0
P-zhsj	0	0	0	0	0	0	0	0	0	0	0	0	0	0	0	0	0	0	0	0	1	0	0	0	0	0	0	0	0
P-tzgs	0	0	0	0	0	0	0	0	0	0	0	0	0	0	0	0	0	0	0	0	0	1	0	0	0	0	0	0	0
P-jjpj	0	0	0	0	0	0	0	0	0	0	0	0	0	0	0	0	0	0	0	0	0	0	1	1	0	0	0	0	0
P-phzx	0	0	0	0	0	0	0	0	0	0	0	0	0	0	0	0	0	0	0	0	0	0	0	0	1	0	0	0	0

续表

任务	P-tdzj	P-xmch	P-clkc	P-gztz	P-xdkc	P-jsjd	P-jdzx	P-zhcl	P-qzcl	P-hdcl	P-sdcl	P-zydc	P-ztbk	P-jjdz	P-jlct	P-wtwt	P-qyqy	P-hyhy	P-zqsj	P-zhsj	P-tzgs	P-jjpj	P-phzx	P-phys	P-phjd	P-xgsj	P-wzys	P-zlgd	P-xmgl
P-phys	0	0	0	0	0	0	0	0	0	0	0	0	0	0	0	0	0	0	0	0	0	0	0	0	1	0	0	0	0
P-phjd	0	0	0	0	0	0	0	0	0	0	0	0	0	0	0	0	0	0	0	0	0	0	0	0	0	1	0	0	0
P-xgsj	0	0	0	0	0	0	0	0	0	0	0	0	0	0	0	0	0	0	0	0	0	0	0	0	0	0	1	0	0
P-wzys	0	0	0	0	0	0	0	0	0	0	0	0	0	0	0	0	0	0	0	0	0	0	0	0	0	0	0	1	0
P-zlgd	0	0	0	0	0	0	0	0	0	0	0	0	0	0	0	0	0	0	0	0	0	0	0	0	0	0	0	0	0
P-xmgl	0	0	0	0	0	0	0	0	0	0	0	0	0	0	0	0	0	0	0	0	0	0	0	0	0	0	0	0	0

任务中的参与情况，从任务相互作用网络中抽取出组织的项目协作网络，网络中的节点表示各个参与组织，而边表示相互连接的组织同时参与执行同一个项目。

图 7-6 展示了该项目组织协作网络的节点度以及节点 *k*-核值分析的结果。其中，节点的大小对应于不同的 *k*-核值（图 7-6 中的大中小节点分别对应组织协作网络的 8-核、13-核和 15-核）。

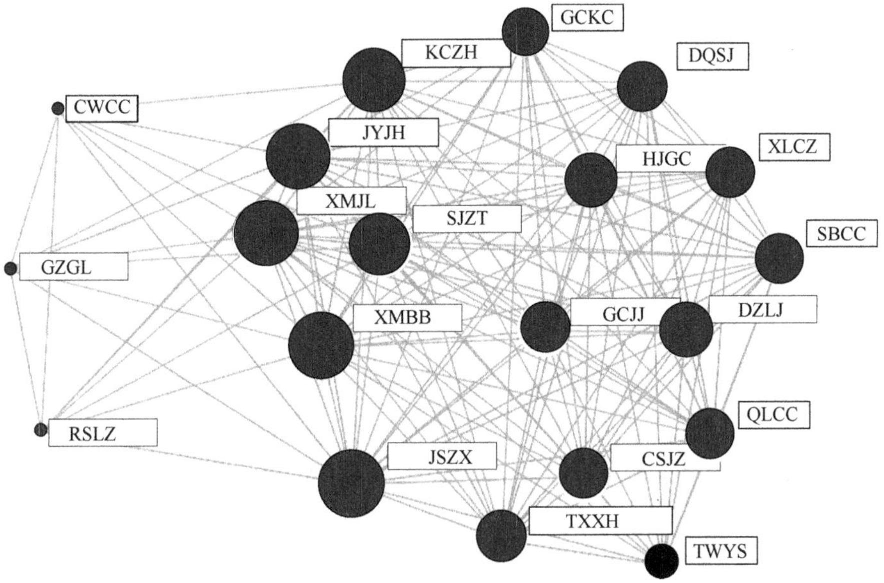

图 7-6　项目组织协作网络的节点度及节点 *k*-核值分析结果

图 7-7 展示了该项目组织协作网络的节点介数以及节点 *k*-核值分析的结果。其中，节点的大小对应于不同的 *k*-核值（图 7-7 中大小节点分别对应组织协作网络的 8-核和 15-核）。图 7-6 和图 7-7 中节点的大小分别与度和介数成比例。

综合分析节点度、节点介数及节点 *k*-核值，不难发现，项目组织节点在其协作网络中的重要性整体上可以划分为三个类别。

（1）同时具有最高的节点度、节点介数及节点 *k*-核值的组织节点，即"JYJH""JSZX""XMBB""KCZH""SJZT""XMJL"这 6 个组织节点。这类组织节点同时具有最大节点度、节点介数和节点 *k*-核值，表明无论从网络指标的哪一方面进行评价，这些节点均在项目网络中具有重要的作用，属于项目组织的关键节点。实际上，这 6 个组织包括了项目指挥部的主要节点，即经营计划处、技术中心、项目办、勘测指挥部、设计总体组、项目经理等，他们承担并直接参与了大部分项目任务的管理决策和执行，因此，其管理效率和决策能力对整个工程项目的顺利完成具有举足轻重的作用。项目管理者的管理重点，应当着重于增进这些关键

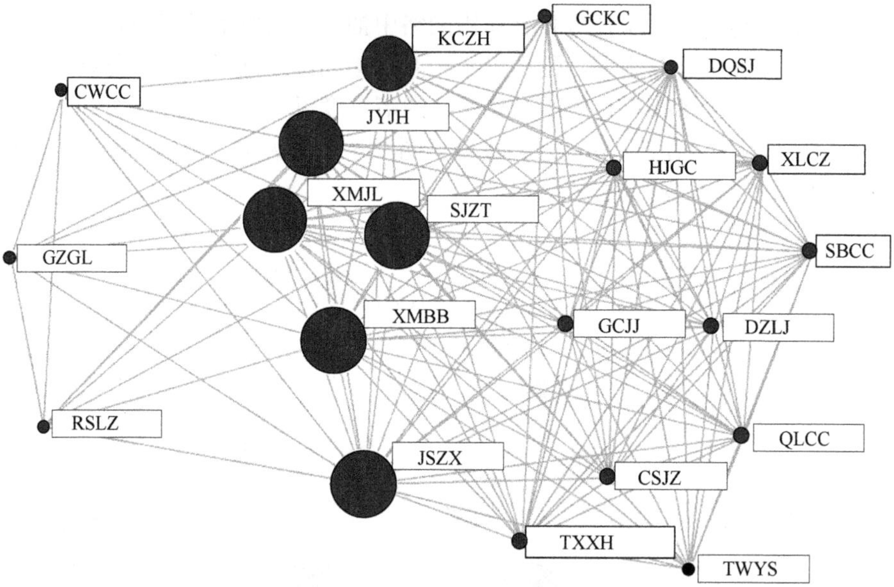

图 7-7　项目组织协作网络的节点介数及节点 *k*-核值分析结果

节点间的信息共享和管理协作能力，有效降低组织风险，保障其参与执行的项目任务的顺利进行。

（2）同时具有较高节点度和节点 *k*-核值、较小节点介数值的节点，如“GCKC”“DQSJ”“HJGC”“XLCZ”“SBCC”等 11 个组织节点。这些组织节点与其他组织节点的相互联系较多，单个节点的管理效率和任务执行能力将影响与其协作的其他多个组织。然而，介数值较小表明节点对组织间信息沟通和交流的影响较弱，若项目管理者希望提高项目的信息传递效率和共享程度，这些节点不应属于重点优化的范围。联系这类节点的项目实际背景可以发现，这些节点包括工程勘察院、电气化设计处、环境工程处等组织。一方面，他们参与较多项目任务活动的实施，另一方面，在任务实施过程中，这些组织节点的角色和定位大部分为协作或执行，因此不具备对项目任务进行管理决策的能力，从而其重要性低于第一类组织节点。

（3）节点度、节点 *k*-核与节点介数值均较小的节点，即“CWCC”“GZGL”“RSLZ”这 3 个组织节点。实际上，这三个组织节点分别为财务处、国资管理处与人事劳资处，这些组织不直接参与项目任务的管理决策或执行，仅通过提供资金、人事等资源在其他组织的任务执行过程中进行辅助，因此属于项目组织的“外围”节点。这类节点无论从参与项目任务的数量，还是对整个组织网络信息交流等的掌控能力上，其重要性均无法与上述两类节点相比。因此，在项目资源和管理精力有限的条件下，项目管理者应当将管理重点放在其他节点上，以优化资源配置和提高组织协作效率。

2. 动态特征分析

随着项目工期的推进，项目参与组织的角色和地位是不断变化发展的，一些新的组织要加入项目，另一些会因子项目的完成而退出，还有一些组织可能承担更重要的任务。对于大型复杂工程项目，可能同时有成千上万个组织参与项目，即使对于同一个任务，参与组织之间的角色分工也可能不同。

在图 7-5 所示的相互作用网络中，不失一般性地假设在 t 时刻组织 I 与子项目 J 之间的边权值 w_{ij}^t 由 I 在执行 J 时所起的作用决定，即

$$w_{ij}^t = \begin{cases} x_{r_1}^t（角色1） \\ x_{r_2}^t（角色2） \\ \cdots \\ 0（不参与任务） \end{cases}$$

于是，t 时刻组织 I 在整个项目系统中的重要度（角色），即项目组织网络中节点的加权出度值可以定义为

$$w_i^t = \sum_j w_{ij}^t$$

如果考虑 $x_{协助}=1$，$x_{审批}=2$ 以及 $x_{执行}=3$，则示例中节点度和节点介数最大的 6 个组织的角色随时间的演化曲线如图 7-8 所示。

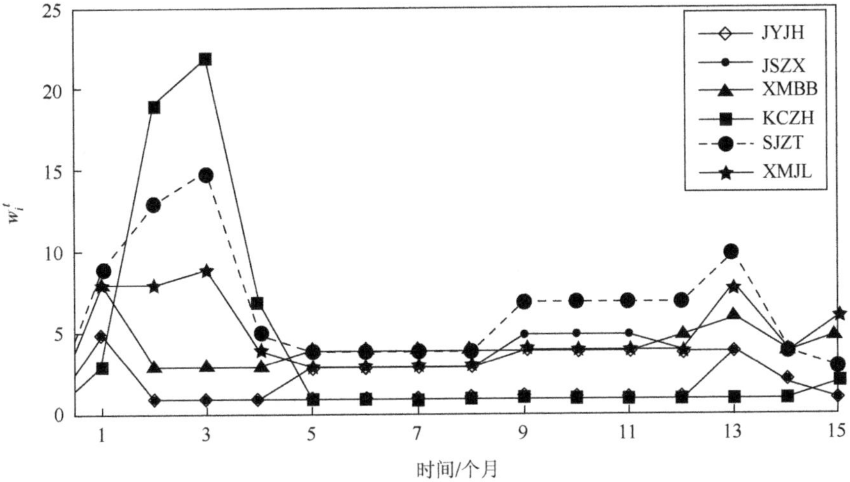

图 7-8　项目组织角色随时间演化曲线

组织角色演化结果表明，在该项目周期内，组织活动最活跃的时间在项目执行的开始阶段。这是由于在项目开始阶段存在大量项目计划和准备工作，如团队组建、项目策划、勘察准备等。一方面，这些准备工作需要大量组织的积极参与和合作；另一方面，这些计划和准备工作均需在一段较短时期内完成，从而给项目管理和决策者造成较大压力，他们要在短时间内协调大量组织节点。

不同参与组织的角色演化呈现出截然不同的特点，如“KCZH”，即勘测指挥部，在项目的开始阶段处于最重要的位置，然而，在随后的项目执行过程中几乎没有发挥任何作用。这是由于勘测指挥部主要承担大量的项目前期勘察准备和测量工作。而“SJZT”在整个项目周期内均呈现出较高的重要度，因为项目中大量的任务活动均与站前/站后设计有关。

同时，由图 7-5 中的相互作用网络，同样能提取出该项目的任务网络进行分析，如图 7-9 和图 7-10 所示，其中图 7-9 为任务网络中各子任务节点的出度值大小，图 7-10 为任务网络中各子任务节点的介数值大小。在任务网络中，网络节点具有多种属性，如工期、最早开始时间、最晚开始时间等，节点间的时序依赖关系用有向边来表示，节点的入度值和出度值分别表示该子项目的紧前工序数和紧后工序数。

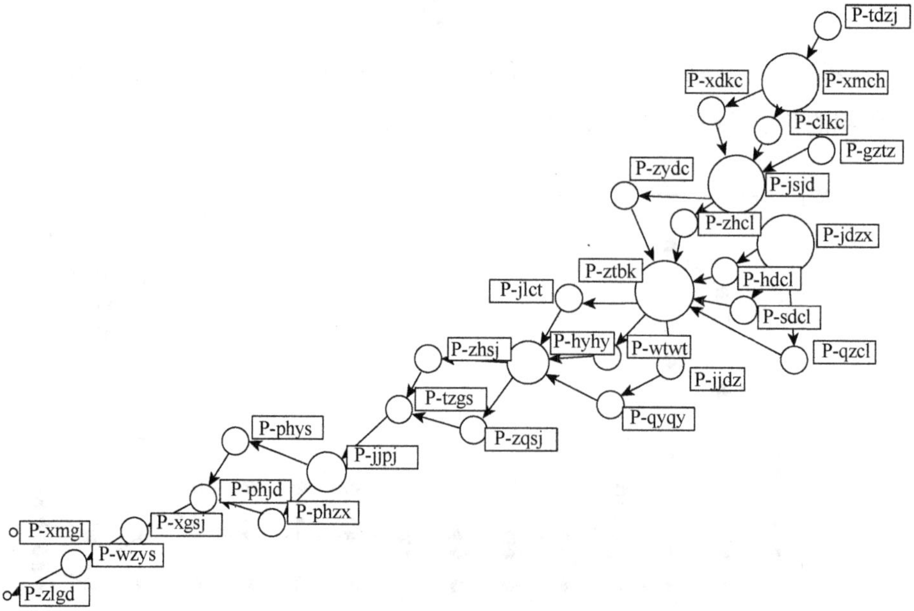

图 7-9　任务网络中各子任务节点的出度值大小

出度值越大，对应的节点越大

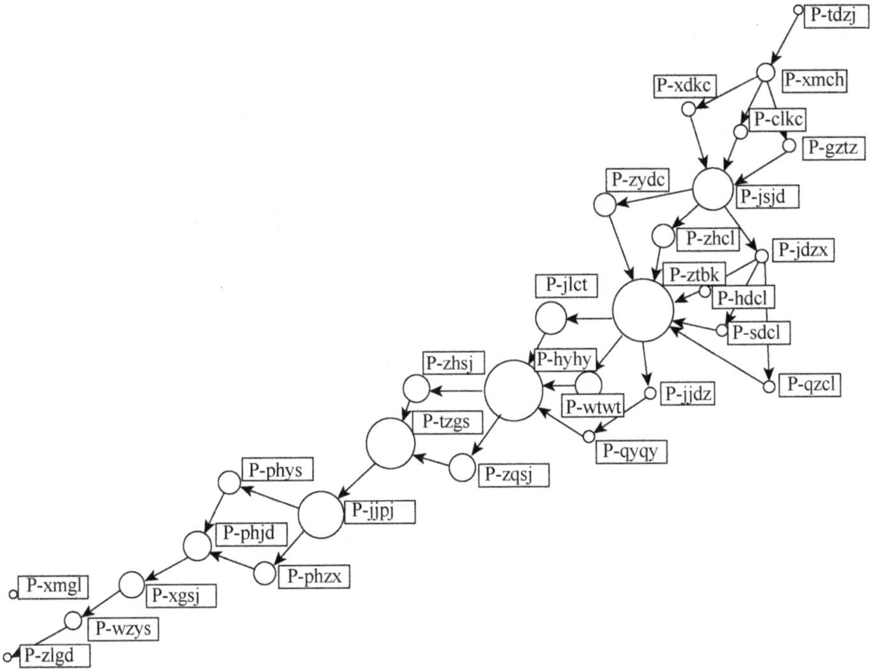

图 7-10　任务网络中各子任务节点的介数值大小

比较图 7-9 和图 7-10 网络中节点的两种指标值，不难发现，出度高的节点不一定具有较高的介数值，如子项目“P-jdzx”，其出度值为 3，属于具有最高出度的子项目之一，然而，其介数值却比出度为 1 的“P-zhcl”还小。接下来，我们以任务节点是否处于项目关键路径上为判断其重要度的依据，分析网络中节点的指标值与项目任务节点重要度的相关性（工期和关键路径信息未在图 7-9 和图 7-10 中显示）。

（1）入度、出度、介数及 *k*-核值均较高的节点，即“P-jsjd”“P-ztbk”“P-hyhy”这三个子任务节点。比较项目关键路径可以发现，这类节点全部处于项目关键路径上，任一节点完成时间的延迟均将造成整个工程项目工期同样时间的推迟。因此，当工期未知或不确定时，仅通过分析项目任务网络节点的网络属性值，找到各个指标值均处于较高水平的节点，可以较准确地估计项目任务节点的重要性，从而为项目管理者优化资源配置，保证项目顺利进行提供决策依据。

（2）介数值最大的节点。示例显示介数值最大的 5 个节点：“P-jsjd”“P-ztbk”“P-hyhy”“P-tzgs”和“P-jjpj”均处在该子项目网络的关键路径上。这意味着当项目工期未知或不确定时，项目网络子任务节点的介数是对关键路径节点进行估计的一个较好指标。

3. 级联失效过程分析

在实际工程项目中，组织在任务执行过程中的重要性是不同的，本示例中考虑的组织角色为协助、审批和执行。组织在执行任务中所起的不同作用用加权网络来表示，当组织 i 参与任务 j 并且其作用为协助、审批和执行时分别对应 $a_{ij}=1,2,3$。任务执行时间由其参与各组织节点的失效程度决定，当所有参与该任务的组织完全失效时，该任务将多需要 ϖ 倍的正常时间来完成。基于此，组织节点 i 的失效概率为 p_i 时对任务节点 j 完成时间的影响为

$$t_j' = t_j + \omega \cdot \frac{p_i a_{kj}}{\sum_{k=1}^{N} a_{kj}}$$

项目执行团队通常是临时组建的，因此存在同时受多个上级组织领导的情况，如 SJZT 就同时隶属于 XMJL 和 XLCZ。再考虑组织失效，上级组织节点的失效将对其下属组织节点产生部分影响，组织节点 i 的失效概率为

$$p_i = \frac{\sum_{k=1}^{N} p_i a_{ki}}{\sum_{k=1}^{N} a_{ki}}$$

图 7-11 展示了当项目中特定组织节点失效后项目完成时间（项目关键路径完成时间）的变化情况，为了便于区分这里只重点标注了对工期具有较高影响的组织。当所有组织节点正常发挥管理和执行能力，即失效概率为 0 时，项目

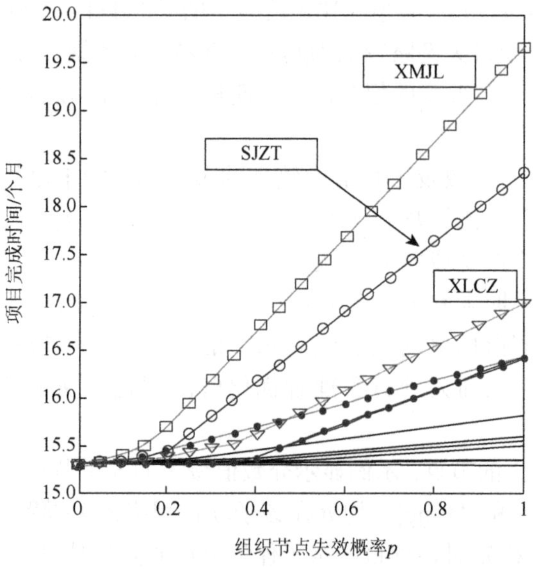

图 7-11　特定组织节点失效后项目完成时间的变化情况

需要约 15 个月来完成。XMJL 和 SJZT 的失效对整个项目工期具有重要影响，在其完全失效的情况下，项目完成时间将分别增加到 19.6、18.4 个月，其次是 XLCZ。实际上，XMJL 和 SJZT 等节点属于项目的主要决策部门，同时参与多个任务的执行，CWCC 和 RSLZ 等节点属于财务、人事等外缘部门，参与少数任务并处于辅助的角色地位，仿真结果准确反映了组织节点对项目执行进度的影响。组织节点对项目完成时间的影响随失效概率的不同而不断变化。

示例项目网络在组织节点面临随机失效和故意攻击情况下所需项目完成时间如图 7-12 所示，随机失效的结果为 100 次仿真的平均值。在随机失效的情况下，项目完成时间随着随机失效组织节点比例的增加呈线性增加；而在故意攻击的情况下，项目完成时间在失效组织节点比例较小时随失效组织节点比例的增加而迅速增加，当失效组织节点比例大约为 0.4 时，项目完成时间比在随机失效情况下要多 6 个月。

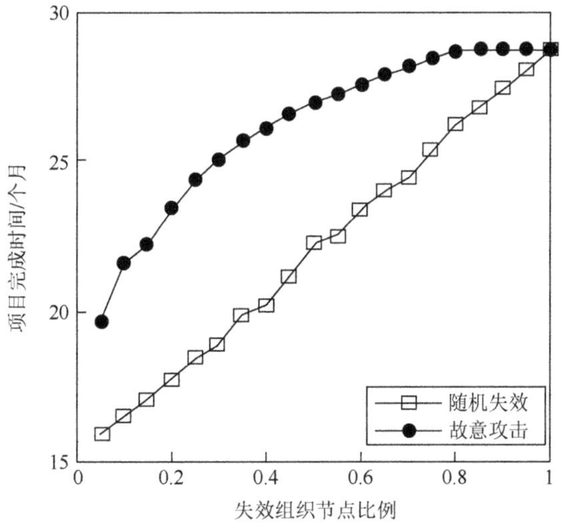

图 7-12　相互作用网络组织节点风险分析

因此，对于失效会导致项目执行时间大大增加的组织节点应当重点进行管理和监控，确保其职能的正常发挥，以保证项目在预期的时间内完成。

7.5　本 章 小 结

高端装备制造研制任务是由组织和任务相互联系、相互作用而共同构成的有机整体。本章介绍了基于相互作用网络的高端装备制造研制任务网络化建模描述方法。在此基础上，分析了网络节点重要性指标在高端装备制造研制任务中的实际含义、总结了测度任务网络关键节点的指标，并介绍了考虑级联失效的相互作用网络的关键节点分析方法。本章以广州—珠海城际轨道交通项目中的某勘察项目为示例，演示了由对项目组织、任务子系统等要素进行分析，到建立创新研制任务的相互作用网络模型，继而基于网络指标法分别对项目任务网络和组织网络的特征（以及关键节点）进行辨识与分析，最终将两者结合起来，使用相互作用网络级联失效模型对项目组织风险进行分析的完整过程。基于相互作用网络的高端装备制造研制任务综合分析方法能有效地帮助管理者辨识项目中的关键任务节点，从而集中管理精力，规避风险，保障创新研制任务的顺利实施和完成。

第 8 章　任务集成与验证评估方法

8.1　研究问题概述与建模分析

8.1.1　问题概述

随着系统规模和复杂程度的提高，以及对系统适应性需求的增加，高端装备制造研制任务集成面临更多的挑战。在互联网等新兴信息技术条件下，任务集成的要素更加广泛，层次化和动态性特征更加明显。与此同时，随着高端装备向着高度集成化方向发展，如何综合验证和评估高端装备这个日益复杂的系统，并运用验证和评估结果指导高端装备发展规划，成为新时期高端装备面临的新课题。

高端装备是一类典型的复杂产品，其创新研制是一个逐级细化、反复迭代、持续改进的系统过程，基于体系结构框架技术和系统工程 V 模型的思想可以为高端装备制造研制任务的集成演进过程提供工程管理方法与手段。一方面，明确整个系统的功能设计与结构设计，形成完整、一致并可追溯的形式化模型，可以为高端装备提供正确的工程管理方案；另一方面，对功能模块、子系统及整个系统的研制任务进行逐级集成与验证评估，可以确保高端装备的系统设计、流程和产品等符合用户需求。

高端装备制造研制任务的集成以任务网络为基础，进行自底向上的集成。互联网与大数据环境下，高端装备制造研制任务网络结构复杂的特征更加明显，任务网络涉及整个高端装备制造研制任务的活动、组织、资源、知识、信息和技术等方面的数据，需要在统一的、形式化的各类模型基础上，结合研制任务网络的结构特点，研究高端装备制造研制任务集成分析的方法，实现从研制任务到系统结构、功能和需求模型的追溯，提高高端装备制造研制任务集成管理的水平和效率。

在建立了形式化的需求、功能和系统结构模型以及研制任务网络的基础上，需要在任务集成过程中从逻辑关系、资源冲突和需求满足度等方面进行验证评估。互联网与大数据环境下，大量的数据和模型为高端装备制造研制任务的验证评估提供了新的条件与技术支撑。高端装备制造研制任务验证评估可以结合任务网络运行的大量实际数据，辅助分析和验证高端装备制造研制任务体系架构的逻辑（时序关系）合理性、行为（功能和过程）正确性以及是否满足预期的用户需求，进而预测在不同环境条件下可能达到的任务状态。

8.1.2 建模分析

高端装备制造研制任务的复杂性和需求的多样性及变更频繁等特点，导致其任务网络分解过程会产生大量文档和数据，并且这些文档和数据归属于地理上分布在不同区域的不同部门。在高端装备制造研制任务设计过程中，为了使各相关部门能够对全过程的数据和信息有清晰一致的理解，提高沟通交流的效率，提高系统设计的一体化程度，增强系统模块和知识的可重用性，本节采用 MBSE 方法，对任务网络、系统结构模型和系统功能模型的相关要素进行分析。

MBSE 可以支持高集成度的复杂系统在产品全生命周期设计活动中的需求分析、架构设计、确认和验证过程的模型化（毛志威等，2020；Estefan，2008）。MBSE 理论自提出以来，由于其相较于基于文档和事件驱动的传统系统工程具备形式化建模优势（Bjorkman et al.，2013），已经在国内外广泛应用于各学科之中。MBSE 方法一方面能够解决基于文档的系统工程方法在应对海量数据和系统间形成的复杂关系时的困难，另一方面可以通过继承系统工程 V 模型的思想，将过程的各个阶段中的模型、数据等全面集成在一起，并支持外围领域模型的接口和扩展，从而实现全生命周期全系统模型可视化追踪、管理与控制。在基于模型的基础上，MBSE 方法可以从多个视角分析系统变更的影响，从而对设计更改的周期和费用进行有效控制（Dambietz et al.，2021）。

高端装备制造研制任务的建模过程可以被表述为如下步骤：从需求分析和用例出发，通过 MBSE 方法，利用 Rhapsody 建模工具和系统建模语言，运用研制过程中实时产生的数据，整合组织、信息、资源、技术和知识等各种要素，对高端装备制造研制的系统架构进行建模与仿真，包括需求分析、功能分析和系统设计三个部分，最终建立高端装备制造研制的可执行模型（杨渊，2020）。

1. 需求分析

在系统工程和软件工程中，需求分析是指在系统设计之前和设计、开发过程中经过专业人员对目标用户与技术专家进行仔细的调查分析，准确理解用户、技术专家对系统的功能、性能、可靠性等方面的具体要求，把非形式化的需求表达转化为完整的需求定义，进而明确系统必须做什么的过程（黄格，2019）。

从概念上来理解，需求分析包括三种类型的活动。

（1）提出需求：需求采集与发现，其结果为业务流程文档和利益相关方访谈记录。

（2）分析需求：确定所陈述的需求是否清晰、完整、一致且明确，并消除明显的冲突项。

（3）记录需求：通常是记录摘要列表，也可以包括自然语言文档、用例、过程规范，以及包括数据模型在内的各种模型（Berenbach et al.，2009）。

需求分析是高端装备制造研制的第一个阶段，在此阶段首先需要捕获系统各利益攸关方的需求，需求可以来源于用户，可以来源于其他外部系统，也可以来源于行业标准等。获取到利益攸关方的需求后，需要对需求进行分析和细化，捕获系统需求。系统需求是在用户需求的基础上进一步提炼，需要从系统角度来表达用户需求的各个方面。然后，依据系统需求分析出系统与外部参与者的交互关系，从而建立用例模型，并将系统需求分配给用例。在整个需求分析过程中，需要不断和利益攸关方沟通，不断地迭代、更新完善需求，建立更完备合理的系统需求。

首先，通过和利益攸关方的沟通交流，对需求进行分析梳理，去除掉无用或者错误需求，细化复杂需求，合并重复需求；其次，对系统需求进行条目化管理，实现需求的原子性、唯一性以及可行性等；再次，对需求进行追溯，建立从系统需求到用户需求的追踪关系，从而验证系统需求是否都能满足用户需求，是否能够完全覆盖用户需求；最后，以需求作为输入，建立用例图，来描述系统的使用场景。

本节需求分析的目的是将高端装备制造研制的具体需求转化为系统需求，具体需求是以自然语言表达的，而系统需求的表达形式要符合 SysML 的专业术语规范。系统需求包括功能需求、性能需求、接口需求和约束需求等（严建文等，2018）。我们需要将高端装备制造研制工作量化后的性能需求逐条转化为 SysML 的需求图，使得每条细化后的需求都能够通过用例图来进行动态行为分析。

2. *功能分析*

通过需求分析，可以获取包含系统用例、系统边界和系统功能需求追溯关系的系统模型，而系统功能分析阶段的重点在于将系统功能需求转换为相应的系统功能的实现。功能分析是从系统黑盒的角度分析系统，获取系统与外部的信息交互模式和系统自身的运行状态。功能分析主要是把系统需求分解为功能性需求和非功能性需求，同时将系统功能性需求转化为若干个可执行模型，运用 SysML 的行为图，包括用例图、活动图、时序图和状态图来实现对每一个用例的分析。其中用例图用来描述系统的功能性需求行为，并确定系统边界和参与者；活动图用来描述系统的工作流程；时序图用来描述不同对象之间的交互顺序；状态图用来描述单个对象的内部状态变化。通过功能分析可以得到各研制单元的输入输出事件、属性、操作、状态以及模块间的事件、数据传递等信息。

1）活动图分析

活动图的意义在于规定了功能之间的逻辑关系，确定了操作的执行顺序、明确了系统行为。模型的基本元素，如操作、属性、事件，大多在该阶段定义完成。活动图表明了系统与外部的信息交互关系，活动图是建立时序图和状态图的基础。

2）时序图分析

时序图用来显示多个对象之间的动态协作，重点表示对象之间发送消息的时间先后顺序。在系统执行过程中，时序图强调特定时间点将要发生的事情。相比于活动图，时序图并没有增加新的内容，其侧重于每一个场景中活动或者操作执行的时间顺序。时序图的重要意义还在于能够在活动图的基础上生成代表系统功能的基本操作、交互过程中的事件和系统与外界的逻辑接口。

3）状态图分析

状态图侧重于描述系统或设备具备的工作状态，引起状态改变的触发事件以及状态之间的切换变化。系统或设备的工作状态以及状态变化是用户所感兴趣的。每个状态都是对系统在其生命周期中满足特定条件下的某一个时间段的建模，各状态之间在生命周期中是互斥的。当触发事件发生时，会引起状态转换，使系统从一种状态转换到另一种新的状态。状态图的运行结果直接验证了系统设计是否能够满足系统需求。

3. 系统设计

系统设计阶段是在完成需求分析和功能分析后进入的阶段，主要完成对系统的架构分析设计。将原来分析的黑盒系统拆分为子系统，基于统一架构规划对每个用例按子系统进行功能分解与分配，着重完成子系统级的功能流程定义、识别子系统与外界及各子系统之间的交互、完成各子系统的状态行为定义。系统设计阶段的模型同样通过活动图、时序图和状态图进行分析，所以此阶段的建模过程与功能分析阶段类似，但不同于黑盒模型的是，白盒模型细化了系统的操作，着重分析了子系统的行为、子系统之间的交互关系及子系统与外部的交互关系。

系统设计分为架构分析与架构设计两个阶段。架构分析是利用时序图、活动图和状态图对不同的系统架构进行评估分析，获得最佳系统架构。架构设计是将功能性需求分配到系统架构的结构中，从而完成系统设计。系统设计是依照特定的系统设计逻辑方法，完成系统功能、结构设计以及参数化表征，包括静态结构建模和动态行为建模两个部分。

1）静态结构模型

静态结构模型由包图、块定义图、对象图、内部块图构成。包图的主要功能是对 SysML 的各种图按性质进行分类；块定义图显示了使用“块”的组件进行系统静态结构建模的基本构成，这些组件可以通过接口与其他组件进行连接，“块”可以代表硬件，也可以代表软件，还可以代表其他类型的组件；对象图是组成系统的各个“块”的实例化模型，可以进行仿真运行；内部块图则显示组件内部的组成，其中连接器显示内部“零件”如何连接到外部接口以及彼此之间是如何连接的。块定义图采用自顶向下的分解模式，将系统功能分解到不同的子系统，各个子系统分别进行建模，子系统间通过接口进行数据和信息的传递。

2）动态行为模型

动态行为模型由时序图、状态图和活动图组成。其中，时序图用来描述组成高端装备的各个组件之间的交互顺序；状态图用来描述高端装备各个组件间的功能流程和单个组件内部的状态变化；活动图用来描述一个对象基于事件或者激发条件反应的动态变化行为，以及对象自身如何依据当前状态对不同条件和不同事件做出反应。高端装备制造研制工作的约束关系众多，约束关系模型由需求图和参数图构成。参数图是 SysML 的一种内部块图，描述了“块”及其内部属性和零件之间的约束关系，以及系统结构参数的变化如何影响其他结构参数的变化（Hecht et al.，2021）。

通过基于 SysML 的需求分析、功能分析和系统设计，可以建立高端装备制造研制全过程的状态迁移模型，实现高端装备制造研制过程离散状态行为和连续动态行为的完整描述，从而建立高端装备制造研制任务的可执行模型。

8.2　高端装备制造研制任务集成分析

8.2.1　集成框架描述

高端装备制造研制任务的集成以 MBSE 方法论为指导，以信息、资源、技术和知识等数据为基础，从底层任务网络开始，针对各级集成节点，自底向上进行不同层次、不同粒度的聚合。具体任务集成过程如图 8-1 所示。

高端装备制造研制任务在集成过程中需要解决的问题很多，本节重点研究集成的依据、集成的规则以及集成的方法。

8.2.2　集成的依据

MBSE 方法使得高端装备制造研制任务多层次、多粒度、近实时地集成变得可行，能够使研发设计人员及时快速地掌握任务网络的状态变化，进而提高系统设计的准确性。然而，频繁的任务集成会消耗大量的资源。因此，任务集成需要综合考虑成本和效益，提高任务集成的费效比。影响任务集成的成本和效益的因素主要包括以下几点。

（1）任务集成的频率（表示为 v）：任务集成的频率取决于任务集成的时间节点。集成的频率越高，集成的成本可能会随着集成次数的增多而上升。

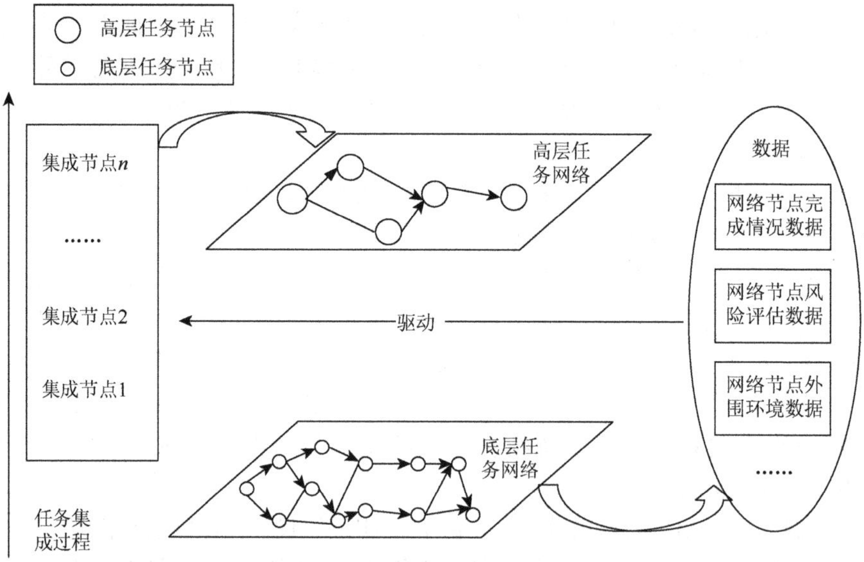

图 8-1　高端装备制造研制任务集成过程

（2）任务集成的范围（表示为 s）：主要指每次任务集成所涉及的任务网络的规模和边界。集成范围越小，每次任务集成的成本会降低，但任务集成的频率会升高。

（3）任务集成的要素（表示为 a）：主要指每次集成所涉及的各类要素，如任务、组织、人员、信息、知识等。任务集成的要素越多、集成精度越高，所耗费的计算资源也就越多。

因此，可以将高端装备制造研制任务的集成表述为以下多准则优化模型：

$$
\begin{aligned}
&\min f_1(v,s,a) \\
&\max f_2(v,s,a) \\
\text{s.t.}\quad & g(v,s,a)=0 \\
& h(v,s,a)>0
\end{aligned}
$$

其中，$f_1(v,s,a)$ 和 $f_2(v,s,a)$ 分别为任务集成的成本和效益函数；$g(v,s,a)$ 和 $h(v,s,a)$ 分别为任务集成过程中应满足约束条件的样例函数。

该问题可归约为多目标最短路径问题进行求解，是有约束的多目标最短路径问题，属于 NP 难题（Garroppo et al.，2010）。由于不同优化准则的优化方向并不一致，难以找到一个有效的方法使求解结果在所有准则下达到最优。因此，可通过不同优化准则的目标值来确定所有解之间的支配关系，得到非支配路径集合（代存杰，2018）。由于涉及多个准则，需要根据效用理论确定任务集成的成本和效用函数，在分析过程中需要根据专家经验和数据分析确定两者的具体形式，从而进行多准则决策（刘慧晖，2017）。

8.2.3　集成的规则

在确定任务集成的依据后，需要根据任务集成的规则进行动态决策。在互联网与大数据环境下，任务网络的完成状态可以被实时监控，网络状态的运行数据为任务集成的动态决策提供了实时的依据。由于任务网络的数据来源多样、类型各异，本节重点分析基于多源数据的任务集成触发规则构建。

本节采用固定响应阈值模型来研究任务集成规则。固定响应阈值模型是针对蚁群任务分工行为模拟提出的处理动态任务分配的一种模型，其基本原理为：蚁群中每只蚂蚁对任务的响应可以通过一个固定的响应阈值来表示，行为响应的实际差别可以通过蚂蚁个体之间响应阈值的水平来反映。不同任务对应的刺激强度不同，当某项任务的刺激强度超过某个蚂蚁的响应阈值时，该项任务就被执行。

互联网环境下高端装备制造研制任务网络的各个节点可以被看作蚁群中的每个蚂蚁个体，这些个体的信息融合在一起，共同构成触发任务集成的规则。因此，可以针对每个任务集成范围规则构建的特征，确定构建触发规则的关键信息，同时确定每个节点的响应阈值以及整个规则的响应阈值。响应阈值可以表示为与任务网络相关的多元函数，根据不同类型和结构的任务子网络确定各个变量的取值。其中，最重要的影响参数为环境刺激值。环境刺激是对任务集成活动进行响应和触发的直接驱动力。在确定任务集成的范围后，就会有一个初始的环境刺激值，刺激值与任务网络相关数据具有关联关系。任务的完成情况可以通过任务网络的相关数据来表征，任务完成情况越好，环境刺激值越大，反之亦然。

8.2.4　集成的方法

高端装备制造研制任务网络具有复杂网络的特征，因此含有一定的网络簇结构。通过网络聚类方法可以分析高端装备制造研制任务网络中的网络簇结构，确定同簇节点和异簇节点，从而确定任务网络集成的范围，对任务网络进行聚类和集成。基于网络聚类方法，可以分析高端装备制造研制任务网络的结构和特征，通过挖掘任务网络中的演化规律来预测任务网络的演化行为。

本节采用两类集成方法对高端装备制造研制任务网络进行聚类分析，一类是基于优化的方法，另一类是启发式方法。前者通过定义网络簇结构的目标函数将网络聚类问题转化为优化问题；后者通过预定义启发式规则对网络聚类问题进行求解。

1. 基于优化的高端装备制造研制任务网络聚类方法

基于优化的高端装备制造研制任务网络聚类主要采用谱方法和局部搜索方法。谱方法是针对图分割问题提出的优化方法，被广泛应用于复杂网络的聚类问题（王依赟和许英，2021）。谱方法中的一个重要思想是通过“截”函数来衡量子网络之间的连接密度，最优的任务网络划分应当具有最小“截”。针对高端装备制造研制任务网络的分布式特征，拟采用“平均截”作为优化函数。由于已经证明最小化“截”函数是 NP 完全问题，当任务网络的规模增加，结构复杂化后，确定性的优化方法很难得到满意的解。因此，针对大规模的高端装备制造研制网络聚类问题，在定义“截”函数后，需要设计有效的智能优化方法对问题进行求解。

采用基于局部搜索的方法对高端装备制造研制任务网络进行聚类，需要确定目标函数、候选解的搜索策略以及最优化的搜索策略。比较常用的方法有快速 Newman 算法、Kernighan-Lin 算法和 Guimera-Amaral 算法。这些算法的主要区别在于采用了不同的目标函数和最优解搜索策略。本节根据高端装备制造研制任务网络的特点，在分析现有聚类算法性能的基础上，设计有效的搜索策略对高端装备制造研制任务网络进行聚类。

2. 高端装备制造研制任务网络聚类的启发式方法

启发式方法属于近似算法，虽然无法从理论上严格保证算法能求得最优解，但对于大规模的优化问题，启发式方法能够快速地找到满意解或近似最优解。针对高端装备制造研制任务网络的结构特点，本节分析不同启发式规则的优缺点，对现有启发式方法进行性能的对比分析，从而设计适合高端装备制造研制任务网络聚类的启发式规则。

由于高端装备制造研制任务网络的复杂性，以及互联网环境下分布式特征和动态性（源于需求的动态变化），在进行任务网络聚类操作时，本节采用进化算法作为主优化器，结合局部搜索方法和启发式方法，设计并提出对高端装备制造研制任务网络进行聚类的模因算法。该算法框架如图 8-2 所示。首先在种群初始化阶段采用启发式方法生产种群中的个体，然后针对高端装备制造研制任务网络的特点进行进化操作，接着通过适应度函数进行评价，选择出较好的个体组成下一代种群，再针对新的种群，设计局部搜索算法，以提高解的质量。整个优化过程按以上步骤进行迭代，直至预先设定的终止条件得到满足。

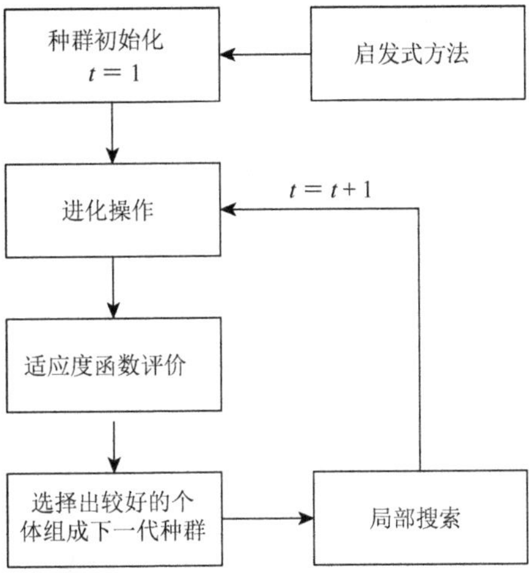

图 8-2　高端装备制造研制任务网络聚类的模因算法框架

8.3　高端装备制造研制任务的验证评估方法

在高端装备制造研制任务集成的过程中，验证与评估活动必不可少，并且具有验证过程复杂，评估指标多样化，评估结果不确定性高的特点。本节结合高端装备制造研制任务集成过程中的特点，运用 MBSE 方法，基于任务集成过程中实时产生的数据，通过资源冲突检测、需求满足度分析、任务一致性分析对高端装备制造研制任务进行实时的验证与评估。通过建立通用的、结构化的模型，整合集成模型构建过程中的各个要素，诸如任务、信息、资源、数据和知识等，并得出验证评估结果，之后反馈到上游流程，从而对任务完成结果进行改进。本节主要分析任务一致性验证和需求满足度评估。

8.3.1　高端装备制造研制任务的验证方法

在分析了高端装备制造研制任务集成依据、集成规则和集成方法的基础上，采用可执行模型研究高端装备制造研制任务过程中的任务一致性，验证过程如图 8-3 所示。可执行模型是组织中的执行者按照一定的规则执行任务、活动、过程及其事件序列，并产生随时间变化的动态模型，是对高端装备制造研制任务需求、功能和系统架构进行及时确认与验证评估的重要工具。互联网与大数据环境下的高端装备制造研制任务验证评估研究结合任务网络运行的大量实际数据，对高端装备制造研制任务体系架构的逻辑（时序关系）合理性、行为（功能和过

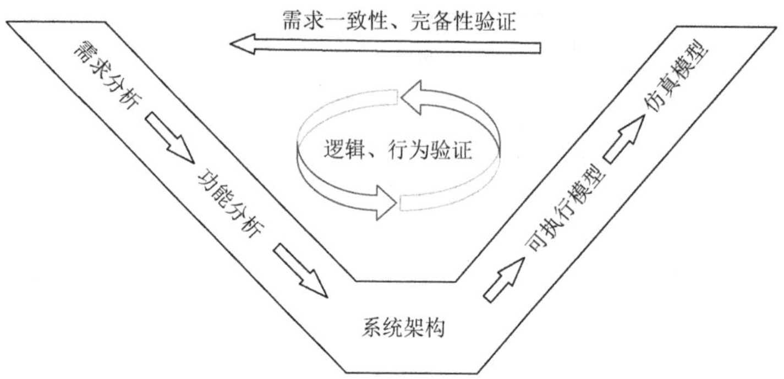

图 8-3　高端装备制造研制任务一致性验证过程

程）正确性进行验证，再基于可执行模型构建仿真模型进行需求一致性和完备性验证，进而预测其在不同环境条件下的可能行为和可能达到的任务状态，并进行校验与验证。

高端装备制造研制过程涉及的人员众多，有需求开发人员、工程设计人员和管理人员等，这些人员由于各自的目的和职责不同，都会以自己拥有的知识，从不同的角度、在不同的地点、使用不同的语言和工具，对研制任务有各自的理解，可能提出不同的要求。要得到一个有效的、完整的研制任务全局规格说明难度非常大。为了解决这个问题，本节引入多视图模型，然后通过模型静态验证、动态验证来分析验证任务的一致性。

1. 多视图模型

本节将高端装备的创新研制任务划分为五个视图，分别为任务视图、功能视图、组织视图、资源视图、技术视图。各视图不是独立的信息单元，而是密切联系、相互依存的有机整体，其中，任务视图是多视图模型的基础和核心，与其余视图均直接关联。高端装备制造研制将研制单位按订单或项目进行组织，组织中各部门和人员按角色参与研制工作，研制任务受资源条件和技术条件的约束，同时又与一定的功能相对应，并在执行过程中伴随着各种数据的使用和生成。因此，高端装备制造研制任务多视图模型中各视图间的关联关系如图 8-4 所示，虚线表示视图之间是弱关联，没有直接的数据交互，它们都通过任务视图进行关联。

1）任务视图

任务是高端装备制造研制任务运行实施的核心，随着研制任务的执行，人员、物流、信息、资金、知识等数据流与任务紧密集成，并在各个研制单位内部和研制单位之间传递。任务视图是对高端装备制造研制过程中任务结构的描述，任务

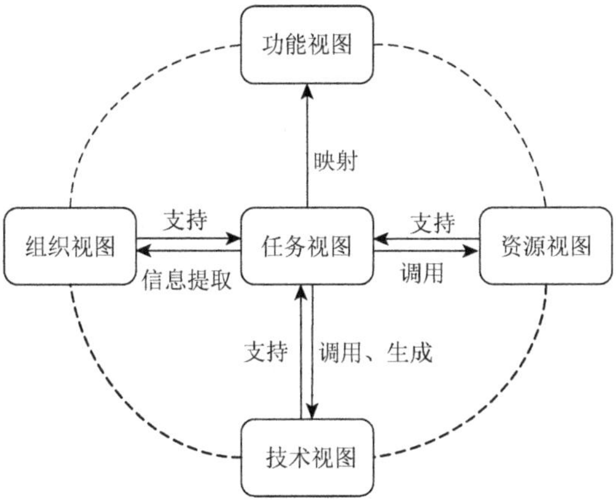

图 8-4　多视图模型中各视图间的关联关系

列表和任务关系是构成它的主要因素。任务列表在描述高端装备制造研制任务的构成时，主要是对静态分解结构进行描述，静态分解结构的主要作用是表示父任务和子任务之间的组合关系。

2）组织视图

组织视图是对参与高端装备制造研制项目的研制单位和人员的组织构成与组织方式的描述。主研制单位与多个优势互补的协作研制单位通过知识资源、智力资源、设备资源的共享，增强竞争力。组织结构的合理性与灵活性是研制单位间高效合作的保证，主研制单位和协作研制单位的组织机制均需要具有较好的柔性与可重构性。主研制单位作为任务的发布者，从各个垂直的部门调配人员成立项目组，该项目组与协作研制单位共同组成任务的执行组织。需要指出的是，各合作企业在地理位置上具有分散性，在组织管理上具有独立性，在合作的方式上具有动态性。一旦现有任务完成或中止，当前组织结构即解散，直到下次合作重新构建新的组织视图。

3）功能视图

功能视图描述高端装备制造研制任务的静态功能组成，静态功能主要包括单位管理、资源管理、知识管理、工艺协同、进度管理、质量管理等。每一个功能模块都与研制任务的若干研制活动相关联，每一个功能模块的输入、输出构成了系统的物料流、信息流、知识流。

4）资源视图

资源视图描述服务于高端装备制造研制任务的各种资源，这些资源隶属于不同的研制单位，具有地理位置的分散性、形式的多样性、资源信息的异构性等。资源视图的目的是对分散的资源进行统一描述和有机整合，使其在统一的管理和协调下进行协同工作。

5）技术视图

技术视图是指为了保证高端装备制造研制任务的完成，依据最终系统的互操作性等方面而必须遵循的特定的技术标准、集成规范、标准和协议，以及针对技术成熟度等方面而开展的描述。技术视图主要涉及两个方面的标准规范：国际标准规范以及部门内设计标准规范。其中，国际标准规范主要指在开展高端装备制造研制时所必须遵循的相关国际联盟和组织制定的一系列标准规范；部门内设计标准规范主要指研制单位内规定的设计流程规范、数据流程规范、各类任务文档标准规范、模型组件规范等。

高端装备制造研制任务的多视图模型以任务视图为中心、其他视图为补充。由于不同视图彼此间不是孤立的，是由任务视图集成的、相互联系的统一整体，用多视图模型来描述高端装备制造研制，需要保证这些视图逻辑和数据的一致性。当一个视图发生变化时，它的某些属性、关联在其他视图中的映射也应该随之做出必要的调整。

2. 模型静态验证

模型静态验证主要包括模型的需求分析、语法语义分析和模型静态属性验证三部分。静态方法适用于对模型静态元素的查验，优点是能有效地检验静态元素，通过主观和专业工具相结合的方式，完成模型静态验证；同时也存在着无法对动态模型及可执行代码进行验证等不足，需要模型动态验证的补充以构成整体模型验证方案。

在需求分析阶段，本节结合地面测试系统使用条目化分解的方法建立需求文档，通过需求元素追踪完成系统需求文档初步优化，接着使用集合论思想建立需求模型并对需求文档进行二次优化。再对需求文档使用需求覆盖率检测，检测结果反映本节需求分析方案的有效性。

语法语义分析包括对语法语义的主观判断验证的初步查验，以及使用系统工具检查的自动化确认。对语法语义的主观判断验证包括查验描述是否准确清晰、是否有错误语句、是否有描述不规范的情况。本节使用 Rhapsody 软件对语法语义进行自动化确认，即在建模完成后通过 Rhapsody 软件实施规范化的语法语义检测，并依据检测结果进行修改和完善，最终使其达到测试要求。

模型静态属性验证主要指对模型的一致性等约束要求进行查验，即通过人工查验及使用工具查验的方式，判断概念设计、描述情况是否前后一致，是否存在矛盾等情况来综合检查模型的一致性。本节使用 Rhapsody 软件对静态模型进行确认，完成一致性的检验目标。

3. 模型动态验证

对于高端装备制造研制任务的验证，静态模型不能刻画要素以及资源利用之间的关系，也不能提供描述如何运行所需要的信息。所以在静态模型的基础上，高端装备制造研制任务的检验和验证需要可执行模型，并将仿真结果集成到可执行模型中以支持有关行为、性能和有效性的动态分析。可执行验证的基本流程为：抽取核心数据模型中系统、组织、活动等有关实体的属性、参数、约束数据，得到可执行模型的基本结构；通过构建可执行模型以及将后续模型运行分析中发现的装备模型中的错误、缺陷或者变化，及时反馈到设计与集成中，达到验证优化的目的。本节的模型动态验证是通过动态运行的方法验证模型及代码，对模型的运行状态及实时结果进行分析，检查模型所有的不足，主要包括模型联合动态执行验证、模型转化代码执行验证等方法。

本节利用 DoDAF/SysML 描述高端装备制造研制体系架构，基于可执行模型的动态行为正确性和合理性验证过程如图 8-5 所示。通过输入不确定性行为，可

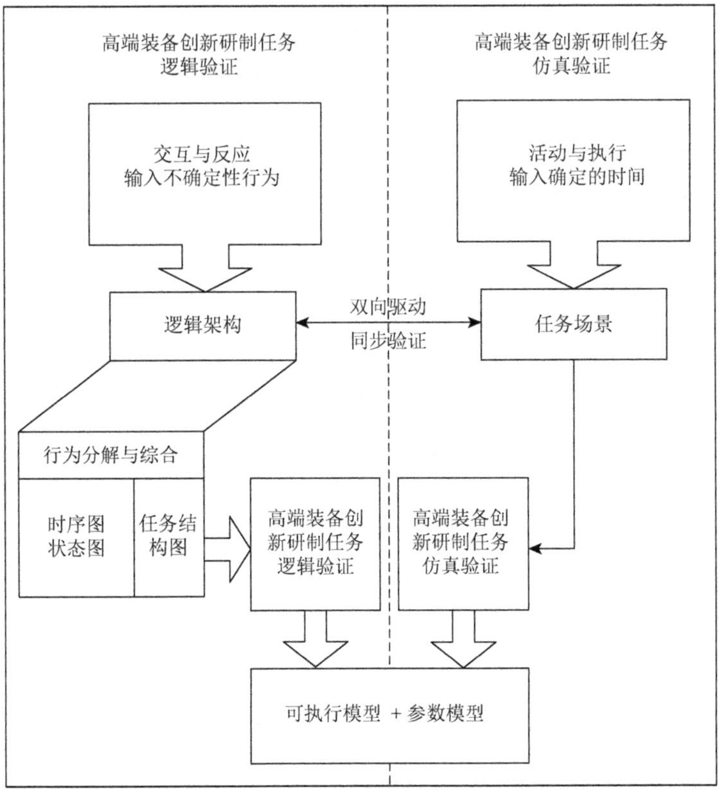

图 8-5　基于可执行模型的动态行为正确性和合理性验证过程

以建立逻辑架构，然后进行行为分解与综合，实现高端装备制造研制任务的逻辑验证；而通过输入确定的时间，可以驱动任务场景，实现高端装备制造研制任务的仿真验证。逻辑验证和仿真验证可以通过逻辑架构和任务场景实现双向驱动和同步验证，并集成到可执行模型和参数模型中，最终完成动态行为正确性和合理性验证。

模型动态执行验证是对动态模型进行联合验证测试，使用 UML 状态图等对模型动态行为的一致性进行验证，动态模型对于动态行为的描述清晰，满足其一致性要求。通过设置不同的测试用例，完成在不同实际场景中的仿真验证，可以对模型在现实中的映射系统进行检验。

由于 IBM Rational Rhapsody 支持模型与底层代码的双向自动关联，能够构建可视化的动态模型，并有效支撑模型的验证分析，因此本节使用该工具来构建高端装备制造研制任务的可执行模型。基于可执行模型的高端装备制造研制任务验证过程的核心是可执行模型时序图的模型验证与分析过程。首先从高端装备静态模型中提取活动的时间工作流，以时序图的方式展示高端装备任务状态和时间信息。在动态检测时，通过比较用户自建的时序图和动画时序图，依据已经完成活动生成的时序图进行对比分析，再利用图中系统节点信息进行时间约束验证。该方法可以解决时间约束情况下时序一致性动态验证问题，而且能对动态模型中装备系统的基本活动进行定位，从而指导用户进行工作流时序异常处理或优化工作流模型；此外，时序图可供多次迭代验证使用，具有较好的可重用性。通过观察设计模型和实现模型之间的差异，对系统进行回归测试。如果存在偏差，则返回任务分解阶段或者任务集成阶段做进一步的设计。

时序图可以描述高端装备制造过程中的消息交换以及任务过程。在系统设计开发的过程中，可以将任务和任务之间的消息放入时序图。同时，还可以运行动画时序图以监测执行程序时出现的逻辑顺序。时序图显示装备系统中所扮演的角色之间的消息交换方案，显示系统之间随着时间推移而发送的消息，从而帮助决策者理解这些对象之间的交互关系。通过查看动画执行，与静态模型进行对比分析，可以对任务方案的时序一致性进行动态验证。

动态行为正确性和合理性验证遵循现代系统工程思想和方法。可执行系统模型开发完成后，通过模型的仿真执行，可以验证体系结构逻辑关系的正确性、行为的合理性以及模型执行过程的一致性等；同时还可以验证体系结构的性能与效能，体系结构完成系统所规定技术指标的完整性等。本节基于模型驱动体系架构、体系架构驱动论证的方式，按照体系架构框架标准来建立系统体系的可执行模型，通过高层概念仿真来论证、校对需求和模型，从而保证论证的正确性。

动态模型验证的最后一步是集成用例的实现，它面向整个任务架构而不是单个任务。之前的验证工作是对单个任务用例展开的，验证其在任务互操作背景下的行为特性，生成其正常触发的功能流及例外的功能流。而本部分内容是在集成任务架构模型中合并所有任务用例模型，通过任务模块的合并、状态的集成重构、用例的协作性验证、任务的基线设置与交付来实现整体任务框架的完整验证。本部分借助 Rhapsody 系统工程工具箱所提供的功能，将各个任务模块的操作、接收、属性进行合并，并将各个任务用例状态图组合为合并模块的状态图，形成一个并发状态；在此基础上对基于状态的行为进行重构，调整接口与结构，对于参与角色的附加请求进行角色行为扩展，用例的协作性以及集成系统的准确性和完整性可以通过模型的执行进行确认。

8.3.2 高端装备制造研制任务的评估方法

高端装备制造研制任务的需求满足度评估是任务集成与验证之后需要进行的关键步骤。需求满足度主要包括高端装备制造研制任务的完成水平和任务集成之后的具体状况，任务集成后是否能够达到事先预定的系统功能，增加、修改或删除某些任务后对整个体系的创新研制任务有何影响。由于高端装备制造研制任务具有需求不明确、未知信息多等特点，我们首先建立高端装备制造研制任务的评估框架，然后介绍基于证据理论的高端装备制造研制任务评估方法。

1. 高端装备制造研制任务评估框架

目前较为常用的体系评估方法是解析法，该方法一般由四个步骤组成：首先需要建立指标体系，其次建立底层指标评价，再次建立指标聚合，最后获取顶层评估数值。但是在构建合理的评价指标上很少有普适的定量方法。结合高端装备制造研制任务的特点，可以依托互联网和制造业装备研制的历史案例及数据，通过对大量案例和数据的融合分析，建立评价指标体系。

图 8-6 给出了高端装备制造研制任务评估的方法、对象及内容。高端装备制造研制任务的评估对象大致可以分为三级——分解后的底层任务、分解后的中层任务、集成后的高层任务，映射到工业实际生产中对应的是工业部件、半成品、成品。需要对以上三级高端装备制造研制任务进行需求满足度评估，其主要内容包括：任务功能满足评估、任务演化过程评估、任务效能评估、任务可靠性评估以及任务互操作性评估等。

2. 基于证据理论的高端装备制造研制任务评估方法

证据理论，也称 D-S 证据理论，具有能够综合多元不确定信息的特点，可以直接对未知的信息进行处理，最早在专家系统中应用，属于人工智能领域。证据理论主要通过对所提出的问题进行观察和研究，然后依据已经拥有的经验和知识

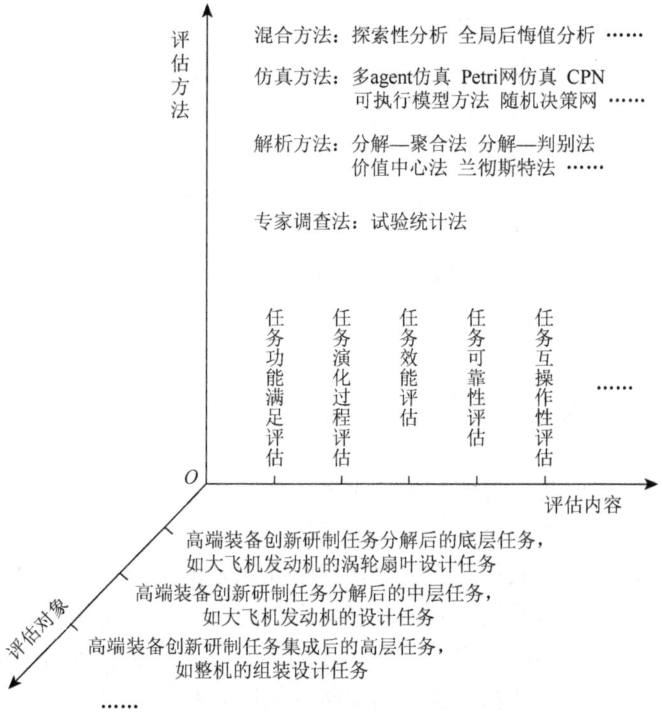

图 8-6　高端装备制造研制任务评估的方法、对象及内容

对特定决策问题进行研究并得出解决方案。大数据挖掘及人工智能方法可以对已有的经验和知识进行深度学习，从而提高证据理论中的证据信度，而信度函数可以通过这些证据在决策框架下生成。

为了在统一的框架下表示各种不确定信息，评估和优化高端装备制造研制任务，可以采用信度规则库推理方法，该方法更适合高端装备制造研制任务未知信息多、评估难度大的特点。信度规则库推理方法集成了证据理论、多属性决策理论、模糊理论和专家系统等理论，具有对模糊数据、主观数据及概率型数据等进行建模和分析的能力，这是传统的不确定性处理方法所不具备的（孙建彬，2018）。

如图 8-7 所示，运用信度规则库推理方法的评估流程包含四个步骤。

（1）确定评估任务，根据任务的内容构建相应的信度规则库。

（2）将输入数据转换为信度结构模式，主要需要关注的点是多类型数据的转换。

（3）计算信度规则库的激活程度。

（4）采用证据推理算法，融合信度规则，对输入的相关信息进行最终评价。

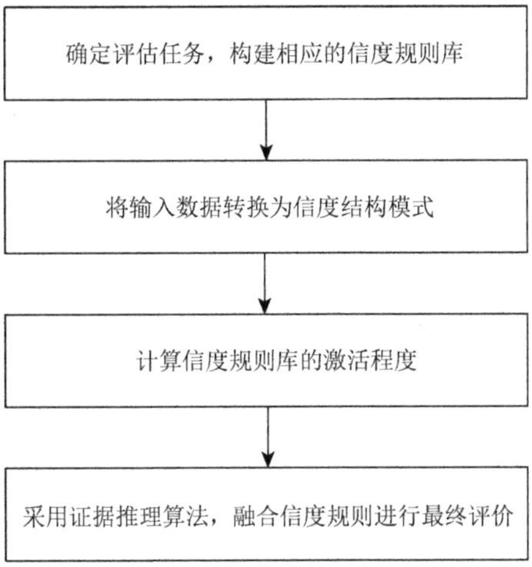

图 8-7　高端装备制造研制任务需求满足度评估中信度规则库推理方法的评估流程

专家知识、历史经验和互联网上相关领域的信息主要由信度规则库表示。信度规则库推理方法的核心是信度规则库，信度规则库本质上是一种特别的专家系统，这种专家系统采用改进的产生式规则，并将信度结构的概念纳入规则结论部分。采用证据理论中的信度对高端装备制造研制任务中的各种不确定情形进行评估，其优势不仅在于能够处理那些常见的不确定性问题，同时还可以处理一些未知的情形，模拟人们对半知半解事物的主观判断。证据推理和信度规则库推理方法的结合使用可以使专家知识、历史经验、创新研制中生成的大数据以信度规则的形式表示，并且可以通过自底向上地推理获取体系任务。这种方法可以对不同类型的信息进行充分利用，同时可以保有信息中所自带的不确定性，具有解析方法详细、解释性强、可信度高的特点。

8.4　本 章 小 结

本章主要介绍了高端装备制造研制任务集成与验证评估方法。首先在互联网与大数据环境下，以 MBSE 方法论为指导，对任务网络中的各个要素，如任务、信息、资源、数据和知识等，建立通用的、结构化的模型，构建基于模型的任务集成的准则；其次，通过分析高端装备制造研制任务的集成过程，描述了集成的框架，并介绍了集成的依据、规则和方法；再次，利用高端装备制造研制任务集成过程中的各种数据，提出基于数据融合的、动态的、可执行的一致性验证方法；最后以证据理论为基础，对高端装备制造研制任务需求满足度进行评估。

第9章 应用研究

9.1 新能源汽车创新研制技术需求分析与方案精准筛选

本节以新能源汽车为例，按照需求获取、需求分析和方案选择的流程，开展新能源汽车创新研制技术的应用研究，分为案例背景、数据介绍、技术需求获取、技术需求分析、方案精准筛选五个小节。

9.1.1 案例背景

新能源车或替代燃料车（alternative fuel vehicle）作为一种典型的高端装备，是指采用非常规的车用燃料作为动力来源（或使用常规的车用燃料、采用新型车载动力装置），综合车辆的动力控制和驱动方面的先进技术，形成的技术原理先进的具有新技术、新结构的车辆。对于新能源汽车等新型高端装备而言，其技术需求主要来源于对竞争对手的技术情报分析、专利等技术文本的挖掘和自身的技术创新，这些不同的需求来源需要采用不同的手段来获取。

本节旨在利用机器学习、数据挖掘等自动化手段从开源信息中挖掘以新能源汽车为例的高端装备制造研制技术需求，以专利文本为研究对象，利用文本挖掘、时序分析等方法，分析技术创新性和技术成熟度，充分发挥数据挖掘方法的作用，减少人为主观判断和专家的工作量，从而最大化支撑装备研制过程中相关技术人员对技术的把控和提升（黄格，2019）。如图 9-1 所示，首先，从专利数据库、企业官方网站等获取专利数据和产品数据，并对原始数据进行预处理，包括去重、去噪、去无关等；其次，采用 BiLSTM-CRF 模型来提取装备实体，构建装备实体库，然后运用文本挖掘方法计算每条专利在单位时间内的技术新颖度和技术跟随度；再次，对该类专利的技术成熟度进行判定，综合专利的技术新颖度和技术跟随度得到最终的企业技术需求；最后，进行技术方案的初步筛选与精准筛选。

9.1.2 数据介绍

本节以“电动汽车”“新能源汽车”“electric car”为关键词在某专利库中进行

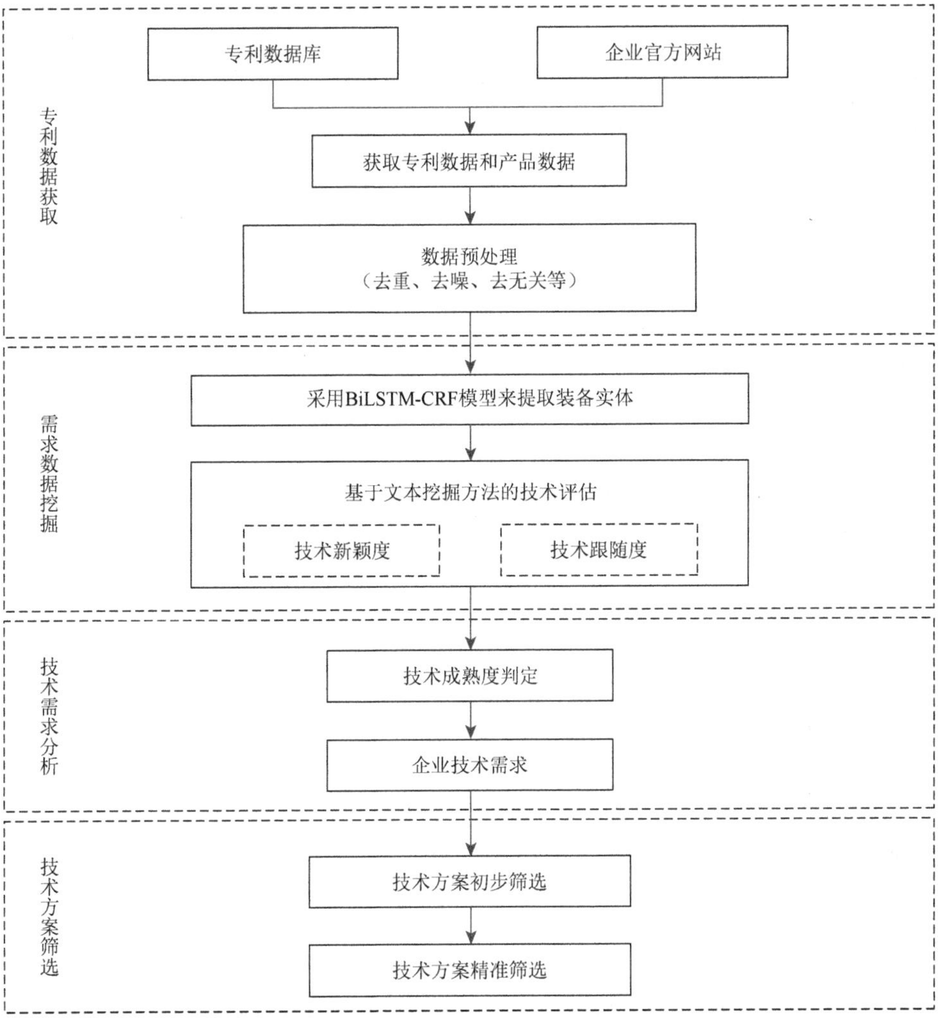

图 9-1 新能源汽车创新研制技术需求分析与方案精准筛选流程

检索，共得到 114 650 条同族专利（如果一项专利在多个国家申请授权，那么这些申请组成一组同族专利），如图 9-2 所示。数据集的主要字段包括专利的公开（公告）号、申请号、标题、摘要、第一权利要求、申请日、公开（公告）日、授权日、IPC（international patent classification，国际专利分类）分类号、受理局、非专利引用文献、非专利引用文献数量、被引用专利、被引用专利数量、引用专利、引用专利数量、当前申请（专利权）人、当前申请（专利权）人地址、发明人、3 年内被引用次数、5 年内被引用次数、权利要求、法律状态/事件等。

	A	B	C	D
1	公开（公告）号	申请号	标题	摘要
2	CN2776737Y	200520078218.5	可更换蓄电池组集箱独立悬架多动力直驱式电动车	一种可更换蓄电池组集箱独立悬架多动力直驱式电动车，涉及电动汽车领域，是一种可以用不断更换蓄电池组集箱的方法来增加其续航能力，采用效率最高，最省功的直接驱动电动车车轮的方式，来实现其商业价值的电动汽车。本实用新型包括车身1、车架2、车轮与独立悬架3、组合驱动电机4、驾驶室与电控箱5、以及可更换蓄电池组集箱6所构成。其显著的特点是：和我们常见的燃油汽车比较，除省去了复杂的发动机系统，也省去了耗功低效的变速箱，传动系统及差速器齿轮及大部联接系统，从而节省了不少功耗，采用电动机直接驱动车轮的方式，和采用安全可靠的电控系统来操作电动车，使之安全可靠性得以提高，并更舒适而环保。
3	CN201068073Y	200720063293.3	一种电动汽车的拖挂车式动力电源装置	一种电动汽车的拖挂车式动力电源装置，将可充电电池9置于拖挂车2内，与主车1分离，该拖挂车2包括有车身、行走装置、接驳装置、内装可充电电池，其接驳装置包括有拖车钩7、拖车架8、电缆接驳装置3、制动接驳装置5，拖挂车2通过控制装置与主车1连接。目的在于提供一种容量大、续驶能力强，不占用汽车本体的使用空间和承载能力、更换维修方便，无须停车充电的电动汽车动力电源。
4	CN201068088Y	200720064192.8	一种电池后置并可快速更换的电动汽车	一种电池后置并可快速更换的电动汽车，包括有车身、行走装置、控制装置、电动装置、可充电电池。汽车车身分成两个部分，前面部分为驾驶与乘客区，后面部分为电池装载区。在电池装载区有一个快速装卸式电池装卸平台，将可充电电池安装于快速装卸平台上，实现电池的快速装卸。亦可以在传统的汽车底盘的基础上增加第三轴，即在汽车原有的前、后轴之后增加第三轴，用于提高整车荷载，可有效增加车辆的承载能力。本实用新型目的在于提供能携带大容量电池且能有效提高装载空间和承载能力，续驶能力强；可快速更换动力电源电池，无须停车充电的电动汽车。
5	CN101593859A	200810113734.5	插电式转子式电池组及二次电池混合动力汽车	本发明提出了一种插电式转子式电池组及二次电池混合动力汽车的驱动方式，是通过在转子式电池组驱动的汽车内并联设置一个可以通过外接电源进行充电的二次电池组，当汽车需要大功率放电时，例如在起步和上坡时，由转子式电池组与二次电池组联合驱动，提供汽车所需要的大电流。当汽车正常平稳的行驶时，转子式电池组产生的多余电力为二次电池组进行充电。另外，二次电池组设计电动汽车时必须考虑汽车在极端情况下所需要的动力而在正常行驶时带来的浪费，可以有效的降低汽车成本，减少汽车重量。

图 9-2　同族专利数据集展示

9.1.3　新能源汽车创新研制技术需求获取

在对技术文本进行文本挖掘之前，为提高文本挖掘的准确性，本节利用 BiLSTM-CRF 方法从技术文本中抽取出装备实体。

1. 命名实体识别

命名实体识别是指从文本中识别出命名性指称项，是自然语言处理中的一项基础任务，为关系抽取等任务做铺垫。狭义上的命名实体识别是识别出人名、地名和组织机构名这三类命名实体（时间、货币名称等构成规律明显的实体类型可以用正则等方式识别）。

2. 装备实体标注

从专利数据库中提取出的结构化专利数据主要包括公开（公告）号、申请号、标题、摘要、权利要求、申请日、公开（公告）日、当前申请（专利权）人、发明人和 IPC 分类号等字段。装备实体抽取是指从专利摘要和权利要求书中抽取装备的实体，如电动汽车、置放腔、电池箱等。如表 9-1 所示，采用序列标注中的 BIO（begin，inside，outside）标注法对装备实体进行标注，其中 B-equi 代表装备名首字，I-equi 代表装备名非首字，O 代表该字不属于命名实体的一部分。

表 9-1 BIO 标注法示例

所	述	蓄	电	池	设	置	于	所	述	置	放	腔	中	,
O	O	B-equi	I-equi	I-equi	O	O	O	O	O	B-equi	I-equi	I-equi	O	O

3. BiLSTM-CRF 模型框架

命名实体识别中的 BiLSTM-CRF 模型主要由输入层（主要有词向量、字向量以及一些额外特征）、后向 LSTM 层、前向 LSTM 层以及最后的 CRF 层构成。如图 9-3 所示，模型的第一层是输入层，利用预训练或随机初始化的嵌入矩阵将句子中的每个字 x_i 由 one-hot（独热）向量映射为低维稠密的字向量；模型的第二层是 BiLSTM 层，自动提取句子特征；模型的第三层是 CRF 层，进行句子级的序列标注。

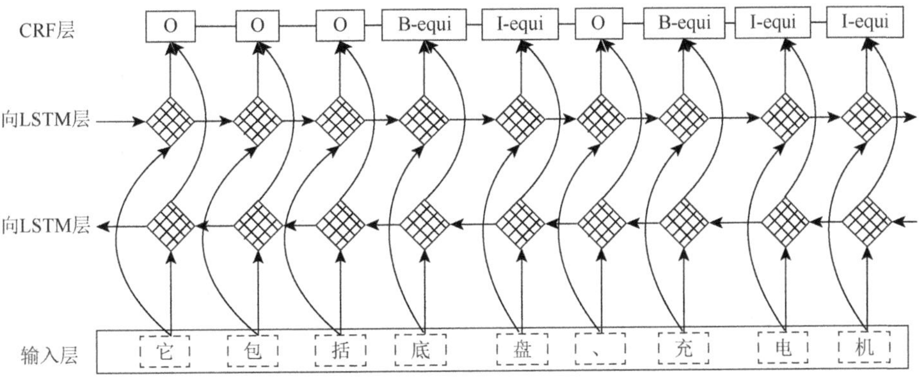

图 9-3 BiLSTM-CRF 结构示意图

4. 装备实体抽取

在正式训练模型之前，需要对数据集进行词性标注，首先要按照 6∶2∶2 的比例将数据集分割成训练集、测试集和验证集。本节使用基于字的 BIO 标注法（Huang et al.，2015；Lample et al.，2016），将文件中的每一行标注为字和标识两类元素，句与句之间用一个空格隔开。然后，设置好模型中的参数，将标注好的语料库作为输入进行模型训练，采用准确率（accuracy）、精确率（precision）、召回率（recall）和 F1 值评估命名实体识别结果。训练好模型后，将新的文本作为模型输入，从而得到装备实体抽取结果。

5. 实验结果

由于缺乏公开的专利文本语料库，本节从新能源汽车的专利数据集中抽取了关于电动力装置的布置或安装（IPC 分类号为 B60K1/04）的 200 条专利的摘要信息，总共是 45 574 个字符。本次实验采用 Python 语言，运行的处理器型号为英特尔®酷睿™ i7-7700HQ。

对实验数据进行清洗后，首先利用汉语科技词系统 2011 年构建的新能源汽车语料库对实验语料中新能源汽车本体进行初步标记，再依据表 9-1 所示的基于字的 BIO 人工标注规则完成对数据集的规范标注。其次，按 6∶2∶2 的比例将其切分为训练集、测试集和验证集，作为 BiLSTM-CRF 模型的输入。最后，将标注好的数据导入 Python 中的 TensorFlow 库，将低维的字向量输入 BiLSTM-CRF 模型中，进行字向量的特征预测，直至实现完整句子的有效信息提取与特征预测。

经过多次参数调整对比实验，最终将 BiLSTM 的隐藏层单元数目设置为 100，输入序列截断长度为 20，初始学习速率为 0.001，迭代 100 次。最终实验结果显示：准确率为 90.11%，精确率为 72.10%，召回率为 75.14%，F1 值为 73.58%。总体而言，基于 BiLSTM-CRF 模型的装备实体识别效果较为乐观。

本节将 6 万条新能源专利摘要数据集输入训练好的 BiLSTM-CRF 模型进行实体抽取，在对结果进行数据清洗后得到了 159 166 个实体，其中累计出现频次超过 10 次的词汇和名词短语共计 13 931 个，命名实体词云图如图 9-4 所示。其中词汇字体大小表示该词在命名实体识别结果中的词频。

图 9-4　新能源汽车命名实体词云图

9.1.4　新能源汽车创新研制技术需求分析

1. 技术新颖度分析

专利 i 的技术新颖度为 $BS_i^T = e^{-\frac{n_i^T}{2}}$，它是一个相对的概念，其中 n_i^T 为专利数据库中公开时间在专利i申请日的前T年内，与专利i相似度大于或等于α的专利数量。函数$f(x)=\mathrm{e}^{-\frac{x}{2}}$称为新颖度度量函数。相似水平$\alpha$下专利的技术新颖度简称专利新颖度。某专利与申请该专利T年内该领域的其他专利相似度越小，该专利的新颖度越高。

n件专利的平均技术新颖度$\mathrm{BS}(n)=\sum_{i=1}^{n}\mathrm{Nov}_i^T\Big/n$，简称平均技术新颖度，该指标主要考察某段时间内所有专利的平均新颖程度。

对于专利新颖度和平均技术新颖度而言，在专利数据库中与某项专利相似的其他专利数量越少，该专利的专利新颖度取值越接近于1，其技术新颖度就越高；反之，专利新颖度取值越接近于 0，专利的技术新颖度越低。

2. 技术跟随度分析

专利i的技术跟随度可表示为$\mathrm{FS}_i^T=-\mathrm{e}^{-\frac{m_i^T}{2}}+1$，它也是一个相对的概念，其中$m_i^T$为专利数据库中授权时间在专利$i$的后$T$年内，与专利$i$相似度大于或等于$\beta$的专利数量。函数$f(x)=-\mathrm{e}^{-\frac{x}{2}}+1$称为未来相似度度量函数。相似水平$\beta$下的专利技术跟随度简称技术跟随度，该指标用来评估一件专利与未来几年科技创新的关联强度。

m件专利的未来跟随度$\mathrm{BS}(m)=\sum_{i=1}^{m}\mathrm{FS}_i^T\Big/m$，简称平均技术跟随度，该指标主要用来考察某段时间内所有专利与未来T年内本领域其他专利的平均相似程度。

对于技术跟随度和平均技术跟随度而言，在专利数据库中与某项专利相似的其他专利数量越少，该专利的跟随度取值越接近于 1，其技术跟随度越高；反之跟随度取值越接近于 0，专利的技术跟随度越低。

3. 技术成熟度判定

技术成熟度是企业在制订产品研发计划时进行正确决策的重要依据，在通过专利文本来分析技术重要性时，很多文献考虑了基于专利时序分析的技术成熟度评估（Ernst，2001；谢志明等，2015）。Altshuller（1999）的技术成熟度预测模型通过考察专利数量、专利性能、专利等级和专利利润四个指标，结合技术发展的“S 型创新曲线”（简称 S 曲线）一起构成预测算子，来预测产品的技术成熟度，技术成熟度判定标准曲线如图 9-5 所示。需要说明的是，专利等级划分需要基于对专利的统计分析，判断具体专利属于哪一个等级依赖于专家的主观性和专利的

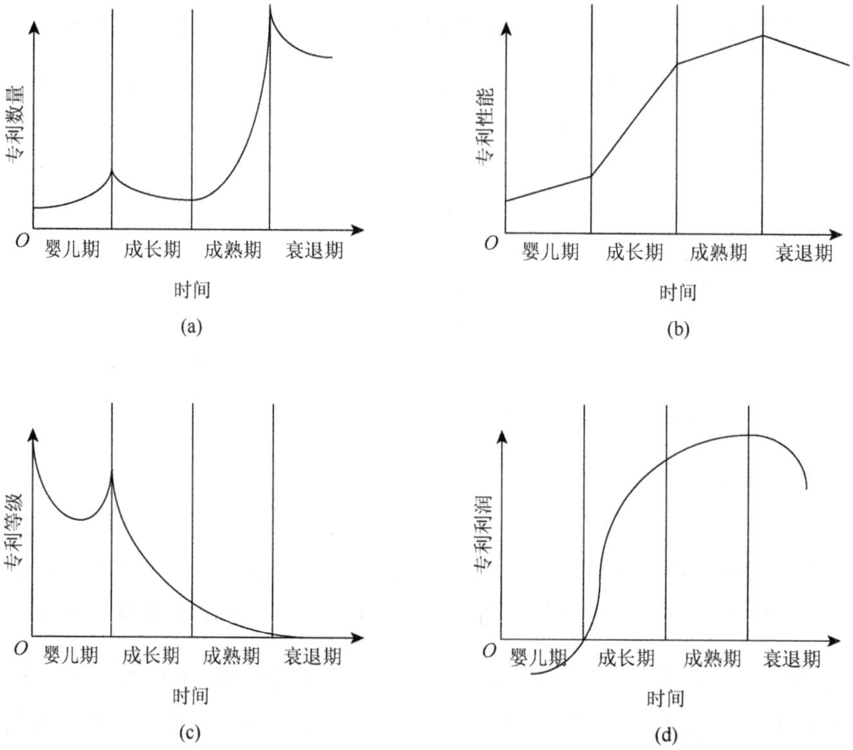

图 9-5　技术成熟度判定标准曲线

出现时间，不能靠简单计算决定，并且每个等级之间存在差异，要想确切地对这些差异做出合理解释还相当困难（刘玉琴等，2008）。

基于上述分析，本节考虑借助专利数量、专利等级、技术标准和产品销量分布来辅助技术重要性评估与技术需求挖掘。具体思路为：搜集某领域专利申请公开数据、装备产销数据以及行业技术标准，进行汇总统计；利用上述专利新颖度评估方法，求解单位时间内的专利新颖度；对以上三类数据分别绘制拟合曲线，通过对比拟合曲线与标准曲线，可判断出该项技术目前的技术成熟度。

4. 技术需求分析

与标准曲线对比判定出产品的某项技术成熟度后，与判定结果对应的有两种决策结果，即处于婴儿期、成长期或处于成熟期、衰退期，如图 9-6 所示。

若产品的某项技术处于婴儿期、成长期，则对应决策是将该产品定为渐进型产品，其创新类型为渐进性创新（韩瑞云，2015）。渐进型产品是指需在原有技术模式基础上对产品进行局部功能扩展和技术改进的产品，渐进性创新是指在同一条 S 曲线上的一般创新。由于产品处于婴儿期、成长期，其在同一条 S 曲线上还

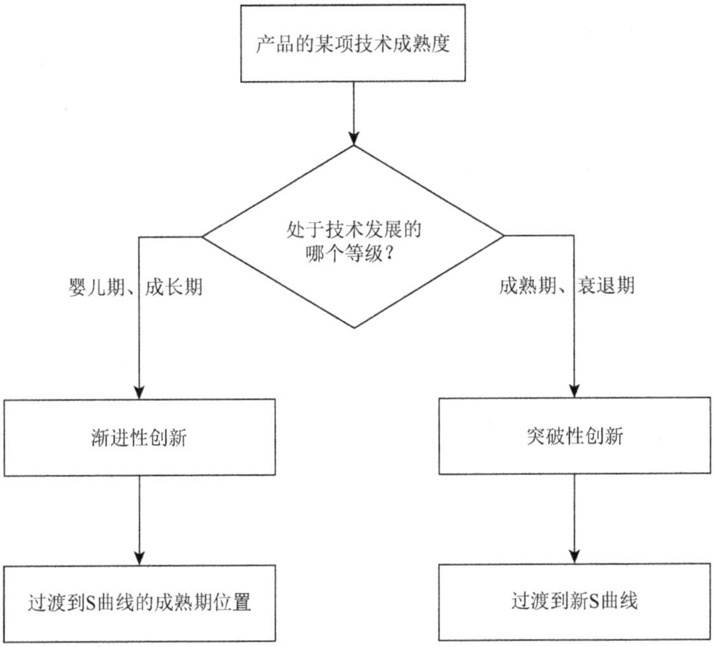

图 9-6 产品技术成熟度与决策

有很大的进化空间，因此将其定为渐进型产品进行局部改进优化，从而使其尽快过渡到 S 曲线的成熟期位置，实现收益最大化。

若产品的某项技术处于成熟期、衰退期，则对应决策是将该产品定为突破型产品，其创新类型为突破性创新。突破型产品是指需要通过技术突破产生新的核心技术，进而在产品用途及其应用原理上有显著变化的产品，突破性创新是指实现两条 S 曲线更迭的创新。由于产品处于成熟期、衰退期，其在同一条 S 曲线上的进化空间有限，因此将其定为突破型产品进行技术革新，使其尽快过渡到新的 S 曲线，以保持技术优势。

5. 实验结果

本节以新型汽车材料为对象进行技术需求分析。汽车轻量化技术主要涉及材料、部件、工艺等，其中材料主要包括合金、塑料、纤维等（郑玉荣等，2017）。从新型材料的角度寻求电动汽车轻量化方面的突破，既可以满足用户对续航的要求，也符合技术的发展方向。

图 9-7 展示了 1924 年以来车用镁合金专利的平均技术新颖度和平均技术跟随度的变化情况。从平均技术新颖度的分布情况来看，1980 年以前的专利由于数量少，可比性较低，其新颖程度普遍较高；随着 1985 年后镁合金相关专利的数量快

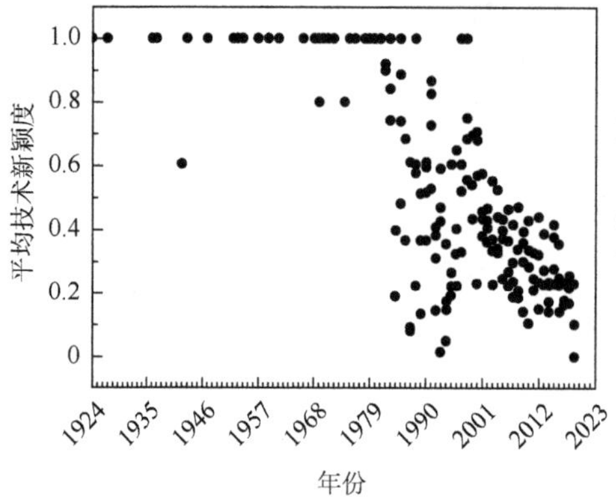

(a) 平均技术新颖度（按季度统计）

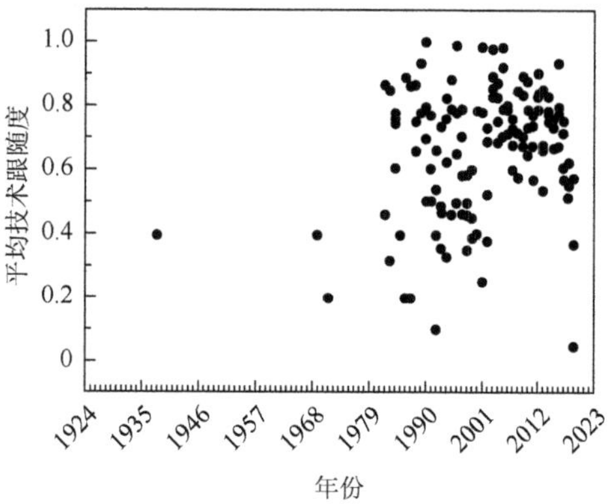

(b) 平均技术跟随度（按季度统计）

图 9-7　车用镁合金专利的平均技术新颖度与平均技术跟随度变化情况

速增长，专利的新颖度变化很大，新型专利和改进型专利都在增加；进入 21 世纪后，专利的平均技术新颖度基本上都低于 0.5。

从平均技术跟随度的分布情况来看，早期的专利普遍跟随度较低，一直到 1980 年以后才出现了一些跟随度较高的专利；1980 年至 2000 年专利的平均技术跟随度变化较大；2000 年以后随着专利技术方向的逐渐明朗，平均技术跟随度也逐渐维持在一个较高的水平；2017 年以后新申请的专利由于公开时间较晚，缺乏可比较的专利，因此平均技术跟随度有所下降。

下面以合金材料中常用的材料——铝合金和镁合金的专利为例，对这两类材料的专利进行技术成熟度分析，以了解该领域的技术发展现状和趋势，对技术前景进行预判，明确和竞争对手的技术差距。

以“汽车”和“材料”为关键词在专利数据库中进行检索，发现与合金相关的专利有 55 294 组，与塑料相关的专利有 99 761 组，与碳纤维相关的专利有 9149 组。如图 9-8（a）所示，圆圈的大小表示专利数量的多少，塑料相关专利最多，碳纤维相关专利最少；从专利拥有公司的分布来看，主要以韩国、美国、日本汽车制造公司为主，其中数量最多的是韩国现代汽车公司的塑料相关专利，共 3348 组。国产汽车制造企业的专利数量较少，主要集中在吉利、奇瑞和比亚迪汽车公司。

由图 9-8（b）可见，2000 年至 2019 年［图 9-8（b）中折线末端对应的数据年份为 2019 年］镁合金的相关专利数量总体上呈增长趋势，强相关专利数量与普通专利数量的差距在不断拉大。这里的普通专利是指在合金相关专利中在标题、摘要、权利要求书或说明书中提及“汽车”的相关专利，其申请人范围广泛，如材料公司、高校、汽车整车或零部件制造公司等；强相关专利是指合

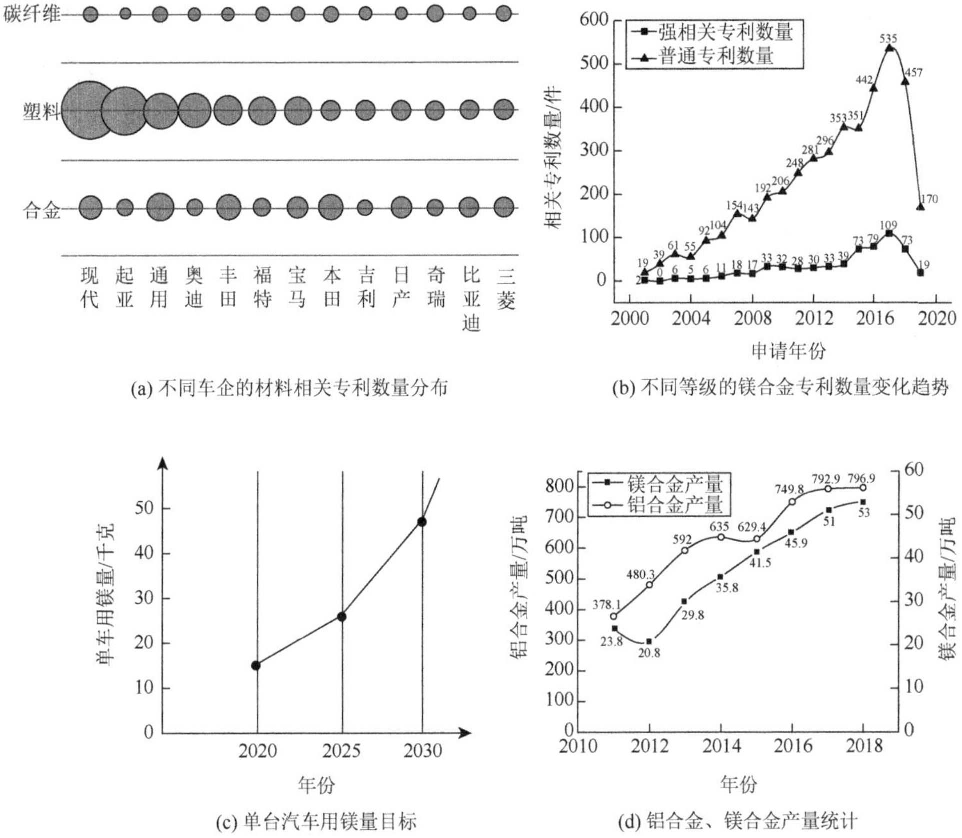

图 9-8 铝合金、镁合金专利的技术成熟度分析

金相关专利中在标题或摘要两个重点区域提及“汽车”的相关专利，大多数由涉及汽车制造的企业申请。在专利数据库中搜索到的镁合金相关专利有 4802 件，强相关专利数量有 1548 件。镁合金是实现汽车轻量化的理想材料之一，目前主要应用在车轮、方向盘等部位，但由于这种材料化学性质活泼，加工制作工艺十分复杂，在汽车上使用量越多越能体现材料应用的性能，世界各大汽车公司都已经把采用镁合金零部件的多少作为衡量其汽车产品技术是否领先的标志，具体可以通过单车用镁量来衡量。根据《节能与新能源汽车技术路线图 2.0》，到 2025 年国内单车用镁量要达到 25 千克，2030 年要达到 45 千克，如图 9-8（c）所示。实际上，2021 年，我国的单台汽车用镁量已从 2015 年的 1.5 千克提升至近 5 千克，但离 2025 年的目标仍有较大差距，镁合金的技术标准还有待提升。

由于生产加工合金的企业众多，利润数据难以获取，故以铝合金和镁合金的产量数据来代替专利利润数据。如图 9-8（d）所示，镁合金的产量逐年上升，但由于加工难度大，与铝合金的产量差距巨大。2018 年受供给侧结构性改革和供暖季政策影响，两种合金的产量较以前年度增速放缓，政策也驱动着镁铝合金行业向高质量、高技术含量方向发展。

综上所述，根据图 9-8 中分别对专利数量、专利等级、技术标准以及专利利润的分析，对比图 9-5 中技术成熟度判定标准曲线的相应子图，不难发现，目前国内汽车领域的镁合金应用技术仍处于成长期，还有很大的提升空间。

9.1.5 新能源汽车创新研制方案精准筛选

在上述分析的基础上，本节将通过初步筛选和精准筛选得到新能源汽车涉及的车用镁合金技术方案，在筛选过程中充分考虑新能源汽车创新研制技术的新颖度、跟随度、成熟度等需求指标，能够指导现实的高端装备制造研制技术方案选择。

1. 技术方案初步筛选

在计算得到相关专利的技术新颖度和技术跟随度后，可以进一步筛选得到技术方案，具体的筛选步骤如下。

步骤 1：抽取新颖度大于某个阈值的专利。本节拟采用的阈值为 0.8，筛选得到公开（公告）日在 2017 年至 2019 年的新颖专利。

步骤 2：抽取新颖度和跟随度同时大于某个阈值的专利，并将其作为该技术领域中的重要专利。本节拟采用的阈值为 0.8，筛选出失效专利及 2015 年至 2019 年的重要专利。

步骤 3：通过归纳法对上述筛选出来的专利进行汇总，形成技术方案。

2. 技术方案精准筛选

经过上述步骤，可以得到匹配用户需求的技术方案，但经过实践发现，单纯利用需求进行技术匹配会导致检索不全、领域深度不够等问题。究其原因，与用户需求相关的专利往往与装备制造企业紧密相关，然而一种新材料或一种新工艺的发明，往往来源于材料生产、加工企业或者高校，其专利功能和应用范围通常被描述得较为广泛和抽象。因此，还需要对筛选得到的技术方案进行进一步处理，具体流程如下。

步骤 1：根据汇总得到的技术方案进行关键词抽取，以抽取得到的关键词为检索词在专利数据库中进行重新检索，得到更加专业的专利数据集。

步骤 2：基于 9.1.4 节中提出的技术成熟度判定方法对技术成熟度进行分析。

步骤3：对专利数据集中的专利进行初步筛选，得到技术方案。

步骤4：根据筛选后得到的技术方案，结合专利申请人分析，进一步归纳得到最终的技术方案。

3. 实验结果

本节以合金材料中常用的材料——镁合金的专利为例，在新能源汽车创新研制技术需求分析的基础上，精准筛选出了新能源汽车企业在镁合金材料中的技术机会。

2017年至2019年，车用镁合金技术中新颖度和跟随度都较高的专利如表9-2所示。可以发现，与镁合金铸造相关的专利最多，有17项，其中，关于镁合金铸件铸造方法的专利有4项，关于镁合金铸造方法的专利有12项，与铸造镁合金相关的用具发明有1项；此外，关于镁合金表层处理的专利有7项，关于镁合金加工过程优化的专利有3项，应用镁合金的结构件发明有14项。专利主要涉及的汽车构件包括电池组散热板、管梁、增压系统、控制臂、座椅骨架、电池模组支架、遮阳帘、方向盘、热处理系统、车架、车门、轮毂、发动机气门、灯泡金属外罩。从专利的法律状态来看，有35项专利已经失效，企业可以在失效专利技术基础上进行二次开发。

表9-2 2017年至2019年车用镁合金技术中新颖度和跟随度都较高（≥0.8）的专利

专利名称	技术种类	法律状态
内燃机活塞	应用镁合金的结构件发明	失效
生产高性能镁合金零件	镁合金铸件铸造方法	失效
活塞由镁合金制成	应用镁合金的结构件发明	失效
盘轮安装部分的防腐装置	镁合金表层处理	失效
铸造用铝镁合金	镁合金铸造方法	失效
活塞销	应用镁合金的结构件发明	失效
分散强化镁合金	镁合金铸造方法	失效
具有碳增强纤维和镁合金基质金属（包括锌）的复合材料	镁合金铸造方法	失效
碳纤维增强镁合金制成的构件	镁合金铸件铸造方法	失效
车轮材料用高耐腐蚀镁合金	镁合金铸造方法	失效
高强度非晶态镁合金及其制造方法	镁合金铸造方法	失效
阻燃性和切削性出色的镁及镁合金	镁合金铸造方法	失效
一种黏合性及耐腐蚀性能良好的锌和锌镁合金二层镀金钢板及其制造方法	镁合金铸件铸造方法	失效
镁合金铸件的制造方法	镁合金表层处理	失效
镁合金水溶性加工油	与铸造镁合金相关的用具发明	失效

续表

专利名称	技术种类	法律状态
车门	应用镁合金的结构件发明	失效
镁合金压铸方法及压铸产品	镁合金铸件铸造方法	失效
压缩机	应用镁合金的结构件发明	失效
采用半熔融成型法制造镁合金制动踏板支架的方法	应用镁合金的结构件发明	失效
一种镁合金熔炼阻燃保护的方法	镁合金铸造方法	失效
内燃机	应用镁合金的结构件发明	失效
加固轮辋	应用镁合金的结构件发明	失效
一种含 Nd-Sr 铸造镁合金及其制备方法	镁合金铸造方法	失效
耐热镁合金	镁合金铸造方法	失效
镁合金汽车轮毂铸挤复合成形方法	应用镁合金的结构件发明	失效
用于切断挤压型材的方法	镁合金加工过程优化	失效
准晶增强快速凝固高强度变形镁合金的制备方法	镁合金加工过程优化	失效
用于抑制表面曲率的汽车用铝镁合金板的热处理方法	镁合金加工过程优化	失效
支持仪表板的横梁	应用镁合金的结构件发明	有效
提高纤维增强镁基复合材料阻尼性能的方法	镁合金铸造方法	失效
镁合金车架管及车架管、车架的生产方法	应用镁合金的结构件发明	失效
一种镁及镁合金表面电镀铜的方法	镁合金表层处理	失效
镁合金微弧氧化处理	镁合金表层处理	有效
一种微弧氧化电解液及微弧氧化方法	镁合金表层处理	有效
一种镁基块体非晶合金基内生复合材料	镁合金铸造方法	有效
车架连接结构	应用镁合金的结构件发明	有效
汽车压缩机	应用镁合金的结构件发明	失效
一种抑制镁合金在汽车发动机冷却液中腐蚀的缓蚀剂配方	镁合金表层处理	失效
一种耐磨耐蚀铝镁合金材料的制备方法	镁合金铸造方法	失效
一种电池或电容包装壳体	应用镁合金的结构件发明	有效
一种润滑性冷却性优良的水性多功能切削液及其制备方法	镁合金表层处理	失效

注：Nd 表示钕，Sr 表示锶

根据镁合金相关专利的新颖度和跟随度的计算结果，进一步分析得到镁合金的相关技术要素的专利分布情况，如表 9-3 所示，其中的重要专利即新颖度和跟随度都很高的专利。从新材料来看，由于本节仅统计了与汽车相关的镁合金专利和汽车整车或零部件制造企业的专利，而目前国内大多数镁合金铸造专利分布在高校，因此没有统计到与镁合金铸造相关的新颖专利，但由丰田等国外汽车制造企业公布的镁合金铸造方法的重要专利比较多，而且大部分专利都已失效，可以对这些专利技术加以利用。从新工艺来看，重要专利和新颖专利数量都不多，其原因在于这类专利主要分布在对镁合金材料进行专业加工的企业和高校，汽车制造企业涉及较少。从新技术来看，近几年国内出现了不少新兴的关于镁合金铸件铸造方法和应用镁合金的结构件发明的专利，可以对这两项技术进行二次开发或者联合开发。

表 9-3 镁合金相关技术要素的专利分布情况

技术大类	技术二级分类	重要专利数量	新颖专利数量
新材料	镁合金铸造方法	12	0
新工艺	镁合金表层处理	6	1
	镁合金加工过程优化	3	3
	与铸造镁合金相关的用具发明	2	8
新技术	镁合金铸件铸造方法	4	5
	应用镁合金的结构件发明	14	21

根据镁合金相关专利的新颖度和跟随度的计算结果，以及上述技术方案筛选步骤，通过进一步分析可以得到新能源汽车企业在镁合金材料中的技术机会，如表 9-4 所示。

表 9-4 新能源汽车企业在镁合金材料中的技术机会

技术大类	技术细分类	技术方案
新材料	T1.镁合金铸造方法	T11.耐磨耐蚀压铸镁合金
		T12.高强度非晶态镁合金
		T13.耐热压铸镁合金
		T14.纤维增强镁基复合材料
新工艺	T2.镁合金表层处理	T21.发动机冷却液防腐配方
		T22.电解液微弧氧化处理
		T23.多功能切削液
		T24.盘轮防腐蚀构件
		T25.表面电镀铜
	T3.镁合金加工过程优化	T31.变形镁合金高速凝固
		T32.镁合金自动循环热处理方法
		T33.镁合金气体保护工艺

续表

技术大类	技术细分类	技术方案
新工艺	T4.与铸造镁合金相关的用具发明	T41.稀土镧、铈、钕及铝镁合金材质的压铸模具
		T42.高安全性的镁合金低压铸造机
		T43.水溶性加工油
		T44.镁合金半固态射出成型机构
		T45.砂型铸造阶梯缝隙式浇注系统
		T46.超声铸轧机
新技术	T5.镁合金铸件铸造方法	T51.锌镁合金二层镀金钢板制造
		T52.铝镁合金粉末的制备方法
		T53.镁合金方向盘自动化压铸技术
		T54.镁合金汽车轮毂成型技术
	T6.应用镁合金的结构件发明	T61.车身
		T62.电池箱体
		T63.车门
		T64.减震器
		T65.座椅
		T66.车灯
		T67.电池散热板
		T68.发动机
		T69.方向盘
		T610.轮毂

9.2　大数据驱动的混凝土泵车调试过程智能识别与评价

本节以某重型装备制造商生产的混凝土泵车为例，以泵车调试过程中的高低压打泵阶段为识别目标，开展大数据驱动的混凝土泵车调试过程智能识别与评价的应用研究。本节分为案例背景、数据介绍、数据预处理、高低压打泵过程智能识别任务分析、混凝土泵车高低压打泵过程区间智能识别、混凝土泵车高低压打泵过程步骤智能识别、混凝土泵车调试过程评价七个小节。

9.2.1　案例背景

随着物联网技术和大数据分析的兴起，制造业由传统模式向数字化、智能化转型，智能制造在经济发展转型升级中占据重要地位。混凝土泵车属于技术和资金密集型的高科技产品（娄敏华，2010），在混凝土泵车装备制造过程中，混凝土泵车的调试是其生产制造过程中一道重要的品质控制环节。据研究，某混凝土泵车生产企业的产品故障率偏高，分析产生的故障模式，发现30%的故障均可以在整车调试阶段被发现（魏永哲，2012）。为检查混凝土泵车各个功能是否完好、测试其是否能够达到设计性能，企业在泵车装配完成后将组织工人对泵车进行人工调试，以消除泵车品控隐患、降低生产成本等。调试时泵车的工作强度往往比实际使用时更高，会进行最大泵送压力、最大臂架憋压等一系列测试，因此调试环节在一定程度上可以使实际使用过程中可能发生的问题提前暴露出来，从而将问题拦截在生产环节。

混凝土泵车的人工调试操作主要检查三个方面的内容：一是混凝土泵车的主要功能，如泵送功能，测试其运行过程是否顺畅；二是混凝土泵车的主要机械部件，如泵车的支腿、臂架等，测试其能否正常运动；三是压力测试，如系统憋压、臂架憋压（肖时耀，2019）。混凝土泵车生产企业为检查以上三个方面的内容，制定了一套泵车调试的操作流程，如图9-9所示，大致的流程可以分为四个步骤：①支腿调试；②臂架调试；③泵送调试；④交检洗车。

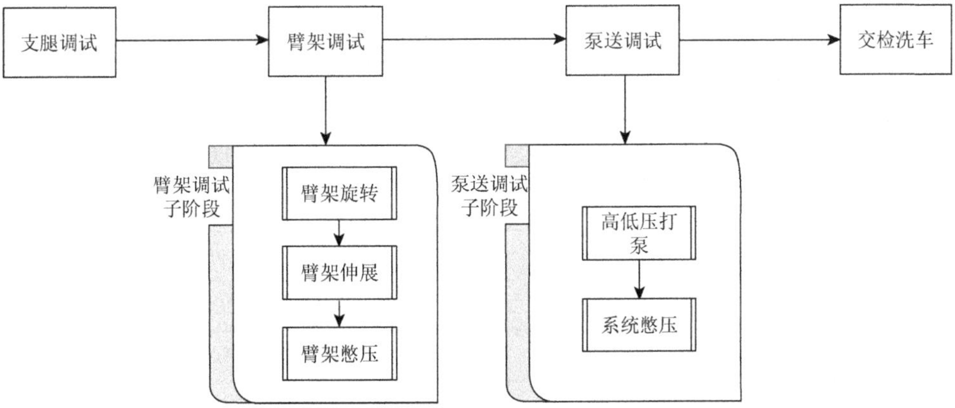

图9-9 泵车调试的操作流程

目前，混凝土泵车的调试现阶段仍处在落后的主机整机人工调试验证阶段，产品调试验证方式落后，调试工人调试操作随意性大，存在过度调试或调试验证不足等问题。随着工业互联网时代的到来，可以通过工业互联网收集的数据，识别出人工调试过程中每一个调试子阶段，这为解决混凝土泵车人工调试过程存在的各种问题提供了新思路。本节通过对混凝土泵车人工调试过程的智能识别，实现对高低压打泵过程中各个子步骤的精细识别，在有效降低制造业企业生产成本、提高产品品质方面具有重要的应用价值。

9.2.2 数据介绍

本应用案例通过与某重型装备制造商合作，以某重型装备制造商生产的混凝土泵车出厂前的性能调试为研究场景，开展数据驱动的混凝土泵车人工调试过程的智能识别。制造商通过在泵车部分部件安装传感器，实时收集泵车各个方面的工况数据。传感器记录的数据使用全球移动通信系统（global system for mobile communications，GSM）回传至接收服务器的时序数据库进行存储。回传数据的维度包括时间、全球定位系统（global positioning system，GPS）纬度、GPS 经度、液压油温、泵送排量、累计油耗、转向次数、发动机转速、系统压力、累计时间和泵车状态，共计 11 个维度。具体的数据维度释义如表 9-5 所示，其中 GPS 经纬度数据对于识别调试过程帮助不大。从机械工程角度来看，泵送排量、转向次数、系统压力以及泵车状态这四个数据项对于识别泵送调试子阶段的高低压打泵至关重要，因为前三个参数只要不为 0 都意味着泵送系统打开，而泵车状态则可以直接反映泵车是否处于正泵状态。收集的传感器数据样例如图 9-10 所示。

表 9-5　数据维度释义表

字段名	数据类型	单位	数据含义
时间	时间戳		回传数据的时刻
GPS 纬度	浮点	度	泵车所在位置的 GPS 纬度
GPS 经度	浮点	度	泵车所在位置的 GPS 经度
液压油温	浮点	摄氏度	泵车液压系统的液压油温度
泵送排量	整型	%	泵车即刻泵送排量占最大泵送排量的百分比
累计油耗	浮点	升	当前累计消耗柴油量
转向次数	整型	次/分	泵车泵送过程中泵送油缸的换向速度
发动机转速	整型	转/分	泵车发动机每分钟转速
系统压力	浮点	兆帕	泵车泵送系统压力
累计时间	浮点	小时	泵车累计泵送时间
泵车状态	整型		泵车控制系统传出的泵车状态码，每个码表示泵车处于某一状态，如支腿移动状态、臂架移动状态

1	调试在线-数据导出,	,	,	,	,	,	,	,	,	,	,	↓
2	时间	GPS纬度,	GPS经度,	GPS定位,	液压油温,	泵送排量,	累计油耗	转向次数,	发动机转速	系统压力	累计时间,	泵车状态↓
3	2019-[illegible] 01:31:56.08,	[illegible].24,	[illegible].09,	,	,	,	,	,	,	,	,	↓
4	2019-[illegible] 01:31:57.26,	[illegible].24,	[illegible].09,	,	,	,	,	,	,	,	,	↓
5	2019-[illegible] 01:31:59.80,	[illegible].24,	[illegible].09,	,	50,	0,	2,	0,	560,	0,	0,	0↓
6	2019-[illegible] 01:31:59.86,	[illegible].24,	[illegible].09,	,	,	,	,	,	,	,	,	↓
7	2019-[illegible] 01:32:00.42,	[illegible].24,	[illegible].09,	,	,	,	,	,	,	,	,	↓
8	2019-[illegible] 01:32:01.54,	[illegible].24,	[illegible].09,	,	50,	0,	,	0,	558,	0,	0,	0↓
9	2019-[illegible] 01:32:02.52,	[illegible].24,	[illegible].09,	,	50,	0,	,	0,	559,	0,	0,	0↓
10	2019-[illegible] 01:32:03.52,	[illegible].24,	[illegible].09,	,	50,	0,	,	0,	559,	0,	0,	0↓
11	2019-[illegible] 01:32:04.54,	[illegible].24,	[illegible].09,	,	50,	0,	,	0,	558,	0,	0,	0↓
12	2019-[illegible] 01:32:05.53,	[illegible].24,	[illegible].09,	,	50,	0,	,	0,	558,	0,	0,	0↓
13	2019-[illegible] 01:32:06.56,	[illegible].24,	[illegible].09,	,	50,	0,	,	0,	555,	0,	0,	0↓
14	2019-[illegible] 01:32:07.60,	[illegible].24,	[illegible].09,	,	50,	0,	,	0,	545,	0,	0,	0↓
15	2019-[illegible] 01:32:08.60,	[illegible].24,	[illegible].09,	,	50,	0,	,	0,	537,	0,	0,	0↓
16	2019-[illegible] 01:32:09.64,	[illegible].24,	[illegible].09,	,	50,	0,	,	0,	559,	0,	0,	0↓
17	2019-[illegible] 01:32:10.66,	[illegible].24,	[illegible].09,	,	50,	0,	,	0,	563,	0,	0,	0↓
18	2019-[illegible] 01:32:11.66,	[illegible].24,	[illegible].09,	,	50,	0,	,	0,	561,	0,	0,	0↓
19	2019-[illegible] 01:32:12.79,	[illegible].24,	[illegible].09,	,	50,	,	,	,	565,	0,	,	↓
20	2019-[illegible] 01:32:13.72,	[illegible].24,	[illegible].09,	,	50,	0,	,	0,	559,	0,	0,	0↓
21	2019-[illegible] 01:32:14.70,	[illegible].24,	[illegible].09,	,	,	,	,	,	,	,	,	↓
22	2019-[illegible] 01:32:15.72,	[illegible].24,	[illegible].09,	,	50,	0,	,	0,	561,	0,	0,	0↓
23	2019-[illegible] 01:32:16.76,	[illegible].24,	[illegible].09,	,	50,	0,	,	0,	559,	0,	0,	0↓
24	2019-[illegible] 01:32:17.76,	[illegible].24,	[illegible].09,	,	50,	0,	,	0,	560,	0,	0,	0↓
25	2019-[illegible] 01:32:18.78,	[illegible].24,	[illegible].09,	,	50,	0,	,	0,	575,	0,	0,	0↓
26	2019-[illegible] 01:32:19.82,	[illegible].24,	[illegible].09,	,	50,	0,	,	0,	571,	0,	0,	0↓
27	2019-[illegible] 01:32:20.82,	[illegible].24,	[illegible].09,	,	50,	0,	,	0,	564,	0,	0,	0↓
28	2019-[illegible] 01:32:21.82,	[illegible].24,	[illegible].09,	,	50,	0,	,	0,	568,	0,	0,	0↓
29	2019-[illegible] 01:32:22.86,	[illegible].24,	[illegible].09,	,	50,	0,	,	0,	578,	0,	0,	0↓
30	2019-[illegible] 01:32:23.88,	[illegible].24,	[illegible].09,	,	50,	0,	,	0,	568,	0,	0,	0↓
31	2019-[illegible] 01:32:24.92	[illegible].24	[illegible].09		50	0		0	555	0	0	0↓

图 9-10 收集的传感器数据样例

由于制造商的在线调试系统上线时间不久，目前积累的数据规模不大，服务器存储了大约 600 台泵车的调试数据，但是数据缺失较为严重，其主要原因有如下几点。

（1）智能调试系统在前期开发完善阶段服务器不稳定，服务器宕机导致数据接收不到。

（2）通信信号差导致传感器数据没有被服务器接收到。

（3）泵车停机不工作，没有数据回传，导致数据缺失。

根据调试工艺手册，完成整套调试流程的标准是所有需要发动机工作的子阶段的累积时间不得低于 6 小时，然而经过本节的初筛，发动机工作时间不低于 6 小时的泵车大约只有 120 台，占泵车总数的 20%左右，其他绝大部分泵车数据都存在不同程度的数据缺失。在缺失情况比较少的 120 多辆泵车的数据中，每辆泵车的数据量约在 2 万行以上、10 万行以下。

由传感器回传得到的时序数据的大部分数据点的时间间隔都很短，其中 90%以上的数据点的时间间隔小于 2 秒，但是剩余部分数据点的最长时间间隔可以高达数万秒。这种长时间的数据间隔，会给后续的建模分析带来不便，因为这段时间内的数据缺失，可能是泵车停机不工作导致的，也可能是服务器没有收到回传数据导致的，掌握数据缺失的具体原因对于处理数据十分重要。虽然大部分回传数据之间的时间间隔很短，但是由于单台泵车的回传数据量基数较大，一般为 2 万行以上，因此，即使是 0.1%的数据点是长时间回传间隔，也代表着数十次的大型数据缺失现象发生，这对于后续的分析工作是一大挑战。

9.2.3　数据预处理

原始数据的数据缺失十分严重，尽管我们收集了 600 多辆泵车的数据，但是大部分只有连续几个小时的数据，而调试过程的耗时一般为 2～3 天，发动机工作至少 6 小时。首先，根据实际情况进行初步筛选，过滤掉发动机工作持续时间低于 6 小时的数据样本，经过筛选后达到应有调试时长的数据大约只有 120 辆泵车的数据。在这 120 辆泵车的数据中，各个维度的数据也有不同程度的缺失。除此之外，原始数据虽然是时序数据，但其时间间隔并不固定，还需要设置固定的采样时间间隔对数据进行重采样，将其转换成固定时间间隔的时序数据。重采样过程可能会引入数据缺失问题，因此需要再次处理缺失，最后对数据进行平滑处理以及标准化处理，为后续的模型训练做准备。数据预处理总体流程如图 9-11 所示。

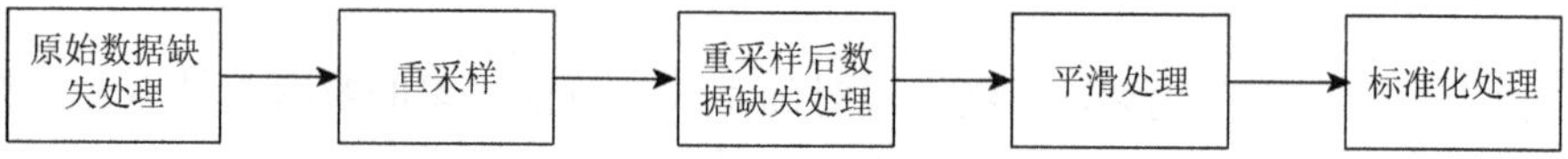

图 9-11　数据预处理总体流程

1. 原始数据缺失处理

在泵车工况数据中，不同的数据项代表的意义不同，因此处理缺失的方法也应该考虑实际情况，而不是简单地使用一种处理缺失的方法。在处理数据时，时间字段没有缺失，而 GPS 经纬度对于泵车调试过程的识别没有意义，因此也不需要考虑经纬度数据的处理。

在处理缺失数据时，首先需要尽可能区分数据缺失是泵车停止工作还是数据回传受阻引起的。由于泵车的调试过程较长，一般会持续 2 天左右，期间调试工人在下班时会关闭泵车，中止调试，从而导致数据传输中断。当工人再次上岗时，会继续进行未完成的调试作业，数据传输重新开始。通过咨询负责泵车调试的工程师，可以确定泵车一旦开始调试，一般只会在中午工人吃饭午休期间、下午晚饭期间、晚上下班期间这三个时间段停止工作，且会停止较长时间，大约在 20 分钟以上。故可以通过设定一个时间阈值，将超过该阈值的长时间数据缺失视作是调试中止引起的，这种情况下无需对缺失数据进行恢复，将数据填充为泵车停机状态下的默认值即可。而时间间隔未超出该阈值的数据缺失，可以被认为是数据回传失败引起的，需要尽可能恢复这些缺失的数据。

对于除时间和GPS经纬度以外的其他8个维度的数据项，需要根据调试过程的实际情况进行缺失处理。其中一些数据项，如液压油温、累计油耗等，其变化的过程是连续的、渐变的、较为缓慢的。如果知道起始值和结束值，假设缺失部分的数据变化过程是均匀的，通过使用线性插值法可以近似估计中间缺失的数据，做到填充数据接近缺失过程的真实值。而有的数据项，如泵送排量、转向次数等，则可以采用后向填充法，使用缺失结束位置的值填充缺失值，因为对于这种传感器回传失败导致的数据缺失，数据缺失结束位置处的数值可能是传感器上传失败后尝试重传的真实数据，故采用后向填充法估计数据缺失时间段内的真实值。

具体各个数据项缺失处理方法如表9-6所示。图9-12以泵车累计油耗数据为例，展示了原始数据缺失处理之后的效果，横坐标为数据序号，纵坐标为油耗量，可以看出处理缺失后，原本离散的数据点变得连贯起来。

表9-6 各个数据项缺失处理方法

字段名	数据类型	缺失处理方法
液压油温	浮点	线性插值法
泵送排量	整型	后向填充法
累计油耗	浮点	线性插值法
转向次数	整型	后向填充法
发动机转速	整型	后向填充法
系统压力	浮点	后向填充法
累计时间	浮点	线性插值法
泵车状态	整型	后向填充法

2. 重采样

回传的监测数据尽管是时序数据，但由于时间间隔不确定，大部分数据点之间的时间间隔很短，只有1～2秒，少量数据点的时间间隔很长，可达数个小时，因此需要根据实际应用情景设定统一的时间间隔标准对数据进行重采样。如果采样时间间隔太短，短于时序数据中两个数据点之间的时间间隔，那么采样时将无法采样到数据，从而会导致缺失值产生；如果采样时间间隔太长，一次采样会使用太多个数据点的数据，而采样的结果是这多个数据的均值或者极值，那么采样

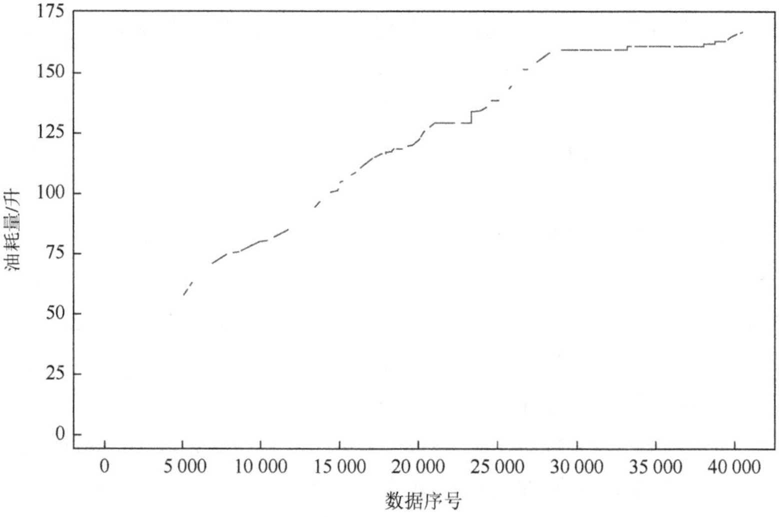

(a) 累计油耗原始数据

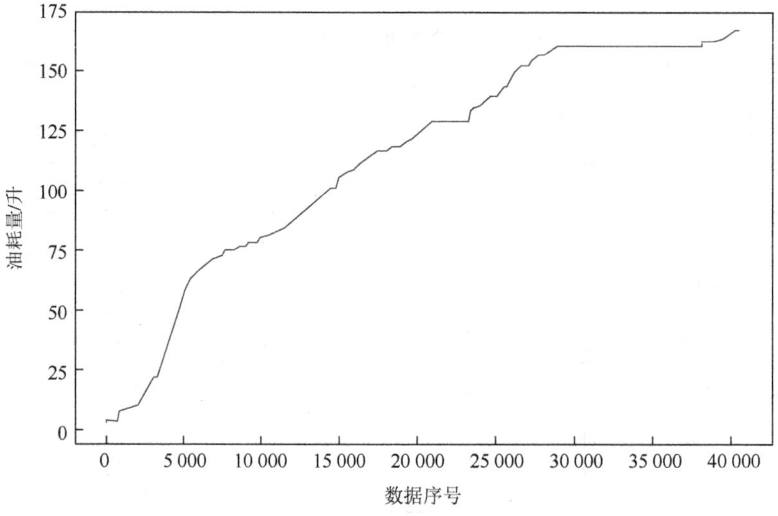

(b) 缺失处理后的累计油耗数据

图 9-12　泵车累计油耗数据缺失处理

时间间隔内的数据内部变化情况是无法从采样结果中得知的，会忽略掉其中的细节。因此，在设定统一的时间间隔时，需要权衡各方面的因素。通过咨询泵车调试工程师，查阅调试手册，参考调试过程需要识别的细粒程度以及尽可能较多地保留回传数据，本节设定采样时间间隔为 5 秒。

图 9-13 展示了以泵车累计油耗为例，进行重采样之后的数据效果图。与图 9-12 不同的是，该图的横坐标表示时间而不是数据序号，相当于在处理缺失

的基础上，对数据再进行拉伸和压缩操作，因此得到的曲线形状与图 9-12（b）不一致。

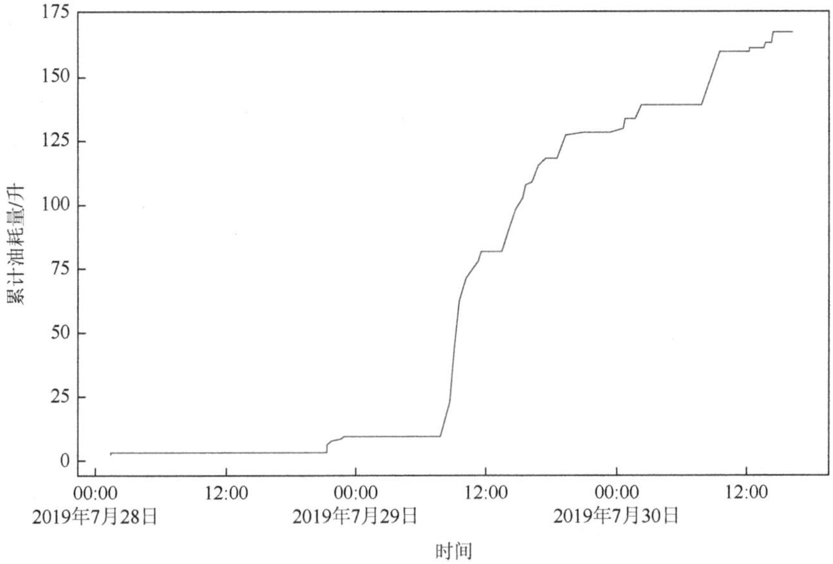

图 9-13 重采样后的累计油耗数据效果图

3. 重采样后数据缺失处理

重采样步骤会由于数据点之间的时间间隔大于 5 秒，无法完成采样从而引入缺失值，因此需要对重采样之后的数据再次进行缺失处理，思路和方法与原始数据缺失处理相同。

4. 平滑处理

数据平滑处理主要是为了减小时序数据中的噪声影响，可以去除噪声、结构细节或瞬时跳变等现象，使数据变化得更加平稳缓和。

尽管在重采样中使用 5 秒的采样间隔进行采样，已经在一定程度上减小了数据高频抖动的影响，但是 5 秒仍旧是一个较短的时间间隔。在如此短的时间内，可能出现传感器测量扰动，或者泵车运行本身存在一定的抖动，从而引入噪声信号。因此，在经过原始数据缺失处理、重采样等几个步骤处理之后得到的固定时间间隔的时序数据，依旧可能是一个真实数据叠加随机扰动的混合数据体。对数据进行平滑处理，有助于减小随机扰动的影响，提高后续建模的模型精度。

本节使用的平滑算法是简单移动平均（simple moving average，SMA）法，简单移动平均法的各元素权重都相等，t 时刻的平滑值是之前 k 个数值的未加权算术平均值。s_t 为 t 时刻的平滑值；$d_t, d_{t-1}, \cdots, d_{t-k+1}$ 分别为 t 时刻、$t-1$ 时刻直至前 k 时刻的实际值；k 为平滑的窗口长度。简单移动平均法的计算公式为

$$s_t = (d_t + d_{t-1} + \cdots + d_{t-k+1}) \times \frac{1}{k} \tag{9-1}$$

使用简单移动平均法对泵车工况时序数据中的液压油温、泵送排量、转向次数、发动机转速、系统压力 5 个数据项进行平滑处理，平滑的窗口时间长度为 40 秒，则平滑的窗口长度 $k=8$，即每相邻 8 个数据点进行一次平滑计算。将平滑处理的时间窗口长度设置为 1 分钟以下是为了尽量不要因为平滑失去了泵车调试运转过程中各个参数的细节。对于泵车工况数据中的其他数据项则没有必要进行平滑处理。例如，泵车状态是状态码，不能对其进行平滑处理；对累计油耗进行平滑处理可能会使其丧失即时性的特点，且该数据项对于噪声并不敏感，可以容忍一定的噪声存在。

5. 标准化处理

数据的标准化是将数据按比例缩放，使之落入一个小范围的特定区间。标准化可以去除数据的单位限制，将其转化为无量纲的纯数值，可以使得不同单位或量级的数据项能够直接进行比较和加权。目前数据标准化方法有多种，归结起来可以分为直线型方法、折线型方法、曲线型方法。不同的标准化方法，对系统的评价结果会产生不同的影响，在数据标准化方法的选择上，没有通用的法则可以遵循。

在处理泵车数据时，应用 *z*-score（*z* 分数，也叫标准分数）标准化方法处理时序工况数据，对泵车工况数据中除了泵车状态以外的其他数据项都进行标准化处理。泵车状态是状态码，每一个数值表示泵车所处的一种工作状态，因此对其进行标准化处理是没有意义的。*z*-score 标准化，也叫标准差标准化，这种方法基于原始数据的均值和标准差进行数据的标准化。经过处理的数据符合标准正态分布，即均值为 0，标准差为 1，其转化函数如式（9-2）所示，其中 μ 为所有样本数据的均值；σ 为所有样本数据的标准差。

$$z\text{-score} = \frac{x-\mu}{\sigma} \tag{9-2}$$

9.2.4　高低压打泵过程智能识别任务分析

混凝土泵车的高低压打泵过程比较复杂，传统的基于专家规则的方法由于极易受噪声和其他过程产生的伪信号影响，不能胜任高低压打泵过程识别的任务。

机器学习模型在训练的过程中就已经受了干扰数据的影响，因而具有较好的抗干扰能力。因此，将这两种方法进行结合，可以得到基于两步识别的高低压打泵过程识别方法：第一步，用基于滑动窗口的方法构建训练样本集并训练分类器，利用分类器将识别区间预锁定在一个很小的区间范围内；第二步，在预锁定范围内，使用基于规则的方法对高低压打泵各步骤进行划分和识别。

一个标准的高低压打泵过程包括混凝土泵车在高压条件和低压条件下分别进行 5 分钟 a%泵送排量、5 分钟 b%泵送排量、10 分钟 c%泵送排量的测试。高低压打泵过程示意图如图 9-14 所示，其中高压打泵和低压打泵的操作顺序没有严格要求，可以先执行高压打泵操作然后执行低压打泵操作，反之亦可。

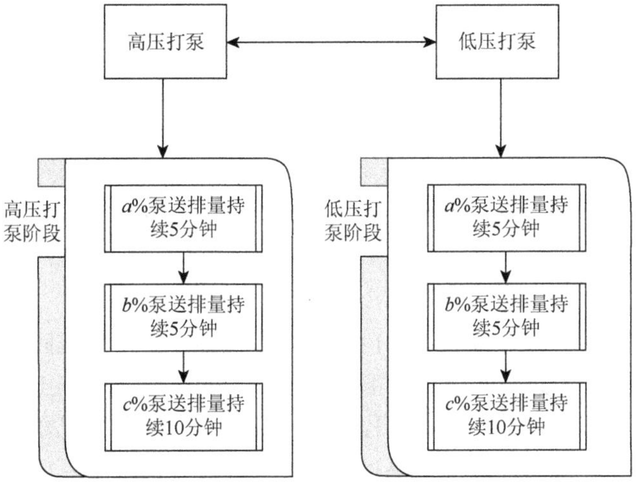

图 9-14 高低压打泵过程示意图

高低压打泵过程的识别任务可分解为六个子步骤，需要分别求得每个子步骤的起止时间。传统的基于规则的方法即使是识别整个高低压打泵过程的大致区间都无法做到。因为在实际操作中，一方面，存在噪声干扰或者由于机械控制因素，泵送排量可能出现瞬间跳变，即毛刺现象（图 9-15），规则很难适应这些情况；另一方面，规则很容易被其他过程中出现的泵送排量变化的伪信号欺骗，误认为其他调试过程是高低压打泵过程，难以识别到真正的高低压打泵过程。而识别整个高低压打泵过程，仅是识别高低压打泵过程中六个子步骤的前提条件。对此，本节首先使用机器学习的方法，缩小高低压打泵过程所在的区间，将高低压打泵过程锁定在一个很小的区间内，即打泵过程区间智能识别。然后在这个很小的区间内使用基于规则的方法将六个子步骤的起止时间识别出来，即打泵过程步骤智能识别。

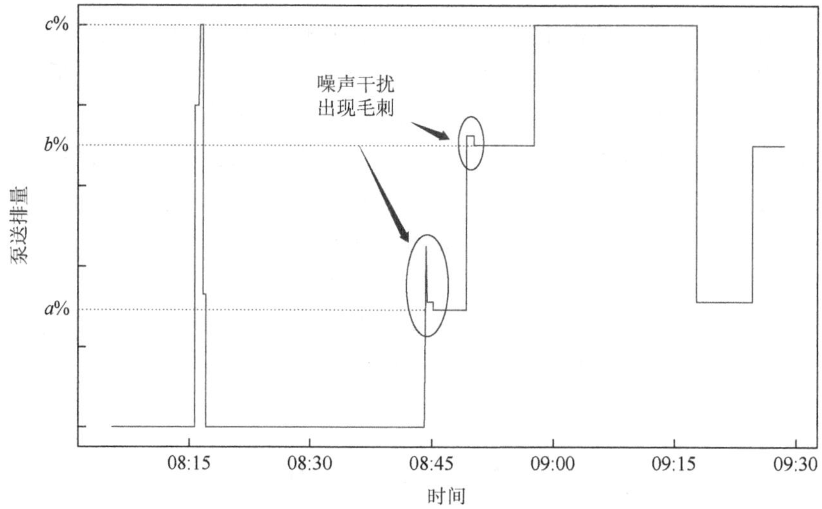

图 9-15　调试过程中的毛刺现象

9.2.5　混凝土泵车高低压打泵过程区间智能识别

1. 高低压打泵过程数据标注

泵车工况时序数据直接通过来自遍布泵车各部件的传感器回传得到，由于传感器数据并不能告知泵车调试处于哪一阶段，因此需要对泵车工况时序数据进行人工标注。标注人员需要在调试工程师的指导下，在泵车工况数据中对高低压打泵过程进行标注。数据标注的主要目的是记录下每一辆泵车高低压打泵过程的开始时间和结束时间。这里只需要记录高低压打泵整体过程的起止时间，不需要对其下的六个细分小步骤进行标注，标注规则如下。

（1）对于特别不规范的高低压打泵过程，如泵送排量的变化节奏完全不按 *a*%—*b*%—*c*%的顺序，则不应该将其视作高低压打泵过程，在标注的时候，不需要对此类过程进行标注。

（2）对于某一泵送排量持续时间短于 5 分钟的高低压打泵过程，若出现次数少于 2 次，则仍将其划分为高低压打泵阶段，记录该调试阶段的起止时间。

（3）对于高低压打泵过程中穿插了其他时间较短的调试过程的情况，不进行中断分别处理，直接取最大的时间区间，记录该调试子阶段的起止时间。如果穿插了较长的调试过程，则不将其视作高低压打泵过程，不需要对此类数据进行标注。

2. 基于滑动窗口的高低压打泵过程训练集构建

使用基于滑动窗口的方法将泵车传感器回传的时序数据流截取为数据流片

段，对数据流片段运用机器学习的模型进行分类判断，从而将泵车人工调试过程中高低压打泵过程的识别范围缩小到分类器判定为高低压打泵过程的滑动窗口区间。使用长度为40分钟的窗口，该长度略小于实际调试过程中高低压打泵过程所用时长，但若窗口处于高低压打泵过程中，窗口也能大致包含高低压打泵过程中的泵送排量随时间上升、下降的变化过程，这是高低压打泵过程中最复杂、数据变化最明显的过程。为了尽可能获得比较精确的调试过程的时间区间，窗口移动的步长采用1/4个窗口长度，即步长为10分钟。但在构建训练样本时，由于数据集较小，仅使用基于滑动窗口的数据流分段不足以构建数量较多的训练样本，而且会面临正负样本比例不均衡的问题，因此使窗口以较小的步长滑动，以截取更多的数据流片段作为正样本，增加正样本的数量。负样本可以分为易分负样本和难分负样本。通过提高难分负样本的比例可以使分类器较好地识别处于该调试过程边缘，但只有较小一部分属于该调试过程的数据流窗口。这样的设计虽然在训练阶段增加了分类器识别难度，但可以提高最终分类器的识别精准度，使分类器不会将过于远离调试子阶段的边界窗口识别为该调试子阶段。

3. 分类器设计

极限梯度提升（eXtreme gradient boosting，XGBoost）模型是基于决策树的集成机器学习算法（Chen and Guestrin，2016），它以梯度提升为框架，被大量运用于工业界。XGBoost 使用分类回归树（classification and regression tree，CART）作为基学习器，其决策规则和决策树相同，但分类回归树的每一个叶节点都具有一个权重，即叶节点的得分或者说是叶节点的预测值。混凝土泵车可能的状态分类回归树示例如图9-16所示，其中树下方的输出值即为叶节点的权重（得分）。当输入一个样本进行预测时，根据每个内部节点的决策条件进行节点划分，最终被划分到的叶节点的权重即为该样本的预测输出值。

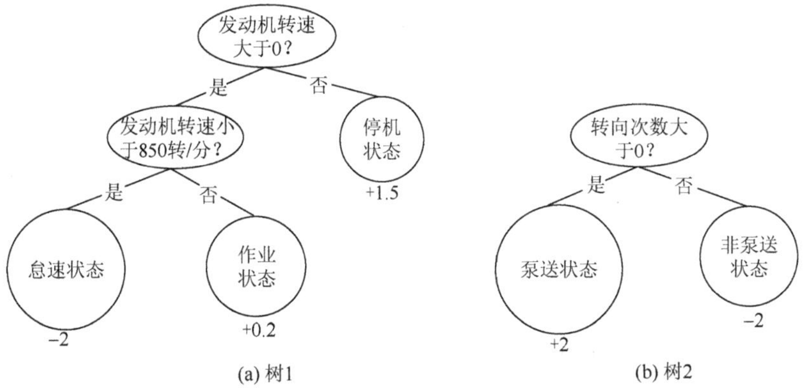

图9-16 混凝土泵车可能的状态分类回归树示例

XGBoost 模型与深度学习模型不同的是，在数据预处理后，得到的时序数据不能直接作为 XGBoost 模型的输入，需要进行特征工程的处理。结合实际业务背景构建可能的强特征，对窗口数据进行处理，构建以统计特征为主要特征的一系列新特征作为模型的输入，构建的新特征的释义如表 9-7 所示。表 9-7 中大部分特征都是时序数据的统计特征，如均值、极值、计数统计（由于时序数据是等时间间隔的，因此某一情形的时间长度等价于该情形出现的次数）等。特征 17～特征 19 的实质是计算泵送排量以 2 分钟为时间间隔的差分值，并统计差分值分别处于$[b-a-5, b-a+5]$、$[c-b-5, c-b+5]$、$(-\infty, a-c+5]$这三个区间的时间长度，而这三个区间在实际调试工艺中分别代表泵送排量从 a%变到 b%、从 b%变到 c%以及从 c%变到 a%这三种情形。从业务背景上理解，这几个特征是检测高低压打泵过程中泵送排量变化的重要特征。

表 9-7　构建的新特征释义表

特征编号	含义	特征编号	含义
0	时间窗内发动机转速的平均值	10	时间窗内泵车状态的众数
1	时间窗内泵送排量在$[(a-5)\%, (a+5)\%]$区间的时间长度	11	时间窗内泵车处于正泵状态的时间长度所占比例
2	时间窗内泵送排量在$[(b-5)\%, (b+5)\%]$区间的时间长度	12	时间窗内泵车状态的众数是否为正泵状态
3	时间窗内泵送排量在$[(c-5)\%, +\infty)$区间的时间长度	13	时间窗内泵送排量的最大值
4	时间窗内转向次数的平均值	14	时间窗内泵送排量的最小值
5	时间窗内转向次数的最大值	15	时间窗内泵送排量的中位数
6	时间窗内转向次数的中位数	16	时间窗内泵送排量的平均值
7	时间窗内系统压力的平均值	17	泵送排量 2 分钟后的变化值处于$[b-a-5, b-a+5]$区间的时间长度
8	时间窗内系统压力的最大值	18	泵送排量 2 分钟后的变化值处于$[c-b-5, c-b+5]$区间的时间长度
9	时间窗内系统压力的中位数	19	泵送排量 2 分钟后的变化值处于$(-\infty, a-c+5]$区间的时间长度

4. 基于分类器结果预锁定高低压打泵识别区间

机器学习分类器可以将高低压打泵过程所在时间区间锁定在一个很小的时间范围内（图 9-17）。假如机器学习分类器效果很好，那么被分类器分类成高低压打泵过程的数据流窗口不属于高低压打泵过程的区间长度应该至多为 1/4 个窗口长

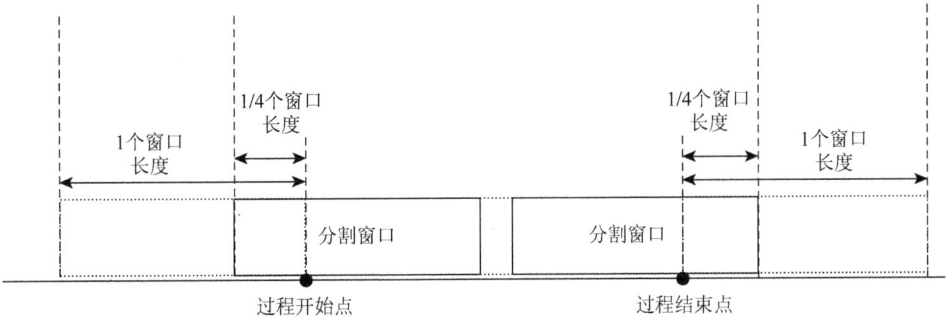

图 9-17 分类器锁定区间误差范围

度，即 10 分钟的时间区间长度。该假设是基于机器学习的分类器精准学到了正样本中最多只有 1/4 个窗口长度处于标注的高低压打泵起止点之外的规则，那么被分类器确定为属于高低压打泵过程的窗口与实际的高低压打泵过程的起止点差距不会超过 10 分钟，也就是说在整个历时 2 天左右的调试过程中，分类器可以将高低压打泵所在区间锁定在高低压打泵过程前后不超过 10 分钟的时间区间内，相比于原来整个调试区间大大缩小了识别范围。实际上，分类器的能力不一定可以做到区分到 10 分钟的精度（学习到正样本最多只有 1/4 个窗口长度处于标注的高低压打泵起止点之外的规则），如果分类器能力弱一些，只能保证被其分类为高低压打泵过程的数据流窗口中包含了高低压打泵过程的一小部分，那么数据流窗口与实际的高低压打泵过程的起止点差距不会超过一个窗口，即 40 分钟的时间长度。分类器可以将高低压打泵所在区间锁定在高低压打泵过程前后不超过 40 分钟的时间区间内，这相对于历时约 2 天的调试过程，也达到了大大缩小识别范围的效果。

为了使锁定区间变得连贯，做出如下约定。若两个被判定为属于高低压打泵过程的窗口之间的重叠区域大于或等于 50%，则这两个窗口所覆盖的时间区间被视为是同一次高低压打泵过程，否则被视为是两次不同的高低压打泵过程（图 9-18）。出现多次高低压打泵过程时，只对第一次高低压打泵过程预锁定区间内的数据进行识别。其中，两个被判定为属于高低压打泵过程的窗口之间的重叠区域大于或等于 50%，等价于两个窗口最多只间隔 2 个步长（1 个步长为 1/4 个窗口长度），即两个窗口要么相邻，要么之间只间隔一个窗口。基于上述约定，可以将分类器在一辆泵车数据流中判定为属于高低压打泵过程的窗口转化为锁定区间的起止点。

5. 实验结果

XGBoost 模型以 AUC（area under receiver operating characteristic curve，受试

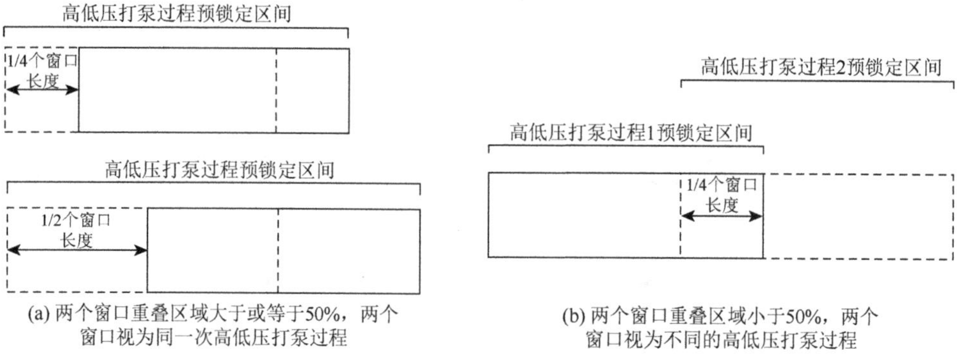

图 9-18　高低压打泵过程预锁定区间判定

者操作特征曲线下面积）作为损失函数的衡量指标，通过早停法（early stopping）确定模型的最佳迭代次数为 147 次，即在模型上进行 147 次训练，可以达到最佳训练效果。预留 30%数据作为测试集，剩余训练数据中预留出 20%的数据作为验证集。在预留测试集上 XGBoost 模型的分类准确率为 86.01%。

为了检验模型的鲁棒性，除了在预留测试集上检验之外，使用分层抽取的 200 个额外的泵车样本数据（不与训练集、测试集重叠）进行检查。对 200 个泵车样本数据进行筛选，其中 9 个数据样本由于缺失一个或多个计算特征，无法使用 XGBoost 模型进行验证，剩下的 191 个样本具有 XGBoost 模型所需的 20 个特征（表 9-7）。检查验证结果，XGBoost 模型的准确率为 92.67%，其输出结果的混淆矩阵图如图 9-19 所示，可以发现 XGBoost 模型的区分能力很强，出现错误区分的例子极少。为了评估测试结果，计算得到 F1 值为 93.7%，精确率为 92.9%，召回率为 94.5%。

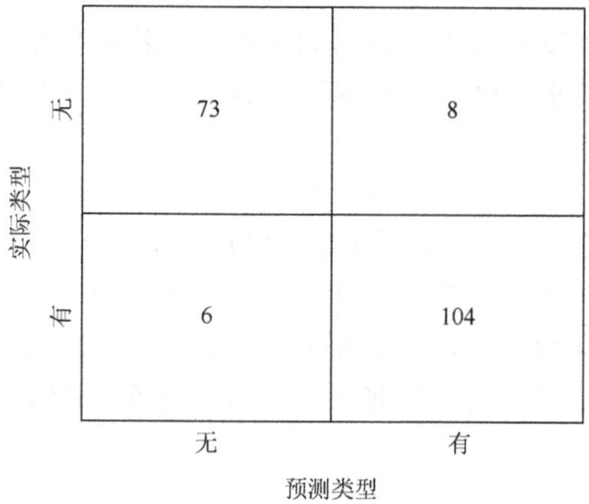

图 9-19　XGBoost 模型输出结果的混淆矩阵图

XGBoost 模型可以通过查看特征重要性在一定程度上检查模型的合理性。在 XGBoost 模型中，增益表示通过在模型中的每棵树中获取每个特征的贡献而计算出的相应特征对模型的相对贡献。某一特征增益值越高表示该特征对于生成预测结果就越重要，因此通过增益值可以得出每个特征的重要性，如图 9-20 所示，可见特征 11 的重要性最高，特征 2 次之。特征 2 表示时间窗内泵送排量在[$(b–5)\%,(b+5)\%$]区间的时间长度，这是高低压打泵过程中以 $b\%$泵送排量打泵的时间长度，在其他调试过程中出现的可能性很小，并且在实际操作中，此数值越接近 10 分钟，越符合标准的高低压打泵操作规范。特征 11 表示时间窗内泵车处于正泵状态的时间长度所占比例，泵车处于正泵状态是泵车调试高低压打泵的一个必要条件。

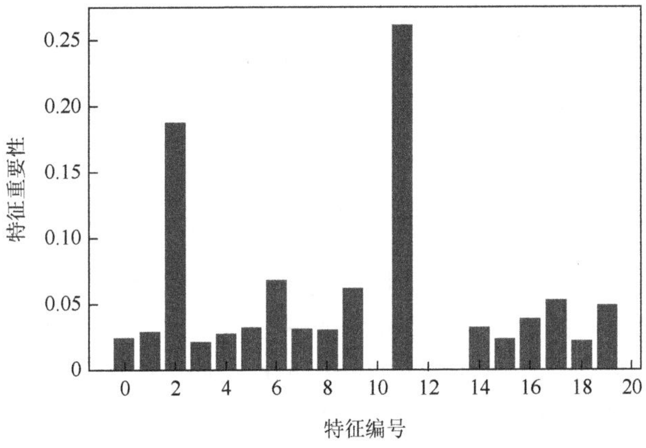

图 9-20 特征重要性图

9.2.6 混凝土泵车高低压打泵过程步骤智能识别

1. 预锁定区间内高压与低压打泵的划分与判断

预锁定区间相比于整个调试过程，已经大大缩短了高低压打泵过程可能处于的时间区间，因此在预锁定区间内，随机噪声以及来自其他调试过程的干扰大大减少，可以采用基于规则的方法对高低压打泵过程进行进一步细分和识别。

预锁定区间内高压打泵和低压打泵两个过程的划分是利用两个过程之间会有一次泵送排量的突然下降这一特点进行的。标准的高低压打泵过程切换的时候，泵送排量会从 $c\%$快速降至 $a\%$。切分点通过以下三条规则确定。

（1）该时间点的泵送排量比 2 分钟前下降了$(c–a–5)\%$以上。

（2）该时间点的泵送排量处于[$(a–5)\%,(a+5)\%$]的区间内。

（3）如果区间内有多个符合（1）和（2）的时间点，取第一个符合条件的时间点作为切分点。

对于高压打泵与低压打泵过程的判断通过比较两个过程的泵送压力进行。不同型号的泵车，其高压打泵和低压打泵所处的泵送压力范围不同，某种型号泵车高压打泵所处的泵送压力范围可能与另一型号泵车低压打泵所处的泵送压力范围重叠，因此不能直接设定阈值进行判断。假设存在过程 A 和过程 B，它们分别属于高压打泵和低压打泵过程中的一种，但不知道具体属于哪一种。因此使用以下方法对高压和低压打泵过程进行判断。

（1）分别计算过程 A 中泵送排量处于$[(a-5)\%,(a+5)\%]$、$[(b-5)\%,(b+5)\%]$、$[(c-5)\%,(c+5)\%]$区间的泵送压力平均值 P_{Aa}、P_{Ab}、P_{Ac}。

（2）分别计算过程 B 中泵送排量处于$[(a-5)\%,(a+5)\%]$、$[(b-5)\%,(b+5)\%]$、$[(c-5)\%,(c+5)\%]$区间的泵送压力平均值 P_{Ba}、P_{Bb}、P_{Bc}。

（3）分别计算 P_{Aa}、P_{Ab}、P_{Ac} 的平均值 P_A，P_{Ba}、P_{Bb}、P_{Bc} 的平均值 P_B。

（4）若 $P_A \geqslant P_B$ 则判断过程 A 为高压打泵，过程 B 为低压打泵；若 $P_A < P_B$ 则判断过程 B 为高压打泵，过程 A 为低压打泵。

2. 高压与低压打泵范围内三种泵送排量的识别

以高压打泵过程中以 $a\%$泵送排量打泵的过程识别为例，说明高压与低压打泵范围内三种泵送排量的识别。识别步骤如下。

步骤 1：对高压打泵过程中 $a\%$泵送排量打泵过程进行划分，若前一次出现泵送排量处于$[(a-5)\%,(a+5)\%]$区间的泵送时刻与后一次出现泵送排量处于$[(a-5)\%,(a+5)\%]$区间的泵送时刻相差不超过 3 分钟，则将两个时刻视作同一次以 $a\%$泵送排量进行打泵的过程，否则视作两次以 $a\%$泵送排量进行打泵的过程。

步骤 2：若出现多次以 $a\%$泵送排量进行打泵的过程，以持续时间最长的一次以 $a\%$泵送排量进行打泵的过程作为识别过程，该过程的起始时间点和结束时间点即为高压打泵过程以 $a\%$泵送排量进行打泵的过程起止点。若以 $a\%$泵送排量进行打泵的过程一次都没有出现，则视作该过程缺失。

步骤 3：若步骤 2 中识别出来的高压打泵过程中以 $a\%$泵送排量进行打泵的过程持续时间不超过 2 分钟（调试工艺要求持续 5 分钟），也视作该过程缺失。

在步骤 1 和步骤 2 中设置 3 分钟的时间阈值，取最长的一次以 $a\%$泵送排量进行的泵送操作可以将高压打泵过程中进行其他操作时可能产生的短时间以 $a\%$泵送排量进行打泵的操作过滤掉。步骤 3 是按照调试工艺的规定，将调试持续时间过短的操作（2 分钟以下）视作缺失该调试步骤，因为这些短时间的操作很可能是泵送排量快速变化过程中产生的或者是噪声产生的，显然调试工人并不是有目的性地进行该项调试。

3. 实验结果

为了验证最终的识别结果，从 2019 年 10 月 1 日至 2019 年 11 月 7 日之间选取 86 辆泵车的数据对识别结果进行检查。对识别出来的高低压打泵过程各步骤的起止时间点进行检查，设定以下检查规则。

（1）以 a%和 b%泵送排量打泵的过程，如果识别出的起止时间点与实际起止时间点相差不超过 3 分钟，即视为识别准确。

（2）以 c%泵送排量打泵的过程，如果识别出的起止时间点与实际起止时间点相差不超过 5 分钟，即视为识别准确。

图 9-21 为统计的高低压打泵各过程识别的准确率，可以明显看出各个过程的识别准确率均在 80%～90%之间，说明识别准确率较高。但其中也存在误识别的情况，造成这一现象的原因主要有两点：一是高低压打泵过程各步骤没有按规定顺序进行，混乱的排序使分类器识别出错，从而导致细分过程识别失败；二是以 c%泵送排量进行打泵的过程的高低压识别会出现颠倒现象，这可能是由于每一段排量的泵送过程时间较短，判定高低压的规则不能很好地排除数据噪声对其的影响。

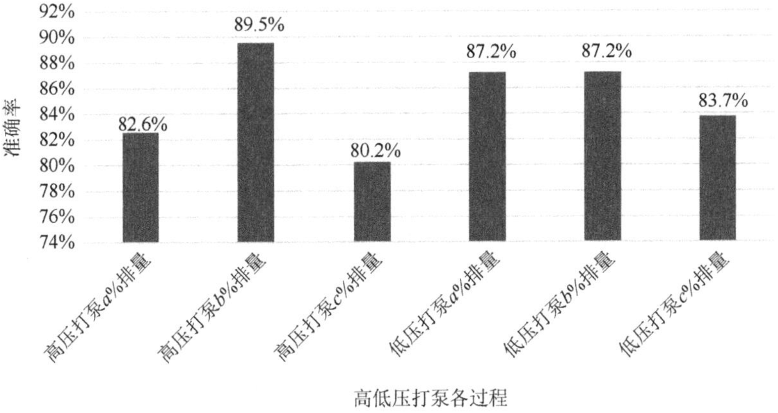

图 9-21 高低压打泵各过程识别的准确率

9.2.7 混凝土泵车调试过程评价

基于两步识别的高低压打泵过程识别方法对高低压打泵过程各步骤的识别准确率均在 80%以上，可以帮助企业有效掌控高低压打泵调试过程的进度和耗时，发现调试过程缺失和过度调试的情况。由于调试缺失而造成的损失需要从售后服务单了解，涉及企业商业机密，因此这里仅以过度调试为例分析本方法可带来的具体效益。以 2019 年 10 月的 43 台泵车调试数据为样本，统计高低压打泵过程各个步骤的超时区间在[50%,100%)、[100%,150%)、[150%,+∞)的泵车数量，具体统计结果如表 9-8 所示，括号内为超时泵车所占比例。

表 9-8　高低压打泵过程各个步骤超时的泵车数量　　（单位：台）

超时区间	高压打泵 a%排量	高压打泵 b%排量	高压打泵 c%排量	低压打泵 a%排量	低压打泵 b%排量	低压打泵 c%排量
[50%,100%)	7（16.3%）	5（11.6%）	8（18.6%）	3（7.0%）	11（25.6%）	16（37.2%）
[100%,150%)	3（7.0%）	4（9.3%）	5（11.6%）	0	4（9.3%）	11（25.6%）
[150%,+∞)	1（2.3%）	1（2.3%）	1（2.3%）	0	0	6（14.0%）

高低压打泵调试过程中各个步骤都存在不同比例的超时现象，如果根据识别高低压打泵过程的结果，有针对性地对调试工人进行调试操作的指导，改进其调试操作，使泵车调试过程按照标准进行，可以减少甚至消除调试超时的现象。将超时区间在[50%, 100%)的泵车调试过程按超时 50%计算，超时区间在[100%, 150%)的泵车调试过程按超时 100%计算，超时区间在[150%, + ∞)的泵车调试过程按超时 150%计算；假设将调试超时改进到按照标准时间调试，各个超时区间的油料节省情况如表 9-9 所示。其中，权重是各个过程在标准的高低压打泵过程中的用时占比；可节省油料比例是根据不同超时程度计算的，超时越多则改进到标准用时的可节省油料比例越高；超时比例为统计的某一超时情况所发生的频率；总体节省油料比例为以上各项的乘积，即所有泵车高低压打泵调试过程总油料的节省比例。将各部分总体节省油料比例累加可得，高低压打泵过程总体油耗至少可以降低 9.72%。

表 9-9　高低压打泵过程各个超时区间的油料节省情况

项目		高压打泵 a%排量	高压打泵 b%排量	高压打泵 c%排量	低压打泵 a%排量	低压打泵 b%排量	低压打泵 c%排量
权重		0.125	0.125	0.250	0.125	0.125	0.250
[50%,100%)	可节省油料比例	33.33%	33.33%	33.33%	33.33%	33.33%	33.33%
	超时比例	9.3%	2.3%	7.0%	7.0%	16.3%	11.6%
	总体节省油料比例	0.39%	0.10%	0.58%	0.29%	0.68%	0.97%
[100%,150%)	可节省油料比例	50%	50%	50%	50%	50%	50%
	超时比例	4.7%	7.0%	9.3%	0	9.3%	11.6%
	总体节省油料比例	0.29%	0.44%	1.16%	0	0.58%	1.45%
[150%,+∞)	可节省油料比例	60%	60%	60%	60%	60%	60%
	超时比例	2.3%	2.3%	2.3%	0	0	14.0%
	总体节省油料比例	0.17%	0.17%	0.35%	0	0	2.10%
各部分总体节省油料比例总计		0.85%	0.71%	2.09%	0.29%	1.26%	4.52%
合计		9.72%					

9.3 本章小结

本章主要介绍高端装备制造研制任务的应用案例。首先，以新能源汽车为例，利用机器学习、数据挖掘等自动化手段从开源信息中挖掘高端装备制造研制技术需求，以专利文本为研究对象，利用文本挖掘、时序分析等方法，分析技术创新性和技术成熟度，充分发挥数据挖掘方法的作用，减少人为主观判断和专家的工作量，从而最大化支撑装备研制过程中相关技术人员对技术的把控和提升。其次，以某重型装备制造商生产的混凝土泵车为例，基于大数据挖掘智能识别泵车调试过程中的高低压打泵阶段，调试时泵车的工作强度往往比实际使用时更高，因此调试环节在一定程度上可以使实际使用过程中可能发生的问题提前暴露出来，从而将问题拦截在生产环节，并有效降低制造业企业生产成本、提高产品品质。

参考文献

包北方，杨育，李斐，等. 2014. 产品定制协同开发任务分解模型[J]. 计算机集成制造系统，20(7): 1537-1545.

程永波，宋露露，陈洪转，等. 2016. 复杂产品多主体协同创新最优资源整合策略[J]. 系统工程理论与实践, 36(11): 2867-2878.

崔会会. 2020. 体系结构建模及其自动布局软件研建[D]. 北京：北京林业大学.

代存杰. 2018. 道路危险货物运输路径多准则优化研究[D]. 兰州：兰州交通大学.

方海，戴梓毅. 2014. 从需求出发：工业设计大师汉诺·凯霍宁[M]. 南京：东南大学出版社.

葛洪磊，刘南. 2014. 复杂灾害情景下应急资源配置的随机规划模型[J]. 系统工程理论与实践，34(12): 3034-3042.

龚心规. 2012. 工业转型升级是实现工业大国向工业强国转变的必由之路：《工业转型升级规划(2011—2015 年)》解读[J]. 中国经贸导刊, (5): 23-27.

郭伟，胡明艳. 2004. 基于 Web 源的客户需求获取及分析方法[J]. 计算机集成制造系统，10(9): 1165-1170.

韩瑞云. 2015. 基于 QFD 与 TRIZ 集成的产品创新设计研究[D]. 天津：河北工业大学.

黄格. 2019. 高端装备制造创新研制需求分析与技术选择研究[D]. 长沙：国防科技大学.

靳健，张黎雪，刘馨儿，等. 2020. 面向用户需求分析的产品评论用例提取研究[J]. 情报理论与实践, 43(1): 104-111, 126.

李德林，毕文豪，张安，等. 2021. 基于 MBSE 的民机研制过程管理[J]. 系统工程与电子技术，43(8): 2209-2220.

李学锋，王青，王辉，等. 2014. 运载火箭飞行控制系统设计与验证[M]. 北京：国防工业出版社.

梁晓星，屠建飞，王磊. 2018. 基于制造任务分解的云资源匹配方法的研究[J]. 科技与经济，31(2): 65-69.

刘慧晖. 2017. S 型效用函数下的模糊多属性决策方法研究[D]. 北京：华北电力大学.

刘欣仪，陆志强. 2017. 作业时间依赖资源分配决策的项目调度问题建模与算法[J]. 上海交通大学学报, 51(1): 82-89.

刘玉琴，朱东华，吕琳. 2008. 基于文本挖掘技术的产品技术成熟度预测[J]. 计算机集成制造系统, 14(3): 506-510, 542.

娄敏华. 2010. 混凝土泵车调试装备的研究[D]. 西安：长安大学.

毛志威，屈展文，张彤，等. 2020. 基于 MBSE 的民机审定试飞场景设计[J]. 系统工程与电子技术, 42(8): 1768-1775.

蒙德尔 P, 迈尔顿 D, 沃尔 N, 等. 2000. 经济学解说[M]. 胡代光，译. 北京：经济科学出版社.

裴植，戴旭，袁依轮，等. 2021. 应急装备制造网络的动态资源配置[J]. 中国机械工程，32(7): 839-848.

彭大健, 裴玮, 肖浩, 等. 2021. 数据驱动的用户需求响应行为建模与应用[J]. 电网技术, 45(7): 2577-2586.
阮逸润, 老松杨, 王竣德, 等. 2017. 基于领域相似度的复杂网络节点重要度评估算法[J]. 物理学报, 66(3): 371-379.
孙建彬. 2018. 模型与数据混合驱动的武器装备评估方法研究[D]. 长沙: 国防科技大学.
谭述森. 2010. 卫星导航定位工程[M]. 2 版. 北京: 国防工业出版社.
谭跃进, 陈英武, 罗鹏程, 等. 2017. 系统工程原理[M]. 2 版. 北京: 科学出版社.
铁道部发展计划司合资处. 2005. 广州至珠海城际轨道交通项目[J]. 中国铁路, (10): 68-69.
王明哲. 2008. 大型集成系统体系结构研究进展与挑战[J]. 系统工程理论与实践, 28(Suppl): 163-170.
王依赟, 许英. 2021. 基于复杂网络的混合数据聚类分析[J]. 太原科技大学学报, 42(4): 321-326.
魏永哲. 2012. 混凝土泵车调试工艺的改进及优化[J]. 科技资讯, (23): 91.
吴艳, 贺正楚. 2016. 新能源汽车与生产服务的产业融合路径及其影响因素[J]. 系统工程, 34(6): 31-37.
吴莹, 彭轶轩, 郑婉文, 等. 2021. 面向任务的装备维修保障资源配置研究[J]. 南京航空航天大学学报, 53(3): 455-462.
肖时耀. 2019. 数据驱动的混凝土泵车人工调试过程的智能识别方法研究[D]. 长沙: 国防科技大学.
谢志明, 张媛, 贺正楚, 等. 2015. 新能源汽车产业专利趋势分析[J]. 中国软科学, (9): 127-141.
徐玖平. 2014. 大型水利水电工程建设项目集成管理[M]. 北京: 科学出版社.
严建文, 袁成明, 张强, 等. 2018. 面向服务的复杂成形装备产品架构设计与优化[J]. 中国管理科学, 26(11): 153-165.
杨婧, 陈英武. 2011. 项目网络拓扑结构与关键路径相关性仿真分析[J]. 系统仿真学报, 23(12): 2721-2726.
杨婧, 陈英武, 沈永平. 2011. 基于相互作用网络的大型工程项目组织结构风险分析[J]. 系统工程理论与实践, 31(10): 1966-1973.
杨渊. 2020. 基于 MBSE 的民机数据加载系统建模及模型验证[D]. 成都: 电子科技大学.
姚路, 刘之萌. 2021. 舰船维修项目资源配置建模与优化技术[J]. 海军工程大学学报, 33(4): 95-100.
易树平, 谭明智, 郭宗林, 等. 2015. 云制造服务平台中的制造任务分解模式优化[J]. 计算机集成制造系统, 21(8): 2201-2212.
袁家军. 2011. 航天产品工程[M]. 北京: 中国宇航出版社.
张西林, 谭跃进, 杨志伟. 2018. 多重不确定因素影响的高端装备研制任务仿真建模[J]. 系统工程与电子技术, 40(6): 1265-1273.
张西林, 谭跃进, 杨志伟. 2019. 多重不确定因素影响下的高端装备研制任务流程优化[J]. 系统工程理论与实践, 39(3): 725-734.
张旭凤, 于杰. 2014. 供应商管理[M]. 北京: 中国财富出版社.
郑文萍, 吴志康, 杨贵. 2019. 一种基于局部中心性的网络关键节点识别算法[J]. 计算机研究与发展, 56(9): 1872-1880.
郑玉荣, 靳军宝, 白光祖, 等. 2017. 全球汽车轻量化专利技术研发态势[J]. 科技促进发展,

13(10): 832-840.

周丰. 2014. 面向需求的用户建模及服务推荐研究[D]. 上海: 复旦大学.

周亮, 孟进, 李毅, 等. 2020. 考虑关键性的多约束下辐射干扰对消装备随舰备件配置优化方法[J]. 系统工程与电子技术, 42(2): 365-373.

周书华, 曹悦, 张政, 等. 2018. 基于 SysML 和 Modelica 的复杂机电产品系统设计与仿真集成[J]. 计算机辅助设计与图形学学报, 30(4): 728-738.

朱政霖, 马广彬, 黄鹏, 等. 2018. 基于任务分解的多星成像规划模型建立与求解[J]. 航天器工程, 27(2): 6-13.

Abdullah M, Al-Muta'a E A, Al-Sanabani M. 2019. Integrated MOPSO algorithms for task scheduling in cloud computing[J]. Journal of Intelligent & Fuzzy Systems, 36(2): 1823-1836.

Abrahams A S, Jiao J, Fan W G, et al. 2013. Whata's buzzing in the blizzard of buzz? Automotive component isolation in social media postings[J]. Decision Support Systems, 55(4): 871-882.

Ahner D K, Parson C R. 2015. Optimal multi-stage allocation of weapons to targets using adaptive dynamic programming[J]. Optimization Letters, 9(8): 1689-1701.

Alpaydin E. 2010. Introduction to Machine Learning[M]. Cambridge: MIT Press.

Altshuller G S. 1999. The Innovation Algorithm: TRIZ, Systematic Innovation and Technical Creativity[M]. Worcester: Technical Innovation Center.

Al-Zahrani M A, Abo-Monasar A. 2015. Urban residential water demand prediction based on artificial neural networks and time series models[J]. Water Resources Management, 29(10): 3651-3662.

Aouchiche M, Hansen P. 2013. A survey of Nordhaus-Gaddum type relations[J]. Discrete Applied Mathematics, 161(4/5): 466-546.

Aubry J F, Brînzei N. 2015. Systems Dependability Assessment: Modeling with Graphs and Finite State Automata[M]. Hoboken: John Wiley & Sons.

Bagchi A, Paul J A. 2014. Optimal allocation of resources in airport security: profiling vs. screening[J]. Operations Research, 62(2): 219-233.

Behzadian M, Kazemzadeh R B, Albadvi A, et al. 2010. PROMETHEE: a comprehensive literature review on methodologies and applications[J]. European Journal of Operational Research, 200(1): 198-215.

Beliakov G, Pradera A, Calvo T. 2007. Aggregation Functions: A Guide for Practitioners[M]. Heidelberg: Springer.

Berenbach B, Paulish D, Kazmeier J, et al. 2009. Software & Systems Requirements Engineering: In Practice[M]. New York: McGraw-Hill.

Berners-Lee T. 2006. Linked data [EB/OL]. https://www.w3.org/DesignIssues/LinkedData.html [2022-10-22].

Bertsimas D, Gupta S, Lulli G. 2014. Dynamic resource allocation: a flexible and tractable modeling framework[J]. European Journal of Operational Research, 236(1): 14-26.

Bjorkman E A, Sarkani S, Mazzuchi T A. 2013. Using model-based systems engineering as a framework for improving test and evaluation activities[J]. Systems Engineering, 16(3):

346-362.

Boehm B, Basili V R. 2001. Software defect reduction top 10 list[J]. Computer, 34(1): 135-137.

Brandes U, Borgatti S P, Freeman L C. 2016. Maintaining the duality of closeness and betweenness centrality[J]. Social Networks, 44: 153-159.

Brettel M, Heinemann F, Engelen A, et al. 2011. Cross-functional integration of R&D, marketing, and manufacturing in radical and incremental product innovations and its effects on project effectiveness and efficiency[J]. Journal of Product Innovation Management, 28(2): 251-269.

Brin S, Page L. 1998. The anatomy of a large-scale hypertextual Web search engine[J]. Computer Networks and ISDN Systems, 30: 107-117.

Broeer T, Fuller J, Tuffner F, et al. 2014. Modeling framework and validation of a smart grid and demand response system for wind power integration[J]. Applied Energy, 113: 199-207.

Broersma H, Patel V, Pyatkin A. 2014. On toughness and hamiltonicity of $2K_2$-free graphs[J]. Journal of Graph Theory, 75(3): 244-255.

Brown J I, Cox D, Ehrenborg R. 2014. The average reliability of a graph[J]. Discrete Applied Mathematics, 177: 19-33.

Browning T R. 2001. Applying the design structure matrix to system decomposition and integration problems: a review and new directions[J]. IEEE Transactions on Engineering Management, 48(3): 292-306.

Browning T R. 2016. Design structure matrix extensions and innovations: a survey and new opportunities[J]. IEEE Transactions on Engineering Management, 63(1): 27-52.

Buldyrev S V, Parshani R, Paul G, et al. 2010. Catastrophic cascade of failures in interdependent networks [J]. Nature, 464(7291): 1025-1028.

Cannon J, Paulo E. 2019. Toward a methodology for the system integration of adaptive resilience in armor[J]. Systems Engineering, 22(1): 43-53.

Chapman J. 2009. Design for (emotional) durability[J]. Design Issues, 25(4): 29-35.

Che W X, Li Z H, Liu T. 2010. LTP: a Chinese language technology platform[C]. The 23rd International Conference on Computational Linguistics: Demonstrations. Beijing.

Chen D B, Lü L Y, Shang M S, et al. 2012. Identifying influential nodes in complex networks[J]. Physica A: Statistical Mechanics and Its Applications, 391(4): 1777-1787.

Chen R R, Liu Y S, Zhao J J, et al. 2019. Model verification for system design of complex mechatronic products[J]. Systems Engineering, 22(2): 156-171.

Chen T Q, Guestrin C. 2016. XGBoost: a scalable tree boosting system[C]. The 22nd ACM SIGKDD International Conference on Knowledge Discovery and Data Mining. San Francisco.

Cleland-Huang J, Mobasher B. 2008. Using data mining and recommender systems to scale up the requirements process[C]. The 2nd International Workshop on Ultra-Large-Scale Software-Intensive Systems. Leipzig.

Collins S T, Yassine A A, Borgatti S P. 2009. Evaluating product development systems using network analysis[J]. Systems Engineering, 12(1): 55-68.

Collobert R, Weston J, Bottou L, et al. 2011. Natural language processing (almost) from scratch[J]. Journal of Machine Learning Research, 12: 2493-2537.

Dambietz F M, Rennpferdt C, Hanna M, et al. 2021. Using MBSE for the enhancement of consistency and continuity in modular product-service-system architectures[J]. Systems, 9(3): 63.

Davies A, MacKenzie I. 2014. Project complexity and systems integration: constructing the London 2012 Olympics and Paralympics Games[J]. International Journal of Project Management, 32(5): 773-790.

de Meo P, Levene M, Messina F, et al. 2020. A general centrality framework-based on node navigability[J]. IEEE Transactions on Knowledge and Data Engineering, 32(11): 2088-2100.

Decker R, Trusov M. 2010. Estimating aggregate consumer preferences from online product reviews[J]. International Journal of Research in Marketing, 27(4): 293-307.

Deng T H, Shen Z J M, Shanthikumar J G. 2014. Statistical learning of service-dependent demand in a multiperiod newsvendor setting[J]. Operations Research, 62(5): 1064-1076.

Dick J, Hull E, Jackson K. 2017. Requirements Engineering[M]. 4th ed. London: Springer.

do Lee S, Park P. 2015. The development of the carrier aviation support system architecture using DoDAF[J]. Research Journal of Applied Sciences, Engineering and Technology, 10(9): 1038-1044.

Du J, Cook W D, Liang L, et al. 2014. Fixed cost and resource allocation based on DEA cross-efficiency[J]. European Journal of Operational Research, 235(1): 206-214.

Du Y X, Gao C, Chen X, et al. 2015. A new closeness centrality measure via effective distance in complex networks[J]. Chaos, 25(3): 033112.

Ebert C, Ray R. 2021. Test-driven requirements engineering[J]. IEEE Software, 38(1): 16-24.

Elman J L. 1990. Finding structure in time[J]. Cognitive Science, 14(2): 179-211.

Engwall M, Jerbrant A. 2003. The resource allocation syndrome: the prime challenge of multi-project management?[J]. International Journal of Project Management, 21(6): 403-409.

Erevelles S, Fukawa N, Swayne L. 2016. Big Data consumer analytics and the transformation of marketing[J]. Journal of Business Research, 69(2): 897-904.

Eridaputra H, Hendradjaya B, Danar Sunindyo W. 2014. Modeling the requirements for big data application using goal oriented approach[C]. 2014 International Conference on Data and Software Engineering. Bandung.

Ernst H. 2001. Patent applications and subsequent changes of performance: evidence from time-series cross-section analyses on the firm level[J]. Research Policy, 30(1): 143-157.

Eslami M H, Lakemond N. 2016. Internal integration in complex collaborative product development projects[J]. International Journal of Innovation Management, 20(1): 1-28.

Estefan J A. 2008. Survey of model-based systems engineering methodologies[EB/OL]. https://www.omgsysml.org/MBSE_Methodology_Survey_RevB.pdf[2023-10-08].

Fang C, Marle F, Xie M, et al. 2013. An integrated framework for risk response planning under resource constraints in large engineering projects[J]. IEEE Transactions on Engineering Management, 60(3): 627-639.

Farhadinia B. 2013. A novel method of ranking hesitant fuzzy values for multiple attribute decision-making problems[J]. International Journal of Intelligent Systems, 28(8): 752-767.

Farhadinia B. 2014. A series of score functions for hesitant fuzzy sets[J]. Information Sciences, 277: 102-110.

Farughi H, Yegane B Y, Fathian M. 2013. A new critical path method and a memetic algorithm for flexible job shop scheduling with overlapping operations[J]. Simulation, 89(3): 264-277.

Feit E M, Beltramo M A, Feinberg F M. 2010. Reality check: combining choice experiments with market data to estimate the importance of product attributes[J]. Management Science, 56(5): 785-800.

Felfernig A, Schubert M, Mandl M, et al. 2010. Recommendation and decision technologies for requirements engineering[C]. The 2nd International Workshop on Recommendation Systems for Software Engineering. Cape Town.

Fu D L, Liu Y H. 2021. Fairness of task allocation in crowdsourcing workflows[J]. Mathematical Problems in Engineering, 2021: 5570192.

Fujiwara A, Zhang J. 2013. Sustainable Transport Studies in Asia[M]. Tokyo: Springer.

Gaertner T, Schneider S, Schlick C M, et al. 2014. Applying DSM methodology to improve the scheduling of calibration tasks in functional integration projects in the automotive industry[M]//Mark F, Jankovic M,Maurer M, et al. Risk and Change Management in Complex Systems. München: Carl Hanser Verlag GmbH & Co. KG: 277-285.

Garas A, Schweitzer F, Havlin S. 2012. A *k*-shell decomposition method for weighted networks[J]. New Journal of Physics, 14(8): 083030.

García-Pablos A, Cuadros M, Rigau G. 2015. V3: unsupervised aspect based sentiment analysis for SemEval2015 task 12[C]. The 9th International Workshop on Semantic Evaluation. Denver.

Garroppo R G, Giordano S, Tavanti L. 2010. A survey on multi-constrained optimal path computation: exact and approximate algorithms[J]. Computer Networks, 54(17): 3081-3107.

Ge B F, Hipel K W, Yang K W, et al. 2013. A data-centric capability-focused approach for system-of-systems architecture modeling and analysis[J]. Systems Engineering, 16(3): 363-377.

Golany B, Kress M, Penn M, et al. 2012. Network optimization models for resource allocation in developing military countermeasures[J]. Operations Research, 60(1): 48-63.

Goorha S, Ungar L. 2010. Discovery of significant emerging trends[C]. The 16th ACM SIGKDD International Conference on Knowledge Discovery and Data Mining. Washington D C.

Graessler I, Hentze J, Bruckmann T. 2018. V-models for interdisciplinary systems engineering[C]. 15th International Design Conference. Dubrovnik.

Guiltinan J. 2009. Creative destruction and destructive creations: environmental ethics and planned obsolescence[J]. Journal of Business Ethics, 89: 19-28.

Guo S, Qi Z. 2021. A fuzzy best-worst multi-criteria group decision-making method[J]. IEEE Access, 9: 118941-118952.

Guy I. 2013. Mining and analyzing the enterprise knowledge graph[C]. The 22nd International Conference on World Wide Web. Rio de Janeiro.

Han X P, Sun L, Zhao J. 2011. Collective entity linking in web text: a graph-based method[C]. The 34th international ACM SIGIR conference on Research and development in Information Retrieval. Beijing.

Hanai R, Suzuki H, Nakabo Y, et al. 2016. Modeling development process of skill-based system for human-like manipulation robot[J]. Advanced Robotics, 30(10): 676-690.

Hanna S, Bauer A, Bitterlich H, et al. 2020. Space application requirement breakdown and sensor concept implementation for MCT-based LWIR and VLWIR 2D high-performance focal plane detector arrays at AIM[J]. Journal of Electronic Materials, 49(11): 6946-6956.

Haque M M, Rahman A, Hagare D, et al. 2014. Probabilistic water demand forecasting using projected climatic data for blue mountains water supply system in Australia[J]. Water Resources Management, 28(7): 1959-1971.

Hecht M, Chen J, Pugliese-Rosillo G. 2021. Verification and validation of SysML models[J]. INCOSE International Symposium, 31(1): 599-613.

Hercig T, Brychcín T, Svoboda L, et al. 2016. Unsupervised methods to improve aspect-based sentiment analysis in Czech[J]. Computación y Sistemas, 20(3): 365-375.

Hinton G E. 1986. Learning distributed representations of concepts[M]//Morris R G M. Parallel Distributed Processing: Implications for Psychology and Neurobiology. Amherst: Clarendon Press: 46-61.

Hong S, Lv C A, Zhao T D, et al. 2016. Cascading failure analysis and restoration strategy in an interdependent network[J]. Journal of Physics A: Mathematical and Theoretical, 49(19): 195101.

Hong S, Wang B Q, Ma X M, et al. 2015. Failure cascade in interdependent network with traffic loads[J]. Journal of Physics A: Mathematical and Theoretical, 48(48): 485101.

Hsiao B, Shu L, Yu M M, et al. 2017. Performance evaluation of the Taiwan railway administration[J]. Annals of Operations Research, 259: 119-156.

Hu M Q, Liu B. 2004. Mining and summarizing customer reviews[C]. The Tenth ACM SIGKDD International Conference on Knowledge Discovery and Data Mining. Seattle.

Hu T, Messelodi S, Lanz O. 2015. Dynamic task decomposition for decentralized object tracking in complex scenes[J]. Computer Vision and Image Understanding, 134: 89-104.

Huang X Q, Gao J X, Buldyrev S V, et al. 2011. Robustness of interdependent networks under targeted attack[J]. Physical Review E, 83(6 Pt2): 065101.

Huang Z H, Xu W, Yu K. 2015. Bidirectional LSTM-CRF models for sequence tagging[EB/OL]. https://export.arxiv.org/pdf/1508.01991[2022-08-09].

Hutchison-Krupat J, Kavadias S. 2015. Strategic resource allocation: top-down, bottom-up, and the value of strategic buckets[J]. Management Science, 61(2): 391-412.

INCOSE. 2007. Systems Engineering Vision 2020, version 2.03[R]. Seattle: International Council on Systems Engineering.

INCOSE. 2014. A world in motion：systems engineering vision 2025[EB/OL]. https://www.researchgate.net/publication/277019221_A_World_in_Motion_-_Systems_Engineering_Vision_2025[2023-02-16].

INCOSE. 2015. Systems Engineering Handbook: A Guide for System Life Cycle Process and Activities[M]. 4th ed. Hoboken: John Wiley and Sons.

Jain A, Rudi N, Wang T. 2015. Demand estimation and ordering under censoring: stock-out timing is almost all you need[J]. Operations Research, 63(1): 134-150.

Jallow A K, Demian P, Baldwin A N, et al. 2014. An empirical study of the complexity of requirements management in construction projects[J]. Engineering, Construction and Architectural Management, 21(5): 505-531.

Jiao J R, Chen C H. 2006. Customer requirement management in product development: a review of research issues[J]. Concurrent Engineering, 14(3): 173-185.

Jin J, Ji P, Kwong C K. 2016. What makes consumers unsatisfied with your products: review analysis at a fine-grained level[J]. Engineering Applications of Artificial Intelligence, 47: 38-48.

Jin J, Ji P, Liu Y. 2012. Product characteristic weighting for designer from online reviews: an ordinal classification approach[C]. The 2012 Joint EDBT/ICDT Workshops. Berlin.

Kangaspunta J, Salo A. 2014. Expert judgments in the cost-effectiveness analysis of resource allocations: a case study in military planning[J]. OR Spectrum, 36(1): 161-185.

Keshtkaran M, Churilov L, Hearne J, et al. 2016. Validation of a decision support model for investigation and improvement in stroke thrombolysis[J]. European Journal of Operational Research, 253(1): 154-169.

Kim Y. 2014. Convolutional neural networks for sentence classification[EB/OL]. https://aclanthology.org/D14-1181.pdf[2022-09-03].

Kreutler G, Jannach D. 2006. Personalized needs elicitation in web-based configuration systems[M]//Blecker T, Friedrich G. Mass Customization: Challenges and Solutions. New York: Springer: 27-42.

Kurth M, Keisler J M, Bates M E, et al. 2017. A portfolio decision analysis approach to support energy research and development resource allocation[J]. Energy Policy, 105: 128-135.

Lample G, Ballesteros M, Subramanian S, et al. 2016. Neural architectures for named entity recognition[EB/OL]. https://aclanthology.org/N16-1030.pdf[2023-03-04].

Lee S C, Nadri C, Sanghavi H, et al. 2022. Eliciting user needs and design requirements for user experience in fully automated vehicles[J]. International Journal of Human-Computer Interaction, 38(3): 227-239.

Liao H C, Xu Z S. 2013. A VIKOR-based method for hesitant fuzzy multi-criteria decision making[J]. Fuzzy Optimization and Decision Making, 12(4): 373-392.

Lim S L, Damian D, Ishikawa F, et al. 2013. Using web 2.0 for stakeholder analysis: stakesource and its application in ten industrial projects[M]//Maalej W, Thurimella A K. Managing Requirements Knowledge. Heidelberg: Springer: 221-242.

Lin C P, Dai H L. 2014. Applying petri nets on project management[J]. Universal Journal of Mechanical Engineering, 2(8): 249-255.

Liu K, Xu L H, Zhao J. 2012. Opinion target extraction using word-based translation model[C]. The 2012 Joint Conference on Empirical Methods in Natural Language Processing and Computational Natural Language Learning. Jeju Island.

Liu P F, Joty S R, Meng H. 2015. Fine-grained opinion mining with recurrent neural networks and word embeddings[C]. The 2015 Conference on Empirical Methods in Natural Language Processing. Lisbon.

Liu P, Li Z Z. 2016. Comparison between conventional and digital nuclear power plant main control rooms: a task complexity perspective, Part II: Detailed results and analysis[J]. International Journal of Industrial Ergonomics, 51: 10-20.

Liu Q, Gao Z Q, Liu B, et al. 2016. Automated rule selection for opinion target extraction[J]. Knowledge-Based Systems, 104: 74-88.

Liu W J, Ji J, Yang Y M, et al. 2018. Capability-based design task decomposition in heavy military vehicle collaborative development process[J]. Procedia CIRP, 70: 13-18.

Lu X, Bengtsson L, Holme P. 2012. Predictability of population displacement after the 2010 Haiti earthquake[J]. Proceedings of the National Academy of Sciences of the United States of America, 109(29): 11576-11581.

Lü L Y, Zhang Y C, Yeung C H, et al. 2011. Leaders in social networks, the delicious case[J]. PLoS One, 6(6): e21202.

Lycett M. 2013. 'Datafication': making sense of (big) data in a complex world[J]. European Journal of Information Systems, 22: 381-386.

MacKenzie C A, Baroud H, Barker K. 2016. Static and dynamic resource allocation models for recovery of interdependent systems: application to the Deepwater Horizon oil spill[J]. Annals of Operations Research, 236(1): 103-129.

Madni A M. 2012. Adaptable platform-based engineering: key enablers and outlook for the future[J]. Systems Engineering, 15(1): 95-107.

Madni A M, Sievers M. 2014. Systems integration: key perspectives, experiences, and challenges[J]. Systems Engineering, 17(1): 37-51.

Mavridou E, Kehagias D D, Tzovaras D, et al. 2013. Mining affective needs of automotive industry customers for building a mass-customization recommender system[J]. Journal of Intelligent Manufacturing, 24(2): 251-265.

Mayya S, D'antonio D S, Saldaña D, et al. 2021. Resilient task allocation in heterogeneous multi-robot systems[J]. IEEE Robotics and Automation Letters, 6(2): 1327-1334.

McAuley J, Leskovec J. 2013. Hidden factors and hidden topics: understanding rating dimensions with review text[C]. The 7th ACM Conference on Recommender Systems. Hong Kong.

Meier C, Yassine A A, Browning T R, et al. 2016. Optimizing time–cost trade-offs in product development projects with a multi-objective evolutionary algorithm[J]. Research in Engineering Design, 27(4): 347-366.

Mishra S K, Puthal D, Sahoo B, et al. 2018. An adaptive task allocation technique for green cloud computing[J]. The Journal of Supercomputing, 74: 370-385.

Mitchell V L. 2006. Knowledge integration and information technology project performance[J]. MIS Quarterly, 30(4): 919-939.

Mittal S. 2007. DEVS unified process for integrated development and testing of service oriented architectures[D]. Tucson: University of Arizona.

Mittal S, Risco-Martín J L. 2013. NetCentric System of Systems Engineering with DEVS Unified Process[M]. Boca Raton: CRC Press.

Mo H D, Xie M, Levitin G. 2015. Optimal resource distribution between protection and redundancy considering the time and uncertainties of attacks[J]. European Journal of Operational Research,

243(1): 200-210.

Mobasher B. 2007. Data mining for web personalization[M]//Brusilovsky P, Kobsa A, Nejdl W. The Adaptive Web: Methods and Strategies of Web Personalization. Heidelberg: Springer: 90-135.

Moon S K, Simpson T W, Kumara S R T. 2009. An agent-based recommender system for developing customized families of products[J]. Journal of Intelligent Manufacturing, 20(6): 649-659.

Morris R G, Barthelemy M. 2012. Transport on coupled spatial networks[J]. Physical Review Letters, 109(12): 128703.

Neches R, Madni A M. 2013. Towards affordably adaptable and effective systems[J]. Systems Engineering, 16(2): 224-234.

Newell S, Tansley C, Huang J. 2004. Social capital and knowledge integration in an ERP project team: the importance of bridging and bonding[J]. British Journal of Management, 15(S1): 43-57.

Nie T Y, Guo Z, Zhao K, et al. 2016. Using mapping entropy to identify node centrality in complex networks[J]. Physica A: Statistical Mechanics and Its Applications, 453: 290-297.

Nonsiri S, Christophe F, Coataneé;a E, et al. 2014. A combined design structure matrix(DSM) and discrete differential evolution(DDE) approach for scheduling and organizing system development tasks modelled using SysML[J]. Journal of Integrated Design & Process Science, 18(3): 19-40.

Northrop E. 2014. Prosperity without growth: economics for a finite planet[J]. Eastern Economic Journal, 40(3): 440-442.

Olama M M, McNair A W, Sukumar S R, et al. 2014. A qualitative readiness-requirements assessment model for enterprise big-data infrastructure investment[C]. SPIE 9122, Next-Generation Analyst II, 91220E. Baltimore.

OMG. 2020. Unified Architecture Framework Profile(UAFP): version 1.1[EB/OL]. https://www.omg.org/spec/UAF/1.1/UAFP/PDF[2022-12-05].

Onggo B S, Karatas M. 2016. Test-driven simulation modelling: a case study using agent-based maritime search-operation simulation[J]. European Journal of Operational Research, 254(2): 517-531.

Pang K, Fresse V, Shi Z F, et al. 2017. Task decomposition exploration of image processing applications on FPGA-based NoC[C]. 2017 International Conference on Computer, Electronics and Communication Engineering. Sanya.

Papinniemi J, Hannola L, Maletz M. 2014. Challenges in integrating requirements management with PLM[J]. International Journal of Production Research, 52(15): 4412-4423.

Parraguez P, Eppinger S D, Maier A M. 2015. Information flow through stages of complex engineering design projects: a dynamic network analysis approach[J]. IEEE Transactions on Engineering Management, 62(4): 604-617.

Parraguez P, Eppinger S D, Maier A M. 2016. Characterizing design process interfaces as organization networks: insights for engineering systems management[J]. Systems Engineering, 19(2): 158-173.

Paulson E C, Linkov I, Keisler J M. 2016. A game theoretic model for resource allocation among countermeasures with multiple attributes[J]. European Journal of Operational Research, 252(2):

610-622.

Pennington J, Socher R, Manning C. 2014. Glove: Global vectors for word representation[C]. The 2014 Conference on Empirical Methods in Natural Language Processing. Doha.

Pohl K. 2010. Requirements Engineering: Fundamentals, Principles, and Techniques[M]. Berlin: Springer.

Poole B H. 2008. A methodology for the robustness-based evaluation of systems-of-systems alternatives using regret analysis[D]. Atlanta: Georgia Institute of Technology.

Poria S, Cambria E, Gelbukh A. 2016. Aspect extraction for opinion mining with a deep convolutional neural network[J]. Knowledge-Based Systems, 108: 42-49.

Preciado V M, Jadbabaie A, Verghese G C. 2013. Structural analysis of Laplacian spectral properties of large-scale networks[J]. IEEE Transactions on Automatic Control, 58(9): 2338-2343.

Qi J Y, Zhang Z P, Jeon S, et al. 2016. Mining customer requirements from online reviews: a product improvement perspective[J]. Information & Management, 53(8): 951-963.

Qiu G, Liu B, Bu J J, et al. 2011. Opinion word expansion and target extraction through double propagation[J]. Computational Linguistics, 37(1): 9-27.

Quarles H K. 2012. Use of simplified DoDAF viewpoints to improve dynamic emergency management through intelligence surveillance and reconnaissance[D]. Washington D C: George Washington University.

Rad P F.1999. Advocating a deliverable-oriented work breakdown structure[J]. Cost Engineering (Morgantown, West Virginia), 41(12): 35-39.

Rad P, Cioffi D F. 2004. Work and resource breakdown structures for formalized bottom-up estimating[J]. Cost Engineering, 46: 31-37.

Radwan N M, Elstohy R, Hanna W K. 2021. A proposed method for multi-criteria group decision making: an application to site selection[J]. Applied Artificial Intelligence, 35(7): 505-519.

Rahmani M, Azadmanesh A, Siy H. 2014. Architectural reliability analysis of framework-intensive applications: a web service case study[J]. Journal of Systems and Software, 94: 186-201.

Raunak M S, Osterweil L J. 2013. Resource management for complex, dynamic environments[J]. IEEE Transactions on Software Engineering, 39(3): 384-402.

Reshef D N, Reshef Y A, Finucane H K, et al. 2011. Detecting novel associations in large data sets[J]. Science, 334(6062): 1518-1524.

Romero A G, Schneider K, Ferreira M G V. 2016. Semantics in space systems architectures[J]. Innovations in Systems and Software Engineering, 12: 27-40.

Sankararaman S, Mahadevan S. 2015. Integration of model verification, validation, and calibration for uncertainty quantification in engineering systems[J]. Reliability Engineering & System Safety, 138: 194-209.

Scarpel R A. 2015. An integrated mixture of local experts model for demand forecasting[J]. International Journal of Production Economics, 164: 35-42.

Schuster M, Paliwal K K. 1997. Bidirectional recurrent neural networks[J]. IEEE Transactions on Signal Processing, 45(11): 2673-2681.

Shao J, Buldyrev S V, Havlin S, et al. 2011. Cascade of failures in coupled network systems with multiple support-dependence relations[J]. Physical Review E, 83(3 Pt 2): 036116.

Sharif Azadeh S, Marcotte P, Savard G. 2015. A non-parametric approach to demand forecasting in revenue management[J]. Computers & Operations Research, 63: 23-31.

Shen W M, Hao Q, Mak H, et al. 2010. Systems integration and collaboration in architecture, engineering, construction, and facilities management: a review[J]. Advanced Engineering Informatics, 24(2): 196-207.

Shin Y D, Sim S H, Lee J C. 2017. Model-based integration of test and evaluation process and system safety process for development of safety-critical weapon systems[J]. Systems Engineering, 20(3): 257-279.

Shriyam S, Shah B C, Gupta S K. 2017. On-line task decomposition for collaborative surveillance of marine environment by a team of unmanned surface vehicles[C]. ASME 2017 International Design Engineering Technical Conferences and Computers and Information in Engineering Conference. Cleveland.

Shrouf F, Miragliotta G. 2015. Energy management based on Internet of Things: practices and framework for adoption in production management[J]. Journal of Cleaner Production, 100: 235-246.

Sicotte H, Langley A. 2000. Integration mechanisms and R&D project performance[J]. Journal of Engineering and Technology Management, 17(1): 1-37.

Sinha K, Han S Y, Suh E S. 2020. Design structure matrix-based modularization approach for complex systems with multiple design constraints[J]. Systems Engineering, 23(2): 211-220.

Socher R, Perelygin A, Wu J. et al. 2013. Recursive deep models for semantic compositionality over a sentiment treebank[C]. The 2013 Conference on Empirical Methods in Natural Language Processing. Seattle.

Song W Y, Cao J T. 2017. A rough DEMATEL-based approach for evaluating interaction between requirements of product-service system[J]. Computers & Industrial Engineering, 110: 353-363.

Song W Y, Sakao T. 2017. A customization-oriented framework for design of sustainable product/service system[J]. Journal of Cleaner Production, 140: 1672-1685.

Song W Y. 2017. Requirement management for product-service systems: status review and future trends[J]. Computers in Industry, 85: 11-22.

Srivastava N, Hinton G, Krizhevsky A, et al. 2014. Dropout: a simple way to prevent neural networks from overfitting[J]. Journal of Machine Learning Research, 15(1): 1929-1958.

Stark J. 2015. Product lifecycle management[M]//Stark J. Decision Engineering. Cham: Springer International Publishing: 1-29.

Stormer H. 2009. Improving product configurators by means of a collaborative recommender system[J]. International Journal of Mass Customisation, 3(2): 165.

Sun L H, Cui K, Chen J H, et al. 2016. Due date assignment and convex resource allocation scheduling with variable job processing times[J]. International Journal of Production Research, 54(12): 3551-3560.

Svoreňová M, Černá I, Belta C. 2015. Optimal temporal logic control for deterministic transition systems with probabilistic penalties[J]. IEEE Transactions on Automatic Control, 60(6):

1528-1541.

Tang X L, Liu J, Hao X X. 2016. Mitigate cascading failures on networks using a memetic algorithm[J]. Scientific Reports, 6: 38713.

Tangen S A. 2009. A methodology for the quantification of doctrine and materiel approaches in a capability-based assessment[D]. Atlanta: Georgia Institute of Technology.

Tirunillai S, Tellis G J. 2014. Mining marketing meaning from online chatter: strategic brand analysis of big data using latent dirichlet allocation[J]. Journal of Marketing Research, 51(4): 463-479.

Trusov M, Ma L Y, Jamal Z. 2016. Crumbs of the cookie: user profiling in customer-base analysis and behavioral targeting[J]. Marketing Science, 35(3): 405-426.

Tsadimas A, Kapos G D, Dalakas V, et al. 2016. Simulating simulation-agnostic SysML models for enterprise information systems via DEVS[J]. Simulation Modelling Practice and Theory, 66: 243-259.

Tsai J T, Fang J C, Chou J H. 2013. Optimized task scheduling and resource allocation on cloud computing environment using improved differential evolution algorithm[J]. Computers & Operations Research, 40(12): 3045-3055.

Tsilipanos K, Neokosmidis I, Varoutas D. 2013. A system of systems framework for the reliability assessment of telecommunications networks[J]. IEEE Systems Journal, 7(1): 114-124.

Tuarob S, Tucker C S. 2015. Quantifying product favorability and extracting notable product features using large scale social media data[J]. Journal of Computing and Information Science in Engineering, 15(3): 031003.

Tucker C S, Kim H M. 2011. Predicting emerging product design trend by mining publicly available customer review data[C]. The 18th International Conference on Engineering Design. Lyngby/Copenhagen.

Turian J, Ratinov L A, Bengio Y. 2010. Word representations: a simple and general method for semi-supervised learning[C]. The 48th Annual Meeting of the Association for Computational Linguistics. Uppsala.

Ulrich K T, Eppinger S D. 2015. Product Design and Development[M].6th ed. New York: McGraw-Hill Education.

Vaneman W K. 2016. The system of systems engineering and integration "Vee" model[C]. 2016 Annual IEEE Systems Conference. Orlando.

Vaneman W K, Carlson R. 2019. Model-based systems engineering implementation considerations[C]. 2019 IEEE International Systems Conference. Orlando.

Vasco R A, Morabito R. 2016. The dynamic vehicle allocation problem with application in trucking companies in Brazil[J]. Computers & Operations Research, 76: 118-133.

Viana A, de Sousa J P. 2000. Using metaheuristics in multiobjective resource constrained project scheduling[J]. European Journal of Operational Research, 120(2): 359-374.

Viana M P, Fourcassié V, Perna A, et al. 2013. Accessibility in networks: a useful measure for understanding social insect nest architecture[J]. Chaos, Solitons & Fractals, 46: 38-45.

Violante M G, Vezzetti E, Alemanni M. 2017. An integrated approach to support the Requirement Management (RM) tool customization for a collaborative scenario[J]. International Journal on

Interactive Design and Manufacturing (IJIDeM), 11: 191-204.
Wagenhals L W, Levis A H. 2009. Service oriented architectures, the DoD architecture framework 1.5, and executable architectures[J]. Systems Engineering, 12(4): 312-343.
Wagner M R, Radovilsky Z. 2012. Optimizing boat resources at the U.S. coast guard: deterministic and stochastic models[J]. Operations Research, 60(5): 1035-1049.
Wang L, Youn B D, Azarm S, et al. 2011. Customer-driven product design selection using web based user-generated content[C]. ASME 2011 International Design Engineering Technical Conferences and Computers and Information in Engineering Conference. Washington D C.
Wang R Z, Dagli C H. 2011. Executable system architecting using systems modeling language in conjunction with colored Petri nets in a model-driven systems development process[J]. Systems Engineering, 14(4): 383-409.
Wang S, Liu J, Wang X D. 2017. Mitigation of attacks and errors on community structure in complex networks[J]. Journal of Statistical Mechanics: Theory and Experiment, 2017(4): 043405.
Wang W Y, Pan S J, Dahlmeier D, et al. 2016. Recursive neural conditional random fields for aspect-based sentiment analysis[C]. The 2016 Conference on Empirical Methods in Natural Language Processing. Austin.
Whyte J, Stasis A, Lindkvist C. 2016. Managing change in the delivery of complex projects: configuration management, asset information and 'big data'[J]. International Journal of Project Management, 34(2): 339-351.
Wibben D R, Furfaro R. 2015. Model-based systems engineering approach for the development of the science processing and operations center of the NASA osiris-REx asteroid sample return mission[J]. Acta Astronautica, 115: 147-159.
Wiegers K E, Beatty J. 2013. Software Requirements[M]. 3rd ed. Redmond: Microsoft Press.
Wilhite A, Burns L, Patnayakuni R, et al. 2014. Military supply chains and closed-loop systems: resource allocation and incentives in supply sourcing and supply chain design[J]. International Journal of Production Research, 52(7): 1926-1939.
Williams R J. 2016. Stochastic processing networks[J]. Annual Review of Statistics and Its Application, 3: 323-345.
Withanage C, Park T, Choi H J. 2010. A concept evaluation method for strategic product design with concurrent consideration of future customer requirements[J]. Concurrent Engineering, 18(4): 275-289.
Xia M M, Xu Z S. 2011. Hesitant fuzzy information aggregation in decision making[J]. International Journal of Approximate Reasoning, 52(3): 395-407.
Xiong J, Leus R, Yang Z Y, et al. 2016. Evolutionary multi-objective resource allocation and scheduling in the Chinese navigation satellite system project[J]. European Journal of Operational Research, 251(2): 662-675.
Xiong J, Liu J, Chen Y W, et al. 2014. A knowledge-based evolutionary multiobjective approach for stochastic extended resource investment project scheduling problems[J]. IEEE Transactions on Evolutionary Computation, 18(5): 742-763.
Xiong J, Yang K W, Liu J, et al. 2012. A two-stage preference-based evolutionary multi-objective

approach for capability planning problems[J]. Knowledge-Based Systems, 31: 128-139.

Xu X Z. 2001. The SIR method: a superiority and inferiority ranking method for multiple criteria decision making[J]. European Journal of Operational Research, 131(3): 587-602.

Xu Z S, Xia M M. 2011. Distance and similarity measures for hesitant fuzzy sets[J]. Information Sciences, 181(11): 2128-2138.

Yaagoubi N, Mouftah H T. 2015. User-aware game theoretic approach for demand management[J]. IEEE Transactions on Smart Grid, 6(2): 716-725.

Yang B S, Cardie C. 2013. Joint inference for fine-grained opinion extraction[C]. The 51st Annual Meeting of the Association for Computational Linguistics. Sofia.

Yang C, Chen A, Xu X D, et al. 2013. Sensitivity-based uncertainty analysis of a combined travel demand model[J]. Transportation Research Part B: Methodological, 57: 225-244.

Yang H H, An S. 2020. Critical nodes identification in complex networks[J]. Symmetry, 12(1): 123.

Yang Q, Yao T, Lu T, et al. 2014. An overlapping-based design structure matrix for measuring interaction strength and clustering analysis in product development project[J]. IEEE Transactions on Engineering Management, 61(1): 159-170.

Yazdani A, Dueñas-Osorio L, Li Q L. 2013. A scoring mechanism for the rank aggregation of network robustness[J]. Communications in Nonlinear Science and Numerical Simulation, 18(10): 2722-2732.

Ying A T T, Robillard M P. 2014. Developer profiles for recommendation systems[M]//Robillard M P, Maalej W, Walker R J, et al. Recommendation Systems in Software Engineering. Berlin: Springer: 199-222.

Yu Y J, Yang Z H. 2016. A semi-physical simulation platform of attitude determination and control system for satellite[J]. Advances in Mechanical Engineering, 8(5): 1-11.

Yuan Y, Xu H, Wang B. 2014. An improved NSGA-III procedure for evolutionary many-objective optimization[C]. The 2014 Annual Conference on Genetic and Evolutionary Computation. Vancouver.

Zachman J A. 1987. A framework for information systems architecture[J]. IBM Systems Journal, 26(3): 276-292.

Zeiler M D. 2012. ADADELTA: an adaptive learning rate method[EB/OL]. https://arxiv.org/pdf/1212.5701.pdf[2022-12-22].

Zhang X L, Xu Z S. 2014. The TODIM analysis approach based on novel measured functions under hesitant fuzzy environment[J]. Knowledge-Based Systems, 61: 48-58.

Zhang X, LeCun Y. 2015. Text understanding from scratch[EB/OL]. https://arxiv.org/pdf/1502.01710v5.pdf[2022-04-04].

Zheng W, Hsu H, Zhong M, et al. 2015. Requirements analysis for future satellite gravity mission improved-GRACE[J]. Surveys in Geophysics, 36: 87-109.

Zhong Q B, Fang B F, Guo X P, et al. 2021. Task allocation for affective robots based on willingness[J]. IEEE Access, 9: 80028-80042.

Zhu F, Zhang X M. 2010. Impact of online consumer reviews on sales: the moderating role of product and consumer characteristics[J]. Journal of Marketing, 74(2): 133-148.

Zhu N, Diethe T, Camplani M, et al. 2015. Bridging e-health and the Internet of Things: the SPHERE project[J]. IEEE Intelligent Systems, 30(4): 39-46.

Zhuo H H, Muñoz-Avila H, Yang Q. 2014. Learning hierarchical task network domains from partially observed plan traces[J]. Artificial Intelligence, 212: 134-157.

Zio E, Sansavini G. 2011. Modeling interdependent network systems for identifying cascade-safe operating margins[J]. IEEE Transactions on Reliability, 60(1): 94-101.

附　　录

附　录　A

DoDAF 2.0 版视图产品列表及推荐的表示法

编号	视图类型	视图描述模型	表示法
1	全视图	AV-1 概述和摘要信息	文档
2	全视图	AV-2 综合字典	表格
3	能力视图	CV-1 能力构想	文档
4	能力视图	CV-2 能力分类	UML 类图
5	能力视图	CV-3 能力阶段规划	UML时序图
6	能力视图	CV-4 能力依赖关系	UML 类图
7	能力视图	CV-5 能力到组织开发的映射	映射矩阵
8	能力视图	CV-6 能力到作战活动的映射	映射矩阵
9	能力视图	CV-7 能力到服务的映射	映射矩阵
10	数据与信息视图	DIV-1 概念数据模型	UML 类图
11	数据与信息视图	DIV-2 逻辑数据模型	UML 类图
12	数据与信息视图	DIV-3 物理数据模型	UML 类图
13	作战视图	OV-1 高级作战概念图	图片
14	作战视图	OV-2 作战资源流描述	UML用例图
15	作战视图	OV-3 作战资源流矩阵	表格
16	作战视图	OV-4 组织关系图	UML 类图
17	作战视图	OV-5a 作战活动分解树	文档
18	作战视图	OV-5b 作战活动模型	UML用例图
19	作战视图	OV-6a 作战规则模型	文档
20	作战视图	OV-6b 状态转换描述	UML 状态图
21	作战视图	OV-6c 事件/跟踪描述	UML 时序图
22	项目视图	PV-1 项目组合关系	UML 类图
23	项目视图	PV-2 项目周期图	UML 时序图
24	项目视图	PV-3 项目到能力映射矩阵	映射矩阵
25	技术标准视图	StdV-1 技术标准描述	表格
26	技术标准视图	StdV-2 技术标准预测	表格
27	服务视图	SvcV-1 服务背景描述	UML 部署图
28	服务视图	SvcV-2 服务资源流描述	UML 类图
29	服务视图	SvcV-3a 系统–服务映射矩阵	映射矩阵
30	服务视图	SvcV-3b 服务–服务映射矩阵	映射矩阵
31	服务视图	SvcV-4 服务功能描述	UML 类图
32	服务视图	SvcV-5 作战活动到服务跟踪矩阵	映射矩阵
33	服务视图	SvcV-6 服务资源流矩阵	表格
34	服务视图	SvcV-7 服务度量矩阵	表格
35	服务视图	SvcV-8 服务演化描述	UML 时序图
36	服务视图	SvcV-9 服务技术及技巧预测	表格

续表

编号	视图类型	视图描述模型	表示法	编号	视图类型	视图描述模型	表示法
37	服务视图	SvcV-10a 服务规则模型	文档	45	系统视图	SV-5b 作战活动对系统跟踪矩阵	映射矩阵
38		SvcV-10b 服务状态转移描述	UML 状态图	46		SV-6 系统资源流矩阵	表格
39		SvcV-10c 服务事件跟踪描述	UML 时序图	47		SV-7 系统度量矩阵	表格
40	系统视图	SV-1 系统接口描述	UML 部署图	48		SV-8 系统演化描述	UML 时序图
41		SV-2 系统资源流描述	UML 类图	49		SV-9 系统技术技巧预测	表格
42		SV-3 系统–系统矩阵	映射矩阵	50		SV-10a 系统规则模型	文档
43		SV-4 系统功能描述	UML 类图	51		SV-10b 系统状态转换描述	UML 状态图
44		SV-5a 作战活动对系统功能跟踪矩阵	映射矩阵	52		SV-10c 系统事件跟踪描述	UML 时序图

附　录　B

供应商数据表

子任务	序号	产品质量 q	产品价格 c	任务完成时间 t	风险水平 r	信息化水平 e	组织管理水平 m	信誉度 h	标记
A_{22}	81	0.8410	0.7775	0.6193	0.4934	0.7098	0.6573	0.8667	2
	82	0.8446	0.7540	0.6246	0.4894	0.7380	0.6732	0.8071	2
	83	0.8065	0.6453	0.6230	0.4734	0.8415	0.6229	0.9000	2
	84	0.8127	0.7232	0.6037	0.4430	0.8949	0.6552	0.8070	2
	85	0.7610	0.6903	0.5740	0.4736	0.7742	0.6735	0.7627	2
	86	0.8509	0.7117	0.5883	0.5584	0.8287	0.6646	0.7835	2
	87	0.7720	0.6717	0.6287	0.4644	0.8146	0.6947	0.8157	2
	88	0.8220	0.6345	0.5986	0.5264	0.8411	0.6107	0.8347	2
	89	0.7183	0.6230	0.5839	0.5069	0.8235	0.6214	0.7896	2
	90	0.8137	0.7091	0.6131	0.5541	0.6830	0.6561	0.8516	2
	91	0.7436	0.7351	0.5809	0.4742	0.8291	0.6744	0.8767	2
	92	0.7637	0.6373	0.5670	0.5475	0.7927	0.6789	0.8164	2
	93	0.8101	0.7290	0.6414	0.4899	0.8051	0.6656	0.8237	2
	94	0.8645	0.7218	0.5756	0.4831	0.8292	0.6270	0.9000	2
	95	0.8332	0.6241	0.6322	0.5225	0.7903	0.6533	0.8681	2
	96	0.8772	0.7276	0.6069	0.4811	0.7772	0.6497	0.8990	2

续表

子任务	序号	产品质量 q	产品价格 c	任务完成时间 t	风险水平 r	信息化水平 e	组织管理水平 m	信誉度 h	标记
A_{22}	97	0.7020	0.7225	0.6008	0.4599	0.8106	0.6753	0.9000	2
	98	0.7799	0.6983	0.5921	0.5113	0.7839	0.6226	0.8228	2
	99	0.8302	0.6673	0.5894	0.5293	0.7866	0.5960	0.9000	2
	100	0.7089	0.6604	0.5900	0.5067	0.8483	0.5777	0.8320	2
	101	0.7321	0.6802	0.6296	0.5406	0.6943	0.6498	0.8086	2
	102	0.9111	0.7111	0.5869	0.5000	0.8288	0.6852	0.9000	2
	103	0.7679	0.6789	0.5966	0.5611	0.8644	0.6852	0.8380	2
	104	0.7726	0.7723	0.5624	0.5070	0.8031	0.6481	0.8032	2
	105	0.8336	0.6607	0.6504	0.5274	0.7701	0.6539	0.8149	2
	106	0.7736	0.7197	0.5555	0.5612	0.8170	0.6507	0.8715	2
	107	0.7740	0.7121	0.5676	0.4880	0.8359	0.5864	0.8477	2
	108	0.7750	0.6723	0.5828	0.5106	0.7733	0.7208	0.8458	2
	109	0.7347	0.7461	0.5825	0.5024	0.8650	0.6803	0.8935	2
	110	0.9077	0.7293	0.6287	0.5017	0.8463	0.6038	0.8047	2
	111	0.7741	0.7301	0.5752	0.4940	0.8069	0.6085	0.9000	2
	112	0.8128	0.7620	0.5597	0.4409	0.7886	0.6312	0.8889	2
	113	0.7989	0.6807	0.6003	0.4256	0.8281	0.6373	0.8745	2
	114	0.7857	0.7020	0.5513	0.5181	0.8287	0.6358	0.7823	2
	115	0.7000	0.6732	0.6454	0.5107	0.9000	0.6347	0.8054	2
	116	0.8137	0.7185	0.6006	0.4919	0.8876	0.6908	0.8476	2
	117	0.8576	0.6864	0.6824	0.4492	0.8133	0.6885	0.8568	2
	118	0.8531	0.6326	0.5958	0.5195	0.8460	0.6167	0.8210	2
	119	0.8334	0.7647	0.6132	0.5287	0.7108	0.6324	0.8685	2
	120	0.7441	0.7512	0.6444	0.5048	0.8343	0.6603	0.8688	2
	121	0.8772	0.6980	0.6163	0.5262	0.7736	0.6595	0.8960	2
	122	0.8079	0.6514	0.6330	0.5057	0.8912	0.6669	0.8292	2
	123	0.8509	0.6775	0.5480	0.4818	0.8267	0.6105	0.8494	2
	124	0.8164	0.6676	0.6104	0.4568	0.7231	0.6500	0.8448	2
	125	0.8501	0.7182	0.6466	0.5154	0.8275	0.6518	0.8342	2
	126	0.8607	0.7416	0.6254	0.5243	0.8763	0.6113	0.7946	2
	127	0.8073	0.7386	0.5961	0.4978	0.7883	0.7303	0.8465	2
	128	0.7938	0.7136	0.5954	0.5261	0.7744	0.5870	0.8413	2
	129	0.8708	0.6921	0.6499	0.5123	0.8344	0.6638	0.9000	2
	130	0.8170	0.6542	0.5824	0.5162	0.7884	0.6698	0.8183	2

续表

子任务	序号	产品质量 q	产品价格 c	任务完成时间 t	风险水平 r	信息化水平 e	组织管理水平 m	信誉度 h	标记
A_{22}	131	0.8109	0.6912	0.6276	0.4896	0.7520	0.6191	0.8825	2
	132	0.8566	0.6221	0.6161	0.5323	0.8502	0.6542	0.8431	2
	133	0.7597	0.7189	0.6462	0.5215	0.7950	0.6812	0.8794	2
	134	0.7419	0.6652	0.6348	0.4762	0.8095	0.6173	0.9000	2
	135	0.7898	0.7964	0.5817	0.5005	0.7217	0.5994	0.8280	2
	136	0.8595	0.6369	0.6180	0.4853	0.8118	0.6063	0.8121	2
	137	0.8145	0.7044	0.5958	0.4808	0.7558	0.6193	0.8709	2
	138	0.7837	0.6708	0.6141	0.5130	0.8069	0.6580	0.8995	2
	139	0.7441	0.7302	0.6742	0.4544	0.8795	0.6597	0.8993	2
	140	0.7185	0.7400	0.5959	0.5570	0.7510	0.6926	0.8899	2
	141	0.8203	0.7283	0.6021	0.4933	0.7862	0.6178	0.8970	2
	142	0.7680	0.7069	0.6047	0.4732	0.7697	0.6220	0.8730	2
	143	0.7612	0.6167	0.5793	0.4767	0.8334	0.5937	0.7567	2
	144	0.8310	0.7098	0.6030	0.5390	0.7703	0.5191	0.8600	2
	145	0.8117	0.7129	0.6344	0.4576	0.8564	0.5874	0.8511	2
	146	0.8375	0.7179	0.5886	0.4706	0.7914	0.6669	0.8625	2
	147	0.7102	0.6713	0.6657	0.5062	0.8581	0.5600	0.8135	2
	148	0.8501	0.8041	0.5900	0.5433	0.8108	0.5887	0.8427	2
	149	0.7916	0.7439	0.6100	0.5222	0.7864	0.6746	0.8774	2
	150	0.7764	0.6351	0.6397	0.4390	0.8370	0.6678	0.8447	2
	151	0.7569	0.6690	0.6455	0.5182	0.7616	0.5437	0.8019	2
	152	0.8384	0.6928	0.5628	0.5298	0.7231	0.6276	0.7500	2
	153	0.7868	0.7380	0.6104	0.4777	0.8252	0.5885	0.9000	2
	154	0.8218	0.6990	0.5555	0.5341	0.8627	0.6267	0.8076	2
	155	0.8667	0.6704	0.5984	0.4871	0.7908	0.5857	0.8138	2
	156	0.7767	0.6463	0.5709	0.5192	0.9000	0.6425	0.8171	2
	157	0.8379	0.6965	0.5628	0.5023	0.7659	0.6702	0.8340	2
	158	0.8119	0.6509	0.6314	0.5435	0.7868	0.6366	0.8558	2
	159	0.7626	0.7687	0.6004	0.4894	0.7693	0.6735	0.8589	2
	160	0.7671	0.7099	0.5540	0.4652	0.7620	0.6629	0.9000	2
A_3	161	0.7908	0.6419	0.6172	0.5248	0.7988	0.7205	0.8237	3
	162	0.8106	0.6440	0.6234	0.5115	0.7976	0.6473	0.8781	3
	163	0.9196	0.7030	0.5707	0.5041	0.8193	0.5964	0.8826	3
	164	0.7638	0.6752	0.6094	0.4850	0.8016	0.6725	0.8169	3

续表

子任务	序号	产品质量 q	产品价格 c	任务完成时间 t	风险水平 r	信息化水平 e	组织管理水平 m	信誉度 h	标记
A_3	165	0.8238	0.7048	0.6327	0.5151	0.7796	0.6395	0.8426	3
	166	0.7953	0.7448	0.6483	0.5760	0.7506	0.6451	0.8913	3
	167	0.9116	0.6560	0.5640	0.5071	0.8144	0.5930	0.8089	3
	168	0.8971	0.6764	0.6516	0.4746	0.8104	0.6631	0.8324	3
	169	0.8751	0.7051	0.5967	0.4916	0.7861	0.6633	0.7989	3
	170	0.8051	0.7105	0.5805	0.4581	0.7535	0.6840	0.8693	3
	171	0.7231	0.7077	0.6266	0.4557	0.8087	0.6321	0.7961	3
	172	0.8719	0.7317	0.6351	0.4605	0.7326	0.6644	0.7503	3
	173	0.8815	0.7173	0.5902	0.5100	0.8446	0.6691	0.8385	3
	174	0.8025	0.6692	0.5939	0.4840	0.8012	0.6155	0.8582	3
	175	0.7044	0.7092	0.5907	0.4962	0.8101	0.6638	0.8583	3
	176	0.7818	0.7260	0.5132	0.5572	0.8160	0.7147	0.8656	3
	177	0.7698	0.7490	0.6214	0.4917	0.7709	0.6363	0.8291	3
	178	0.7907	0.7011	0.6005	0.4425	0.7650	0.6612	0.8541	3
	179	0.8330	0.6738	0.5748	0.5875	0.8531	0.6303	0.8408	3
	180	0.8042	0.6601	0.6242	0.4600	0.7433	0.6634	0.8546	3
	181	0.7825	0.6981	0.5517	0.4898	0.8254	0.6465	0.8920	3
	182	0.8534	0.6917	0.6388	0.5257	0.8920	0.6752	0.8765	3
	183	0.7798	0.6492	0.6261	0.5206	0.8830	0.6548	0.8759	3
	184	0.7836	0.7190	0.6174	0.4906	0.8003	0.6590	0.7987	3
	185	0.7384	0.6828	0.5728	0.4835	0.7605	0.6455	0.8400	3
	186	0.7426	0.7335	0.5924	0.5363	0.8782	0.5926	0.7959	3
	187	0.7804	0.6642	0.6350	0.4549	0.7798	0.6382	0.9000	3
	188	0.8163	0.6803	0.6224	0.5138	0.8513	0.6161	0.8728	3
	189	0.8096	0.6650	0.5598	0.5213	0.7793	0.6073	0.8454	3
	190	0.7360	0.6928	0.5845	0.4871	0.7893	0.6692	0.8964	3
	191	0.7959	0.6945	0.5680	0.5015	0.8698	0.6645	0.8579	3
	192	0.7974	0.6967	0.5796	0.4960	0.8311	0.6642	0.8471	3
	193	0.8317	0.7597	0.6270	0.5052	0.7925	0.6752	0.8396	3
	194	0.7078	0.7828	0.5629	0.5160	0.8169	0.6010	0.7904	3
	195	0.8243	0.6893	0.5919	0.5086	0.7336	0.6169	0.7756	3
	196	0.8289	0.6875	0.5587	0.4849	0.7297	0.6626	0.9000	3
	197	0.7670	0.7521	0.6041	0.4911	0.7592	0.6546	0.8504	3
	198	0.7776	0.7171	0.6135	0.4892	0.9000	0.6867	0.8237	3

续表

子任务	序号	产品质量 q	产品价格 c	任务完成时间 t	风险水平 r	信息化水平 e	组织管理水平 m	信誉度 h	标记
A_3	199	0.8373	0.6715	0.6166	0.5070	0.7932	0.7257	0.8838	3
	200	0.7196	0.7239	0.5993	0.4752	0.8579	0.7209	0.8713	3
	201	0.7909	0.7191	0.5866	0.4861	0.8521	0.5596	0.8429	3
	202	0.8147	0.6643	0.6088	0.5310	0.7533	0.6786	0.8399	3
	203	0.7944	0.6994	0.6032	0.4927	0.7957	0.6651	0.8897	3
	204	0.7292	0.6515	0.5792	0.4839	0.7087	0.6538	0.8665	3
	205	0.8067	0.6837	0.5924	0.4746	0.7821	0.5528	0.8768	3
	206	0.7205	0.7313	0.6228	0.4393	0.8088	0.6324	0.8258	3
	207	0.8151	0.6744	0.5952	0.5069	0.8096	0.6361	0.8589	3
	208	0.8046	0.7049	0.5630	0.5022	0.6703	0.6554	0.8486	3
	209	0.8040	0.7022	0.6064	0.5081	0.7818	0.6644	0.9000	3
	210	0.8601	0.7058	0.5875	0.5543	0.7864	0.6379	0.7512	3
	211	0.8485	0.7354	0.6193	0.5026	0.8357	0.6635	0.8598	3
	212	0.7724	0.6904	0.6034	0.4968	0.7309	0.6595	0.8869	3
	213	0.8183	0.7412	0.6299	0.4898	0.8134	0.5777	0.8981	3
	214	0.8201	0.7142	0.6279	0.5269	0.8439	0.6213	0.9000	3
	215	0.7529	0.7237	0.5850	0.4699	0.8221	0.6390	0.8950	3
	216	0.7000	0.7696	0.6206	0.4972	0.7505	0.6946	0.8212	3
	217	0.7773	0.7776	0.6164	0.5108	0.7601	0.6722	0.8171	3
	218	0.7236	0.6760	0.6039	0.5106	0.7636	0.6630	0.8674	3
	219	0.8820	0.6865	0.5892	0.4999	0.7384	0.6991	0.8305	3
	220	0.8400	0.7353	0.5965	0.5516	0.8037	0.5581	0.8720	3
	221	0.8613	0.6792	0.5495	0.5306	0.7895	0.6779	0.8389	3
	222	0.8579	0.6513	0.6021	0.4615	0.7290	0.6162	0.8036	3
	223	0.8100	0.6842	0.6106	0.4402	0.8091	0.6535	0.8676	3
	224	0.8866	0.7381	0.5703	0.5097	0.7374	0.6055	0.8522	3
	225	0.7963	0.6671	0.6099	0.4745	0.7909	0.5770	0.8332	3
	226	0.8696	0.6600	0.5892	0.4905	0.7404	0.6650	0.8342	3
	227	0.7478	0.7471	0.6261	0.4838	0.6763	0.6493	0.8420	3
	228	0.8727	0.7501	0.5821	0.4766	0.8254	0.6884	0.7998	3
	229	0.9230	0.7609	0.6192	0.4812	0.7226	0.6193	0.8913	3
	230	0.7040	0.6531	0.6241	0.4895	0.7396	0.6910	0.9000	3
	231	0.8897	0.6987	0.5967	0.4647	0.8090	0.7171	0.8631	3
	232	0.8271	0.7274	0.6362	0.5266	0.8423	0.6094	0.8982	3

续表

子任务	序号	产品质量 q	产品价格 c	任务完成时间 t	风险水平 r	信息化水平 e	组织管理水平 m	信誉度 h	标记
A_3	233	0.8043	0.7037	0.5982	0.5143	0.7589	0.6279	0.7998	3
	234	0.8212	0.7593	0.5649	0.5110	0.7222	0.6433	0.8670	3
	235	0.8184	0.6967	0.6255	0.5088	0.8060	0.6629	0.8713	3
	236	0.7598	0.6622	0.5639	0.4280	0.8398	0.6642	0.8429	3
	237	0.8672	0.6638	0.6170	0.5037	0.8812	0.6301	0.7646	3
	238	0.7739	0.7133	0.6459	0.5307	0.7583	0.6999	0.7892	3
	239	0.8881	0.7343	0.5821	0.5177	0.8315	0.6496	0.9000	3
	240	0.8963	0.7138	0.6146	0.4834	0.8795	0.6686	0.8322	3
A_4	241	0.8025	0.6758	0.5504	0.5197	0.8142	0.6878	0.9000	4
	242	0.8449	0.7171	0.5688	0.4873	0.8054	0.6306	0.8841	4
	243	0.7533	0.6496	0.6159	0.4707	0.7931	0.6138	0.8080	4
	244	0.7863	0.7520	0.5750	0.5305	0.8462	0.7165	0.7837	4
	245	0.8031	0.7143	0.6243	0.5398	0.7459	0.6236	0.8628	4
	246	0.8711	0.7068	0.6427	0.4919	0.6892	0.7225	0.8452	4
	247	0.7218	0.7200	0.5860	0.4942	0.7978	0.5879	0.8547	4
	248	0.7828	0.7151	0.6076	0.5089	0.8513	0.7329	0.8643	4
	249	0.7957	0.7218	0.6796	0.5137	0.7299	0.6208	0.8748	4
	250	0.8373	0.6663	0.5920	0.4963	0.8227	0.6585	0.7835	4
	251	0.8096	0.6545	0.5446	0.4980	0.8775	0.5686	0.8219	4
	252	0.7882	0.6740	0.6548	0.5039	0.7760	0.6918	0.8279	4
	253	0.8609	0.7743	0.5620	0.5011	0.8068	0.6964	0.9000	4
	254	0.7659	0.6933	0.6306	0.4883	0.7737	0.6557	0.8695	4
	255	0.8303	0.6787	0.6242	0.4860	0.8528	0.5873	0.8829	4
	256	0.8166	0.7022	0.6812	0.5256	0.8419	0.6835	0.8692	4
	257	0.8092	0.6704	0.6325	0.4928	0.7871	0.6851	0.8340	4
	258	0.7381	0.7387	0.6075	0.5192	0.7652	0.6414	0.8128	4
	259	0.8218	0.7802	0.6338	0.5062	0.8301	0.6144	0.9000	4
	260	0.7644	0.6549	0.6577	0.5071	0.8301	0.6487	0.8681	4
	261	0.8332	0.7229	0.5877	0.4326	0.7096	0.5940	0.8935	4
	262	0.7951	0.7066	0.6309	0.5295	0.9000	0.6707	0.9000	4
	263	0.7562	0.7032	0.5726	0.4590	0.7768	0.5776	0.8264	4
	264	0.8029	0.6811	0.5901	0.4683	0.7970	0.7074	0.8272	4
	265	0.8237	0.7029	0.5960	0.5095	0.8384	0.6729	0.8605	4
	266	0.8557	0.6822	0.5849	0.4901	0.8810	0.7299	0.8485	4

续表

子任务	序号	产品质量 q	产品价格 c	任务完成时间 t	风险水平 r	信息化水平 e	组织管理水平 m	信誉度 h	标记
A_4	267	0.7951	0.7192	0.5690	0.4912	0.8409	0.6754	0.8943	4
	268	0.8464	0.6355	0.5908	0.4790	0.7301	0.5848	0.7633	4
	269	0.8160	0.6582	0.6261	0.5300	0.8283	0.7075	0.8135	4
	270	0.8599	0.7533	0.5962	0.4919	0.7812	0.6510	0.8570	4
	271	0.7000	0.7254	0.6442	0.4731	0.8517	0.6577	0.9000	4
	272	0.8296	0.6479	0.6172	0.4996	0.7587	0.6588	0.9000	4
	273	0.8069	0.7175	0.6026	0.4216	0.6990	0.6183	0.8619	4
	274	0.8025	0.6978	0.5801	0.5156	0.8390	0.6376	0.8164	4
	275	0.8396	0.6637	0.6187	0.5109	0.7912	0.6368	0.8692	4
	276	0.8085	0.6989	0.6138	0.4894	0.7740	0.6252	0.9000	4
	277	0.7468	0.7099	0.5650	0.5537	0.8676	0.6898	0.8888	4
	278	0.8721	0.6995	0.5966	0.4755	0.8010	0.6453	0.8742	4
	279	0.7892	0.6857	0.5840	0.4618	0.7907	0.5994	0.9000	4
	280	0.7298	0.6320	0.5639	0.4923	0.8530	0.6313	0.8480	4
	281	0.7950	0.6962	0.5770	0.4972	0.7902	0.6610	0.8688	4
	282	0.7787	0.7055	0.6205	0.5064	0.7988	0.6403	0.8409	4
	283	0.8621	0.7038	0.6025	0.5158	0.7778	0.7152	0.8684	4
	284	0.8310	0.6666	0.6114	0.4859	0.7074	0.6986	0.9000	4
	285	0.8121	0.7127	0.6198	0.5113	0.8393	0.6606	0.8370	4
	286	0.7442	0.7118	0.5787	0.4672	0.8598	0.7295	0.8911	4
	287	0.8099	0.6947	0.6173	0.5217	0.7536	0.6113	0.8160	4
	288	0.8023	0.7600	0.5926	0.5115	0.8525	0.6652	0.9000	4
	289	0.7807	0.6948	0.6036	0.5228	0.8015	0.6140	0.8337	4
	290	0.7497	0.7142	0.6074	0.5312	0.7551	0.6172	0.8290	4
	291	0.8266	0.6993	0.6039	0.5309	0.8607	0.6639	0.8747	4
	292	0.8075	0.7068	0.6195	0.4686	0.8066	0.6449	0.8120	4
	293	0.8659	0.6696	0.6115	0.5634	0.7501	0.6769	0.9000	4
	294	0.8206	0.6950	0.5979	0.5461	0.7914	0.7139	0.8140	4
	295	0.8180	0.6415	0.5874	0.4582	0.7952	0.6413	0.8714	4
	296	0.7852	0.7108	0.6272	0.4960	0.7608	0.6646	0.8729	4
	297	0.8879	0.6553	0.6706	0.4730	0.7970	0.6746	0.8002	4
	298	0.8508	0.6845	0.5690	0.5557	0.8785	0.6114	0.9000	4
	299	0.8107	0.7665	0.6004	0.4774	0.8561	0.6636	0.7848	4
	300	0.8481	0.6311	0.5667	0.4734	0.8790	0.6593	0.8641	4

续表

子任务	序号	产品质量 q	产品价格 c	任务完成时间 t	风险水平 r	信息化水平 e	组织管理水平 m	信誉度 h	标记
A_4	301	0.7744	0.7338	0.5787	0.4976	0.6913	0.6396	0.7841	4
	302	0.7641	0.7535	0.6190	0.5072	0.7670	0.6159	0.8286	4
	303	0.7957	0.7463	0.5805	0.5602	0.7152	0.6250	0.7835	4
	304	0.8637	0.6755	0.6078	0.4787	0.7983	0.6365	0.8731	4
	305	0.8179	0.6824	0.5971	0.4462	0.8436	0.6790	0.8546	4
	306	0.8399	0.6892	0.6120	0.5233	0.7754	0.5770	0.8419	4
	307	0.8788	0.7613	0.5949	0.5203	0.7378	0.6686	0.8208	4
	308	0.7932	0.6474	0.6115	0.4529	0.7759	0.7158	0.8070	4
	309	0.7636	0.6673	0.6238	0.4637	0.7736	0.6364	0.9000	4
	310	0.8213	0.7151	0.5385	0.4780	0.8054	0.6668	0.8096	4
	311	0.7422	0.7402	0.6140	0.5158	0.7818	0.6591	0.8576	4
	312	0.7691	0.7158	0.6217	0.4945	0.7598	0.6000	0.9000	4
	313	0.8340	0.7208	0.6420	0.4981	0.7187	0.5924	0.8253	4
	314	0.8316	0.7205	0.5868	0.4896	0.8930	0.6842	0.8286	4
	315	0.8519	0.7828	0.6291	0.5754	0.8358	0.6495	0.8795	4
	316	0.8871	0.6790	0.6082	0.5005	0.7806	0.6078	0.8124	4
	317	0.8318	0.6778	0.5660	0.4982	0.7758	0.6180	0.8240	4
	318	0.7565	0.7635	0.5898	0.5871	0.8322	0.6692	0.7704	4
	319	0.7818	0.6475	0.6184	0.4661	0.8052	0.6419	0.8189	4
	320	0.7534	0.7042	0.6313	0.4662	0.7517	0.6412	0.8838	4
	321	0.7463	0.7040	0.6019	0.5089	0.7989	0.6392	0.8777	4
	322	0.7806	0.6839	0.5644	0.4357	0.8020	0.6083	0.8364	4
	323	0.8165	0.7224	0.6003	0.4975	0.8773	0.7072	0.9000	4
	324	0.7051	0.7242	0.5727	0.4846	0.7878	0.6767	0.8275	4
	325	0.8510	0.6994	0.6117	0.5013	0.9000	0.6414	0.8679	4
	326	0.8317	0.7389	0.5704	0.4914	0.8139	0.6413	0.9000	4
	327	0.7739	0.6302	0.5905	0.4934	0.6952	0.6467	0.8200	4
	328	0.8268	0.7568	0.5862	0.5431	0.8167	0.6970	0.8046	4
	329	0.8968	0.6245	0.5946	0.4699	0.8828	0.6345	0.8254	4
	330	0.7945	0.6844	0.6006	0.4436	0.7378	0.7118	0.8212	4
	331	0.8376	0.7224	0.6351	0.4507	0.7928	0.6481	0.9000	4
	332	0.7082	0.6491	0.6180	0.5227	0.8381	0.6209	0.8259	4
	333	0.7972	0.6374	0.6338	0.4918	0.9000	0.6580	0.8148	4
	334	0.8102	0.7096	0.6241	0.5393	0.7667	0.6495	0.8334	4

续表

子任务	序号	产品质量 q	产品价格 c	任务完成时间 t	风险水平 r	信息化水平 e	组织管理水平 m	信誉度 h	标记
A_4	335	0.8212	0.6618	0.5491	0.5207	0.7886	0.6229	0.8859	4
	336	0.7000	0.7370	0.6213	0.4899	0.8165	0.6435	0.8166	4
	337	0.8040	0.7045	0.5933	0.5032	0.7632	0.6472	0.8987	4
	338	0.7378	0.7151	0.6308	0.4912	0.7707	0.5713	0.9000	4
	339	0.8764	0.6837	0.6146	0.4746	0.7453	0.6039	0.8089	4
	340	0.7820	0.6973	0.5971	0.4816	0.8542	0.6871	0.8233	4
B	341	0.8035	0.6480	0.6175	0.4792	0.7437	0.7062	0.8220	5
	342	0.7403	0.7063	0.6051	0.4907	0.7528	0.5908	0.8452	5
	343	0.8988	0.6861	0.6698	0.4304	0.7772	0.6430	0.8727	5
	344	0.7739	0.6894	0.5618	0.5146	0.7657	0.7140	0.8043	5
	345	0.8204	0.6986	0.5780	0.5168	0.7967	0.6095	0.8006	5
	346	0.7238	0.6834	0.5791	0.5211	0.7576	0.6381	0.9000	5
	347	0.8004	0.6737	0.6045	0.4978	0.7395	0.6562	0.8077	5
	348	0.8362	0.6846	0.5902	0.4779	0.7761	0.6310	0.8130	5
	349	0.8667	0.6630	0.6373	0.5604	0.8584	0.6760	0.7827	5
	350	0.7857	0.7024	0.6145	0.5013	0.7448	0.6519	0.8676	5
	351	0.8184	0.7372	0.5959	0.4242	0.8280	0.5707	0.8282	5
	352	0.8891	0.7313	0.5734	0.4577	0.8506	0.6313	0.8173	5
	353	0.7663	0.6725	0.6368	0.5479	0.8100	0.5721	0.9000	5
	354	0.7441	0.7033	0.6036	0.4732	0.7517	0.6591	0.7954	5
	355	0.7533	0.7057	0.5708	0.5024	0.9000	0.6462	0.8415	5
	356	0.7344	0.7299	0.6184	0.5399	0.8068	0.6114	0.8874	5
	357	0.8908	0.6978	0.5983	0.4911	0.8000	0.5765	0.8251	5
	358	0.7881	0.7165	0.6257	0.4932	0.8265	0.5916	0.8698	5
	359	0.7563	0.7056	0.5885	0.4538	0.8209	0.6689	0.9000	5
	360	0.8669	0.6803	0.5946	0.4866	0.8390	0.6363	0.9000	5
	361	0.9500	0.7510	0.5672	0.5157	0.7547	0.6645	0.8828	5
	362	0.7000	0.7346	0.6401	0.4692	0.8176	0.5880	0.8773	5
	363	0.9008	0.7222	0.5567	0.4688	0.7783	0.5962	0.8548	5
	364	0.7627	0.6510	0.5428	0.4985	0.8318	0.6203	0.8265	5
	365	0.7738	0.7112	0.6174	0.4924	0.7575	0.7178	0.7944	5
	366	0.7843	0.6967	0.6044	0.5077	0.8354	0.6150	0.8133	5
	367	0.7678	0.7259	0.5858	0.5179	0.8597	0.6309	0.8535	5
	368	0.8254	0.7141	0.5784	0.5188	0.7500	0.6392	0.8358	5

续表

子任务	序号	产品质量 q	产品价格 c	任务完成时间 t	风险水平 r	信息化水平 e	组织管理水平 m	信誉度 h	标记
B	369	0.7907	0.6742	0.5800	0.5562	0.8318	0.6564	0.8782	5
	370	0.8191	0.6696	0.5448	0.4950	0.7129	0.7026	0.7832	5
	371	0.7214	0.7287	0.5885	0.4941	0.7188	0.6921	0.8408	5
	372	0.7312	0.6615	0.6370	0.5288	0.7394	0.6279	0.8058	5
	373	0.8377	0.7053	0.6434	0.4862	0.8182	0.6736	0.9000	5
	374	0.7950	0.7039	0.5846	0.5480	0.7601	0.6111	0.8774	5
	375	0.8518	0.7730	0.6311	0.5151	0.7847	0.6979	0.8466	5
	376	0.8333	0.7159	0.6050	0.5052	0.9000	0.6309	0.8678	5
	377	0.7917	0.7196	0.6216	0.5356	0.7960	0.6330	0.8895	5
	378	0.8453	0.6693	0.5730	0.5301	0.7610	0.6940	0.8185	5
	379	0.8056	0.6563	0.5685	0.5194	0.7426	0.6527	0.8948	5
	380	0.7480	0.6452	0.6043	0.5044	0.8379	0.6633	0.8295	5
	381	0.8972	0.7550	0.6070	0.4972	0.8397	0.6333	0.9000	5
	382	0.8225	0.6798	0.6069	0.4933	0.7123	0.5847	0.9000	5
	383	0.8534	0.6816	0.5962	0.4494	0.8081	0.5879	0.8379	5
	384	0.7373	0.6205	0.5947	0.5389	0.7413	0.6707	0.8818	5
	385	0.8096	0.7309	0.5808	0.5011	0.8128	0.6525	0.8714	5
	386	0.8340	0.7148	0.5800	0.4592	0.7857	0.6265	0.9000	5
	387	0.7526	0.6803	0.6259	0.5034	0.7399	0.6577	0.8825	5
	388	0.7182	0.6636	0.5866	0.5147	0.7498	0.6815	0.8142	5
	389	0.7639	0.6852	0.6169	0.5045	0.7762	0.7020	0.9000	5
	390	0.7345	0.7466	0.6245	0.5074	0.7148	0.6273	0.8230	5
	391	0.7866	0.6777	0.5948	0.5130	0.7731	0.7522	0.8684	5
	392	0.7698	0.7061	0.5605	0.4397	0.7533	0.6117	0.8879	5
	393	0.7994	0.7372	0.5281	0.5020	0.8379	0.6820	0.8819	5
	394	0.7807	0.7109	0.6230	0.5189	0.8424	0.6528	0.8680	5
	395	0.8204	0.6152	0.6470	0.5279	0.7853	0.6732	0.8608	5
	396	0.8682	0.6973	0.5777	0.5088	0.7163	0.6639	0.8441	5
	397	0.7519	0.6998	0.6298	0.5039	0.7877	0.6773	0.9000	5
	398	0.8448	0.7196	0.6166	0.4528	0.7920	0.6447	0.8435	5
	399	0.8697	0.7250	0.6013	0.4562	0.8120	0.6616	0.8009	5
	400	0.9091	0.7088	0.5731	0.5137	0.8243	0.6623	0.8040	5
	401	0.7885	0.7544	0.5311	0.5426	0.8406	0.6459	0.8529	5
	402	0.8481	0.7997	0.5940	0.5105	0.7812	0.6560	0.8401	5

续表

子任务	序号	产品质量 q	产品价格 c	任务完成时间 t	风险水平 r	信息化水平 e	组织管理水平 m	信誉度 h	标记
B	403	0.7753	0.6822	0.5988	0.4608	0.8238	0.6833	0.8836	5
	404	0.8426	0.6940	0.6267	0.4757	0.6876	0.6863	0.8415	5
	405	0.7295	0.7189	0.6236	0.4403	0.7543	0.6777	0.7869	5
	406	0.7378	0.6996	0.5860	0.5032	0.8210	0.6580	0.8986	5
	407	0.8535	0.6134	0.5989	0.4671	0.7656	0.6435	0.8727	5
	408	0.7442	0.7579	0.5843	0.4885	0.7360	0.6908	0.8981	5
	409	0.7668	0.7633	0.6038	0.5165	0.8259	0.6971	0.8865	5
	410	0.8201	0.7204	0.5800	0.5164	0.7487	0.7254	0.8068	5
	411	0.8438	0.7183	0.6053	0.5913	0.8633	0.6551	0.8664	5
	412	0.8737	0.7092	0.5634	0.4843	0.8730	0.6606	0.8659	5
	413	0.7514	0.7143	0.5497	0.5178	0.7626	0.6746	0.8793	5
	414	0.8486	0.6365	0.6155	0.5067	0.9000	0.6322	0.8567	5
	415	0.7639	0.6647	0.6295	0.5344	0.7954	0.6241	0.8232	5
	416	0.8411	0.6856	0.5920	0.5235	0.7657	0.6687	0.8627	5
	417	0.8145	0.7471	0.5984	0.4744	0.7834	0.6843	0.8713	5
	418	0.7297	0.6589	0.5970	0.4669	0.7728	0.6469	0.7705	5
	419	0.8439	0.7119	0.6080	0.5339	0.8404	0.7079	0.8705	5
	420	0.7841	0.7161	0.5303	0.5073	0.8584	0.6311	0.8270	5
C	421	0.7379	0.7332	0.5641	0.5247	0.8713	0.7067	0.8634	6
	422	0.7279	0.6898	0.6342	0.5302	0.7408	0.7002	0.9000	6
	423	0.8520	0.6471	0.6588	0.5639	0.8020	0.6916	0.8824	6
	424	0.8760	0.6879	0.5503	0.5166	0.7983	0.6545	0.9000	6
	425	0.8821	0.6943	0.6234	0.5154	0.6952	0.7228	0.8220	6
	426	0.8268	0.6599	0.6053	0.4796	0.8159	0.6839	0.8427	6
	427	0.8248	0.5979	0.5567	0.5380	0.8860	0.6598	0.8180	6
	428	0.8296	0.7084	0.5661	0.4658	0.8040	0.7378	0.8649	6
	429	0.7067	0.6670	0.5570	0.4980	0.7896	0.5570	0.9000	6
	430	0.8292	0.7218	0.6234	0.5357	0.7639	0.6976	0.8534	6
	431	0.7889	0.6771	0.6257	0.4715	0.8563	0.6245	0.9000	6
	432	0.7861	0.6273	0.5599	0.4746	0.8154	0.6258	0.7846	6
	433	0.7683	0.7762	0.6061	0.5079	0.8317	0.6500	0.8458	6
	434	0.7820	0.7331	0.5818	0.5018	0.8006	0.5592	0.8254	6
	435	0.9500	0.6212	0.6303	0.4804	0.7489	0.6421	0.8454	6
	436	0.7000	0.6621	0.6033	0.5197	0.8565	0.6403	0.8560	6

续表

子任务	序号	产品质量 q	产品价格 c	任务完成时间 t	风险水平 r	信息化水平 e	组织管理水平 m	信誉度 h	标记
C	437	0.7533	0.7462	0.6163	0.4866	0.8035	0.6819	0.8480	6
	438	0.7893	0.7529	0.5861	0.4642	0.7711	0.6686	0.8644	6
	439	0.8058	0.8080	0.5988	0.4783	0.8655	0.7014	0.8347	6
	440	0.8410	0.7570	0.5921	0.4504	0.8355	0.6878	0.9000	6
	441	0.8310	0.7345	0.5277	0.4728	0.7822	0.6155	0.8644	6
	442	0.7937	0.6124	0.5962	0.5286	0.7377	0.6640	0.8031	6
	443	0.7634	0.7705	0.6224	0.5168	0.8503	0.7003	0.8174	6
	444	0.7320	0.7186	0.5942	0.4218	0.8196	0.6478	0.8144	6
	445	0.7948	0.7011	0.6350	0.5333	0.8512	0.6299	0.8625	6
	446	0.8337	0.7007	0.5993	0.5067	0.8113	0.6348	0.8659	6
	447	0.7533	0.7244	0.6308	0.4732	0.7337	0.6472	0.8207	6
	448	0.7370	0.6445	0.5810	0.4706	0.8696	0.6758	0.8038	6
	449	0.7705	0.6610	0.6162	0.4871	0.8239	0.6609	0.8120	6
	450	0.7989	0.6658	0.5716	0.4519	0.8656	0.6210	0.8184	6
	451	0.7534	0.7169	0.6087	0.5172	0.8686	0.5827	0.8667	6
	452	0.7825	0.7343	0.5851	0.4202	0.8287	0.6659	0.8305	6
	453	0.7674	0.6895	0.6234	0.5348	0.7920	0.6935	0.8744	6
	454	0.7978	0.6836	0.5751	0.4536	0.7953	0.6986	0.9000	6
	455	0.7852	0.7032	0.6031	0.5211	0.7626	0.6604	0.8243	6
	456	0.8624	0.7578	0.6132	0.4723	0.7273	0.6429	0.8581	6
	457	0.8026	0.7730	0.6003	0.4783	0.8503	0.6135	0.8577	6
	458	0.7690	0.6149	0.6043	0.5064	0.7822	0.6054	0.8697	6
	459	0.8808	0.6853	0.5736	0.5018	0.7427	0.6655	0.8185	6
	460	0.8504	0.7220	0.5556	0.4828	0.8495	0.5925	0.8537	6
	461	0.8056	0.7478	0.6184	0.5179	0.7872	0.6023	0.8457	6
	462	0.8107	0.7634	0.5996	0.5010	0.6733	0.5596	0.8948	6
	463	0.8090	0.7180	0.5743	0.4782	0.7101	0.6505	0.8727	6
	464	0.8570	0.6529	0.6082	0.4676	0.7728	0.6196	0.8271	6
	465	0.8788	0.7345	0.6052	0.5374	0.8874	0.6903	0.9000	6
	466	0.7187	0.6673	0.6457	0.5465	0.8073	0.6142	0.9000	6
	467	0.8035	0.7821	0.5644	0.4330	0.8456	0.6882	0.8725	6
	468	0.7750	0.6873	0.5859	0.4715	0.7358	0.6413	0.8370	6
	469	0.7449	0.6661	0.6011	0.4794	0.8392	0.6078	0.8732	6
	470	0.7623	0.6498	0.6000	0.4918	0.8556	0.6902	0.8396	6

续表

子任务	序号	产品质量 q	产品价格 c	任务完成时间 t	风险水平 r	信息化水平 e	组织管理水平 m	信誉度 h	标记
C	471	0.8363	0.7003	0.5564	0.4493	0.7556	0.6744	0.8081	6
	472	0.7302	0.6474	0.6077	0.4975	0.7976	0.6267	0.8319	6
	473	0.8024	0.6703	0.5959	0.5167	0.8114	0.6199	0.7577	6
	474	0.7327	0.6943	0.5529	0.4907	0.7656	0.6534	0.8418	6
	475	0.7659	0.6903	0.5627	0.5171	0.8662	0.6626	0.8195	6
	476	0.8162	0.6345	0.6265	0.4872	0.8359	0.7091	0.8737	6
	477	0.8193	0.7028	0.5843	0.5492	0.8545	0.6765	0.8928	6
	478	0.7468	0.7136	0.6324	0.4882	0.8309	0.6353	0.8504	6
	479	0.7842	0.7980	0.5381	0.4865	0.8916	0.5946	0.8017	6
	480	0.8506	0.6228	0.6019	0.5309	0.7764	0.6333	0.7994	6
	481	0.8112	0.7869	0.5567	0.5075	0.7853	0.6698	0.8673	6
	482	0.7698	0.7467	0.6343	0.4850	0.8163	0.6576	0.9000	6
	483	0.8549	0.7364	0.6064	0.4953	0.7878	0.6671	0.9000	6
	484	0.8074	0.7034	0.5765	0.5104	0.7994	0.6949	0.8544	6
	485	0.8232	0.6828	0.5936	0.4796	0.8065	0.6419	0.7840	6
	486	0.9095	0.6813	0.6036	0.5317	0.7169	0.6841	0.8544	6
	487	0.8784	0.7048	0.5984	0.4728	0.7456	0.6779	0.9000	6
	488	0.7219	0.6846	0.6272	0.4640	0.8038	0.6589	0.7812	6
	489	0.7676	0.7369	0.6125	0.4834	0.8240	0.6616	0.8967	6
	490	0.7620	0.7550	0.5641	0.5077	0.9000	0.6769	0.8709	6
	491	0.8480	0.6643	0.6009	0.5303	0.8015	0.6694	0.9000	6
	492	0.8387	0.6594	0.6519	0.4659	0.8501	0.6286	0.8151	6
	493	0.7451	0.6150	0.6194	0.5272	0.7870	0.7153	0.8098	6
	494	0.8455	0.6566	0.6021	0.5003	0.8212	0.6615	0.8593	6
	495	0.7965	0.6306	0.5819	0.5283	0.8531	0.6547	0.8720	6
	496	0.8061	0.6594	0.5346	0.5535	0.8258	0.6748	0.8449	6
	497	0.7655	0.6713	0.5591	0.4701	0.7583	0.6313	0.7904	6
	498	0.8374	0.7450	0.5495	0.4920	0.8126	0.6872	0.8668	6
	499	0.7885	0.7581	0.6539	0.5294	0.8526	0.6834	0.8166	6
	500	0.7932	0.7305	0.6163	0.4627	0.7736	0.6221	0.8194	6
D	501	0.8461	0.6499	0.5845	0.4836	0.8727	0.6932	0.8133	7
	502	0.8743	0.6890	0.5310	0.4510	0.8215	0.5722	0.8247	7
	503	0.8780	0.6988	0.5667	0.5342	0.8429	0.5791	0.8579	7
	504	0.7719	0.7083	0.6564	0.4921	0.8217	0.6523	0.8012	7

续表

子任务	序号	产品质量 q	产品价格 c	任务完成时间 t	风险水平 r	信息化水平 e	组织管理水平 m	信誉度 h	标记
	505	0.8255	0.6823	0.5789	0.4772	0.7710	0.6337	0.8477	7
	506	0.7948	0.6633	0.5980	0.4795	0.7814	0.6649	0.8687	7
	507	0.7816	0.6551	0.6062	0.4805	0.7858	0.6782	0.8777	7
	508	0.8247	0.7119	0.6192	0.5107	0.8312	0.6564	0.8784	7
	509	0.8253	0.6687	0.6056	0.4551	0.8612	0.6428	0.8992	7
	510	0.7000	0.7018	0.5992	0.5049	0.8172	0.5840	0.9000	7
	511	0.7830	0.6508	0.5591	0.4712	0.7762	0.6819	0.8052	7
	512	0.7637	0.7210	0.6159	0.5137	0.8648	0.6470	0.8277	7
	513	0.7649	0.6584	0.6346	0.5062	0.8798	0.6292	0.7944	7
	514	0.7649	0.7031	0.6113	0.5102	0.7155	0.5739	0.8140	7
	515	0.7777	0.7712	0.6384	0.5130	0.7553	0.6482	0.8955	7
	516	0.8513	0.7269	0.5957	0.5597	0.8220	0.6689	0.9000	7
	517	0.8299	0.7437	0.6104	0.4689	0.7703	0.6522	0.8071	7
	518	0.8350	0.7029	0.6571	0.5123	0.8169	0.6898	0.8222	7
	519	0.7753	0.6382	0.6158	0.5261	0.8578	0.6230	0.7500	7
	520	0.8053	0.7189	0.5645	0.5092	0.8129	0.7050	0.8446	7
	521	0.7347	0.6537	0.6386	0.4768	0.7807	0.6124	0.8284	7
D	522	0.7523	0.6748	0.5699	0.5150	0.7861	0.6404	0.8281	7
	523	0.7000	0.6588	0.6118	0.5126	0.8104	0.6318	0.8741	7
	524	0.8705	0.6549	0.6187	0.4660	0.8239	0.6680	0.8430	7
	525	0.7770	0.6932	0.5904	0.4680	0.9000	0.7031	0.8503	7
	526	0.8574	0.6921	0.5962	0.4753	0.8857	0.6640	0.8718	7
	527	0.8536	0.6890	0.6142	0.5231	0.7226	0.6745	0.8056	7
	528	0.7557	0.7056	0.6106	0.5132	0.8274	0.6353	0.8927	7
	529	0.7986	0.6861	0.5692	0.5183	0.8241	0.7235	0.8614	7
	530	0.8073	0.7520	0.5722	0.4724	0.8446	0.7477	0.8308	7
	531	0.7567	0.7187	0.5725	0.4749	0.8289	0.6213	0.8156	7
	532	0.8238	0.6800	0.6029	0.5087	0.7976	0.6470	0.8065	7
	533	0.8353	0.7426	0.5893	0.4992	0.8369	0.7013	0.8716	7
	534	0.7672	0.6270	0.6146	0.4849	0.7315	0.6426	0.8516	7
	535	0.7463	0.7137	0.5906	0.4806	0.8217	0.6168	0.8295	7
	536	0.7000	0.7026	0.6412	0.4956	0.8629	0.6951	0.8735	7
	537	0.8120	0.7016	0.5581	0.4961	0.8019	0.6616	0.7922	7
	538	0.8560	0.6979	0.6114	0.4741	0.8329	0.6490	0.9000	7

续表

子任务	序号	产品质量 q	产品价格 c	任务完成时间 t	风险水平 r	信息化水平 e	组织管理水平 m	信誉度 h	标记
D	539	0.8396	0.6608	0.6088	0.4856	0.8023	0.6452	0.7910	7
	540	0.8643	0.6899	0.5822	0.5943	0.8469	0.6314	0.7681	7
	541	0.7414	0.6779	0.6360	0.5143	0.8527	0.6508	0.7877	7
	542	0.8974	0.7241	0.6137	0.5007	0.7829	0.6157	0.8921	7
	543	0.7724	0.7058	0.5977	0.4922	0.9000	0.6123	0.7808	7
	544	0.7288	0.6820	0.5916	0.4702	0.9000	0.6200	0.8607	7
	545	0.8405	0.7250	0.5742	0.4364	0.7824	0.6372	0.8043	7
	546	0.8246	0.7650	0.6071	0.5242	0.8489	0.6720	0.7978	7
	547	0.8178	0.6549	0.6039	0.5079	0.8344	0.6350	0.8527	7
	548	0.7506	0.6163	0.6058	0.5424	0.8013	0.5790	0.8617	7
	549	0.8733	0.7145	0.6104	0.4943	0.8215	0.6478	0.8942	7
	550	0.8721	0.6869	0.6716	0.5094	0.6846	0.7167	0.8964	7
	551	0.7904	0.7150	0.5563	0.5027	0.8032	0.6222	0.8464	7
	552	0.7991	0.6969	0.5823	0.5215	0.8325	0.7076	0.8063	7
	553	0.9425	0.6994	0.6340	0.5038	0.7931	0.7102	0.8413	7
	554	0.7640	0.6306	0.6126	0.4743	0.7555	0.6582	0.8525	7
	555	0.7000	0.7395	0.6183	0.5205	0.7109	0.6808	0.7853	7
	556	0.7909	0.7299	0.5675	0.5572	0.8164	0.6318	0.8928	7
	557	0.8022	0.6957	0.5652	0.5354	0.7669	0.6499	0.7672	7
	558	0.8243	0.6680	0.6247	0.4832	0.8041	0.5901	0.9000	7
	559	0.8158	0.6598	0.6289	0.4818	0.7810	0.6376	0.8447	7
	560	0.8097	0.6569	0.5590	0.4871	0.8314	0.5328	0.8767	7
	561	0.8709	0.6454	0.5985	0.5320	0.7569	0.6245	0.8014	7
	562	0.8229	0.6708	0.6284	0.4946	0.8024	0.6636	0.8490	7
	563	0.7942	0.6990	0.5676	0.4594	0.7104	0.6508	0.8788	7
	564	0.8786	0.7182	0.5898	0.4828	0.7936	0.6674	0.7675	7
	565	0.7022	0.6468	0.6123	0.5083	0.7718	0.5729	0.8440	7
	566	0.8220	0.7303	0.6179	0.5785	0.7999	0.6963	0.8489	7
	567	0.7922	0.6498	0.6211	0.5102	0.7623	0.6337	0.8660	7
	568	0.7941	0.6764	0.6149	0.4139	0.8149	0.6456	0.9000	7
	569	0.7816	0.7320	0.5612	0.4588	0.8771	0.6476	0.7683	7
	570	0.7675	0.7241	0.5767	0.4742	0.8665	0.5328	0.8786	7
	571	0.7597	0.7545	0.6365	0.4720	0.7518	0.6394	0.9000	7
	572	0.7164	0.6876	0.5855	0.5705	0.7944	0.5911	0.8380	7

续表

子任务	序号	产品质量 q	产品价格 c	任务完成时间 t	风险水平 r	信息化水平 e	组织管理水平 m	信誉度 h	标记
D	573	0.7991	0.6599	0.5870	0.4769	0.8979	0.5663	0.8927	7
	574	0.8080	0.6734	0.5618	0.5008	0.7235	0.6654	0.8530	7
	575	0.7356	0.7225	0.5785	0.4932	0.7619	0.6676	0.7908	7
	576	0.8347	0.7003	0.5531	0.5234	0.8286	0.6623	0.7832	7
	577	0.7565	0.7614	0.6234	0.5154	0.7447	0.6576	0.8025	7
	578	0.8313	0.7002	0.6385	0.5139	0.8079	0.6574	0.8605	7
	579	0.9059	0.6307	0.6126	0.4655	0.8790	0.6238	0.9000	7
	580	0.7732	0.6476	0.5924	0.4559	0.7228	0.6487	0.9000	7

附　录　C

任务分配与供应商选择的可行解

编号	可行解	目标值
1	[49,150,236,273,343,450,568]	[5.6271,4.7702,4.2736,2.9973]
2	[49,113,223,261,351,467,568]	[5.6504,5.0107,4.1848,2.9820]
3	[11,102,167,310,364,486,502]	[6.0612,4.7777,3.9262,3.5104]
4	[37,117,168,278,343,435,579]	[6.2694,4.7033,4.4614,3.2365]
5	[74,102,196,330,361,435,502]	[6.2063,4.8858,4.0469,3.3651]
6	[51,132,180,329,407,495,561]	[5.8945,4.4258,4.1707,3.5227]
7	[49,117,229,261,351,467,564]	[5.9066,5.1349,4.2503,3.1154]
8	[36,150,174,308,407,435,568]	[5.7354,4.5111,4.3220,3.1783]
9	[36,150,236,308,343,435,580]	[5.7171,4.5479,4.3404,3.1276]
10	[24,92,236,322,392,497,532]	[5.4117,4.8026,3.9325,3.2908]
11	[18,113,223,261,351,467,568]	[5.6603,4.9420,4.1484,3.0874]
12	[24,112,236,279,392,467,502]	[5.5579,5.0488,3.8782,3.1155]
13	[41,143,236,295,364,432,580]	[5.4489,4.5124,3.9623,3.2500]
14	[49,143,236,273,392,452,580]	[5.4456,4.8115,4.0948,3.0546]
15	[51,132,226,329,361,435,579]	[6.2448,4.5392,4.1666,3.4875]
16	[63,105,168,329,343,435,579]	[6.3006,4.5390,4.4361,3.3514]
17	[11,102,167,310,378,459,502]	[6.1151,4.8001,3.9263,3.5121]
18	[37,117,168,278,343,435,579]	[6.2694,4.7033,4.4614,3.2365]
19	[74,102,196,273,361,435,502]	[6.2188,4.9189,4.0489,3.3430]

续表

编号	可行解	目标值
20	[74,127,228,261,343,441,502]	[6.0149,5.0627,4.0664,3.2507]
21	[51,132,204,329,407,495,561]	[5.8194,4.4172,4.1257,3.5466]
22	[78,150,168,329,343,435,580]	[6.0275,4.5253,4.3471,3.3061]
23	[11,102,167,310,364,446,502]	[5.9854,4.7971,3.9218,3.4855]
24	[49,150,168,330,343,435,554]	[5.8730,4.6609,4.4157,3.1549]
25	[49,150,180,261,343,435,568]	[5.8490,4.7290,4.3776,3.0688]
26	[1,117,229,261,351,467,568]	[5.8124,5.0955,4.2530,3.1291]
27	[49,117,229,261,351,467,568]	[5.8221,5.0931,4.2755,3.0465]
28	[78,143,221,280,364,427,580]	[5.5483,4.4587,3.9533,3.5479]
29	[36,150,174,308,407,435,568]	[5.7354,4.5111,4.3220,3.1783]
30	[36,150,168,308,343,448,568]	[5.6622,4.6143,4.4014,3.1224]
31	[24,92,230,322,392,497,502]	[5.4064,4.8026,3.9208,3.2946]
32	[36,150,236,308,343,464,568]	[5.6449,4.6085,4.3409,3.0728]
33	[24,112,211,295,351,467,568]	[5.6439,5.0965,4.0563,3.1338]
34	[36,150,236,273,351,452,568]	[5.5036,4.8111,4.2350,2.9879]
35	[49,150,236,273,343,452,568]	[5.6106,4.8388,4.2871,2.9655]
36	[24,112,236,322,392,467,502]	[5.5493,5.0471,3.8586,3.0894]
37	[49,113,226,261,351,467,568]	[5.7101,4.9864,4.1634,3.0324]
38	[41,143,236,280,364,432,580]	[5.3606,4.5028,3.9388,3.2841]
39	[58,143,236,295,364,432,580]	[5.3925,4.5128,3.9706,3.2408]
40	[29,143,236,273,392,432,580]	[5.4608,4.6239,4.0425,3.1899]
41	[36,150,236,308,414,444,568]	[5.4697,4.6245,4.2726,3.1032]
42	[36,150,236,308,343,448,568]	[5.5249,4.6001,4.3137,3.0758]
43	[49,143,236,273,392,432,580]	[5.4493,4.7045,4.0696,3.1090]
44	[36,150,236,308,343,444,568]	[5.5199,4.6742,4.3269,3.0270]
45	[49,143,236,273,392,450,580]	[5.4621,4.7429,4.0813,3.0863]
46	[36,150,236,330,343,444,568]	[5.5211,4.7111,4.3160,3.0178]
47	[49,85,236,273,392,452,568]	[5.4663,4.9139,4.1121,3.0094]
48	[49,150,236,273,351,452,568]	[5.5302,4.8899,4.2132,2.9593]
49	[63,132,179,329,407,435,579]	[6.2143,4.4250,4.2540,3.5059]
50	[51,132,189,329,361,435,579]	[6.1848,4.5442,4.1372,3.5183]
51	[63,103,226,329,407,435,579]	[6.1622,4.4681,4.2490,3.4378]

续表

编号	可行解	目标值
52	[63,83,168,329,343,435,579]	[6.2735,4.5236,4.4087,3.2975]
53	[63,117,168,329,343,435,580]	[6.1920,4.5816,4.4480,3.2636]
54	[74,102,170,298,361,441,502]	[6.1198,5.0221,3.9344,3.4427]
55	[48,112,168,261,343,435,579]	[6.0664,4.8430,4.3196,3.2059]
56	[74,102,228,261,343,441,502]	[6.1187,5.0352,4.0573,3.2529]
57	[63,132,236,329,407,435,563]	[6.0294,4.4817,4.1982,3.3402]
58	[63,150,187,297,343,435,580]	[5.9852,4.5490,4.4646,3.2367]
59	[11,102,169,310,378,459,502]	[6.0786,4.8492,3.9590,3.4966]
60	[49,150,168,330,343,435,580]	[5.8822,4.6779,4.3955,3.1364]
61	[74,102,170,310,361,441,502]	[6.0903,5.0527,3.9039,3.3650]
62	[49,150,172,261,343,435,568]	[5.9166,4.8006,4.3886,3.0693]
63	[49,117,229,261,351,467,568]	[5.8221,5.0931,4.2755,3.0465]
64	[49,112,229,261,351,467,568]	[5.7773,5.1686,4.1527,3.0382]
65	[78,143,221,280,364,427,565]	[5.4773,4.4579,3.9731,3.6003]
66	[78,143,230,280,364,427,580]	[5.3910,4.4326,4.0278,3.5068]
67	[36,143,168,329,407,427,580]	[5.7723,4.4247,4.2063,3.3233]
68	[73,143,221,280,364,427,580]	[5.5266,4.5113,3.9521,3.4541]
69	[70,156,236,300,364,454,503]	[5.5742,4.6625,3.9508,3.4116]
70	[36,83,236,308,343,444,568]	[5.5501,4.6843,4.3101,3.0615]
71	[24,112,208,322,392,467,502]	[5.5941,5.0897,3.8577,3.1637]
72	[49,150,193,273,343,452,568]	[5.6826,4.9363,4.3502,3.0427]
73	[49,150,236,273,343,452,568]	[5.6106,4.8388,4.2871,2.9655]
74	[49,112,185,261,351,467,568]	[5.5927,5.0905,4.1063,3.0406]
75	[41,143,236,280,364,432,580]	[5.3606,4.5028,3.9388,3.2841]
76	[36,143,236,308,407,454,580]	[5.5044,4.5191,4.1538,3.1752]
77	[29,150,236,300,392,450,580]	[5.5300,4.5945,4.0786,3.1812]
78	[36,150,236,308,343,448,580]	[5.5041,4.5712,4.2911,3.1177]
79	[36,150,236,308,343,448,568]	[5.5249,4.6001,4.3137,3.0758]
80	[49,150,236,300,392,450,580]	[5.5185,4.6750,4.1058,3.1003]
81	[36,150,236,308,343,444,580]	[5.4991,4.6453,4.3043,3.0690]
82	[36,150,236,308,343,444,568]	[5.5199,4.6742,4.3269,3.0270]
83	[36,150,236,330,343,444,568]	[5.5211,4.7111,4.3160,3.0178]

续表

编号	可行解	目标值
84	[49,143,236,273,392,452,568]	[5.4665,4.8403,4.1174,3.0126]
85	[49,150,236,273,343,444,568]	[5.5602,4.8231,4.2962,2.9671]
86	[63,132,226,329,407,435,579]	[6.2509,4.4112,4.2685,3.4089]
87	[10,132,189,329,361,435,579]	[6.2613,4.5482,4.1791,3.4956]
88	[63,132,168,329,407,435,579]	[6.2784,4.4276,4.3309,3.3930]
89	[63,95,168,329,343,435,579]	[6.3002,4.5023,4.4179,3.3466]
90	[63,117,168,329,343,435,580]	[6.1920,4.5816,4.4480,3.2636]
91	[29,102,239,329,361,441,502]	[6.1550,4.8909,3.9733,3.4205]
92	[37,112,168,261,343,435,579]	[6.1857,4.8022,4.3297,3.1854]
93	[74,102,240,273,361,441,502]	[6.1672,5.0585,4.0022,3.3340]
94	[74,102,240,273,361,440,502]	[6.1772,5.0809,4.0667,3.3116]
95	[63,132,204,329,407,435,579]	[6.1105,4.4027,4.2584,3.4023]
96	[78,143,221,251,364,427,580]	[5.6282,4.4812,3.9339,3.5536]
97	[63,150,222,333,343,435,580]	[5.9720,4.5181,4.3950,3.2620]
98	[49,150,168,329,343,435,580]	[5.9845,4.6180,4.3895,3.1627]
99	[11,102,167,310,364,488,502]	[5.8736,4.7810,3.9497,3.4428]
100	[49,150,172,305,343,435,580]	[5.8805,4.7312,4.3754,3.1248]
101	[24,123,236,300,378,463,502]	[5.7359,4.8089,3.8717,3.3036]
102	[49,150,229,261,343,435,568]	[5.9677,4.8298,4.3726,3.0900]
103	[24,112,228,253,360,479,545]	[5.7865,5.2515,3.9254,3.2892]
104	[49,112,229,261,350,467,568]	[5.7446,5.1337,4.1713,3.1153]
105	[49,113,229,331,351,467,568]	[5.7679,5.0868,4.2408,3.0410]
106	[49,112,229,261,351,467,568]	[5.7773,5.1686,4.1527,3.0382]
107	[78,143,221,280,364,427,580]	[5.5483,4.4587,3.9533,3.5479]
108	[78,143,230,280,364,427,580]	[5.3910,4.4326,4.0278,3.5068]
109	[36,143,168,329,407,427,580]	[5.7723,4.4247,4.2063,3.3233]
110	[73,143,221,280,364,427,580]	[5.5266,4.5113,3.9521,3.4541]
111	[73,143,195,280,400,427,580]	[5.6360,4.5793,4.0248,3.4473]
112	[58,156,236,300,364,454,503]	[5.5545,4.6395,3.9311,3.3558]
113	[49,150,215,305,343,435,580]	[5.7616,4.7232,4.3253,3.1342]
114	[36,150,236,330,343,431,568]	[5.5780,4.6696,4.3475,3.0674]
115	[24,157,236,322,392,464,502]	[5.6279,4.8524,3.9056,3.1854]

续表

编号	可行解	目标值
116	[49,143,236,273,392,479,580]	[5.4474,4.8751,4.0479,3.1209]
117	[70,150,236,273,343,452,568]	[5.5695,4.8012,4.2407,3.0578]
118	[24,124,208,322,392,467,502]	[5.5977,4.9954,3.9085,3.1796]
119	[49,150,173,273,343,452,568]	[5.7324,4.8939,4.3133,3.0476]
120	[49,150,236,273,343,452,568]	[5.6106,4.8388,4.2871,2.9655]
121	[49,112,206,261,351,467,568]	[5.5748,5.1390,4.1564,2.9964]
122	[41,143,236,280,364,432,580]	[5.3606,4.5028,3.9388,3.2841]
123	[36,143,236,319,407,450,580]	[5.4941,4.5013,4.1572,3.1868]
124	[36,150,236,330,364,432,568]	[5.4392,4.5847,4.1547,3.1387]
125	[36,150,236,308,343,448,568]	[5.5249,4.6001,4.3137,3.0758]
126	[49,150,236,300,392,450,580]	[5.5185,4.6750,4.1058,3.1003]
127	[36,150,236,308,343,444,580]	[5.4991,4.6453,4.3043,3.0690]
128	[36,150,236,308,343,444,568]	[5.5199,4.6742,4.3269,3.0270]
129	[49,150,236,273,343,448,568]	[5.5652,4.7490,4.2830,3.0159]
130	[49,97,236,261,392,452,568]	[5.4337,4.9515,4.1239,3.0067]
131	[49,150,236,273,351,452,568]	[5.5302,4.8899,4.2132,2.9593]
132	[63,132,226,329,407,435,579]	[6.2509,4.4112,4.2685,3.4089]
133	[63,132,168,329,343,435,579]	[6.3236,4.5004,4.4019,3.3563]
134	[51,132,226,310,361,435,579]	[6.1693,4.6298,4.1104,3.4956]
135	[63,123,168,329,343,435,580]	[6.1853,4.5727,4.3136,3.2962]
136	[63,117,168,329,343,435,579]	[6.3246,4.5647,4.4682,3.2733]
137	[37,117,168,310,343,435,579]	[6.2185,4.7189,4.4033,3.2390]
138	[74,102,170,298,361,441,502]	[6.1198,5.0221,3.9344,3.4427]
139	[37,102,240,273,343,460,579]	[6.1572,4.8842,4.2603,3.2445]
140	[74,102,240,273,361,441,502]	[6.1672,5.0585,4.0022,3.3340]
141	[63,132,236,329,407,435,579]	[6.1410,4.4134,4.2432,3.3464]
142	[78,158,221,251,364,427,522]	[5.6580,4.5425,3.9636,3.6796]
143	[63,150,222,297,343,435,580]	[6.0626,4.5360,4.4318,3.2433]
144	[11,118,167,254,374,427,502]	[5.8955,4.6470,4.0221,3.5961]
145	[49,150,168,268,343,435,580]	[5.9341,4.6291,4.3856,3.1717]
146	[74,113,170,298,361,441,502]	[6.0077,4.9917,3.9478,3.3684]
147	[24,112,208,322,360,467,502]	[5.6912,5.0640,3.8918,3.2105]

续表

编号	可行解	目标值
148	[49,112,229,261,351,467,524]	[5.8537,5.1471,4.1565,3.0904]
149	[49,112,229,261,351,467,568]	[5.7773,5.1686,4.1527,3.0382]
150	[67,143,221,280,364,427,580]	[5.5094,4.4491,4.0102,3.4756]
151	[36,143,168,329,407,427,580]	[5.7723,4.4247,4.2063,3.3233]
152	[73,143,176,280,364,427,580]	[5.4471,4.5582,3.9158,3.4807]
153	[58,143,236,295,364,442,580]	[5.4001,4.4979,4.0069,3.2948]
154	[70,157,236,300,364,454,503]	[5.6354,4.7127,3.9427,3.3947]
155	[36,143,236,319,407,487,580]	[5.5735,4.5403,4.1841,3.2077]
156	[29,102,236,273,392,432,580]	[5.6107,4.7184,4.0501,3.2132]
157	[49,150,198,300,392,450,580]	[5.5363,4.7299,4.1554,3.1615]
158	[24,132,208,322,392,467,502]	[5.6379,4.9499,3.9142,3.2550]
159	[24,111,236,322,392,464,502]	[5.5641,4.8860,3.9179,3.1771]
160	[1,150,236,273,343,452,568]	[5.6010,4.8412,4.2645,3.0481]
161	[1,112,236,322,392,467,502]	[5.5834,5.0147,3.9322,3.1233]
162	[36,143,236,319,407,450,580]	[5.4941,4.5013,4.1572,3.1868]
163	[36,150,236,295,343,444,568]	[5.5447,4.6683,4.3027,3.0323]
164	[63,132,226,329,407,435,579]	[6.2509,4.4112,4.2685,3.4089]
165	[11,132,167,339,364,486,502]	[6.0618,4.6573,4.0314,3.5393]
166	[63,94,168,329,343,435,579]	[6.3315,4.6001,4.3613,3.3072]
167	[12,117,168,268,343,435,579]	[6.1833,4.6579,4.4805,3.2581]
168	[37,117,168,278,357,435,579]	[6.2614,4.7150,4.3899,3.2972]
169	[37,112,168,261,343,435,552]	[6.0789,4.8684,4.2994,3.2413]
170	[74,102,228,273,361,441,502]	[6.1436,5.0947,3.9697,3.3272]
171	[63,132,161,329,407,435,579]	[6.1721,4.3931,4.2965,3.4432]
172	[78,143,221,251,364,427,580]	[5.6282,4.4812,3.9339,3.5536]
173	[63,150,187,297,343,435,580]	[5.9852,4.5490,4.4646,3.2367]
174	[11,118,167,310,350,427,502]	[5.9415,4.6672,3.9598,3.5390]
175	[49,150,168,329,343,435,580]	[5.9845,4.6180,4.3895,3.1627]
176	[74,102,170,298,412,441,502]	[6.0435,4.9803,3.9306,3.4113]
177	[74,127,228,261,343,441,580]	[5.9138,5.0213,4.1279,3.2556]
178	[24,123,228,266,392,467,545]	[5.7416,5.0847,3.9288,3.2188]
179	[24,112,228,253,392,467,545]	[5.7087,5.2613,3.9176,3.1888]

续表

编号	可行解	目标值
180	[24,112,229,295,351,467,568]	[5.7183,5.1219,4.0562,3.1124]
181	[49,112,229,261,351,467,568]	[5.7773,5.1686,4.1527,3.0382]
182	[78,143,225,280,364,427,580]	[5.4833,4.4466,4.0136,3.4918]
183	[36,143,168,329,407,427,580]	[5.7723,4.4247,4.2063,3.3233]
184	[58,95,236,295,364,432,580]	[5.4645,4.5202,4.0235,3.2866]
185	[58,157,236,300,364,454,503]	[5.6158,4.6897,3.9230,3.3388]
186	[36,113,174,308,407,435,568]	[5.7580,4.5566,4.2826,3.1650]
187	[36,150,192,308,343,448,568]	[5.5625,4.6346,4.3294,3.1438]
188	[24,92,236,322,359,497,502]	[5.4487,4.8111,3.8886,3.2472]
189	[29,112,236,273,392,432,580]	[5.5124,4.7692,4.0228,3.1541]
190	[36,150,236,247,343,444,568]	[5.4485,4.7468,4.3014,3.0684]
191	[36,143,236,308,407,454,580]	[5.5044,4.5191,4.1538,3.1752]
192	[36,150,236,308,343,444,580]	[5.4991,4.6453,4.3043,3.0690]
193	[11,132,167,339,361,486,502]	[6.2491,4.7573,4.0559,3.5565]
194	[63,144,168,329,343,435,579]	[6.2980,4.5881,4.3888,3.3630]
195	[37,117,168,278,412,435,579]	[6.2443,4.7264,4.3550,3.2903]
196	[74,102,231,273,361,441,502]	[6.1606,5.0434,3.9843,3.3152]
197	[36,143,168,329,407,427,560]	[5.8088,4.4340,4.1729,3.3546]
198	[78,132,221,251,364,427,580]	[5.7237,4.4866,3.9708,3.6091]
199	[11,132,167,310,364,486,502]	[6.0067,4.6887,3.9554,3.5427]
200	[49,150,168,329,343,435,580]	[5.9845,4.6180,4.3895,3.1627]